1

2

3

4

Index

Klaus Schindewolf
Betriebswirtschaftslehre

Klaus Schindewolf

Betriebswirtschaftslehre

URBAN & FISCHER
München · Jena

Zuschriften und Kritiken an:
Urban & Fischer Verlag
Lektorat Altenpflege
Am Bleicheberg 18
06484 Quedlinburg

Die Deutsche Bibliothek – CIP-Einheitsaufnahme
Ein Titeldatensatz für diese Publikation ist bei der Deutschen Bibliothek erhältlich.

1. Auflage 2002
© Urban & Fischer Verlag 2002
Für Copyright in Bezug auf das verwendete Bildmaterial siehe Abbildungsnachweis S. 229.

Lektorat und Redaktion: Karen Skodda, Hannover
Herstellung: Hildegard Graf, München
Satz und Druck: Laupp & Göbel, Nehren
Umschlaggestaltung: prepress ulm GmbH, Ulm
Titelfotos (von oben nach unten): MEV, Augsburg; Stone/Bruce Forster; PhotoDisc/Keith Brofsky

ISBN: 3-437-46220-2
Printed in Germany

Aktuelle Informationen finden Sie im Internet unter:
http://www.urbanfischer.de

Vorwort

Das Pflegeversicherungsgesetz führte seit seiner Einführung am 01.04.1995 viele ambulante und stationäre Pflegeeinrichtungen in ein neues Zeitalter. Zum Wohle der Kunden sollten die Leistungsanbieter mit qualitativ hochwertigen Dienstleistungen zu einem möglichst geringen Preis miteinander konkurrieren. Doch nur wenige von ihnen waren oder sind für diesen geforderten **Wettbewerb** bereit.

Neue Herausforderungen

Zulange befanden sich öffentliche und frei-gemeinnützige Leistungsanbieter in einer konkurrenzarmen Situation und zu lange wurden **Struktur- und Führungsmängel** vielerorts durch öffentliche Zuschüsse verdeckt. Plötzlich befindet man sich in einer Situation, in der sich mittelständische Pflegeunternehmen gegenüber neu gegründeten privat-gewerblichen Pflegeeinrichtungen im ambulanten und stationären Bereich behaupten müssen. Wo zum Teil ehrenamtliche Führungskräfte in einer konkurrenzarmen Situation, oftmals gefördert durch öffentliche Mittel, dafür sorgten, dass die Einrichtung weiterbestand, werden sie nun durch die neuen Anforderungen wie z. B. dem Aufbau von **wirtschaftlichen Steuerungssystemen**, die die laufende wirtschaftliche Überwachung der Einrichtung ermöglichen und gleichzeitig die Zahlenbasis für Preisverhandlungen mit Kostenträgern liefern, überfordert. Doch sind nicht nur zeitgemäße wirtschaftliche Steuerungsmechanismen einzurichten und laufend zu nutzen. Auch im Bereich der **Pflegequalität** werden hohe Maßstäbe angelegt, die es zu einem möglichst geringen Entgelt zu verwirklichen gilt.

Da der Kunde eine Vielzahl von Leistungserbringern zur Auswahl hat, aus denen er den Besten und gleichzeitig Preiswertesten bevorzugt, sind ambulante und stationäre Pflegeeinrichtungen nun auch gefordert, mit modernen Mitteln des **Marketings** die Bedürfnisse der Kunden herauszufinden, ein kundengerechtes Leistungspaket zu schnüren und dieses gegenüber den Kunden zu bewerben.

Auch im Bereich der **Mitarbeiterführung** muss nun auf einmal das nachgeholt werden, was oft über Jahrzehnte vernachlässigt wurde. Gewachsene starre Personalstrukturen, in denen Mitarbeiter oft noch nie wirklich eigenverantwortlich in einem ihnen zugewiesenen Verantwortungsbereich arbeiteten, stehen nun Aufgaben wie der Einführung neuer EDV-Technologie, leistungsfähigen Leistungsabrechnungsprogrammen und moderner Buchhaltungs- und Controlligsoftware häufig hilflos gegenüber.

Neue Erfahrungen

Ein Beispiel aus der Praxis: In einer Fortbildungsveranstaltung, in der die erhöhten Anforderungen an die **kaufmännische Rechnungslegung** und die interne **wirtschaftliche Steuerung** von ambulanten und stationären Pflegeeinrichtungen vermittelt wurde, waren unter den Seminarteilnehmern auch einige mit einem halben Volldeputat tätige Pfarramtssekretärinnen anwesend. Ihre Aufgabe bestand bisher darin, die laufende kaufmännische Buchhaltung für einen Träger von Pflegeeinrichtungen zu erledigen. Sie wurden von der ehrenamtlichen Leitungskraft ihres Einrichtungsträgers zur Veranstaltung gesandt, um die neuen Anforderungen an die Einrichtungen zu erfahren und umgehend umzusetzen. Die Pfarramtssekretärinnen waren in kurzer Zeit schockiert über das, was sie in der Veranstaltung hörten. Ihnen wurde nämlich durch den Dozenten mitgeteilt, dass ihr Einrichtungsträger mit seinen stationären, teilstationären und ambulanten Einrichtungen jetzt als ein gemischter Konzern zu bewerten sei mit einer für die Pfarramtssekretärinnen nicht zu überschauenden Vielzahl von zu beachtenden Regelungen aus verschiedenen Gesetzbüchern und Verordnungen. Die Damen reisten umgehend ab. Sie sahen sich nicht in der Lage, in Teilzeittätigkeit einen Pflegekonzern mit sofortiger

Wirkung gewissermaßen in ein neues Zeitalter zu befördern.

Doch Weglaufen ist keine allgemein zu empfehlende Antwort auf die neuen Herausforderungen. In diesem Buch werden Grundlagen über zentrale Bereiche der Betriebswirtschaftslehre anhand von Praxisbeispielen vermittelt, um eine Wissensbasis zu schaffen, auf der Führungspersonen in der ambulanten und stationären Pflege dann weiter aufbauen können. Damit können sie die an sie gestellten Herausforderungen annehmen.

Neue Methoden

Der erste in diesem einführenden Werk über die Betriebswirtschaftslehre dargestellte Themenbereich ist die **Organisation** in **Kapitel 1:**
Hier werden fünf Betriebe der ambulanten bzw. stationären Pflegebranche vorgestellt, die im Verlauf der Kapitel gewissermaßen als »alte Bekannte« immer wieder auftauchen werden:

- Einpersonen-Pflegedienst ANNAMARIA
- Mehrpersonen-Pflegedienste CURA und MEDICUS
- stationäre Pflegeeinrichtung INSELHAUS und
- Pflegekonzern DIAKONIE PFLEGE, der sowohl ambulante als auch stationäre Pflegeeinrichtungen erbringt.

Anhand von einfach zu verstehenden Beispielen aus dem ambulanten Pflegedienst CURA gibt **Kapitel 2** einen Überblick über die für eine Pflegeeinrichtung lebensnotwendige betriebswirtschaftliche **Disziplin des kaufmännischen Rechnungswesens**. Der Leser wird nach der Lektüre dieses Kapitels imstande sein, die wichtigsten Zusammenhänge des kaufmännischen Rechnungswesens zu verstehen.

Kapitel 3 enthält gewissermaßen das »Herz« der dargestellten betriebswirtschaftlichen Disziplinen, nämlich den Bereich des **Marketings**. Anhand der stationären Pflegeeinrichtung INSELHAUS wird gezeigt, dass die vorgestellte Marketing-Konzeption eine zusammenfassende gedankliche Klammer um alle genannten betriebswirtschaftlichen Disziplinen bilden kann und damit einen Denkrahmen liefert, in dem diese sinnvoll gedanklich eingeordnet werden können.

Der wichtige Bereich der **Mitarbeiterführung** wird im letzten **Kapitel 4** anhand von Praxisbeispielen aus dem Pflegekonzern DIAKONIE PFLEGE erläutert. Es wird hier ein Rundumblick auf verschiedene Modelle der Mitarbeiterführung gegeben, sodass der Leser zukünftig neue Führungskonzeptionen und auch die momentan in seinem Betrieb praktizierte Mitarbeiterführung einordnen und bewerten kann.

Nach langen Überlegungen über die richtige Wahl des Geschlechtes bei Formulierungen wie z. B. »Mitarbeiter«, »Kunde« oder »Vorgesetzter« fiel die Entscheidung auf die allgemein geläufige männliche Form der Formulierung. Es ist jedoch stets bei der vorwiegend gewählten männlichen Form des Geschlechtes auch das weibliche Geschlecht gemeint.

Danksagung

Nach mehr als sechs Jahren vorwiegend leitender betriebswirtschaftlicher Tätigkeit in einem karitativen Konzern sehe ich klarer denn je die Notwendigkeit der anschaulichen Vermittlung von betriebswirtschaftlichen Grundlagen an Mitarbeiter in Führungspositionen, vor allem in Einrichtungen der ambulanten oder stationären Pflege. Umso begeisterter war ich, als mir ein herausragender Konzernlenker, Herr Pfarrer Karlheinz Zuckschwerdt, ermöglichte, das vorliegende Buchprojekt zu verwirklichen. Ihm dafür meinen herzlichen Dank.

Frau Karen Skodda als Lektorin des Urban & Fischer Verlags zur Seite zu haben, war ebenfalls ein Glücksfall. Mit der richtigen »kreativen Spannung« zwischen Verständnis für den hohen Zeitaufwand meiner beruflichen Leitungstätigkeit und der Forderung, vereinbarte zeitliche Ziele bei diesem Buchprojekt einzuhalten, half sie ungemein, das Buch in der vorliegenden Qualität zu verwirklichen.

Tiefen Dank an meine Frau Ann Kalee, die in unendlicher Geduld die zeitlichen Einschränkungen sowohl durch den Beruf als auch die mit diesem Buch verbundene Autorentätigkeit in Kauf nahm und mich stets voll unterstützte.

Ludwigshafen,   Klaus Schindewolf
den 19. 09. 2001

Organisation

1

▷ **Organisation:** Struktur des Aufbaus und der Abläufe einer Unternehmung

Der hier verwendete Begriff »Organisation« wird nicht im weit gefassten Sinne von »Die Unternehmung **ist** eine Organisation«, sondern im engen Sinne von »Die Unternehmung **hat** eine bestimmte Organisation« verstanden. Es geht in diesem Kapitel also um die Art und Weise, wie man Unternehmungen ordnen und gliedern kann, sodass eine bestimmte Organisationsform der Unternehmung entsteht.

Bei dem weiter gefassten Organisationsbegriff wird also »Organisation« gleichgesetzt mit »Unternehmung«, man könnte z. B. sagen: »Die Organisation erzielte ein positives wirtschaftliches Ergebnis« und meint dabei die Unternehmung selber. Der hier verwendete Organisationsbegriff bezieht sich jedoch auf die Schaffung einer Struktur der Unternehmung und deren betriebliche Abläufe. In diesem Sinne könnte man beispielsweise sagen: »Durch die Schaffung einer mehr am Kunden ausgerichteten Organisation der Unternehmung konnte das Betriebsergebnis verbessert werden.«

1.1 Grundfragen der Organisation

Zur Einführung in das Thema Organisation soll zunächst eine Unternehmung betrachtet werden, die so einfach beschaffen ist, dass man sie überhaupt nicht gliedern muss, nämlich die **Einpersonenunternehmung.**

■ Einpersonenunternehmung

 **Fallbeispiel**

Pflegekraft Maria S. versorgt mit ihrem Einpersonen-Pflegedienst ANNAMARIA im Durchschnitt 25 Patienten pro Tag. Sie erbringt die Leistungen selber und schreibt in regelmäßigen Abständen mit einem Softwareprogramm Rechnungen an Pflegekassen, Krankenkassen und Selbstzahler. Sie bucht auch einmal monatlich

die Geschäftsvorfälle in einer Buchhaltungs-Software ein, sodass alle Geschäftsvorfälle auch buchhalterisch erfasst sind. Wenn der Motorroller, mit dem sie in allen Jahresmonaten außer im Winter zu den Patienten fährt, zu reparieren oder zu warten ist, veranlasst sie auch diese Tätigkeiten selber.

Einpersonenunternehmungen müssen ihre Aufgaben in der Regel nicht in **Einzeltätigkeiten** aufteilen und diese auch nicht auf andere Personen verteilen. Eine Person erbringt in solchen Unternehmen alle oder zumindest fast alle Arbeitstätigkeiten. Im Pflegedienst ANNAMARIA besteht scheinbar keine Notwendigkeit der **Arbeitsteilung.** Der **Einpersonen-Pflegedienst** ist mit dieser Struktur (eine Person macht alles) in der Lage, die Patienten zuverlässig zu versorgen und ein ausreichendes Einkommen für die Unternehmerin zu erwirtschaften. Wenn die Unternehmerin jedoch krank werden sollte, ist sowohl die Versorgung der Patienten als auch ihr Einkommen in Gefahr.

Die **Struktur** der Unternehmung (Einpersonen-Pflegedienst ohne Stellvertretung) hat ein bestimmtes **Verhalten** der Unternehmung zur Folge. Patienten werden versorgt, Einkommen erwirtschaftet, aber bei Krankheitsfall sind Patienten und Unternehmerin unversorgt. Die im Beispiel aufgezeigte Struktur der Unternehmung hat also u. a. das negativ zu bewertende Verhalten zur Folge, dass die Unternehmerin keinen Jahresurlaub nehmen kann, es sei denn, sie engagiert eine Vertretungsperson für diese Zeit. Außerdem wird sie sehr wahrscheinlich die Tatsache psychisch belasten, dass sie nicht erkranken kann, ohne finanzielle Verluste hinnehmen zu müssen.

■ Mehrpersonenunternehmung

 Fallbeispiel

Krankenschwester Caroline hat beschlossen, vier ihrer vormaligen Kolleginnen aus dem örtlichen Krankenhaus abzuwerben und in ihrem neu errichteten ambulanten Pflegedienst CURA zu beschäftigen, der pro Tag ca. 200 Patienten

> versorgen soll. Die bei den Patienten erbrachten Leistungen sind vor allem hauswirtschaftliche Leistungen, Leistungen nach dem Pflegeversicherungsgesetz (SGB XI) und ärztlich verordnete Leistungen (SGB V).

Die Unternehmerin muss in ihrem Pflegedienst CURA die verschiedenen Arbeitsaufgaben so aufteilen, dass das Unternehmen die ca. 200 Patienten pro Tag zuverlässig und in der gewünschten Qualität versorgen kann. Die einzelnen Arbeitstätigkeiten werden dabei nicht auf bestimmte Personen und deren (oftmals einzigartige) Fähigkeiten zugeschnitten. Zweckmäßiger werden sie auf bestimmte **Berufsbilder** von Personen bezogen, die die **Arbeitstätigkeiten** durchführen sollen, wie z. B. das der Krankenschwester.

Stellenbildung

Es werden deshalb in der Organisation des Pflegedienstes CURA folgende **Stellen** gebildet, um die ca. 200 Patienten pro Tag zu versorgen:
- eine **Vollstelle** Krankenpflegefachkraft (100 % Deputatsumfang), die das Berufsbild Krankenpfleger erfordert
- eine Vollstelle Krankenpflegefachkraft, die das Berufsbild Krankenpfleger erfordert
- 0,75 Vollstellen Pflegefachkraft, die das Berufsbild examinierter Altenpfleger erfordert
- 0,75 Vollstellen Pflegefachkraft, die das Berufsbild examinierter Altenpfleger erfordert
- eine Vollstelle für eine ungelernte Pflegehilfskraft, die von einer Pflegefachkraft (☞ oben) angeleitet und überwacht wird
- eine weitere Vollstelle Pflegehilfskraft
- eine Vollstelle Hauswirtschaftliche Fachkraft, die die Qualifikation Fachhauswirtschafter für ältere Menschen erfordert
- 0,25 Vollstellen Verwaltungskraft, die die Qualifikation Bürokaufmann erfordert

Stellenbeschreibung

Nach dieser ersten Stellenbildung muss im Folgenden festgelegt werden, welche Tätigkeiten die **Stelleninhaber** regelmäßig durchführen sollen.

Diese Festlegung wird in verschiedenen Stellenbeschreibungen vollzogen. Im Folgenden wird als Beispiel zunächst eine aus der Praxis stammende Stellenbeschreibung für eine **Krankenpflegefachkraft** dargestellt.

⬤ Fallbeispiel

Pflegedienst
CURA

Stellenbeschreibung
Krankenpflegefachkraft

Frau/Herrn . . . .
werden mit Wirkung vom . . . .
die nachstehend aufgeführten Aufgaben einer
Krankenpflegefachkraft
übertragen.

Organisatorische Stellung:
Die Dienst- und Fachaufsicht für die Krankenpflegefachkraft liegt bei der Geschäftsführerin des Pflegedienstes.
Die oben genannte Krankenpflegefachkraft ist als solche mit einem Deputatsanteil von . . . . . Prozent eines Volldeputats tätig.

Stellvertretung:
Die Krankenpflegefachkraft wird in Abwesenheit von den weiteren Pflegefachkräften des Pflegedienstes vertreten, sie vertritt in deren Abwesenheit die weiteren Pflegefachkräfte des Pflegedienstes.

A.
Die Krankenpflegefachkraft nimmt teil an:
den turnusmäßigen Pflegedienstbesprechungen

B.
Die Krankenpflegefachkraft ist verantwortlich für:
1. die fach- und sachgerechte Erfüllung der ihr zugewiesenen pflegerischen Aufgaben unter Beachtung der jeweils gültigen Rahmenvereinbarung nach § 132 SGB V
2. die zeitnahe, fach- und sachgerechte Führung der Pflegedokumentation beim Patienten

1

3. die Anleitung und Begleitung von Schüle-
   rinnen und Schülern der Kranken- oder
   Altenpflege
4. die Anleitung und Begleitung von neuen
   Kolleginnen und Kollegen im Rahmen der
   jeweiligen Anweisungen durch die Geschäftsführerin
5. die korrekte Leistungserfassung und Be-
   stätigung der durchgeführten Leistungen;
   die Einholung der Patientenunterschrift
   sowie die umgehende Weitergabe der Leis-
   tungserfassungsbogen zur Kontrolle an die
   Geschäftsführerin
6. die Prüfung der Flüssigkeitsstände des
   Dienstfahrzeuges (vgl. Betriebshandbuch),
   die korrekte Führung der Fahrtenbücher
   der Dienstfahrzeuge, die korrekte und
   pünktliche Mitteilung von Privatfahrten,
   sowie die umgehende Mitteilung von Schä-
   den und Störungen an den Dienstfahrzeu-
   gen an den Werkvertragspartner
7. die umgehende Mitteilung von Unfällen
   bzw. verursachten Beschädigungen am
   eigenen Fahrzeug oder Fahrzeugen bzw.
   Gegenständen Dritter an die Geschäftsführerin einschließlich der Erstellung des Un-
   fallberichtes und dessen Übergabe an die
   Geschäftsführerin
8. den Transport von kleineren Pflegehilfsmit-
   teln
9. die Reinigung und Sterilisation von Instrumenten und Geräten, den korrekten Inhalt
   des Pflegekoffers sowie dessen Ergänzung
10. die sichere Aufbewahrung von Patienten-
    schlüsseln sowie den Schutz vor deren
    Missbrauch

C.
**Die allgemeinen Dienstpflichten, die jeweils
gültigen allgemeinen Anweisungen sowie Ein-
zelheiten sind der »Allgemeinen Stellenbeschreibung« sowie dem Betriebshandbuch zu
entnehmen.**

Mannheim, den 01. 07. 200x

Caroline Schäfer
(Geschäftsführerin)

Man sieht, dass bei der Stellenbeschreibung der qualifizierten Krankenpflegefachkraft die hierarchische Stellung, Vertretungsfragen und Ablaufschritte im Mittelpunkt stehen. Ganz anders muss jedoch eine Stellenbeschreibung für eine Tätigkeit beschaffen sein, bei der eine Person mit kurzer oder gar ohne **Berufsausbildung** tätig wird. Die Stellenbeschreibung muss hier möglichst genau die durchzuführenden Tätigkeiten auflisten, die ja nicht vorher in einer Ausbildung erlernt worden sind. Im Folgenden wird die Stellenbeschreibung einer **Pflegehilfskraft** exemplarisch für diese Art von Stellenbeschreibung aufgeführt.

⌗ Fallbeispiel

Pflegedienst
CURA

Stellenbeschreibung
Pflegehilfskraft

Frau/Herrn ....
werden mit Wirkung vom ....
die nachstehend aufgeführten Aufgaben einer
Pflegehilfskraft
übertragen.

Organisatorische Stellung:
Die Dienst- und Fachaufsicht für die Pflegehilfskraft liegt bei der Geschäftsführerin des Pflegedienstes.
Die oben genannte Pflegehilfskraft ist als
solche mit einem Deputatsanteil von ..... Prozent eines Volldeputats tätig.

Stellvertretung:
Die Pflegehilfskraft wird in Abwesenheit von
den weiteren Pflegehilfskräften des Pflegedienstes vertreten, sie vertritt in deren Abwesenheit
die weiteren Pflegehilfskräfte des Pflegedienstes.

A.
Die Pflegehilfskraft nimmt teil an:
den turnusmäßigen Pflegedienstbesprechungen

1

B.

Die durch die Pflegehilfskraft durchgeführte Grundpflege beinhaltet:

1. Waschen im Bett, baden oder duschen, Haar-, Mund-, und Nagelpflege. Die Nägel dürfen von der Pflegehilfskraft nicht geschnitten werden
2. Hautpflege, auch Untersuchung auf Entzündungen und Rötungen. Auf Anweisung behandelt die Pflegehilfskraft leichte Wunden. Sie legt aber keine sterilen Verbände an
3. Be- und Entkleiden, Anlegen von Prothesen, Stützstrümpfen und Stützbandagen

C.

Auf Anweisung der Pflegefachkräfte und Krankenpflegefachkräfte darf die Pflegehilfskraft:

1. Hilfestellung bei Bewegungsübungen leisten, vom Bett in den Rollstuhl umsetzen, bei der Benutzung von Gehhilfen unterstützen
2. Patienten zur Vermeidung von Decubiti lagern
3. Patienten zum Erreichen oder Erhalten der persönlichen Unabhängigkeit anregen

D.

Leichte Hausarbeiten, die von einer Pflegefachkraft angewiesen werden können:

1. Aufräumen und Staubsaugen (lediglich in der unmittelbaren Umgebung des Patienten)
2. Zubereiten, servieren und Hilfestellung bei einer Mahlzeit geben, säubern der Kochstelle
3. Einkaufen von Lebensmitteln

E.

Bei der Medikamentengabe ist zu beachten:

1. Die Aufgabe der Pflegehilfskraft beschränkt sich darauf, an die bereitgestellten Medikamente zu erinnern und ihre Einnahme zu beaufsichtigen
2. Die Pflegehilfskraft darf keine Medikamente bereitstellen oder dem Patienten eingeben

F.

Die Pflegehilfskraft darf nicht:

1. Geld oder Geschenke annehmen, Erfrischungen sind ausgenommen

2. Hausputz durchführen
3. Tätigkeiten verrichten, die nicht im Pflegeplan enthalten sind

Mannheim, den 01.07.200x

Caroline Schäfer
(Geschäftsführerin)

Deutlich wird bei der Stellenbeschreibung der Pflegehilfskraft, dass hier vor allem aufgelistet wird, was die Pflegehilfskraft darf und nicht darf. Die Stellenbeschreibung gibt somit einerseits der Pflegehilfskraft **Orientierung**, kann aber auch andererseits in abgewandelter Form den Kunden zur Verfügung gestellt werden, sodass auch diese genau wissen, was die Pflegehilfskraft darf und nicht darf. Diese Arten von Stellenbeschreibungen sollen vor allem verhindern, dass Kunden durch Überschreiten der Kompetenzen der Pflegehilfskräfte zu Schaden kommen.

Eine übersichtliche Darstellung der Organisation einer Unternehmung und ihrer Stellen ist das **Organigramm**. Mit ihm kann man verschiedene Möglichkeiten der Zusammenfassung und **Über- und Unterordnung** von Stellen aufzeigen. Anhand von Organigrammen werden nun verschiedene Organisationsformen beschrieben.

Auf einen Blick

▶ Die Struktur einer Unternehmung bestimmt ihr Verhalten.

▶ In einer Einpersonenunternehmung erbringt eine Person fast alle anfallenden Arbeiten.

▶ In Mehrpersonenunternehmungen wird die Gesamtarbeitstätigkeit durch Stellenbildung und Auflistung der Einzeltätigkeiten in Stellenbeschreibungen aufgeteilt.

▶ In einer Stellenbeschreibung für ausgebildete Pflegekräfte brauchen die konkreten Arbeitsschritte nicht im Einzelnen aufgelistet werden.

▶ Je unqualifizierter eine Tätigkeit ist, desto mehr konkrete Arbeitsschritte müssen aufgelistet werden.

1.2 Organisationsformen

Neben den Tätigkeitsbeschreibungen oder Ablaufroutinen ist auch die hierarchische Stellung des Mitarbeiters innerhalb der Unternehmung Bestandteil von Stellenbeschreibungen. In einer **Hierarchie** wird dauerhaft festgelegt, welche Personalstellen anderen Personalstellen über- und untergeordnet sind (☞ Abb. 1.1).

Das **Organigramm** spiegelt die Nachordnung aller Mitarbeiter des Pflegedienstes unter die Geschäftsführerin, die die **Weisungsbefugnis** gegenüber den aufgeführten Mitarbeitern innehat, wider. Personalstellen können in einem weiteren Schritt in verschiedener Weise zusammengefasst werden. Dadurch können verschiedene Organisationsformen entstehen. Ein erstes Begriffspaar soll im Folgenden vorgestellt werden:

- Spartenorganisation
- Funktionale Organisation

1.2.1 Eindimensionale Organisation

▷ **Eindimensionale Organisation:** Organisation wird nur durch ein Kriterium gegliedert

Will man die Organisation einer Unternehmung sinnvoll strukturieren, kann man die Personalstellen zu Gruppen zusammenfassen. Sparten- und Funktionale Organisation gliedern die Altenpflegeeinrichtungen nach nur einem einzigen Kriterium, nämlich entweder nach einem **Objekt** wie z. B. die Region, Produktart oder Kundengruppe oder alternativ nach der **Art der Tätigkeit**. Im ersten Fall der Organisation nach Objek-

ten spricht man von einer Spartenorganisation, im letzteren Fall der Organisation nach Art der Tätigkeit von einer Funktionalen Organisation. Da nur nach jeweils einem Kriterium gegliedert wird, bezeichnet man die Funktionale und die Spartenorganisation auch als »Eindimensionale Organisationsformen«.

■ Spartenorganisation

▷ **Spartenorganisation:** Organisation einer Unternehmung nach dem Objektprinzip

Im Beispiel des Pflegedienstes Cura könnte eine Gruppierung der pflegerischen Stellen nach dem so genannten **Objektprinzip** sinnvoll sein. Die Stellen werden dabei nach verschiedenen Objekten wie z. B. dem Objekt »Absatzregionen«, »Arten der Dienstleistung« oder »Arten der Kunden« gruppiert. Diese Objekte werden auch Sparten genannt. Man spricht bei einer Gruppierung nach Objekten daher von einer Spartenorganisation.

Gruppierung nach Region

Im Beispiel des Pflegedienstes Cura könnte sich die Gruppierung der Pflegestellen nach dem Objekt »Region« anbieten. Ein Pflegeteam, bestehend aus je einer Krankenpflegefachkraft, einer Pflegefachkraft und einer Pflegehilfskraft, versorgt im Pflegedienst Cura die Patienten in der Nordstadt. Ein anderes Pflegeteam mit den gleichen Berufsausbildungen versorgt die Patienten der Südstadt. Die Gliederung der Personalstellen des Pflegedienstes Cura in Spartenorganisation wird in der Abbildung 1.2 gezeigt.

Die Pflegekräfte erbringen gemäß der neuen Organisationsstruktur jetzt nicht mehr ihre Pfle-

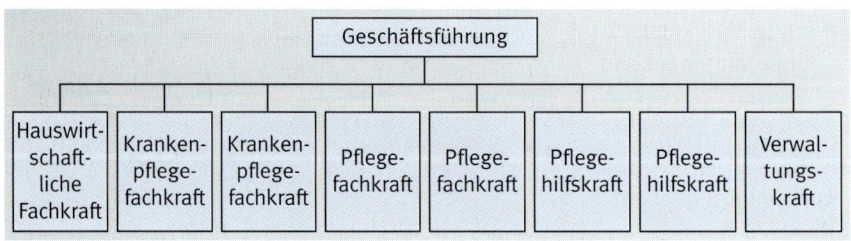

Abb. 1.1: Organigramm des Pflegedienstes Cura

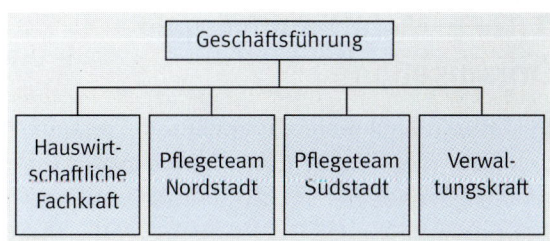

Abb. 1.2: Organigramm Pflegedienst CURA in Spartenorganisation nach Objekt »Region«

getätigkeiten im ganzen Stadtgebiet, sondern teilen die Leistungserbringung untereinander in zwei **Regionen** der Stadt auf. Das Pflegeteam Nordstadt versorgt keine Patienten des Pflegeteams Südstadt und umgekehrt. Man erkennt auch hierbei wieder die betriebswirtschaftliche Regel: »Die Struktur einer Unternehmung bestimmt deren Verhalten.«

Gruppierung nach Art der Dienstleistung

Ein anderes Objekt, um die Personalstellen des Pflegedienstes zusammenzufassen, ist beispielsweise das Objekt »**Art der Dienstleistung**«. Die pflegerischen Stellen des Pflegedienstes könnten nach diesem Prinzip in drei Pflegeteams gegliedert werden:

- Leistungserbringung nach dem **Pflegeversicherungsgesetz**
- Leistungserbringung von ärztlich verordneten Leistungen nach **SGB V**
- Erbringung von **Hauswirtschaftlichen Leistungen**

Die im Pflegedienst vorhandenen Personalstellen könnten in diese verschiedenen Teams aufgeteilt werden und diese würden dann jeweils die ge-

nannten drei Gruppen von Leistungen bei den Patienten erbringen (☞ Abb. 1.3).

Im Beispiel (☞ Abb. 1.3) sind die Stellen folgendermaßen zusammengefasst:

- im Team 1 die Personalstellen aller Pflegefachkräfte
- im Team 2 die der Krankenpflegefachkräfte
- im Team 3 der Leistungserbringung von Hauswirtschaftlichen Leistungen, die Personalstellen der Hauswirtschaftlichen Fachkraft und die der beiden Pflegehilfskräfte

Aufgrund der Tatsache, dass die Kunden eines Pflegedienstes jedoch normalerweise mehrere der oben genannten Gruppen von Leistungen in einem **Hausbesuch** nachfragen, wäre es unwirtschaftlich für den Pflegedienst und auch für den Kunden lästig, ein Mitglied des Pflegeteams »Leistungserbringung nach dem Pflegeversicherungsgesetz« zu einem Hausbesuch beim Kunden X zu senden und nachfolgend eine andere Person aus dem Pflegeteam »Leistungserbringung von ärztlich verordneten Leistungen nach SGB V« mit der damit verbundenen **Wegezeit** zusätzlich zum Kunden X zu schicken, sodass diese Krankenpflegefachkraft dann die ärztlich verordnete Leistungen erbringt.

Die oben beschriebene Spartengliederung nach dem Objekt »Region« kann daher die Leistungserbringung von verschiedenen Leistungsarten besser erfüllen und die Personalstellen sinnvoller gliedern. Wenn nicht nach einem der oben genannten Objekte gegliedert wird, sondern nach der **Funktion der Personalstelle**, also nach der **Art der Tätigkeit** wie z. B. Verwaltungsdienst, Küchendienst, Pflegedienst oder Hausmeisterdienst, dann spricht man von einer **Funktionalen Organisation** einer Unternehmung.

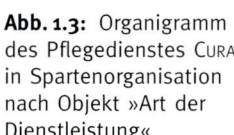

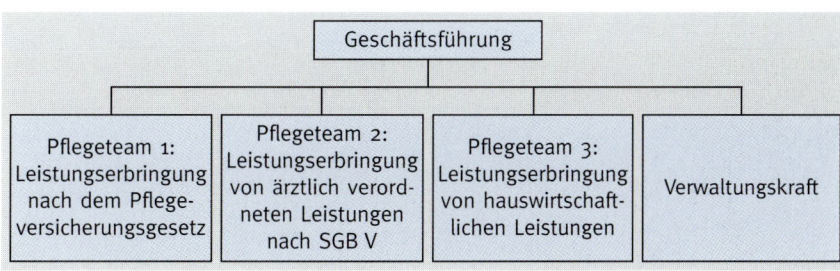

Abb. 1.3: Organigramm des Pflegedienstes CURA in Spartenorganisation nach Objekt »Art der Dienstleistung«

1

■ Funktionale Organisation

▷ **Funktionale Organisation:** Organisation einer Unternehmung nach Art der verrichteten Tätigkeiten

Stationäre Pflegeeinrichtungen sind oftmals funktional gegliedert. Die stationäre Pflegeeinrichtung INSELHAUS auf einer Insel in Norddeutschland versorgt ca. 65 Patienten pflegerisch. Die Unternehmung ist nach Art der Tätigkeit, also funktional, gegliedert.
Man sieht, dass im Beispiel INSELHAUS (☞ Abb. 1.4) die Personalstellen der Pflegeeinrichtung danach zusammengefasst sind, welche Arten von Tätigkeit in der entsprechenden **Abteilung** durchgeführt werden. Die Abteilung »Pflegedienst« des INSELHAUSES umfasst beispielsweise Personalstellen von Krankenpflegefachkräften, Pflegefachkräften und Pflegehilfskräften. Gemeinsam ist diesen Personalstellen die Pflegetätigkeit, daher werden sie in der Abteilung »Pflegedienst« zusammengefasst.

Auf einen Blick

▶ Ein Organigramm spiegelt die Stellung der Personalstellen zueinander wider.

▶ Personalstellen werden bei einer Spartenorganisation nach verschiedenen Objekten zusammengefasst, z. B. »Absatzregionen«, »Art der Dienstleistung« oder »Art der Kunden«.

▶ Werden Personalstellen nach der Art der Tätigkeit, also ihrer Funktion, im Betrieb zusammengefasst, spricht man von einer Funktionalen Organisation.

1.2.2 Mehrdimensionale Organisation

▷ **Mehrdimensionale Organisation:** Organisation wird gleichzeitig durch mehr als ein Kriterium gegliedert

Die stationäre Einrichtung INSELHAUS (☞ Abb. 1.4) ist, wie man im Organigramm sehen kann, bisher nach funktionaler Hinsicht gegliedert; die Art der verrichteten Tätigkeiten bestimmt die Organisationsstruktur der Einrichtung. Wenn jedoch der Pflegedienst gleichzeitig nach einem zweiten Kriterium untergliedert wird, wie z. B. nach den Pflegestufen der Patienten, führt man eine zweite Dimension in die Organisationsstruktur ein. Es entsteht eine mehrdimensionale Organisationsform der Unternehmung. Im Fall von zwei **Dimensionen** spricht man von einer Matrixorganisation.

■ Matrixorganisation

▷ **Matrixorganisation:** Gestaltung der Struktur einer Unternehmung nach zwei Gliederungskriterien

Man sieht im Organigramm in Abb. 1.5, dass auf der waagerechten Ebene nach wie vor die Art der Tätigkeit die Unternehmung gliedert. Auf der senkrechten Ebene wurde jedoch ein zweites Gliederungsmerkmal eingeführt, und zwar die Patientengruppen, die nach dem Pflegeversicherungsgesetz in Pflegestufe 1, 2 und 3 unterteilt werden. Die zwei Dimensionen der hier dargestellten Matrixorganisation sind also auf der waagerechten Ebene die **Funktionen** der Unterneh-

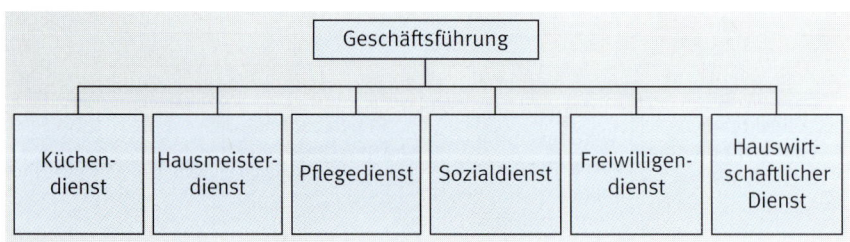

Abb. 1.4: Organigramm der stationären Pflegeeinrichtung INSELHAUS in funktionaler Organisationsform

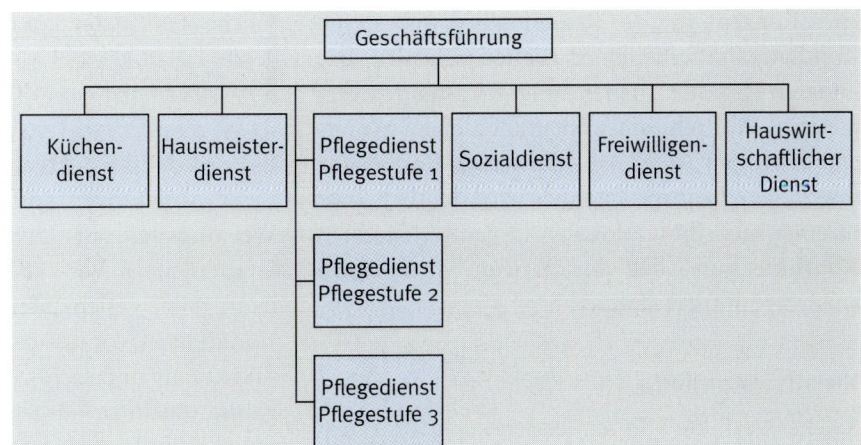

Abb. 1.5: Organigramm der stationären Pflegeeinrichtung Inselhaus in Matrixorganisation

mung und auf der senkrechten Ebene die drei **Kundengruppen** nach dem Pflegeversicherungsgesetz. Es ist eine einfache zweidimensionale Matrix entstanden, die nun die Organisationsstruktur bestimmt.

Größe der Unternehmen

Je größer eine Unternehmung ist, desto mehr Möglichkeiten bieten sich, um mehrdimensionale Organisationsstrukturen auszubilden. Abbildung 1.6 zeigt den Pflegekonzern Diakonie Pflege in seiner Organisationsstruktur. Er ist in der ganzen Bundesrepublik Deutschland mit stationären Altenhilfeeinrichtungen und ambulanten Pflegediensten tätig.

Im Pflegekonzern sehen sich die vier Abteilungsleiter für die **Funktionen**
- Sozialarbeit
- Pflege
- Marketing
- Verwaltung

den Spartenleitern für die **Regionen**
- Nord
- Mitte
- Süd

gegenüber. Will der Leiter der Sparte Nord beispielsweise ein bestimmtes Marketing-Konzept für seine Region umsetzen, muss er den Abteilungsleiter Marketing erst dazu bewegen, ein sol-

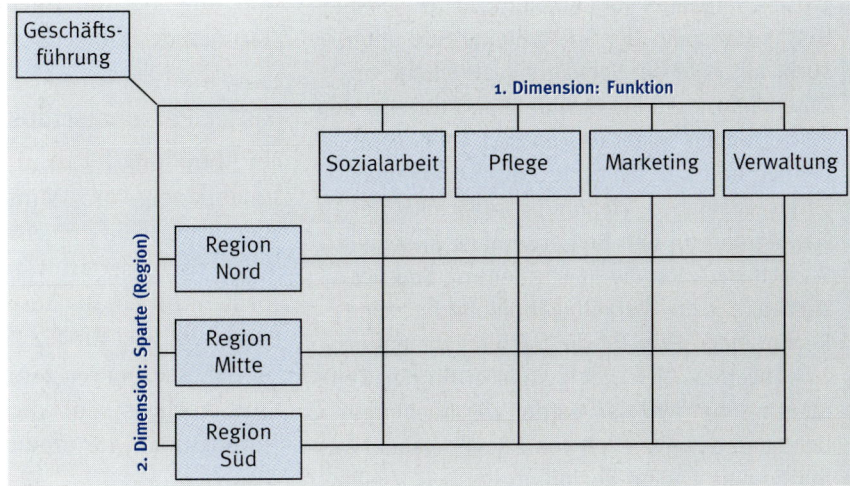

Abb. 1.6: Mehrdimensionale Organisationsstruktur des Pflegekonzerns Diakonie Pflege

ches Konzept für die Region Nord und deren Kundenbesonderheiten erarbeiten zu lassen. Die anderen Regionen haben unter Umständen den gleichen Wunsch und wollen auch einen ausreichend großen Anteil am **Marketing-Budget** für ihre Region beanspruchen. Es wird deutlich, dass in einer mehrdimensionalen Organisationsform **Konflikte** unter den dort tätigen Mitarbeitern vorprogrammiert sind.

Kreative Konflikte

Solche Konflikte können jedoch auch förderlich sein. Denn durch die aufgrund der Organisationsstruktur bedingte **Abhängigkeit** der drei Spartenleiter von einem gesamten Marketing-Budget und durch den »Kampf« um ihren Anteil wird den Spartenleitern die **Begrenztheit** der gesamten finanziellen Mittel im Marketingbereich immer wieder vor Augen geführt und ein Verständnis für die unauflösbare Verbundenheit der vier Abteilungen und drei Regionen erzeugt.

Fallbeispiel

Einen gewollten Konflikt lösen die von der Verwaltungsabteilung regelmäßig gelieferten Zwischenabschlüsse für die Einrichtungen der drei Regionen aus. Keiner der drei Regional-Spartenleiter will gegenüber den anderen dauerhaft ein schlechtes wirtschaftliches Ergebnis vorweisen. Als erstes Alarmzeichen wird in der Region Süd ein deutlich verschlechtertes Zwischenergebnis vom Abteilungsleiter Verwaltung festgestellt. Der Spartenleiter Süd untersucht mit Hilfe der Verwaltungsabteilung, ob Unterkapazitäten in der Abteilung Pflege in den Einrichtungen seiner Region Süd beobachtet wurden und das schlechte Zwischenergebnis verursacht haben. Wenn dies tatsächlich der Hauptgrund für den Betriebsverlust in seinem Bereich ist, kann die Spartenleitung Süd versuchen, mit der Marketingabteilung für seine Region einen Plan für die Nachfragebelebung zu entwerfen. Gleichzeitig kann er für den Zeitraum bis zum Wirksamwerden der Nachfragebelebung das Abziehen von Pflegepersonal aus Süd in eine andere Region, in der u. U. zusätz-

licher Personalbedarf herrscht, in die Wege leiten. Dabei gilt es für ihn, mit der Abteilungsleitung Pflege zusammenzuarbeiten.

Es wird deutlich, dass die Abhängigkeit von anderen Abteilungen und das Fehlen von direkter **Weisungsbefugnis** zwischen Abteilungs- und Spartenleitern Vor- aber auch Nachteile haben kann. Man spricht hierbei auch von »kreativen Konflikten«. Voraussetzung dafür, dass ein Konflikt kreativ und nicht zerstörerisch durch die Organisationsform ausgelöst wird, ist eine **Unternehmenskultur**, in der **Zusammenarbeit** ein gelebter Unternehmenswert ist.

▪ Tensororganisation

▷ **Tensororganisation:** Struktur einer Unternehmung nach drei Gliederungskriterien

Im Pflegekonzern DIAKONIE PFLEGE kann egoistisches Denken in den einzelnen Abteilungen Sozialarbeit, Pflege, Marketing und Verwaltung und in den Sparten für die Regionen Süd, Mitte oder Nord entstehen. Um dieses von Anfang an zu verhindern, kann die Geschäftsführung z. B. neben den oben genannten Gliederungskriterien der Funktionen und neben den Objekten in Form von Regionen eine **dritte Dimension** beispielsweise in Form eines **Kundenmanagers** einführen. Dieser Kundenmanager hat beispielsweise die Aufgabe, die Interessen der verschiedenen Kunden des Konzerns zu vertreten.

Guter Personalschlüssel

In Abbildung 1.7 kann der Kundenmanager z. B. unabhängig vom Wunsch des Spartenleiters des Bereiches Süd regelmäßig nach Feststellung eines verbesserten wirtschaftlichen Ergebnisses prüfen, ob ein als ausreichend befundener Personalschlüssel für die Patienten der Pflegestufe 3 in den stationären Einrichtungen in der Region Süd vorliegt. Auf diese Weise überprüft der Kundenmanager die Qualität der Pflegetätigkeit.

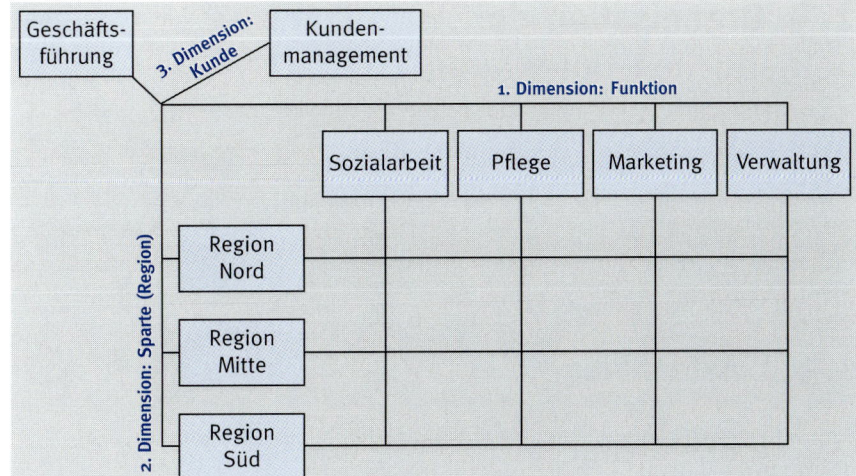

Abb. 1.7: Pflegekonzern DIAKONIE PFLEGE in Tensororganisation

Neue Leistungsarten

Der Kundenmanager kann auch in die Wege leiten, dass die Marketingabteilung in regelmäßigen Abständen eine groß angelegte Patientenbefragung im ambulanten Bereich in allen Regionen durchführt, um Wünsche nach völlig neuen Leistungsarten bei den Patienten zu ermitteln. Das Ergebnis der Patientenbefragung könnte ergeben, dass viele Patienten im Rahmen der ambulanten Versorgung auch bereit wären, von der DIAKONIE PFLEGE Hausmeisterdienste in Anspruch zu nehmen, bei denen in der Häuslichkeit der Patienten anfallende Reparaturdienste geleistet würden.

Ungeregelte Zuständigkeiten

Auch hier kann wie in der Matrixorganisation (☞ Abb. 1.5) die nicht klar in Weisungsbefugnissen gegenüber anderen Abteilungen oder Sparten geregelte Zuständigkeit für einen bestimmten Bereich der Unternehmung eine positive Wirkung auch für den Kunden zur Folge haben. Denn der Kundenmanager ist, wie im Organigramm in Abbildung 1.7 ersichtlich, nur der Geschäftsführung unterstellt, nicht aber den Abteilungsleitern der Funktionsabteilungen oder den Spartenleitern.

Kooperationsbereitschaft

Bei dieser dreidimensionalen Organisationsform gilt es noch stärker als bei der Matrixorganisation zu beachten, dass sie ein hohes Maß an Kooperationsbereitschaft unter den Leitern der acht Abteilungen voraussetzt. Nur dann können mögliche Konflikte eine positive Wirkung haben.

Auf einen Blick

▶ Sparten- und Funktionale Organisation sind eindimensionale Organisationsformen, d. h. sie gliedern nach nur einem Kriterium.

▶ Wird der Pflegedienst nach mindestens zwei verschiedenen Kriterien untergliedert, spricht man von einer mehrdimensionalen Organisation der Unternehmung.

▶ Eine Gliederung nach zwei Kriterien ist eine Matrixorganisation, nach drei Kriterien eine Tensororganisation.

▶ In mehrdimensional strukturierten Unternehmungen können förderliche Konkurrenz und kreative Konflikte zwischen den Leitungspersonen unterschiedlicher Sparten und Funktionen entstehen.

1.3 Organisation der betrieblichen Unterlagen

Eine zweckmäßige Organisation der betrieblichen Unterlagen ermöglicht Zeitersparnis und Kundenzufriedenheit. Leider wird diese Frage in der betriebswirtschaftlichen Literatur oftmals vernachlässigt.

1.3.1 Aktenablage

Schon in einem kleinen ambulanten Pflegedienst nimmt nach kurzer Zeit die Anzahl der Akten, in denen betriebliche Unterlagen aufbewahrt werden, schnell zu. Der Grund dafür ist, dass unterschiedliche Arten von Geschäftsvorfällen in unterschiedlichen Aktenordnern aufbewahrt werden müssen, will man nicht später beim Suchen der Unterlagen mit leeren Händen dastehen.

Abb. 1.8: Wenn Informationen schnell griffbereit sind, freut sich der Kunde

Aktenbeschriftung

Das INSELHAUS will beispielsweise eine Annonce für die Suche nach Personalersatz für einen ausscheidenden Mitarbeiter in der Tageszeitung, in der die stationäre Einrichtung INSELHAUS tätig ist, schalten. Der Entwurf wurde an die Tageszeitung übersandt und diese schickt einen Korrekturabzug zurück an das INSELHAUS. Nachdem das INSELHAUS telefonisch der Tageszeitung »grünes Licht« für die Anzeige gegeben hat, wird der Korrekturabzug zweckmäßigerweise in einem Aktenordner abgelegt. Die Beschriftung des Aktenordners lautet dann beispielsweise »Annoncen für Personalbeschaffung«. Wenn zukünftig wieder eine Anzeige im Rahmen der Personalsuche geschaltet wird, können die dann abzulegenden Unterlagen ebenfalls in diesem Ordner untergebracht werden.

Suchprobleme

Es gibt in einer Altenpflegeeinrichtung jedoch mit der Zeit eine so große Menge von unterschiedlichen Geschäftsvorfällen, dass die bloße Beschrif-

tung der Akte und das alphabetische Ablegen nach dem ersten Wort der Bezeichnung der Akte in Schränken mit Hängeheftern die Folge hätte, dass Akten nur sehr schwer wieder zu finden wären.

Das klingt zunächst nicht einleuchtend, haben wir doch oben die im Beispiel genannte Akte »Annoncen für Personalbeschaffung« alphabetisch abgelegt. Die Frage ist allerdings: »Wie haben wir sie abgelegt?« Vermutlich unter A wie Annoncen. Zwei Jahre später haben wir das erste Wort der Aktenbeschriftung »Annoncen für Personalbeschaffung« jedoch sicher vergessen. Die Person, die die Akte angelegt hat, weiss unter Umständen noch, dass »Personalbeschaffung« und »Annoncen« als Begriffe auf der Akte stehen. Aber wonach sucht die Person? Nach dem ersten oder zweiten Begriff? Die Chance steht 50 %, dass unter dem Begriff »Personalbeschaffung« vergeblich gesucht wird. Vielleicht sucht eine in der Unternehmung neu eingestellte Person anders nach der Akte und sucht nach »Anzeigen« oder »Personalanzeigen«. Diese Person wird mit dieser Art der Organisation der betrieblichen Unterlagen vergeblich suchen.

Nebenablage

Ein weiteres Problem zeigt sich dadurch, dass es sicherlich Akten geben wird, die in einen schmalen Hängehefter passen. Es gibt aber auch umfangreichere Akten, wie beispielsweise die Akte »Prospekte der Konkurrenzunternehmen«, in der die Vielzahl der Publikationen der Konkurrenzbetriebe aufbewahrt werden. Die umfangreichen Akten können nicht in derselben, praktischen Hängeheftersystematik mit aufbewahrt werden. Daher entsteht eine Nebenablage mit »dicken Akten«. Selbst wenn diese alphabetisch nach einem der Suchbegriffe aufbewahrt werden, wird die Suche doch nur komplizierter. Man muss sich jetzt zusätzlich zu der Frage »Wie habe ich die Akte doch genannt?« die Frage stellen »War es eine dünne oder dicke Akte?«

Die Lösung des Problems besteht darin, mit Hilfe eines der vielen **EDV-Ablage-Softwareprogramme** die betrieblichen Unterlagen so abzulegen, dass in der Software bei der Neuanlage einer Akte mehrere einfache und möglichst spontan einleuchtende Suchbegriffe für die Akte vergeben und in dem Software-Programm gespeichert werden.

Auf einen Blick

▶ Unterlagen verschiedener Arten von Geschäftsvorfällen werden in dazugehörigen Ordnern abgelegt.

▶ Betriebliche Unterlagen müssen systematisch abgelegt werden, damit sie bei Bedarf schnell von jeder beliebigen Person gefunden werden können.

▶ Auf Grund der Vielzahl der Unterlagen reicht eine Beschriftung und alphabetische Sortierung der Akten nicht aus.

1.3.2 EDV-gestützte Ablage

 Fallbeispiel

Die in der Region geschäftsführende Pflegekasse kündigt einen Kontrollbesuch im ambulanten Pflegedienst CURA an. Es soll vor Ort im Pflegedienst geprüft werden, ob die Anforderungen der aktuellen Rahmenvereinbarung nach § 80 SGB XI erfüllt werden. Hierbei handelt es sich um eine Rahmenvereinbarung zwischen den Spitzenverbänden ambulanter Leistungserbringer und den Pflegekassen, in der u. a. Anforderungen in folgenden Bereichen gestellt werden:

• Qualität der Leistungserbringung
• Qualität der Dokumentation der Leistungserbringung
• Qualität der internen Struktur des Pflegedienstes

Es ist zweckmäßig, für diese neue Problematik der Qualitätskontrolle eine eigene Akte anzulegen. In dieser werden beginnend mit dem gerade an den Pflegedienst übersandten Anschreiben der Pflegekasse alle im Folgenden selber erstellten oder von anderen erhaltenen Dokumente zu diesem Thema abgelegt, sodass sie bei Bedarf leicht auffindbar und einsehbar sind.

Hilfe durch EDV

Es werden nun mehrere **Suchbegriffe** erdacht und in die Ablage-Software eingegeben, wie z. B. die Suchbegriffe »Qualitätskontrolle«, »§ 80 SGB XI« und »Pflegequalität«. Zusätzlich vergibt das Software-Programm eine fortlaufende Nummer für die Akte. Diese Nummer wird auf dem Aktenordner oder Aktenhefter gut sichtbar aufgebracht. Das Software-Programm sollte noch eine weitere zusätzliche Information zusammen mit den oben genannten Suchbegriffen und der **Aktennummer** in die EDV aufnehmen, und zwar den **Ablageort**. Denn je größer die Unternehmung ist und je mehr Mitarbeiter in ihren Büros die gesuchte Akte abgelegt haben könnten, desto schwieriger gestaltet sich die Suche nach dem Ort der Aktenaufbewahrung. Durch den in der Soft-

Aktennummer	Suchbegriff 1	Suchbegriff 2	Suchbegriff 3	Ablageort
354	Rechnungsprüfung	Berichte	Treuhandstelle	Büro Müller
123	Rechnungswesen	Einrichtung	Dokumentation	Büro Meier
412	Rundschreiben	Spitzenverband	Sammlung	Büro Müller
513	Rueffer, Waldemar	Personalakte	Personal	Büro Personal

Tab. 1.9: Beispiel für die Suche einer Akte mit Hilfe eines EDV-Programms

ware dokumentierten Ablageort kann man bei der Suche nach einer Akte sofort feststellen, wo sie in einem Unternehmen momentan aufbewahrt wird.

Erfolgreiche Suche

Die Tabelle führt das Ergebnis einer Suche nach einer Akte durch ein solches EDV-Programm auf. Es wurde nach der Akte gesucht, die die Berichte der bisherigen Rechnungsprüfungen der Unternehmung enthalten. Dabei wurde im Beispiel nach dem Begriff »Rechnungsprüfung« gesucht (☞ Tab. 1.9).

Man sieht, dass das EDV-Programm die Akte mit dem Suchbegriff »Rechnungsprüfung« gefunden hat und sie zusammen mit den anderen Suchbegriffen und dem Ablageort farbig unterlegt anzeigt. Außerdem wird die Aktennummer 354, die in der Vergangenheit für diese Akte durch das Software-Programm vergeben wurde, angezeigt. Mit Hilfe der Aktennummer ist sie im Büro Müller zu finden. Voraussetzung dafür ist allerdings, dass auf den dort zur Ablage genutzten Büromöbeln ein gut **sichtbarer Hinweis** auf die in ihnen enthaltenen Aktennummern aufgebracht ist.

Auf einen Blick

▶ Im Ablage-EDV-Programm werden betriebliche Akten mit Suchbegriffen, der Aktennummer und dem Ablageort versehen.

▶ Auf den Büromöbeln, die betriebliche Akten enthalten, befindet sich ein Hinweis auf die dort untergebrachten Aktennummern.

1.3.3 Buchhaltungs- und Personalakten

Es folgen an dieser Stelle spezielle Hinweise auf Besonderheiten bei der Organisation von betrieblichen Unterlagen, die Ablage von Buchhaltungsunterlagen und Personalakten.

■ Ablage von Buchhaltungsunterlagen

Die Ablage von Buchhaltungsunterlagen umfasst auch sämtliche **Belege**, die zu einer angewiesenen Buchung gehören. Im Falle von Altenpflegeeinrichtungen gehören dazu also auch alle Rechnungen, die gestellt und beglichen wurden, und **Leistungsnachweise**, die einer Rechnung zugrunde liegen.

Ordnungssystem

Nach der in Kapitel 1.3.2 dargestellten Systematik sind die Leistungsnachweise des Monats Juli 2003 also beispielsweise nach den Suchbegriffen »Leistungsnachweise«, »Pflegeversicherung« und »2003/07« unter der vom Computer vergebenen laufenden Ablagenummer 524 im Büro der Buchhalterin abgelegt worden. Bei der Suche nach diesen Unterlagen, um beispielsweise einen vom Pflegepersonal nachgelieferten Leistungsnachweis abzulegen, kann man in das EDV-Programm den Suchbegriff »2003/07« eingeben und die gesuchte Aktennummer als Ergebnis erhalten.

Anfragen

Wenn jedoch ein Mitarbeiter der Buchhaltung von einer Pflegekasse eine Frage zu einer Rechnung gestellt bekommt, kann es sein, dass die Mitarbeiterin gerade in einem anderen Software-Programm eine Anwendung ausführt. Das Wechseln in die Aktenablage-Software ist dann nicht sofort möglich. Aus diesem Grunde bietet es sich an, auf die Akten des Buchhaltungsbereiches auch die wichtigsten Suchbegriffe schriftlich aufzubringen, sodass mit einem schnellen Griff eine gesuchte Akte auch ohne Software-Hilfe gefunden werden kann. Durch das scheinbar überflüssige Aufbringen der Suchbegriffe auf die Buchhaltungsakten kann also in diesem speziellen Fall der Ablage von Buchhaltungsunterlagen eine höhere **Kundenfreundlichkeit** gegenüber den die Buchhaltungsmitarbeiter anfragenden Personen erreicht werden. Man beachte: jede Person mit einer Frage an den Mitarbeiter, ob Patient, Kassenmitarbeiter oder Arbeitskollege im Haus, sollte als Kunde aufgefasst und entsprechend behandelt werden. Auch in anderen Situationen, wie der Rechnungsprüfung durch ein Rechnungsprüfungsunternehmen, können auf den Akten aufgebrachte Suchbegriffe die (Such-)Arbeit für den Rechnungsprüfer effizienter machen. Der Rechnungsprüfer ist ebenfalls ein Kunde.

■ Ablage von Personalakten

Während die meisten der oben genannten Aktenarten unverschlossen in einer »offenen Ablage« abgelegt werden können, um schnell für alle die Akten nutzenden Personen zugänglich zu sein, müssen insbesondere Personalakten unter Verschluss aufbewahrt werden. Der Grund ist der sehr persönliche Inhalt der Personalakten, mit dem leicht Missbrauch betrieben werden kann. Die Ablage nach nur zwei Suchbegriffen, nämlich dem Nachnamen mit gleich in Anschluss genanntem Vornamen und einem Begriff wie z. B. »Personalakte« hat sich hierbei in der Praxis bewährt. Sinnvoll erscheint auch, die grundlegenden Dokumente wie z. B. den **Arbeitsvertrag**, von den monatlich bei Gehaltszahlung entstehenden **Personal-Abrechnungsunterlagen** zu trennen.

1.4 Organisationsentwicklung

▷ **Organisationsentwicklung:** Gezielte Veränderung der Ablauf- und Aufbaustruktur einer Unternehmung

Abweichend von anderen Definitionen der Organisationsentwicklung stehen hier die Beurteilung und gezielte Veränderung der Größe einer Organisation im Mittelpunkt.

Zwei wichtige Aspekte der Organisationsentwicklung, die in der betriebswirtschaftlichen Literatur für Altenpflegeeinrichtungen oftmals vernachlässigt werden, sollen im Folgenden angesprochen werden: Zunächst die anfängliche **Personalbedarfsermittlung** in einer Abteilung am Beispiel der Verwaltungsabteilung eines Pflegekonzerns mit Einrichtungen der stationären Altenhilfe und ambulanter Pflege in Kapitel 1.4.1. Es soll dabei geprüft werden, wie groß die Abteilung zu einem Anfangszeitpunkt bemessen sein soll. Nachfolgend in Kapitel 1.4.2 und 1.4.3 wird die **laufende Kapazitätskontrolle** in einem ambulanten Pflegedienst beschrieben, in dem es in besonderem Maße auf das genaue Zusammenpassen der Nachfrage mit dem zur Verfügung stehenden Pflegepersonal ankommt. Es wird somit zunächst geprüft, wie groß man anfänglich eine betriebliche **Organisationseinheit** bemisst und dann aufgezeigt, wie man im Zeitverlauf die Größe einer Organisationseinheit beurteilen und gegebenenfalls korrigieren kann.

1.4.1 Personalbedarfsermittlung

Entscheidend bei der Organisation von betrieblichen Organisationseinheiten ist die Frage, wie groß oder klein man beispielsweise eine **Verwaltungsabteilung** oder ein **Pflegeteam** bemessen soll.

Zu teuer

Sind drei oder vier Verwaltungsmitarbeiter für die Verwaltung im Bereich ambulante Pflege des Pflegekonzerns DIAKONIE PFLEGE nötig? In finanzieller Hinsicht wäre eine um ein **Volldeputat** zu groß bemessene Verwaltungsabteilung eine Verlustquelle für die Einrichtung in der Größenordnung von mindestens € 30.000.– jährlich.

Psychische Schäden

Bemisst man jedoch die Verwaltungsabteilung um eine Personalstelle zu klein und ignoriert die hohe Arbeitsbelastung der Verwaltungsmitarbeiter, dann kann die für Organisationsfragen zuständige Führungskraft ihre Verwaltungsmitarbeiter körperlich und psychisch schwer schädigen. Wie kann man daher versuchen, die Personalkapazitäten für bestimmte betriebliche Aufgaben so gut wie möglich in Übereinstimmung mit der Nachfrage nach Verwaltungstätigkeiten zu bringen?

Über- und Unterauslastung

Im Beispiel Pflegekonzern DIAKONIE PFLEGE will der Abteilungsleiter für den Bereich Verwaltung unter diesen Gesichtspunkten untersuchen: Ist gegenwärtig das Verwaltungspersonal mit Verwaltungstätigkeiten im Bereich ambulanter Pflege im Einrichtungsverbund für ambulante Pflege unter- oder überausgelastet? Die **Mitarbeitervertretung** wurde zuvor von im Einrichtungsverbund tätigen Verwaltungsmitarbeiterinnen alarmiert, dass eine extreme Überlastungssituation vorliegen würde. Der erste Schritt der Problemuntersuchung besteht in der Auflistung der im Verwaltungsbereich durchzuführenden **wesentlichen Tätigkeiten**.

■ Auflistung wesentlicher Arbeitstätigkeiten

Die **persönliche Befindlichkeit** der Verwaltungsmitarbeiterinnen kann ein Anhaltspunkt für eine Über- oder Unterauslastung sein. Oftmals jedoch ist der persönliche Eindruck im Alltagsgeschäft nicht zuverlässig. Man kann die Arbeitssituation durchaus als völlig überlastet empfinden, obwohl die eigentlich durchzuführenden Tätigkeiten keinen Grund für eine Überlastung geben dürften.

Stellenbeschreibung

Man kommt nicht umhin, alle wesentlichen Arbeitstätigkeiten aufzulisten, die einer Personalstelle als regelmäßige **Arbeitsaufträge** zugrunde liegen. Die Stellenbeschreibung kann bei der Auflistung der wesentlichen Tätigkeiten helfen. Wie jedoch in Kapitel 1.1 festgestellt wurde, kann in Abhängigkeit von der zugrunde liegenden Ausbildung die Stellenbeschreibung mehr oder weniger detailliert die Arbeitstätigkeiten beschreiben und bei der Auflistung mehr oder weniger helfen.

EDV-Auflistung

Im Beispiel ist die Strategie des Abteilungsleiters Verwaltung im Pflegekonzern DIAKONIE PFLEGE, dass er zunächst bei einer Mitarbeiterin des Verwaltungsteams die im letzten **Geschäftsverteilungsplan** genannten Arbeitstätigkeiten untereinander mit Hilfe eines **EDV-Programmes** auflistet. Im Geschäftsverteilungsplan wurden in der Vergangenheit einerseits jährlich stattfindende Tätigkeiten und andererseits unterjährig regelmäßig stattfindende Tätigkeiten festgelegt.

Jährliche Arbeitsaufträge

Die jährlich stattfindenden Tätigkeiten beinhalten bei der Mitarbeiterin die selbstständige Erstellung des **Jahresabschlusses** der Station 4 und die abschließende Prüfung der von anderen Verwaltungsmitarbeitern erstellten Jahresabschlüsse der Sozialstationen 3 und 6 (☞ Abb. 1.10). Ebenfalls einmal im Jahr erstellt Frau Müller **Wirtschaftspläne** für alle sechs Sozialstationen und eine besondere zahlenmäßige Zusammenfassung des Wirtschaftsplans für den Spitzenverband des Pflegekonzerns als Adressaten.

Turnusmäßige Arbeitsaufträge

Turnusmäßige, also regelmäßig innerhalb des Jahres anfallende Tätigkeiten im Bereich Buchhaltung sind bei Frau Müller:

- Vorbereitung und Buchung der Geschäftsvorfälle der Station 4
- EDV-Eingabe der Buchhaltungsdaten
- Ablage der Buchhaltung
- Mahnen säumiger Zahler der Station 4
- Versand der Rechnungen

Weiterhin gibt es im Bereich **Controlling** regelmäßig durchzuführende Tätigkeiten:

- Kontrolle des Mahnwesens der anderen fünf Pflegestationen außer der Station 4
- Berechnung von Auslastungsgraden für alle sechs Sozialstationen
- Erarbeitung von Zwischenabschlüssen für alle 6 Stationen

Realistische Zeitwerte

Man sieht auf der linken Seite die Auflistung der oben genannten Tätigkeiten und rechts davon einen **Jahreskalender** (☞ Abb. 1.10). In den Monaten werden die auf der linken Seiten genannten Tätigkeiten mit ihrer **Zeitdauer in Einheiten** von ganzen Tagen dargestellt. Entscheidend bei der Schätzung der Dauer der jährlich stattfindenden und unterjährig regelmäßig durchzuführenden Tätigkeiten ist, dass diese Zeitwerte realistisch bemessen werden. Für die Bemessung der Tätigkeiten von Frau Müller ist es von Vorteil, wenn der Abteilungsleiter die aufgelisteten Arbeitstätigkeiten einmal durchgeführt hat. Er weiß also genau, um welche realistischen Zeitumfänge es sich handelt. Falls er nicht genau die Zeitumfänge der Arbeitstätigkeiten zu schätzen vermag, bleibt ihm nur übrig, durch Zeitmessung oder Neben-der-Mitarbeiterin-Sitzen diese Werte nach und nach zu ermitteln.

Mindestens ein Arbeitstag

Bei Auflistung der Arbeitstätigkeiten einer Personalstelle ist es zweckmäßig, nur solche Tätigkeiten aufzulisten, die mindestens einen Arbeitstag zur Erledigung benötigen. Kürzer andauernde Tätigkeiten würden die Auflistung unnötig lang und unübersichtlich machen. Sie würden es erschweren, eine tatsächliche Über- oder Unterauslastung zu erkennen. Man sieht in der Abbildung, dass alle Tätigkeiten mit mindestens einem Tag Zeitdauer dargestellt werden (☞ Abb. 1.10). Es wird bei dieser Darstellungsweise angenommen, dass an den markierten Tagen nichts als die genannte Tätigkeit durch Frau Müller durchgeführt wird.

Arbeit bei Gelegenheit

Ablage der Buchhaltungsbelege in der Station 4 findet somit laut unserer Tätigkeitsliste einmal jeden Monat statt und erfordert einen Arbeitstag zur Erledigung dieser Aufgabe. In der Praxis wird die Buchhalterin jedoch nicht einen Tag lang, sondern bei Gelegenheit an vielen Tagen des Monats in kleinerem Umfang ihre Buchhaltungsunterlagen geordnet ablegen. Wir müssen jedoch in unserer Darstellungsweise so tun, als ob die aufgelisteten Tätigkeiten ganze Tage lang durchgeführt werden. Denn nur dann bekommen wir einen überschaubaren Überblick über das Arbeitsjahr einer Mitarbeiterin und erkennen gegebenenfalls eine Über- bzw. Unterauslastung.

Wenn die Tätigkeit der Ablage der Buchhaltungsbelege mit einem winzigen Zeitumfang auf 200 Arbeitstage des Jahres in der Abbildung verteilt wäre, und mit allen anderen Tätigkeiten auf der Liste auch nach dieser Weise verfahren wird, dann würde man in der Jahresübersicht keinerlei Anhaltspunkte für überschüssige bzw. fehlende Arbeitszeit finden. Es würde vielmehr ein undurchschaubares Durcheinander entstehen.

Eine Tätigkeit pro Tag

Man sieht in der Abbildung, dass nach der oben genannten Regel jeder Tag für nur eine Tätigkeit reserviert ist. Die interne Prüfung der **Jahresabschlüsse** der Sozialstationen 3 und 6 nimmt ins-

Vorgang	Jan 2003					Feb 2003				Mär 2003					Apr 2003				Mai 2003				Jun 2003			
	30	06	13	20	27	03	10	17	24	03	10	17	24	31	07	14	21	28	05	12	19	26	02	09	16	23
JÄHRLICH STATTFINDENE TÄTIGKEITEN																										
JAHRESABSCHLUßARBEITEN																										
Interne Prüfung Jahresabschluß Stationen 3 und 6																										
Jahresabschluß Station 4																										
WIRTSCHAFTSPLÄNE ERSTELLEN																										
Wirtsch.-plan alle Stationen aufstellen																										
Wirtschaftspläne für Spitzenverband aufstellen																										
REGELMÄSSIG WIEDERKEHRENDE TÄTIGKEITEN																										
Regelmäßige Tätigkeiten BUCHHALTUNG																										
Vorbereiten und Buchen Stat. 4 incl. EDV-Eingabe																										
Ablage Buchhaltung Station 4																										
Mahnen säumige Zahler Station 4																										
Rechnungsversand																										
Regelmäßige Tätigkeiten CONTROLLING																										
Kontrolle Mahnwesen andere Sozialstationen																										
Berechnung Auslastungsgrad alle 6 Sozialstationen																										
Zwischenabschlüsse erarbeiten																										
URLAUB																										
Urlaub Frau Müller (35 Tage)																										

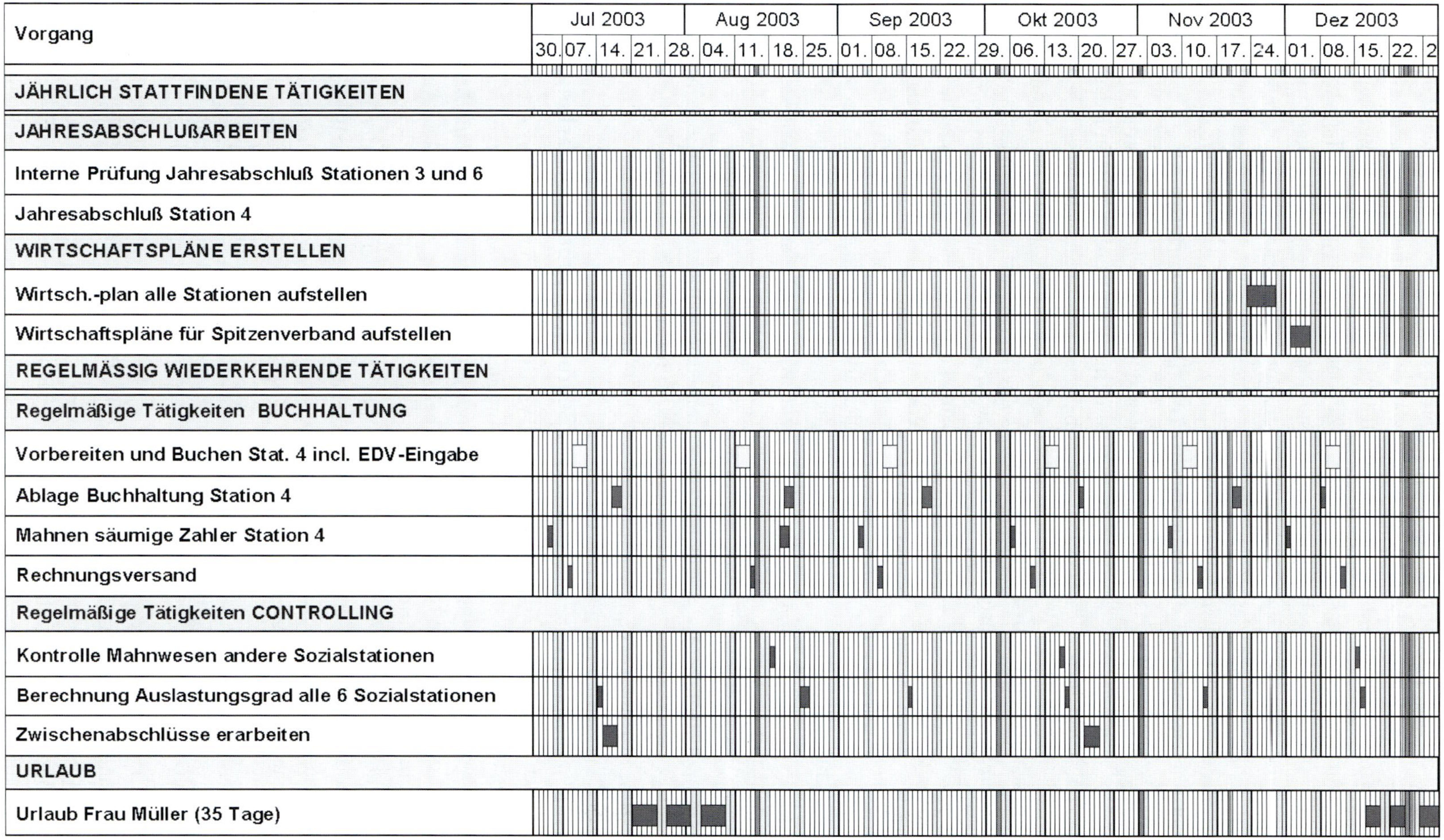

Abb. 1.10: Tätigkeitsliste Verwaltungskraft im Sozialstationenverbund des Pflegekonzerns DIAKONIE PFLEGE

1

gesamt fünf Tage im Jahr in Anspruch. Traditionell sind die Jahresabschlüsse am Jahresbeginn zu erstellen. Vom 11ten bis 13ten und vom 18ten bis 19ten Februar wurden diese insgesamt fünf Tage realistischerweise als dann zu erledigen eingeplant. Entsprechend werden alle anderen Arbeitstätigkeiten auch so eingeplant, dass sie auf Tage gelegt werden, die den tatsächlichen Anforderungen vom Termin her möglichst entsprechen (☞ Abb. 1.10). Der **Rechnungsversand** beispielsweise wurde zeitlich so gelegt, dass er vor dem laut Pflegeversicherungsgesetz vorgeschriebenen Monatszwanzigsten stattfindet. Auch die Aufstellung des **Wirtschaftsplans** wurde in unserer Übersicht auf den Herbst des Jahres gelegt. Denn dann wird in der betrieblichen Praxis tatsächlich für das Folgejahr der kommende wirtschaftliche Verlauf geplant.

Besonderheit Jahresurlaub

Eine besondere Stellung in dem dargestellten Diagramm hat der Jahresurlaub. Er stellt keine Arbeitstätigkeit wie die anderen aufgelisteten Positionen dar, sollte jedoch in der Auflistung mit dargestellt werden. Grund dafür ist, dass während des Jahresurlaubes die oben genannten Tätigkeiten nicht ausgeführt werden können. Der Urlaub drängt somit die Arbeitstätigkeiten auf den Rest des Jahres. An den Tagen des Urlaubs kann Frau Müller ihre Tätigkeiten nicht erledigen, sie muss sie an den noch verbleibenden Tagen des Jahres leisten. Es macht daher Sinn, die Urlaubstage im Sinne von »Tagen, an denen keine Arbeitstätigkeiten durchgeführt werden können« mit darzustellen. Wie in der Abbildung ersichtlich, sind 35 Tage Jahresurlaub aufgelistet und auf drei verschiedene Bereiche des Jahres verteilt worden.

■ Beurteilung der Auflistung

In Abbildung 1.10 wird deutlich, dass niemals zwei Tätigkeiten auf einen Arbeitstag gleichzeitig gelegt wurden. Am 17.02.2003 beispielsweise findet nur die Ablage der Buchhaltungsunterlagen der Pflegestation 4 statt und keine andere Tätigkeit. Vom

Strich, der vor der Zahl 17 steht, nach unten steht als einziger »Tagesblock« am 17.02.2003 die Tätigkeit Ablage Buchhaltung Station 4 mit der Zeitdauer von genau einem Tag. Andernfalls wäre die Planung unrealistisch. Denn man kann nicht an einem Tag mehrere Arbeitstätigkeiten mit dem Umfang von zwei Arbeitstagen durchführen.

Zeit für Unerwartetes

Die Beurteilung der Arbeitssituation muss nun so durchgeführt werden, dass in jeder der Jahresarbeitswochen untersucht wird, wie viele **Arbeitstage** es gibt, an denen die Durchführung von keinerlei Arbeitstätigkeiten geplant wurde. Diese nicht mit Arbeitsaufträgen geplanten Tage stellen die »Luft« dar, die Frau Müller für unerwartete, von außen kommende Arbeitstätigkeiten, die Lösung plötzlich auftretender Probleme und natürlich alle die Tätigkeiten, die kleinere Zeitumfänge als einen Arbeitstag anfordern und in der Tätigkeitsliste nicht dargestellt wurden, benötigt. In den ersten beiden Maiwochen steht beispielsweise auf unserem Arbeitsplan, dass nur zwei Tage mit Arbeitstätigkeiten versehen sind, der Rest ist noch nicht verplant und steht zur Verfügung für Unerwartetes.

Bedrohliche Arbeitsüberlastung?

Wie ist aber nun Frau Müllers Arbeitsplatz zu beurteilen? Ist die Mitarbeitervertretung zu Recht eingeschaltet worden, weil eine bedrohliche **Arbeitsüberlastung** vorliegt? Die Antwort ist eindeutig nein. Es gibt sogar nachweislich solche Wochen, in denen keine oder nur sehr wenige Arbeitsaufträge stattfinden. Alles in allem liegt so viel zeitlicher Freiraum zwischen den in Blöcken als ganze Tage eingeplanten Arbeitsaufgaben, dass nicht von einer Arbeitsüberlastung durch die aufgelisteten Arbeitstätigkeiten gesprochen werden kann.

Antwort an die Mitarbeitervertretung

Der Mitarbeitervertretung ist auf Basis dieses detaillierten Jahresarbeitsplanes diese wichtige Tatsache darzustellen. Diese Arbeitszeitanalyse

1

Abb. 1.11: Um eine Arbeitsüberlastung festzustellen, reicht manchmal auch ein Blick hinter die nackten Zahlen

men der **Organisationsentwicklung** eines Betriebes die Frage auftreten, wie die richtige Größe der Abteilung oder eines Pflegeteams im Zeitverlauf beibehalten werden kann. Im Beispiel bedeutet dies, dass in regelmäßigen Zeitabständen jede Personalstelle des Verwaltungsteams mit Hilfe der Tätigkeitsliste auf Über- oder Unterauslastung hin untersucht werden muss. Unter »richtiger Größe« ist dabei immer das Zusammenpassen von Personalkapazitäten mit dem Umfang der Arbeitstätigkeiten gemeint. Bei einem ansteigenden Arbeitsvolumen müsste eine »richtig« bemessene Abteilung mitwachsen. Beim Wegfall von Tätigkeiten auf Dauer in einem Pflegeteam, etwa durch Schrumpfen der Patientenschaft, müsste eine in ihrer Personalausstattung »richtig« bemessene Abteilung im selben Maße wie die Patientenschaft mitschrumpfen.

Im folgenden Kapitel wird anhand des Musterpflegedienstes CURA eine andere Untersuchungsmethode dargestellt, mit der die Kapazitäten von Pflegeteams im Hinblick auf Über- oder Unterauslastung im Zeitverlauf geprüft werden können.

zeigt ganz im Gegenteil, dass auf das Jahr hin betrachtet noch weitere Arbeitstätigkeiten an die Verwaltungsmitarbeiterin delegiert werden müssen, um deren **Unterauslastung** zu vermeiden. Es müssen jedoch in jedem Fall noch eine ausreichend große Anzahl von »freien Tagen« im Jahresarbeitsplan verbleiben, sodass immer wieder z. B. mögliche **Sonderarbeitstätigkeiten** oder auftretende Pannen bewältigt werden können.

Bewährung in der Praxis

Mit Hilfe dieser Form der Darstellung konnte in der betrieblichen Praxis eines Pflegedienstverbundes eine wesentliche Reduzierung des Personals in einem Verwaltungsteam realisiert werden. Vor allem in der Vergangenheit »gewachsene« personelle Überkapazitäten im Vergleich zu den als Arbeitsaufgaben vorliegenden Tätigkeiten waren hier Grund der **Personalreduzierung**.

Richtige Größe im Zeitverlauf

Nachdem nun eine Abteilung in der richtigen **Ausgangsgröße** bemessen wurde, muss im Rah-

---

Auf einen Blick

▶ Verwaltungsteams, die im Vergleich zur Nachfrage nach Verwaltungsdienstleistungen zu groß bemessen sind, verursachen für das Unternehmen vermeidbare Defizite.

▶ Verwaltungsteams, die im Vergleich zu ihren Aufgaben zu klein bemessen sind, gefährden die Mitarbeiter und die Ergebnisqualität.

▶ Bei der Untersuchung der Größe von Verwaltungspersonalstellen werden nur Tätigkeiten aufgelistet, die in der Summe mindestens einen Arbeitstag dauern.

▶ Urlaub und zeitlicher Freiraum für unvorhersehbare Arbeitsaufträge ist in einer Übersicht über die Jahresarbeitszeit zu berücksichtigen.

▶ Die Größe der Verwaltungsteams ist regelmäßig in Hinblick auf die zu bewältigenden Aufgaben zu überprüfen.

1.4.2 Laufende Kapazitätsplanung

Der **Personalkostenanteil** an den Gesamtkosten beträgt im Bereich ambulanter Pflegedienste in der Regel mehr als 80 Prozent. Daher stellt eine möglichst exakte Übereinstimmung des vorhandenen Personals mit dem im Pflegedienst durch Patientennachfrage benötigten Personals einen der wichtigsten Erfolgsfaktoren dar.

Durch einen schnell entstehbaren, für die Pflegedienstleitung oft leicht zu übersehenden Überhang der **Personalkapazitäten** über die in einem Monat abgerechneten Leistungsstunden der Pflegefachkräfte kann in kürzester Zeit ein enormes finanzielles Defizit auflaufen. Alleine das Ausscheiden eines Patienten, der beispielsweise bisher dreimal wöchentlich zwei Stunden Pflegeleistungen erhielt, kann schnell einen Personalüberhang von einem halben Volldeputat im Pflegebereich verursachen. Dieser **Personalüberhang** muss umgehend durch Neugewinnung von Patienten oder durch Verringerung der Personalkapazitäten beseitigt werden. Es wird im Folgenden der Aufbau eines Systems der Personalkapazitätsplanung für den fiktiven Pflegedienst Medicus beschrieben, mit dem man **Kapazitätsüberhänge** und **Unterkapazitäten** erkennen und gezielt darauf reagieren kann.

■ Durchführung der Zeiterhebung

In einem ersten Schritt gilt es, bei der Planung und Kontrolle der Personalkapazitäten **realistische Zeitwerte** für die im Pflegedienst Medicus erbrachten Leistungen in einer Zeiterhebung zu ermitteln. Nur wenn bekannt ist, wie lange im Durchschnitt eine einzelne Leistung dauert, können wir später in Bezug auf den gesamten Pflegedienst Aussagen zu dessen insgesamt erbrachten Leistungsstunden und zur Auslastung des Pflegedienstes machen.

Unrealistische Richtzeiten

Von den vielen verschiedenen **Gebührensystemen** in der Bundesrepublik Deutschland für den Leistungsbereich des Pflegeversicherungsgesetzes (SGB XI), die je nach Bundesland zum Teil völlig unterschiedliche **Leistungskomplexe** beinhalten, wird im folgenden Beispiel mit den Leistungskomplexen aus dem Bundesland Baden-Württemberg gearbeitet. Sie wurden zwischen Vertretern der Pflegekassen und Vertretern der Leistungserbringer ausgehandelt. Die im Beispiel verwendeten ärztlich verordneten Leistungen nach SGB V sind jedoch bundesweit gültig.

Eine Zeiterhebung ist notwendig, da die im Rahmen der genannten Gebührenverhandlung für die Leistungen des Pflegeversicherungsgesetzes für die Leistungskomplexe festgelegten »Richtzeiten« wenig bezug zur Realität haben. Der Pflegedienst sollte nach Abschluss der Zeiterhebung genau wissen, wie lange welche Leistung durchschnittlich im eigenen Pflegedienst dauert. (Beispiel: Ergebnis: Leistungskomplex »Große Toilette« dauerte laut einer Zeiterhebung in der Regel 38 Minuten bei den Patienten des Pflegedienstes Medicus. Dieser Zeiterhebungswert wird dem Leser wieder begegnen in Kapitel 2.3.3, in dem der Pflegedienst Cura seine realistischen Kosten für diesen Leistungskomplex errechnet.)

Wochenerhebungsbögen

Der Pflegedienst Medicus muss zunächst einen Erhebungsbogen entwerfen, der für die Pflegekraft, die die Zeiterhebung durchführt, leicht handhabbar ist. Auf diesem Erhebungsbogen wird sie am Rande ihrer pflegerischen Arbeit die tatsächliche Dauer der Leistungserbringung beim Patienten vermerken. Es werden auf den folgenden zwei Seiten Wochen-Erhebungsbögen für »kurze« und »lange« Leistungen dargestellt. Die Unterscheidung in »lange« und »kurze« Leistungen ist eine inhaltliche Unterscheidung, die sich bei der Durchführung der Zeiterhebung als hilfreich erwiesen hat. Pflegetätigkeiten mit verhältnismäßig langer Dauer werden auf einem Erhebungsbogen mit deren Dauer eingetragen und Pflegeleistungen mit verhältnismäßig kurzer Dauer auf dem Erhebungsbogen für »kurze Leistungen«. Die Pflegekraft kann auf diese Weise schneller den Erhebungsbogen finden, der

»Lange« Leistungen SGB V:	»Kurze« Leistungen SGB V:
Verbandswechsel/Wundpflege	Blutdruck/Puls/Blutzucker/Fiebermessen
Dekubitusvorsorge/-behandlung	Bronchial- bzw. Trachialtoilette
Einlauf/Darmentleerung	Hilfe bei der Ausscheidung/Inkontinenz
Hilfe bei der Körperpflege	Hilfe bei Nahrungsaufnahme n. § 37 SGB V
Haushaltshilfe nach § 38 SGB V	Hilfe beim An-/Auskleiden/Wäschewaschen
Hauswirtschaftliche Versorgung § 37 SGB V	Katheterwechsel bzw. -pflege
»Lange« Leistungen SGB XI:	**»Kurze« Leistungen SGB XI:**
Große Toilette (Modul 1)	Einfache Hilfe bei der Nahrungsaufnahme (Modul 7)
Umfangreiche Hilfe bei der Nahrungsaufnahme (Modul 8)	Hilfe bei Ausscheidungen (Modul 4)
Vollbad (Modul 3)	Kleiner Einkauf (Modul 14)
Hilfe beim Verlassen der Wohnung (Modul 9)	Kleine Toilette (Modul 2)
Zubereiten einer warmen Mahlzeit (Modul 12)	Reinigung des Haushalts, kurz (Modul 19)
Zubereitung einer einfachen Mahlzeit (Modul 10)	

Tab. 1.12: Erläuterungen zu den Wochenerhebungsbögen

nach einer erbrachten Pflegeleistung auszufüllen ist.

Da einige Bezeichnungen auf den nun folgenden Erhebungsbogen aus Platzgründen abgekürzt werden mussten, sei an dieser Stelle eine vollständige Liste der abgekürzten Bezeichnungen vorangestellt. Hier kann der Leser nachschauen, was eine abgekürzte Leistungsbezeichnung ausgeschrieben bedeutet.

In der Abbildung 1.13 und 1.14 werden die Original-Erhebungsbogen für die Zeiterhebung dargestellt.

Die Zeiterhebung sollte über einen Zeitraum von mindestens einem **Quartal** durchgeführt werden. Durch diesen vergleichsweise langen Erhebungszeitraum werden die oftmals sehr unterschiedlichen Leistungsdauern bei den Patienten aufgrund unterschiedlicher **Tagesbefindlichkeiten** ausgemittelt. Jede Pflegekraft des Pflegedienstes Medicus bekommt vor der ersten Woche des Erhebungszeitraumes von der Pflegedienstleitung die Wochen-Zeiterhebungsbogen übergeben und genau erläutert.

Eintragung der Zeitwerte

Im Erhebungsquartal schätzt die Pflegekraft nach jeder erbrachten Pflegeleistung beim Kunden die Arbeitszeit, die sie dafür benötigt hat, und trägt den Zeitwert in Form eines senkrechten Striches im entsprechenden Kästchen ein, z. B. in der Spalte »Montag« beim Kasten für »20 Minuten« im Erhebungsformular bei der »Langen Leistung« »Einlauf/Darmentleerung«. Zum Finden dieser Bezeichnung kann neben der oben beschriebenen Grobunterteilung in »lange« und »kurze« Leistungen zusätzlich eine alphabetische Sortierung der Bezeichnungen der Leistungen auf dem Erhebungsformular helfen. Denn die Pflegekraft soll durch die Zeiterhebung und das Eintragen der Zeitwerte nicht unnötig von ihrer Pflegetätigkeit abgehalten werden. Bei der Festlegung der **Spannbreiten** der möglichen Zeitwerte, also der Breite der möglichen anzukreuzenden Zeitwerte, muss die Pflegedienstleitung im Vorfeld der Formulargestaltung mit ihrer Fachkenntnis helfen und realistische Spannbreiten und die **Abstufungen** der Zeitschritte im Erhebungsformular vorgeben.

Fallbeispiel

Bei der Großen Toilette (Modul 1) kann man auf dem Erhebungsbogen in 10-Minuten-Schritten Werte von 30 bis 60 Minuten auswählen. Das »Anbieten« von Werten wie z. B. 80 oder 90 Minuten macht angesichts des Inhaltes dieser Leistung keinen Sinn. Andere Werte außerhalb des Zeitraumes 30 bis 60 Minuten sind daher »blockiert« durch graue Balken und können mit keinem Strich versehen werden.

1

Name der Pflegekraft (Druckbuchstaben) _____

Leistungsdauer　　　　»Kurze Leistungen«　　　　Zeitraum von _____ bis _____

SGB V

	Montag					Dienstag					Mittwoch					Donnerstag					Freitag					Samstag					Sonntag				
	5	10	15	20	25	30	5	10	15	20	25	30	5	10	15	20	25	30	5	10	15	20	25	30	5	10	15	20	25	30	5	10	15	20	25	30
Aktivierung/Mobilisation																																				
Blasenspülung																																				
RR/Puls/Blutzucker/Fieberm.																																				
Bronchial-/Trachialtoilette																																				
Einreibung/Wickel																																				
Hilfe bei Aussch./Inkontinenz																																				
Hilfe b. Nahrungsaufn. § 37																																				
Hilfe b. An-/Auskl./Wäschew.																																				
Infusionstherapie																																				
Injektion																																				
Katheterpflege/-wechsel																																				
Medikamentenüberw.																																				
Sondenernährung																																				

SGB XI

	Montag					Dienstag					Mittwoch					Donnerstag					Freitag					Samstag					Sonntag				
	5	10	15	20	25	30	5	10	15	20	25	30	5	10	15	20	25	30	5	10	15	20	25	30	5	10	15	20	25	30	5	10	15	20	25	30
Beheizen (Modul 20)																																				
Einf. Hilfe b. Nahr.-Aufn. (Modul 7)																																				
Hilfe bei Aussch. (Modul 4)																																				
Kleiner Einkauf (Modul 14)																																				
Kleine Toilette (Modul 2)																																				
Lagern (Modul 5)																																				
Mobilisation (Modul 6)																																				
Kurze Reinigung (Modul 19)																																				
Beziehen von Bett (Modul 17)																																				
Zuber. einf. Mahlz. (Modul 10)																																				

Abb. 1.13: Zeiterhebungsbogen »Kurze Leistungen«

Name der Pflegekraft (Druckbuchstaben)

Leistungsdauer   »**Lange Leistungen**«   Zeitraum von _____ bis _____

SGB V

	Montag	Dienstag	Mittwoch	Donnerstag	Freitag	Samstag	Sonntag
	10|20|30|40|50|60	10|20|30|40|50|60	10|20|30|40|50|60	10|20|30|40|50|60	10|20|30|40|50|60	10|20|30|40|50|60	10|20|30|40|50|60
Verb.-Wechsel/Wundpflege							
Dekubitusvors./-behandlung							
Einlauf/Darmentleerung							
Hilfe bei der Körperpflege							
Prophylaxe/Inhalation							
	60|70|80|90|100|110	60|70|80|90|100|110	60|70|80|90|100|110	60|70|80|90|100|110	60|70|80|90|100|110	60|70|80|90|100|110	60|70|80|90|100|110
Haushalts-Hilfe § 38 SGB V							
Hausw. Versorgung § 37							

SGB XI

	Montag	Dienstag	Mittwoch	Donnerstag	Freitag	Samstag	Sonntag
	30|40|50|60|70|80	30|40|50|60|70|80	30|40|50|60|70|80	30|40|50|60|70|80	30|40|50|60|70|80	30|40|50|60|70|80	30|40|50|60|70|80
Grosse Toilette (Modul 1)							
Umf. Hil. b. Nahr.-Aufn. (Modul 8)							
Vollbad (Modul 3)							
	45|55|65|75|85|95	45|55|65|75|85|95	45|55|65|75|85|95	45|55|65|75|85|95	45|55|65|75|85|95	45|55|65|75|85|95	45|55|65|75|85|95
Hilfe bei Verl. d. Wohn. (Modul 9)							
	30|40|50|60|70|80	30|40|50|60|70|80	30|40|50|60|70|80	30|40|50|60|70|80	30|40|50|60|70|80	30|40|50|60|70|80	30|40|50|60|70|80
Zuber. warmer Mahlz. (Modul 12)							

Abb. 1.14: Zeiterhebungsbogen »Lange Leistungen«

Praktische Tipps

Folgende Tipps erleichtern die Durchführung der Zeiterhebung:

- Stabile durchsichtige **Kunststoffmappe** verwenden, in die man einen Kugelschreiber fest einklemmen kann. In deren Innenseiten die Erhebungsbögen für lange und kurze Leistungen nebeneinander einlegen
- Unter die Erhebungsbögen »Rücken an Rücken« einen Bogen einlegen, auf dem Regeln, wie der Bogen auszufüllen ist, verständlich zusammenfasst sind. Dadurch ist die **Anleitung** zum Ausfüllen des Bogens für die Pflegekraft von außen lesbar, wenn sie sich unsicher ist.
- Pflegedienstleitung macht den Pflegekräften vor der Zeiterhebung in einer Dienstbesprechung klar, dass eine korrekte Zeiterhebung und ein dadurch mögliches Erkennen von dauerhaft benötigten Personalkapazitäten im Interesse der Pflegekräfte liegt. Nur durch korrekte **Kapazitätskontrolle** kann für die Personalbeschaffung Leitungskräften »bewiesen« werden, dass zusätzliches Personal eingestellt werden muss.

■ Auswertung der Zeiterhebung

Nach Abschluss der Zeiterhebung summiert die Verwaltungskraft des Pflegedienstes MEDICUS die beobachteten **Einzelzeitwerte** jeder Leistung auf und teilt sie durch die Anzahl der Striche bei den erbrachten Einzelleistungen, und zwar auf allen Einzelwochenformularen bei allen Pflegekräften. Das Ergebnis zeigt die durchschnittlichen Zeitwerte für jede erbrachte Leistung. Vereinfachtes Beispiel: Auf allen Wochenformularen sind bei der Leistung »Kleine Toilette« ein Strich bei 15 Minuten, zwei Striche bei 20 Minuten und ein Strich bei 25 Minuten vermerkt worden. Es wurden bei dieser Leistung also 80 Minuten benötigt bei viermaliger Erbringung der Leistung. Wenn man die Gesamtleistungszeit von 80 Minuten durch die vier erbrachten Leistungen teilt, erhält man den Zeitwert von 20 Minuten für die Leis-

tung »Kleine Toilette« bei den Patienten des Pflegedienstes MEDICUS.

Ziel der Zeiterhebung ist es, einen realistischen Zeitwert pro Einzelleistung zu erhalten. Daher sollte bei deutlichen »Ausrutschern« nach oben oder unten hinein in den mit grauen Balken versehenen Zeitbereich auf dem Erhebungsformular die Pflegedienstleitung mit der Pflegekraft den Grund für diese Abweichung ermitteln. Ließen sich **Abweichungen** bei einzelnen Zeitwerten nicht vermeiden, z. B. der Patient hatte am Morgen der Leistungserbringung sehr schlechte Befindlichkeit, sodass die Pflege sehr lange dauerte, werden diese Zeitwerte in die Zeiterhebung eingebracht. Hat die Pflegekraft diese Verzögerungen selbst zu verantworten, sollte dieser Ausrutscher aus der Zeiterhebung entfernt werden, damit das Ergebnis nicht verfälscht wird.

Leistungsbezeichnung:	Zeitdauer:
Große Toilette (Modul 1)	38 Minuten
Kleine Toilette (Modul 2)	21 Minuten
Hilfe bei Ausscheidungen (Modul 3)	14 Minuten
Mobilisation (Modul 6)	11 Minuten

Tab. 1.15: Einzelwerte pro Leistung

Das Endergebnis der Erhebung ist eine Aufstellung der Einzelleistungen mit dem in Minuten gerundeten Einzelzeitwert (☞ Tab. 1.15). Diese Einzelzeitwerte müssen nun in der durch den Pflegedienst MEDICUS verwendeten **Abrechnungssoftware** verankert werden.

Auf einen Blick

▶ Eine möglichst exakte Übereinstimmung des vorhandenen mit dem durch Patientennachfrage benötigten Pflegepersonals ist einer der gewichtigsten Erfolgsfaktoren.

▶ Realistische Zeitwerte für die Dauer der erbrachten Leistungen sind regelmäßig durch Zeiterfassungen zu ermitteln.

▶ Durch realistische Zeitwerte können monatlich Auswertungen durchgeführt werden, die die gesamte durch Kunden nachgefragte Pflegezeit errechnen.

1.4.3 Kapazitätsüberwachung

Seit Einführung des Pflegeversicherungsgesetzes und den damit verbundenen Pflichten in Bezug auf die separate Verbuchung der Geschäftsvorfälle kommt kein Pflegedienst mehr umhin, mit Hilfe eines **EDV-gestützten Abrechnungsprogramms** die erbrachten Leistungen den Pflegekassen in Rechnung zu stellen. In solch einem EDV-Programm müssen die ermittelten Zeitwerte so eingefügt werden, dass nach einem Abrechnungsmonat eine **Aufsummierung** aller erbrachten Pflegeleistungszeiten möglich ist. Ergebnis eines Abrechnungsmonates könnte dann zum Beispiel sein, dass durch das Pflegepersonal des Pflegedienstes MEDICUS 339,0 Stunden Pflegeleistungen in den Bereichen SGB XI und SGB V erbracht worden sind.

Falls die in einem Pflegedienst vorliegende Software diese Anforderung nicht erfüllt, muss der Software-Hersteller angefragt werden, dieses durch **Anpassung** des EDV-Programmes zu ermöglichen. Andernfalls sollte sich der Pflegedienst ein Abrechnungsprogramm aneignen, das die Berechnung der Monatsnachfrage auf Basis von selber ermittelten Zeitwerten bewerkstelligen kann.

Wir gehen in unserem Fallbeispiel des Pflegedienstes MEDICUS davon aus, dass das EDV-Abrechnungsprogramm des Pflegedienstes pro Monat die Summe der Zeitwerte der erbrachten Leistungen liefern kann, beispielsweise die im letzten Absatz genannte Leistungsstundenzahl von 339 Stunden Pflegeleistung pro Monat in den Leistungsbereichen SGB V und SGB XI. Im Folgenden wird die **Überwachung** der Auslastung des Pflegedienstes MEDICUS in einer Standardsoftware beschrieben.

■ Berechnung bzw. Schätzung von Zahlenwerten

Es müssen zunächst wichtige, später in der Tabellenkalkulation benötigte Zahlenwerte einerseits berechnet, andererseits realistisch geschätzt werden:

- Die **Anzahl der Tage** pro Jahr sowie Tage an **Wochenenden** und gesetzliche **Feiertage** wird dem Kalender des laufenden Jahres entnommen.
- Der **durchschnittliche Jahresurlaub** in Tagen pro Vollkraft wird als Durchschnittswert aus allen Jahresurlaubswerten der Mitarbeiter des Pflegedienstes MEDICUS errechnet und auf einen Durchschnittswert pro Vollbeschäftigten ausgemittelt. Es gehen somit bei Tarifwerken, die unterschiedlich bemessenen Urlaub aufgrund des Lebensalters aufweisen, sowohl die beispielsweise höheren Urlaubsumfänge von älteren Mitarbeitern als auch die kleineren Urlaubsansprüche von jüngeren Mitarbeitern in den Mittelwert mit ein, sodass man einen Jahresurlaubswert in Tagen für den gesamten Pflegedienst verwendet.
- Beim **Fort- und Weiterbildungsurlaub** wird nicht etwa der oftmals beobachtete, sehr geringe Wert in Tagen angenommen, sondern ein Zielwert in Höhe des durch die Unternehmensleitung gewünschten Weiterbildungsumfanges pro Vollkraft festgelegt. Anhaltspunkte können hierbei tariflich vereinbarte Zielgrößen geben.
- Die **durchschnittliche Krankheitsdauer** wird ebenfalls nicht anhand des tatsächlich im Durchschnitt beobachteten Wertes pro Volldeputat festgelegt, sondern als realistischer Zielwert formuliert, der eine »kreative Spannung« zwischen Ist- und Sollzustand aufweist.
- **Arbeitszeitverkürzungstage** und Tage für die Teilnahme an der **Mitbestimmung** können in Abhängigkeit der Ansprüche der Mitarbeiter auf diese Freistellungen exakt berechnet werden.
- Mit Zeiten für **Kuren** und **Rehabilitation**, Zeiten für **Betreuung von Kindern** und **Sonderurlaub** ist wie bei der Krankheitsdauer zu verfahren.

Die in der Tabelle 1.15 auszugsweise dargestellten Zeitwerte sind notwendig, um im nächsten Schritt das **Arbeitszeitangebot** des Pflegedienstes MEDICUS korrekt darzustellen. Wenn das Angebot an Arbeitszeit durch die Pflegekräfte dargestellt ist, kann das Arbeitszeitangebot mit der zuvor ermittelten Nachfrage an Pflegeleistungen des Monats (im Beispiel Pflegedienst MEDICUS 339,0 Pflegestunden) ins Verhältnis gesetzt werden. Das Verhältnis zwischen Angebot an Arbeitszeit und Nachfrage nach Pflegeleistungen des laufenden Monats stellt dann die Auslastung des Pflegedienstes MEDICUS dar. Dieser **Auslastungsgrad** kann als eine zentrale Größe zur laufenden Überwachung der Personalkapazitäten des Pflegedienstes genutzt werden.

Es soll an dieser Stelle zunächst aufgezeigt werden, wie die **Arbeitszeit in Volldeputaten** bei den im laufenden Monat pflegerisch tätigen Mitarbeitern des Pflegedienstes MEDICUS zweckmäßig aufsummiert wird.

■ Basisstellenplan

Es bietet sich hierbei für den Pflegedienst MEDICUS an, seinen **Stellenplan** permanent in einer Tabellenkalkulations-Standardsoftware gespei-

chert zu haben, um Veränderungen im Stellenplan umgehend in der Software berücksichtigen zu können. Die auf den folgenden Seiten abgebildeten Tabellen wurden in der Standardsoftware MICROSOFT EXCEL erstellt, die Einfachheit der Anforderungen an diese spezielle Tabellenkalkulation ermöglicht jedoch auch die Benutzung nahezu jeder anderen Standard-Tabellenkalkulationssoftware.

Der Basisstellenplan (☞ Abb. 1.16) weist auf der linken Seite die grundsätzliche Beschreibung der **Planstellen** im Stellenplan aus, wie z. B. Pflegedienstleitung, Pflegefachkraft, Reinigungskraft, Verwaltungskraft. Auch werden im Basisstellenplan Anforderungen an die **Qualifikation** der Planstelle genannt, wie z. B. Krankenschwester oder examinierte Altenpflegehelferin. Die Angabe des Deputatsanteils und die Spannbreite der im Zeitverlauf durchlaufbaren **Vergütungsstufen** nach **Einzelvergütungsgruppenplan,** hier in

Basisstellenplan (Muster)					Stellennachweis		01.03.2003		
Nr.	Beschreibung der Stelle	Qualifikation	Deputationsanteil	Verg.-Gruppe [BAT/KR]	Stelleninhaber	tatsächl. Qualifikation	Deputationsanteil	Eingr.	Bemerkungen
1100	Pflegedienstleitung (PDL)	Krankenschwester	100 %	VII/VIII/IX	Mustermann, Petra	Krankenschwester	100 %	KR IX	
1110	Stellvertretung PDL	Krankenschwester	75 %	VII/VIII	Müller, Iris	Krankenschwester	75 %	KR VII	Stellvertretung PDL
1120	Pflegefachkraft	Krankenschwester	75 %	V/Va/VI	Meier, Hannelore	Krankenschwester	75 %	KR VI	
1240	Pflegefachkraft	Krankenschwester	75 %	V/Va/VI	Schmidt, Karl	Krankenpfleger	100 %	KR VI	
1300	Verwaltungskraft	kaufmännische Ausbildung	75 %	Vc/Vb	Hausmann, Peter	Bürokaufmann	75 %	VIb BAT	
1310	Reinigungskraft	keine		Festvergütung	Förster, Edeltraud	keine	6 %	MT-Arb 1	ab 1.10.98
1400	Leitung Hauswirtschaftliche Dienste	Fachhauswirtschafter für ältere Menschen	50 %		Jäger, Wilhelmine	Fachhauswirtschafter für ältere Menschen	50 %		
1410	Hauswirtschaftliche Hilfskraft		75 %		Frisch, Karla	keine	100 %	KR VIII	
					Summe Personalstellen		**5,81**	**Vollstellen**	

Abb. 1.16: Basisstellenplan (Muster)

Anlehnung an den BAT (Bundesangestelltenta-rif), schließen die linke Seite des Stellenplans ab. Die rechte Seite weist nun im Gegensatz zum Stellenplan die tatsächliche **Besetzung** der verschiedenen Planstellen aus. Man nennt diese andere Seite des Stellenplanes daher den **Stellennachweis**. So kann in der Praxis beispielsweise durch Ausscheiden eines Mitarbeiters und nachfolgende Neueinstellung eines Anderen eine examinierte Altenpflegerin auf der Planstelle im Stellenplan geführt werden, auf der ursprünglich einmal eine Krankenschwester ausgewiesen wurde.

Ein in Stellenplan und Stellennachweis gegliederter Stellenplan gibt auf einen Blick Auskunft über das im Pflegedienst MEDICUS tätige Personal und ist bei ausschließlicher Korrektur im Software-Programm immer auf dem aktuellen Stand. Im vorliegenden Beispiel des Pflegedienstes MEDICUS wurde auf die Darstellung der Stelle eines Ge-

schäftsführers im Stellenplan verzichtet. Je nach Größe der Einrichtung kann eine solche Stelle jederzeit in die Darstellung integriert werden.

■ Stellenplan und Kalkulationstabelle

Es wird nun zunächst der aktuelle Stellenplan des Pflegedienstes MEDICUS aus der Datei, in der der Stellenplan geführt wird, in die erste Kalkulationstabelle der Tabellenkalkulationssoftware für unsere Auslastungsgradberechnung kopiert. Es werden also die oben dargestellten Daten des Basisstellenplanes von den Daten der Pflegedienstleitung Petra Mustermann bis zur Hauswirtschaftlichen Hilfskraft Karla Frisch in eine Tabelle der Tabellenkalkulationssoftware kopiert. Dort werden diese Daten nun in der Weise verändert, dass alle Planstellen außer den »**produktiven**« **Personalstellen**, also den Personalstellen, die un-

Stellenplan Produktivpersonal					Stellennachweis			Stand: 01.03.2003	
Nr.	Beschreibung der Stelle	Qualifikation	Deputa-tions-anteil	Verg.-Gruppe [BAT/KR]	Stellen-inhaber	tatsächl. Qualifika-tion	Deputa-tions-anteil	Ein-grup-pierung	Bemerkungen
1100	Pflegedienst-leitung	Kranken-schwester	100 %	VII/VIII/IX	Muster-mann, Petra	Kranken-schwester	0 %	KR IX	
1110	Stellvertretung PDL	Kranken-schwester	75 %	VII/VIII	Müller, Iris	Kranken-schwester	38 %	KR VII	Stellver-tretung PDL
1120	Pflegefachkraft	Kranken-schwester	75 %	V/Va/VI	Meier, Hannelore	Kranken-Schwester	75 %	KR VI	
1240	Pflegefachkraft	Kranken-schwester	100 %	V/Va/VI	Schmidt, Karl	Kranken-pfleger	100 %	KR VI	
1300	Verwaltung-kraft	kaufmännische Ausbildung	75 %	Vc/Vb	Müller, Peter	Bürokauf-mann	0 %	VIb BAT	
1310	Reinigungs-kraft	keine	6 %	Festverg.	Förster, Edeltraud	keine	0 %	MT-Arb 1	ab 1.10.98
1400	Leitung Haus-wirtschaftliche Dienste	Fachhaus-wirtschafter für ältere Menschen	50 %		Jäger, Wilhelmine	Fachhaus-wirtschafter für ältere Menschen	0 %		
1410	Hauswirtschaft-liche Hilfskraft	keine	75 %		Frisch, Karla	keine	75 %	KR VIII	
					Summe Produktivstellen 2,88			**Vollstellen**	

Abb. 1.17: Stellenplan Produktivpersonal (Muster)

mittelbar abrechnungsfähige Leistungsstunden beim Patienten erbringen, im Stellennachweis auf der rechten Tabellenseite mit einem Deputatsanteil von Null Prozent ausgewiesen werden. Der Basisstellenplan wird also in Bezug auf die nicht abrechnungsfähige Stunden erbringenden Personen »bereinigt«. Die so abgeänderte Tabelle wird in der Tabellenkalkulationssoftware mit der Bezeichnung »**Stellenplan Produktivpersonal**« abgespeichert. Dieser »Stellenplan Produktivpersonal« enthält nur noch diejenigen Personalstellen des Pflegedienstes MEDICUS auf der rechten Seite mit einem Deputatsanteil, die als »Produktive« auch abrechnungsfähige Leistungsstunden erbringen (☞ Abb. 1.17). Um eine möglichst einfache Berechnung durchführen zu können, wurde der Musterpflegedienst MEDICUS personell möglichst klein ausgestattet. In der betrieblichen Praxis lassen sich mit der vorgestellten Berechnungsmethode beliebig große Unternehmen abbilden.

In Abbildung 1.17 wurden alle solchen Mitarbeiter mit ihrem Deputatsumfang aus dem Produktivstellenplan entfernt, die keine abrechnungsfähigen Leistungsstunden liefern können:

- Pflegedienstleitung (PDL)
- stellvertretende Pflegedienstleitung in dem Umfang, wie auch sie von der Pflegetätigkeit freigestellt ist (nämlich zur Hälfte)
- Verwaltungskraft
- Reinigungskraft
- Leitung des Hauswirtschaftlichen Bereichs

Übrig bleiben die **Deputatsanteile** des so genannten »Produktivpersonals« des Pflegedienstes MEDICUS, die zu einer Gesamtsumme mit der Bezeichnung »Summe Produktivstellen« aufaddiert werden. Im nächsten Schritt wird dieser Zahlenwert der »Summe Produktivstellen« weiterverarbeitet, sodass wir dem Zwischenziel der Berechnung des Arbeitszeitangebots im Pflegedienst MEDICUS näher kommen. Wir sehen an dieser Stelle zunächst, dass von den im Basisstellenplan ausgewiesenen 5,81 Vollstellen im Produktivstellenplan nur 2,88 Vollstellen als »Produktive« ausgewiesen werden können.

■ Berechnung des monatlichen Arbeitszeitangebots

In der im Folgenden dargestellten, zweiten Kalkulationstabelle der Tabellenkalkulationssoftware werden nun die schon in Abschnitt 1.4.3 unter der Überschrift »Berechnung bzw. Schätzung von Zahlenwerten« angesprochenen wichtigen zu schätzenden bzw. zu berechnenden Zahlenwerte, die das Angebot der Arbeitszeit einer Pflegekraft in Vollzeitbeschäftigung darstellen, aufgeführt. Die Abbildung 1.18 zeigt einen **Gestaltungsvorschlag** an, wie die zugehörige zweite Kalkulationstabelle unserer Berechnung aussehen kann:

Tarifvertraglich geregelte Arbeitszeit

Die zweite Kalkulationstabelle in Abbildung 1.18 beginnt mit der Ermittlung der tarifvertraglich vereinbarten Arbeitszeit. Diese errechnet sich aus den schon zu Beginn dieses Kapitels beschriebenen Tagen pro Jahr und zieht die Wochenenden und Feiertage des Jahres ab. Ergebnis ist die tarifvertraglich vereinbarte Arbeitszeit. In unserem Beispiel wird mit einem Wert vom 7,7 Stunden pro Arbeitstag gerechnet. Ein Arbeits- bzw. Urlaubstag im Pflegedienst MEDICUS hat also 7,7 Arbeitsstunden. Weiterhin werden abgezogen:

- der durchschnittliche **Jahresurlaub** des Pflegedienstes
- die geplanten **Fort- und Weiterbildungszeiten** (Sollwert)
- die realistisch geplante **Krankheitszeit** einer Vollkraft (Sollwert)
- der **Arbeitszeitverkürzungstag** (sofern tariflich vereinbart)
- **Tage für Mitbestimmungstätigkeiten**
- **Zeiten für Kuren und Rehabilitation**
- **Sonderurlaub**
- ggf. voraussehbare **Zeiten für die Betreuung von Kindern**

Es ergibt sich als wichtiges Zwischenergebnis der **Sollwert an Arbeitszeit pro Jahr pro Vollkraft** im Pflegedienst MEDICUS. Im hier gewählten Beispiel ergibt sich ein Wert von 1509,20 Jahresstunden. Im Pflegedienst MEDICUS hat also jede voll-

Sollwert Angebot Arbeitszeit pro Pflegefachkraft pro Jahr (incl. Wege- und Stationszeiten) in Stunden und Tagen		
Tage pro Jahr	2810,50	365,00
Tage an Wochenenden	800,80	104,00
Feiertage	107,80	14,00
= Tarifvertragliche Arbeitszeit	1901,90	247,00
abz. Urlaub (30 Tage)	231,00	30,00
abz. Fort- und Weiterbildung, Bildungsurlaub	77,00	10,00
abz. durchschnittliche Krankheitsdauer	77,00	10,00
abz. AZV-Tag	7,70	1,00
abz. Tage für Mitbestimmung	0,00	0,00
abz. Zeiten für Kuren u. Rehabilitation	0,00	0,00
abz. Sonderurlaub	0,00	0,00
abz. Zeiten für Betreuung v. Kindern	0,00	0,00
Sollwert Arbeitszeit/Jahr pro Vollkraft	**1509,20**	**196,00**

Abb. 1.18: Sollwert Arbeitszeit pro Jahr pro Vollzeitbeschäftigtem

zeitbeschäftigte Kraft 1509,20 Stunden produktiver Arbeitszeit pro Jahr zur Verfügung, die sie dem Pflegedienst zur Verfügung stellen kann. Dies entspricht einem Wert von genau 196 Arbeitstagen.

Arbeitszeit Produktivpersonal

In den durch uns bereits aufgebauten Kalkulationstabellen muss nun eine einfache rechnerische Verknüpfung mit der Bezeichnung »**Angebot Arbeitszeit Produktivpersonal gesamte Sozialstation pro Monat**« derart formuliert werden, dass der Wert der zuvor in Abbildung 1.17 errechneten »Summe Produktivstellen« aus dem Produktivstellenplan mit dem »Sollwert Arbeitszeit pro Jahr pro Vollkraft« aus Abbildung 1.18 multipliziert und durch 12 Monate geteilt wird. In unserem Beispiel bedeutet das, dass die 2,88 Produktivstellen des Pflegedienstes MEDICUS aus Abbildung 1.17 mit den 1509,20 Stunden an produktiver Arbeitszeit einer Vollkraft pro Jahr aus Abbildung 1.18 multipliziert und durch 12 Monate geteilt werden. Das durch die Kalkulationssoftware sofort ausgewiesene Ergebnis ist ein Wert von 362,21 Stunden an »Angebot Arbeitszeit Produktivpersonal gesamte Sozialstation pro Monat«. Der Leser kann diesen Rechenschritt in der Abbildung 1.19 nachvollziehen. Er sieht in der Tabelle oben den Stellenplan Produktivpersonal mit dem

Ergebnis 2,88 Vollstellen im Pflegedienst vorhanden. Mitte links in Abbildung 1.19 erkennt er die Berechnung aus Tabelle 1.17 wieder, in der 1509,20 Stunden als Sollwert Arbeitszeit pro Jahr und Vollkraft errechnet werden. Eine Zeile unter diesem Ergebnis sehen wir die daraus resultierende Berechnung des Angebotes an Arbeitszeit des Pflegedienstes MEDICUS i. H. v. 362,21 Stunden. Der Leser sollte diese Berechnung mit dem Taschenrechner nachvollziehen können: 2,88 Produktivkräfte erbringen jeweils 1509,20 Pflegestunden im Jahr. Dies entspricht 4346,496 Stunden pro Jahr. Um die monatlich möglichen Pflegestunden zu erhalten, teilen wir diese Zahl durch 12 Monate. Das Ergebnis ist 362,208, also auf 2 Nachkommastellen gerundet 362,21 Pflegestunden pro Monat.

Diese Stundenanzahl i. H. v. 362,21 Stunden können die »dreieinhalb« Produktivkräfte unseres Stellenplans pro Monat erbringen, wenn die zugrundegelegten Annahmen z. B. über Fehlzeiten, Fort- und Weiterbildungszeiten im Jahr eintreffen. Das Personal kann also monatlich maximal 362,21 Pflegestunden dem Pflegedienst MEDICUS zur Verfügung stellen. Dies erscheint bei dreieinhalb produktiven Vollkräften ein sehr kleiner Wert zu sein. Aufgrund aller oben abgezogenen Zeitwerte wie Urlaub, Krankheit und Fort- und Weiterbildungszeiten erklärt sich jedoch, warum in der Berechnung eine so relativ kleine Stundenzahl übrig bleibt.

Fahr- und Stationszeiten

Bei dem genannten Monatswert an vorhandener Arbeitszeit handelt es sich um einen **Planwert**, der uns auch eine grobe Einschätzung über die maximale mit dem vorliegenden Stellenplan zu erzielende Anzahl an abrechnungsfähigen Stunden geben soll. Anders formuliert: Wenn die 2,88 produktiven Vollkräfte des Pflegedienstes MEDI-CUS (der Zahlenwert ist nur wegen der musterhaft im Formular verringerten Personalstellen so gering) die Annahmen über alle oben genannten Zahlenwerte wie Krankheitszeiten, Fortbildungszeiten, im Durchschnitt erfüllen würden, hätten die Pflegemitarbeiter maximal 362,21 Stunden zur Verfügung, um gegenüber den Patienten abrechnungsfähige Stunden zu erbringen. Aber es gilt zu beachten, dass von derselben Zeit auch der Weg zum Patienten, Dienstbesprechungen und andere Tätigkeiten bestritten werden müssen, in denen keinerlei abrechnungsfähige Stunden erbracht werden können.

Es ist also offensichtlich, dass in der **Realität** niemals 362,21 Stunden gegenüber den Kassen und den Patienten abrechnungsfähig sein können, da die genannten Fahrzeiten und Stationszeiten für Dienstbesprechungen unverzichtbar sind. Der genannte Stundenwert gibt vielmehr eine **maximale Obergrenze** an für die Zeit, in der die Pflegekräfte im Dienst sind und Leistungsstunden erbringen könnten. Bei dieser Zahl des Arbeitszeitangebotes handelt es sich dennoch um die erste wichtige Säule der **Kapazitätsüberwachung**, die nun mit der zweiten Säule der im Vormonat abgerechneten Nachfrage an Leistungsstunden beim Patienten ins Verhältnis gesetzt werden muss.

■ Berechnung des Auslastungsgrades

Durch das Abspeichern der ermittelten Zeitwerte für die Einzelleistungen des Pflegedienstes (☞ Abb. 1.15) ist es nun möglich, aus dem EDV-Abrechnungsprogramm des Pflegedienstes ME-DICUS durch Produktivkräfte erbrachte und tatsächlich abgerechnete Leistungsstunden des Vor-

monates ausgeben zu lassen. Nehmen wir an, das Abrechnungsprogramm gäbe uns einen Leistungsstundenwert in Höhe von 339,0 als Nachfrage des vergangenen Monats aus. Dieser Wert wird nun mit der Bezeichnung »**Höhe der abgerechneten Leistungsstunden**« in der vorletzten Zeile der folgenden Kalkulationstabelle ergänzt und verknüpft.

In der Abbildung 1.19 sieht man nochmals die Berechnung des Angebotes an Arbeitszeit mit Hilfe des in die Kalkulationstabelle einkopierten Produktivstellenplans. Die Summe des Produktivpersonals summiert sich wie bereits oben diskutiert auf 2,88 Vollstellen. In der selben Tabelle weiter unten wird der Sollwert Arbeitszeit pro Jahr aus den bereits vorliegenden Zahlenwerten errechnet. 1509,20 Stunden kann demnach eine Produktivkraft pro Jahr maximal an Arbeitszeit zur Verfügung stellen.

Multipliziert man die 2,88 produktiven Vollstellen mit den 1509,20 Stunden Arbeitszeit pro produktiver Vollstelle und teilt das Ergebnis durch 12 Monate, erhält man das Angebot an Arbeitszeit der Produktivkräfte pro Monat i. H. v. 362,21 Stunden. Die 339 Stunden tatsächliche Nachfrage des Monats werden in der Tabelle nun dem Arbeitsangebotswert gegenübergestellt und es wird eine Verhältniszahl mit der Bezeichnung »**Auslastungsgrad des Monats**« gebildet. Diesen erhält man, indem man die tatsächliche Nachfrage an Pflegeleistung i. H. v. 339 Leistungsstunden durch das Arbeitszeitangebot der Produktivkräfte i. H. v. 362,21 Arbeitsstunden teilt und mit der Zahl 100 multipliziert. Der Auslastungsgrad gibt an, wie viel Prozent die tatsächlich von Kunden nachgefragten Pflegestunden an dem maximal möglichen Arbeitsangebot des Pflegedienstes ausmachen. Der Auslastungsgrad zeigt also an, wie viel Prozent der dem Pflegedienst und seinen Produktivkräften zur Verfügung stehenden Zeit in gegenüber den Kassen und Selbstzahlern abrechnungsfähige Zeit im vergangenen Monat umgewandelt werden konnte.

Im Beispiel ergibt sich ein Auslastungsgrad i. H. v. 93,59 Prozent. Er ist die Zahl rechts unten in Abbildung 1.19.

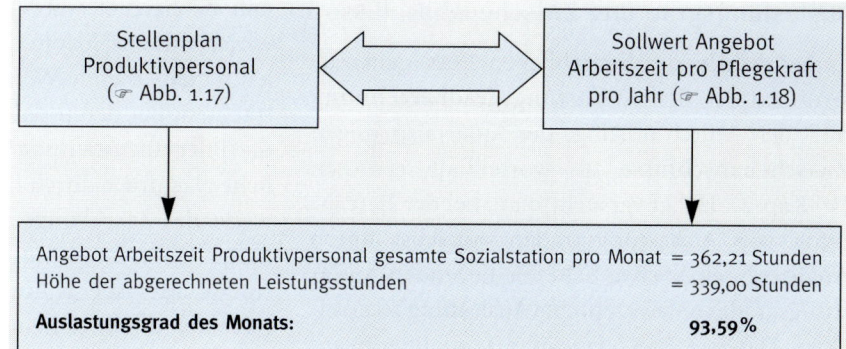

Abb. 1.19: Gegenüberstellung der Höhe der abgerechneten Leistungsstunden mit dem Angebot an Arbeitszeit im Pflegedienst

---

Auf einen Blick

▶ Mit Hilfe eines in der EDV geführten Stellenplans und der Berücksichtigung aller Arbeitstage der Pflegekräfte im Jahr kann das monatliche Arbeitszeitangebot des Pflegedienstes berechnet werden.

▶ Das errechnete Arbeitszeitangebot ist in der Realität selten vollständig abrechnungsfähig.

▶ Der Auslastungsgrad eines Pflegedienstes errechnet sich aus dem Verhältnis der durch Kunden nachgefragten Pflegezeit zum Arbeitszeitangebot des Pflegedienstes.

1.4.4 Kapazitätsbewertung und mögliche Folgen

Liegen die Ergebnisse der oben genannten Berechnungen vor, ist es notwendig,

• die errechnete **Auslastung** der Kapazitäten des Pflegedienstes richtig zu beurteilen

• das **Ergebnis** den Pflegedienstleitungen in der richtigen Form zu präsentieren

• mit den Pflegedienstleitungen auf Grundlage der errechneten Daten die Kapazitäten richtig auszulasten bzw. die **Personalkapazitäten** zu verändern.

■ Beurteilung der Ergebnisse

Wie ist nun ein Auslastungsgrad von 93,59 Prozent an abrechnungsfähigen Leistungen im lau-

fenden Monat zu bewerten? Ist er zu hoch oder zu niedrig? Was ist ein zweckmäßiger Richtwert für den Pflegedienst MEDICUS?

All diese Fragen können nur in der Tendenz und nur für den einzelnen Pflegedienst beantwortet werden. Aufgrund geschätzter Daten bei den Erhebungen, z. B. voraussichtliche Krankheitsdauer pro Jahr, und aufgrund der Tatsache, dass Leistungen aus dem Bereich SGB V wie z. B. Injektionen und Leistungen aus dem Bereich SGB XI oftmals »gleichzeitig« in einem Hausbesuch erbracht werden können, sind sowohl die Obergrenze »Angebot Arbeitszeit Produktivpersonal pro Monat« als auch der Wert »Höhe der abgerechneten Leistungsstunden« nur als **Planwerte** zu bewerten. Diese stellen eben nur eine Annäherung an die Realität dar. Planzahlen und Auswertungen sollten nicht wörtlich und gewissermaßen »blind« verwendet werden. Dienstrechtliche Maßnahmen bei Unterschreiten eines willkürlich festgelegten Prozentsatzes des Auslastungsgrades anzudrohen oder gar zu vollziehen, wäre ein gefährlicher und falscher Umgang mit solchen Auswertungen.

Passender Pflegedienst

Der Auslastungsgrad stellt die bestmögliche Annäherung an die Auslastung eines Pflegedienstes dar, der keine exakte **Vorort-Erfassung** der Leistungszeit mittels beispielsweise **Scannersystemen** oder **mobilen Datenerfassungsgeräten** praktizieren kann oder will.

1

Auslastungsgrad und Zwischenabschlüsse

Es hat sich in der betrieblichen Praxis ein Zusammenspiel der **Auslastungsgradberechnung** mit der Durchführung der quartalsmäßigen **Zwischenabschlüsse** als vorteilhaft erwiesen (☞ Kap. 2). Dabei versucht man, bei der Berechnung von Auslastungsgraden zunächst durch Anvisieren eines etwa bei 85 % liegenden Auslastungsgrades eine akzeptable Auslastung zu erreichen. Das bedeutet, dass man vom Pflegeteam fordert, dass von der täglichen, durchschnittlichen Arbeitszeit einer Vollkraft i. H. v. 7,7 Stunden ein Wert von ca. 6,5 Stunden in abrechnungsfähige Stunden umgewandelt wird. Bei einer Teilzeitkraft mit nur 50 % Deputatsanteil würde ein Auslastungsgrad von 85 % die Erbringung von abrechnungsfähigen Stunden in der Höhe von durchschnittlich 3,27 Stunden bedeuten. Je nach **Besonderheiten der geografischen Lage** des Pflegedienstes in einer Großstadt oder einem ländlichen Bereich muss diese Vorgabe von 85 % individuell für jeden Pflegedienst verändert werden.

Parallel dazu wird durch die Durchführung von Zwischenabschlüssen die Wirtschaftlichkeit des Betriebes zeitnah überprüft. Zeigt sich durch ein nicht akzeptables wirtschaftliches Ergebnis im Zwischenabschluss für ein Quartal, dass ein höherer Auslastungsgrad vonnöten ist, gibt man dem Pflegepersonal im Folgenden einen Auslastungsgradwert i. H. v. beispielsweise 90 % vor. Man fordert dann also, dass von 7,7 Stunden Arbeitszeit einer Vollkraft ein Wert von etwa 6,9 Stunden im Mittel abrechnungsfähig gemacht wird. Damit soll der entstandene finanzielle Schaden, der sich im schlechten Zwischenabschluss widerspiegelt, vermindert werden.

Treffgenauigkeit

Dieser neue Zielwert von 6,9 Stunden abrechnungsfähiger Zeit ist sicher selten exakt zu treffen. Man wird vielmehr versuchen, sich mit dem Auslastungsgrad des Pflegeteams **im Mittel** um den anvisierten Wert zu bewegen. Anschließend kann bei den nächsten Zwischenabschlüssen zeit-

nah beobachtet werden, ob sich der erwartete wirtschaftliche Erfolg einstellt. Ist dies der Fall, kann man diesen Wert als eine **Zielgröße** betrachten, bei deren dauerhaftem Unterschreiten die Pflegedienstleitung versuchen muss, zusätzliche Nachfrage durch Instrumente wie beispielsweise des Marketings zu erzeugen. Bei dauerhafter Überschreitung des gewünschten Auslastungsgrades ist eine Aufstockung der Personalkapazitäten durch Neueinstellungen vonnöten.

■ Präsentation der Auslastungsgrade

In der betrieblichen Praxis hat sich herausgestellt, dass es nicht ausreicht, wenn der Pflegedienstleitung der Wert des Auslastungsgrades mündlich mitgeteilt wird. Besser werden die Verantwortlichen mit einer speziell für die Präsentation von Daten geeigneten Software monatlich über den aktuellen Auslastungsgrad grafisch informiert. Eine anschauliche Grafik wirkt um ein Vielfaches mehr als »nackte« Zahlen.

In einem großen Pflegedienst mit mehreren Pflegestützpunkten können die Ergebnisse mit der **Präsentationssoftware** auf eine Leinwand projiziert und damit gleich mehreren Pflegestützpunktleitern offenbart werden. Dies hat oftmals eine »**gesunde Konkurrenz**« unter den Pflegestützpunktleitern zur Folge. Jeder von ihnen möchte nur ungern einen dauerhaft zu niedrigen Auslastungsgrad in Anwesenheit der »Konkurrentinnen« präsentiert bekommen. Es wurde sogar beobachtet, dass sich dauerhaft unausgelastete Pflegestützpunkte überreden lassen konnten, überlasteten Pflegestützpunkten eine Pflegekraft zeitweise zu überlassen, bis die eigene Nachfrage sich wieder erholt hat. Bei so einem Vorgehen wird Initiative aus **Solidarität** geweckt, ohne dass die Geschäftsführung einschreiten muss.

Das dargestellte System mag einfach erscheinen. Es konnte jedoch über einen Zeitraum von mehreren Jahren in einem großen ambulanten freigemeinnützigen Pflegeeinrichtungsverbund mit über 100 Beschäftigten auf seine Praxistauglichkeit erprobt werden. Ausgehend von zu Beginn vorliegenden, existenzbedrohenden wirtschaft-

1

lichen Ergebnissen konnte innerhalb nur eines Jahres, in dem konsequent die Auslastungsgrad-Kontrolle im Pflegebereich angewandt wurde, eine fast vollständige Kostendeckung erreicht werden.

■ Richtige Auslastung der Kapazitäten

Das dargestellte System der permanenten Überwachung der Auslastungen von Pflegediensten ermöglichte in der Praxis auch eine fundierte Planung der Personalkapazitäten. Aufgrund der Tatsache, dass über einen längeren Zeitraum sowohl wirtschaftliche Überschüsse durch Zwischenabschlüsse nachgewiesen werden und gleichzeitig Auslastungsgrade beobachtet werden konnten, die permanent über dem für den speziellen Einrichtungsverbund gesetzten 85 Prozentwert lagen, konnte systematisch die Aufstockung der Personalkapazitäten geplant und durchgeführt werden. Die Gefahr, den Pflegedienst durch Schaffung von personellen Überkapazitäten finanziell zu schädigen, bestand auf diese Weise nicht.

Dauerhaft überhöhte Auslastungsgrade bei gleichzeitig positivem wirtschaftlichem Ergebnis sind einerseits durch anfallende Überstundenzuschläge unnötig teuer. Außerdem besteht die Gefahr, dass die Mitarbeiter auf Dauer überlastet werden und »ausbrennen«. Dauerhaft zu niedrige Auslastungsgrade müssen durch »**Ankurbeln der Nachfrage**« (☞ Kap. 3) oder durch Abzug von Personal beseitigt werden.

Auf einen Blick

▶ Die Auslastungsgrade sind als Werte zu verstehen, die lediglich eine Tendenz angeben. Sie sind mit unterjährigen Gewinn- und Verlustrechnungen zu vergleichen.

▶ Auf einer zahlenmäßigen Grundlage von Auslastungsgraden und Zwischenabschlüssen kann über eine Anpassung von Personalkapazitäten gesprochen werden.

▶ Auslastungsgrade werden den Pflegedienstleitungen bzw. Pflegeteamleitungen gemeinsam und grafisch präsentiert. Dies steigert Konkurrenz und Hilfsbereitschaft bei Überauslastung.

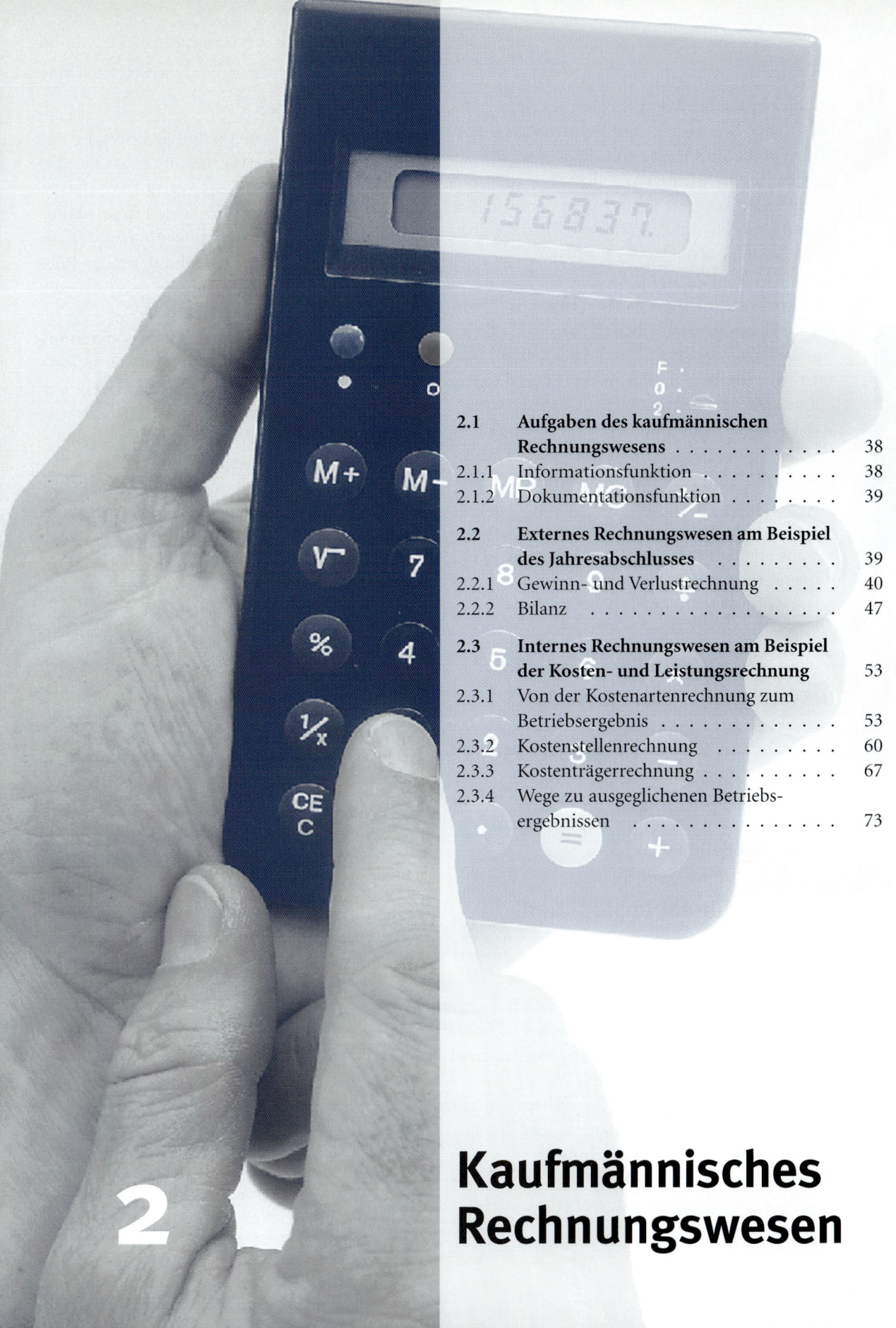

2

Kaufmännisches Rechnungswesen

Die hier in Kapitel 2 dargestellten Konzepte weisen in der betriebswirtschaftlichen Praxis von Pflegeeinrichtungen einen für das wirtschaftliche Bestehen sehr wichtigen Stellenwert auf. Ein Nichtverstehen dieser Grundlagen kann im Bereich des kaufmännischen Rechnungswesens besonders fatale Folgen haben.

Ziel dieses Kapitels ist es, Aspekte des kaufmännischen Rechnungswesens zu vermitteln, die in der betriebswirtschaftlichen Praxis von Pflegeeinrichtungen wesentlich sind. Dies soll am Beispiel des fiktiven ambulanten Pflegedienstes »CURA« geschehen. Ausgesuchte Geschäftsvorfälle des Pflegedienstes und deren Abwicklung helfen, das kaufmännische Rechnungswesen nachzuvollziehen und Wissenslücken aufzufüllen. Kapitel 2.1 stellt zunächst die wesentlichen Grundlagen vor. Anhand des **externen Rechnungswesens** in Kapitel 2.2 und des **internen Rechnungswesens** in Kapitel 2.3 wird deren Sinn und Ausgestaltung in der Praxis deutlich.

2.1 Aufgaben des kaufmännischen Rechnungswesens

Das kaufmännische Rechnungswesen hat zwei wesentliche Aufgaben: Es soll
- Informationen liefern (**Informationsfunktion**)
- die Vorkommnisse im Betrieb dokumentieren (**Dokumentationsfunktion**)

2.1.1 Informationsfunktion

Durch das kaufmännische Rechnungswesen werden Informationen an zwei verschiedene Gruppen von Adressaten des Betriebes geliefert:
- **Interne Adressaten**, wie zum Beispiel Pflegeteams, Pflegedienstleitung, Geschäftsführung oder der Träger des Betriebes
- **Externe Adressaten**, z. B. Geldgeber, Kapitalgeber und Gläubiger (Personen oder Organisationen, denen wir etwas schulden) oder eine Bank, von der der Betrieb einen Kredit erhalten hat, verlangt einen Jahresabschluss des Betriebes vom Vorjahr.

Interne Adressaten

Die internen Adressaten benötigen oft sehr unterschiedliche **Informationen** über den Betrieb. So will z. B.
- ein Pflegeteam wissen, ob seine **Pflegeleistungen** in wirtschaftlicher Weise erbracht werden
- die Pflegedienstleitung erfahren, ob der **Pflegebetrieb** als Ganzes mit seinen verschiedenen Pflegeteams wirtschaftlich arbeitet
- die Geschäftsführung des Betriebes die Information haben, wie viel **Kapital** der Pflegedienst zum heutigen Zeitpunkt noch besitzt und ob die notwendigen Geldmittel vorhanden sind, um z. B. dringend benötigte, zusätzliche Kfz für ein Pflegeteam zu beschaffen
- der Träger des Betriebes erfahren, wie im Pflegedienst eine im letzten Jahr gewährte **Kapitalzuführung** verwendet wurde.

Externe Adressaten

Externe Adressaten des Betriebes, wie z. B. Banken, können mit Hilfe des kaufmännischen Rechnungswesens über den Bestand an noch offenen **Forderungen**, die der Betrieb gegenüber seinen Kunden hat, unterrichtet werden. Als Ergebnis kann die Bank dem Betrieb dann z. B. einen dringend benötigten **Dispositionskredit** zur Zahlung der Löhne seiner Mitarbeiter gewähren.

Verschiedene Adressaten benötigen unterschiedliche **Arten von Informationen**. Das so genannte »externe Rechnungswesen« (☞ Kap. 2.2) versorgt zwar auch interne Adressaten mit wichtigen Informationen, zeitnahe und für interne Adressaten besser geeignete Informationen liefert jedoch das so genannte »interne Rechnungswesen«, das ganz gezielt für interne Informationsempfänger konzipiert wird (☞ Kap. 2.3).

Auf einen Blick

▶ Das kaufmännische Rechnungswesen hat die Aufgabe, Informationen zu liefern und Geschäftsvorfälle zu dokumentieren.

▶ Es gibt interne und externe Adressaten verschiedener Informationen über die wirtschaftliche Situation des Betriebes.

2.1.2 Dokumentationsfunktion

Die zweite Aufgabe des kaufmännischen Rechnungswesens ist es, **Geschäftsvorfälle** des Betriebes zu dokumentieren. Vor allem externe Adressaten von Informationen verlangen eine geordnete Dokumentation dieser Geschäftsvorfälle. Im Rahmen der Dokumentationsfunktion verlangt z. B. der Gesetzgeber im **Handelsgesetzbuch (HGB)**, dass sich die Geschäftsvorfälle des Betriebes in ihrer Entstehung und Abwicklung verfolgen lassen müssen. Das schriftliche Festhalten von beispielsweise durch den Betrieb geleisteten Zahlungen oder geleisteten Dienstleistungen dient dabei sowohl eigenen als auch fremden Interessen.

Offene Forderungen

Der Pflegedienst will z. B. nicht aus dem Blick verlieren, dass den Kunden gegenüber Pflegeleistungen erbracht wurden und diese dafür die vereinbarte Vergütung zahlen müssen; das kaufmännische Rechnungswesen dokumentiert z. B. nach der Leistungserbringung die Entstehung von so genannten Forderungen gegenüber den Kunden. Erst wenn die Kunden die offenen Forderungen durch Leistung der **vereinbarten Zahlung** beglichen haben, wird auf Seiten des Pflegedienstes die Forderung gegenüber dem Kunden ausgebucht. Bis zum Zeitpunkt der Zahlung kann jedoch der Pflegedienst durch die Buchung der Forderung nicht »vergessen«, dass bei den Kunden noch Zahlungen ausstehen.

Betriebsfremde Interessen

Auch betriebsfremden Interessen kommt die Dokumentationsfunktion des kaufmännischen Rechnungswesens entgegen. Im Falle eines **Konkurses** des Betriebes wäre es möglich, dass pflegerisches Verbrauchsmaterial, das der Pflegedienst in großen Mengen von einem Lieferanten vor dem Konkurs erhalten und noch nicht bezahlt hat, eindeutig als Eigentum des Lieferanten nachgewiesen wird. Der Lieferant könnte im Falle des Konkurses aufgrund der in den Buchhal-tungsunterlagen des Pflegedienstes CURA festgehaltenen **Verbuchung** der Pflegeverbrauchsmaterial-Warenlieferung die nicht bezahlte, aber gelieferte Ware zurückerhalten.

Welche Informationen liefert das externe Rechnungswesen? Die bedeutendste Ausgestaltung des externen Rechnungswesens ist der so genannte »Jahresabschluss«.

Auf einen Blick

▶ Der Betrieb ist nach dem Handelsgesetzbuch verpflichtet, seine Geschäftsvorfälle in ihrer Entstehung und Abwicklung zu dokumentieren.

▶ Offene Forderungen des Betriebes oder betriebsfremde Interessen werden mit der Dokumentation »auf einen Blick« erfasst.

2.2 Externes Rechnungswesen am Beispiel des Jahresabschlusses

▷ **Jahresabschluss:** Abschließen der wirtschaftlichen Tätigkeit eines Betriebes nach Ablauf eines Geschäftsjahres durch die Aufstellung von zwei Zahlenwerken
Erstes Zahlenwerk ist die **Gewinn- und Verlustrechnung**, die aufzeigt, ob der Betrieb ärmer oder reicher geworden ist.
Zweites Zahlenwerk ist die **Bilanz**, die eine Aufstellung über die Struktur des Vermögens des Betriebes zeigt.
Buchhaltung: zahlenmäßige Zusammenfassung von geschäftlichen Vorfällen, die sich im Betrieb ereignen

Geschäftsjahr

Unter dem Geschäftsjahr versteht man zumeist das **Kalenderjahr**, also den Zeitraum vom 01. 01. bis 31. 12. eines Jahres. Das Geschäftsjahr könnte auch beispielsweise am 1. Juli eines Jahres beginnen und am 30. Juni des darauf folgenden Jahres enden. Nach Ablauf eines Geschäftsjahres schreibt das Handelsgesetzbuch (HGB) vor, dass festgestellt wird, ob der Betrieb ärmer oder reicher geworden ist; außerdem muss das **Vermögen** des Betriebes in seiner Struktur dargestellt werden. Wichtig ist also, nach einem Jahr »in den Rückspiegel zu schauen« und festzustellen, ob es dem Betrieb in wirtschaftlicher Hinsicht gut oder schlecht geht und wie sein Vermögen sich darstellt.

Gesetzliche Verpflichtung

Der Gesetzgeber will durch die Verpflichtung zur Aufstellung eines Jahresabschlusses erreichen, dass die Leitungspersonen eines Betriebes wissen, ob der Betrieb noch lebensfähig oder vielleicht im vergangenen Geschäftsjahr bereits **Bankrott** gegangen ist. Dann wären nämlich z. B. Geldgeber, die dem Betrieb einen hohen Kredit im vergangenen Geschäftsjahr gewährt haben, in finanzieller Bedrängnis und müssten u. U. auf ihre Forderungen gegenüber dem Betrieb verzichten. Im Folgenden werden wir verschiedene Techniken und Methoden der so genannten Buchhaltung kennen lernen. Wir wollen zunächst ein Rechenwerk betrachten, dass bestimmte Buchhaltungszahlen zusammenfasst, nämlich die so genannte **Gewinn- und Verlustrechnung**. Sie stellt zahlenmäßig dar, ob der Betrieb im vergangenen Geschäftsjahr reicher oder ärmer geworden ist.

2.2.1 Gewinn- und Verlustrechnung

▷ **Gewinn- und Verlustrechnung:** Gegenüberstellung von Aufwands- und Ertragskonten und die daraus resultierende Feststellung, ob der Betrieb im vergangenen Geschäftsjahr einen Verlust oder Gewinn erwirtschaftet hat

- **Aufwandskonten** fassen zahlenmäßig solche Ereignisse im Betrieb zusammen, die den Betrieb ärmer gemacht haben.
- **Ertragskonten** stellen dagegen solche Ereignisse im Betrieb dar, die den Betrieb im vergangenen Geschäftsjahr reicher gemacht haben.

■ Aufwandskonten

Eine anschauliche und verständliche Form der Darstellung von **Buchhaltungskonten** wie den Aufwandskonten ist die Darstellung in der so genannten **T-Konten-Form**. Wirtschaftliche Ereignisse, die den Betrieb ärmer gemacht haben, werden dabei in einer T-förmigen Tabelle aufgeführt. Es gibt viele verschiedene Arten von Aufwendungen, die den Betrieb ärmer machen können. Eine Art von Aufwendungen soll hier beispielhaft angeführt werden, nämlich die Aufwendungen für verbrauchte Treibstoffe für die Dienstfahrzeuge der Beschäftigten des Pflegedienstes Cura (☞ Abb. 2.1).

Kontonummern

Konten im kaufmännischen Rechnungswesen werden mit Kontennummern versehen, um die Konten zu sortieren. Das in der Abbildung 2.1 dargestellte Buchhaltungskonto hat die Nummer 68050 und listet alle im vergangenen Geschäftsjahr bezahlten und im Rechnungswesen dokumentierten **Zahlungen** von Rechnungen für Treibstoffkäufe der Fahrzeuge des ambulanten Pflegedienstes Cura auf.

Aufwandsbuchungen

Es handelt sich hierbei um ein Aufwandskonto, denn unstrittig macht die Begleichung von Tankrechnungen über den Zeitraum von einem Jahr den Pflegedienst ärmer. Erkennbar ist das T-för-

S	68050 Treibstoffaufwendungen		H
1.) 385,04 €		7.) 110,87 €	
2.) 377,70 €			
3.) 351,11 €			
4.) 378,44 €			
5.) 324,45 €			
6.) 335,75 €			
		Saldo: 2.041,62 €	
Summe: 2.152,49 €		**Summe: 2.152,49 €**	

Abb. 2.1: Aufwandskonto in T-Kontenform für Treibstoffaufwendungen

mige Erscheinungsbild des Kontos, wobei alle Aufwandsbuchungen bei Aufwandskonten grundsätzlich auf der linken Seite aufgelistet werden. Die linke Seite des Kontos ist in der T-Kontendarstellung mit dem Buchstaben »S« versehen, der für »Soll« steht. Die Aufwandsbuchungen werden also »**im Soll**« gebucht. Man kann sich die Bezeichnung der linken Seite mit »Soll« bei einem Aufwandskonto merken, indem man sich sagt, die dort vermerkten Beträge »**soll**te man besser zahlen«.

Stornierungen bzw. Kürzungen

Die rechte Seite bei einem Konto in der Gewinn- und Verlustrechnung wird traditionell mit »H« für »**Haben**« bezeichnet. Hier werden z. B. Stornierungen bzw. Kürzungen der bereits auf der linken Seite verbuchten Aufwendungen vorgenommen; es wird also den bereits auf der linken Seite gebuchten Aufwendungen eine Kürzung bzw. Stornierung der Aufwendungen auf der rechten Seite gegenübergestellt. Folglich wird der Pflegedienst durch Buchungen von Aufwandskonten »**im Haben**« weniger arm. Man kann sich also die Bezeichnung »Haben« gut bei Aufwandskonten merken, indem man sich sagt, auf der Haben-Seite wird das verbucht, was bewirkt, dass der Pflegedienst »mehr **hat**«. Man beachte bei der Technik der kaufmännischen Buchhaltung, dass von den auf der linken Seite bereits gebuchten Aufwandszahlen niemals direkt eine Aufwandskürzung abgezogen wird. Es wird immer auf der rechten Seite die Zahl gegenübergestellt, die gekürzt bzw. storniert werden soll.

In unserem einfachen Beispiel für eine Gewinn- und Verlustrechnung werden wir nur insgesamt drei Aufwands- und zwei Ertragskonten betrachten und so tun, als ob das ganze Jahr kein anderer Geschäftsvorfall im Pflegedienst passiert wäre. Im wirklichen Geschäftsleben verwenden Betriebe selbstverständlich sehr viel mehr, oftmals Hunderte von Buchhaltungskonten.

Beispiel: Treibstoff für Dienstfahrzeuge

Von der Tankstelle, bei der die Pflegekräfte mit einer Tankkarte tanken, wurden dem Pflegedienst CURA sechsmal im vergangenen Jahr Tankrechnungen gestellt. Der Aufwand wurde jeweils von der Verwaltungskraft des Pflegedienstes auf der linken »**Soll**«-Seite des Aufwandskontos 68050 mit dem entsprechenden Rechnungsbetrag in den dargestellten Zeilen verzeichnet (☞ Abb. 2.1).

Auf der rechten »**Haben**«-Seite wurde innerhalb des vergangenen Geschäftsjahres auch etwas gebucht: Die Kürzung einer dem Pflegedienst CURA in zu großer Höhe gestellten Rechnung wurde mit der Buchung Nummer 7.) vermerkt. Dieser Betrag von € 110,87 wurde auf der rechten Seite storniert, es wurde also dieser €-Betrag von den auf der linken Seite stehenden Rechnungsbeträgen für Treibstoffaufwand abgezogen.

Bei der Gesamtschau, um wie viel die Begleichung von Tankrechnungen den Betrieb CURA ärmer gemacht hat, prüft man zunächst, welche die betragsmäßig größere Seite eines Buchhaltungskontos ist und rechnet diese Seite anschließend zu einem **Gesamtbetrag** zusammen. Die betragsmäßig größere Seite ist im Beispiel die linke Seite, und die Summe von € 2.152,49 wird im Folgenden auf beiden Seiten des Buchhaltungskontos am Fuß des Kontos vermerkt. Wie viel Treibstoffaufwand hatte der Pflegedienst CURA nun im Endeffekt nach Ablauf des Geschäftsjahres?

Die Antwort auf diese Frage gibt uns der so genannte **Saldo** des Kontos. Bei der Berechnung des Saldos zieht man von der Summe der Aufwendungen die oben erwähnte Stornierung i. H. v. € 110,87 auf der Haben-Seite ab. Der Saldo des Kontos ist demnach € 2.041,62. Der Betrieb wurde also durch die Begleichung der Tankrechnungen »unter dem Strich« um € 2.041,62 ärmer. Der Saldo des Kontos für Treibstoffaufwendungen beträgt € 2.041,62 (☞ Abb. 2.1).

Beispiel: Gehälter der Pflegekräfte

Das zweite Beispiel eines Aufwandskontos zeigt, in welchem Umfang die Gehälter der Pflegekräfte den Pflegedienst CURA ärmer gemacht haben (☞ Abb. 2.2).

S	60011 Aufwendungen Gehälter Pflegekräfte		H
1.)	13.549,48 €	13.) 1.067,78 €	
2.)	13.527,74 €		
3.)	13.243,36 €		
4.)	12.986,35 €		
5.)	13.924,67 €		
6.)	13.268,11 €		
7.)	13.563,96 €		
8.)	13.478,31 €		
9.)	13.364,13 €		
10.)	13.453,31 €		
11.)	27.493,86 €		
13.)	13.466,97 €	Saldo: 174.252,47 €	
Summe:	**175.320,25 €**	**Summe: 175.320,25 €**	

Abb. 2.2: Aufwendungen Gehälter der Pflegekräfte

Die insgesamt 5,5 Vollkräfte des Pflegedienstes Cura verursachen inklusive der Arbeitgeberanteile an der **Sozialversicherung** Personalaufwendungen i. H. v. durchschnittlich ca. € 13.500,– pro Monat. Schwankungen in den Beträgen sind durch unterschiedlich hohe Zuschläge für Überstunden und Arbeit an Sonn- und Feiertagen verursacht. Im November sind die Gehaltszahlungen durch die dann zusätzlich ausgezahlten Weihnachtszuwendungen besonders hoch.

Die Gehaltszahlungen addieren sich wie im vorigen Beispiel der Tankrechnungen auf einen Summenwert, in diesem Fall € 175.320,25 am Fußende des Kontos. Wie im vorigen Beispiel der Tankrechnungen ist auf der rechten Seite des Aufwandskontos eine Stornierung vermerkt, in diesem Fall eine **Teil-Stornierung** der Gehaltsabrechnung einer Pflegefachkraft. Die Aufwendungen der linken Seite werden aufgrund eines Fehlers in der Dateneingabe in der **Personalbuchhaltung** also um € 1.067,78 korrigiert. Der Saldo des Kontos für die Aufwendungen für Gehälter der Pflegekräfte errechnet sich daher durch das Abziehen der Stornierung i. H. v. € 1.067,78 von der Gesamtsumme auf der linken Seite von € 175.320,25. Es ergibt sich als Saldo des Kontos für Gehälter der Pflegekräfte der Betrag von € 174.252,47.

Der Pflegedienst wurde also um den Saldo des Kontos Nr. 60011 von € 174.252,47 ärmer. Dieses Ärmerwerden stellt das Aufwandskonto betragsmäßig dar (☞ Abb. 2.2).

Beispiel: Abnutzung der Kraftfahrzeuge

Als letztes Aufwandskonto wird das Aufwandskonto für die Aufwendungen aus der Abnutzung der Kraftfahrzeuge, die durch den Pflegedienst genutzt werden, betrachtet.

Abschreibungen

Wenn Kraftfahrzeuge im täglichen Betrieb des Pflegedienstes durch die Pflegekräfte genutzt werden, erfahren die Kraftfahrzeuge eine **Wertminderung** in Form von Abnutzung. Jeder Autofahrer weiß, dass Kraftfahrzeuge enorm im Wert verlieren, besonders wenn sie mit hoher Kilometerleistung gefahren werden. Es findet also ein **Verzehr** des Wertes der Kraftfahrzeuge statt, der den Pflegedienst umso ärmer macht, je intensiver die Kraftfahrzeuge genutzt werden. Diese Art von Aufwand nennt man **Abschreibung.** Sie findet statt, wenn **Vermögensgegenstände** in ihrem Wert gemindert werden. Da diese Abnutzung den Pflegedienst ärmer macht, wird sie in der Gewinn- und Verlustrechnung ebenfalls in einem Aufwandskonto dargestellt.

Nutzungsdauer

In unserem Beispiel zeigt das Aufwandskonto Nr. 75132 die Aufwendungen für Abschreibungen des vergangenen Geschäftsjahres der fünf

S	75132 Aufwendungen Abschreibungen Kraftfahrzeuge		H
1.)	2.600,– €		
2.)	2.600,– €		
3.)	2.600,– €		
4.)	2.600,– €		
5.)	2.600,– €		
		Saldo: 13.000,– €	
Summe:	**13.000,– €**	**Summe: 13.000,– €**	

Abb. 2.3: Aufwendungen aus Abschreibungen Kraftfahrzeuge

Kraftfahrzeuge auf, die der Pflegedienst bei seiner Eröffnung zu Beginn des letzten Geschäftsjahres gekauft hat (☞ Abb. 2.3).

Wo stammen die **Abschreibungswerte** für die fünf Kraftfahrzeuge her, die wir im dargestellten Aufwandskonto sehen? Wir stellten bereits fest, dass die Abschreibungen die Wertminderung der Kraftfahrzeuge widerspiegeln. Jedes der zur Eröffnung des Geschäftsbetriebes angeschafften Fahrzeuge kostete € 13.000,–. Es ist üblich, im Rahmen der kaufmännischen Buchhaltung anzunehmen, dass ein Kraftfahrzeug nach fünf Jahren seinen Wert vollständig verliert. Der Leser mag nun denken, dass dies nicht die Gegebenheiten der Realität widerspiegelt. Man weiß aus dem Privatleben, dass man ein Kraftfahrzeug sehr viel länger nutzen kann. Dennoch ist es angesichts der intensiven Nutzung der Kraftfahrzeuge in einem Pflegedienst statthaft, dass man die Annahme der Nutzungsdauer von fünf Jahren für ein Kraftfahrzeug in der kaufmännnischen Buchhaltung trifft.

Formel für die Abschreibung

Die Abschreibung pro Geschäftsjahr errechnet sich nun aus dem **Kaufpreis inklusive Mehrwertsteuer geteilt durch die Nutzungsdauer.**

Wir erhalten als Ergebnis für jedes Kraftfahrzeug einen jährlichen Abschreibungsbetrag von € 13.000,– geteilt durch fünf Jahre ist gleich € 2.600,–. Jedes Jahr verringert sich also der Wert jedes der Kraftfahrzeuge des Pflegedienstes Cura um den Abschreibungsbetrag von € 2.600,–. Machen wir die Probe: Wir ziehen vom Wert zum Zeitpunkt des Kaufes für das erste Jahr den Abschreibungsbetrag von € 2.600,– ab. Nach dem ersten angelaufenen Geschäftsjahr ist also jedes der Kraftfahrzeuge nur noch € 10.400,– wert. Nach dem Ablauf des zweiten Jahres ziehen wir nochmals Abschreibungen i. H. v. € 2.600,– ab. Es verbleibt ein Wert von € 7.800,–. Die Wertminderung durch Abnutzung im dritten Jahr verringern den Wert jedes Kraftfahrzeuges auf nur noch € 5.200,–. Das vierte Jahr lässt jedes der Kraftfahrzeuge mit einem Wert von nur noch € 2.600,– zurück und nach dem fünften Jahr verringert der jährliche Abschreibungsbetrag deren Wert auf null.

Was sagt der Saldo?

Wie bei Aufwandskonten üblich, werden die fünf Aufwandswerte für die Abschreibungen des vergangenen Geschäftsjahres auf der linken Seite des Kontos »im Soll« vermerkt. Da auf der rechten Seite keine Korrekturen der Aufwendungsbeträge nötig waren, ist die betragsmäßig größere Seite eindeutig die linke Seite. Sie bildet daher die Basis für die auf beiden Seiten des Fußendes des Kontos vermerkten Summe des Kontos. Ausgehend von dieser Summe i. H. v. € 13.000,– bei fünf Kraftfahrzeugen können wir leicht den in diesem Falle gleich großen Saldo des Kontos i. H. v. € 13.000,– in das Konto eintragen.

Der Saldo sagt aus, dass der Pflegedienst Cura durch Abschreibungen der fünf Kraftfahrzeuge um € 13.000,– im vergangenen Geschäftsjahr ärmer geworden ist. Die durch die Abschreibung ausgedrückte Abnutzung bedeutet eine Wertminderung für die Kraftfahrzeuge. Folgerichtig muss diese Wertminderung auch bei dem **Buchhaltungskonto** für die Kraftfahrzeuge selber eine Wirkung haben. Diese Wirkung wird unten beim Konto für die Kraftfahrzeuge aufgezeigt.

Im Gegensatz zu den bisher dargestellten Aufwendungen machen die im Folgenden anhand von Beispielen dargestellten Erträge den Pflegedienst reicher. Die Erträge des Pflegedienstes Cura sollen anhand von Beispielen von Ertragskonten in T-Kontendarstellung erläutert werden.

■ Ertragskonten

Ein bedeutsames Ertragskonto in einem ambulanten Pflegedienst ist das **Buchhaltungskonto**, in dem die Erträge aus Leistungen nach dem Pflegeversicherungsgesetz (SGB XI) dargestellt werden. Es hat in unserem Beispiel die Kontennummer 40000 (☞ Abb. 2.4).

Beispiel: Erträge nach SGB XI

Anders als bei Aufwandskonten werden bei Ertragskonten die den Pflegedienst reicher machenden Geschäftsvorfälle grundsätzlich auf der rechten Seite des Kontos »im Haben« vermerkt. Der

S	40000 Erträge Pflegeleistungen SGB XI	H
13.)　4.296,43 €	1.)　8.786,25 €	
	2.)　8.871,14 €	
	3.)　8.950,21 €	
	4.)　8.453,60 €	
	5.)　8.536,24 €	
	6.)　8.531,18 €	
	7.)　8.887,74 €	
	8.)　8.942,15 €	
	9.)　8.726,32 €	
	10.)　8.993,14 €	
	11.)　8.900,21 €	
Saldo:　102.129,54 €	12.)　9.847,79 €	
Summe:　106.425,97 €	Summe:　106.425,97 €	

Abb. 2.4: Erträge Pflegeleistungen nach SGB XI

Pflegedienst »hat also mehr« durch diesen Geschäftsvorfall, er wird durch ihn reicher. Auf der rechten Seite des Kontos Nr. 40000 befinden sich zwölf **Buchungen**, die die **Überweisungen** der Pflegekassen widerspiegeln, die der Pflegedienst für die Erbringung von Leistungen gegenüber den Patienten der Pflegekassen erhalten hat. Auch auf diesem Konto wird, nachdem alle das Geschäftsjahr betreffenden wirtschaftlichen Vorgänge beendet sind, die betragsmäßig größere Seite des Kontos zusammengerechnet. Dies ist hier die rechte Seite, und es ergibt sich als Summe der Buchungen auf der rechten Seite der Betrag von € 106.425,97. Diese Summe der Erträge aus Leistungen nach dem Pflegeversicherungsgesetz wird nun auf beiden Seiten am Fuß des Kontos – wie schon bei den Aufwandskonten üblich – vermerkt (☞ Abb. 2.4).

Korrekturen

Auch im Falle der Verbuchung der Erträge aus Leistungen nach SGB XI gab es in der Buchhaltung Korrekturen, die das Rechnungsergebnis nachträglich negativ beeinflusst haben. So wurden beispielsweise manche Kunden des Pflegedienstes in eine niedrigere **Pflegestufe** nach einer Untersuchung durch den **Medizinischen Dienst der Krankenkassen** eingestuft. Die Verwaltungskraft des Pflegedienstes rechnete jedoch, weil die **Rückstufung** ihr noch nicht vorlag, gegenüber

der Kasse für bestimmte Monate die bis zu diesem Zeitpunkt bekannte höhere Pflegestufe ab. Bei Bekanntwerden der Rückstufung der Patienten in eine niedrigere Pflegestufe wurde dies jedoch umgehend durch den Pflegedienst in seiner Abrechnung korrigiert und die bereits gestellten Rechnungen gegenüber der Pflegekasse durch **Rückrechnungen** verringert. Diese Verringerung der Rechnungen schlägt auf der linken Sollseite des Kontos mit einem Betrag von insgesamt € 4.296,43 zu Buche. Es fand also auf der linken Seite des Kontos Nr. 40000 gewissermaßen eine Stornierung der Erträge aus Leistungen nach SGB XI um € 4.296,43 statt (☞ Abb. 2.4).

Saldobildung

Wie in den obigen Beispielen der Aufwandskonten bildet man auch bei diesem Ertragskonto nun einen Saldo, um festzustellen, um wie viel »unter dem Strich« der Pflegedienst aus Abrechnungen von Leistungen nach SGB XI reicher geworden ist. Bei der Saldobildung zieht man auch hier von der Summe der betragsmäßig größeren Seite i. H. v. € 106.425,97 die Stornierung mit der Position 13.) ab und erhält als Ergebnis einen Saldo des Kontos Nr. 40000 i. H. v. € 102.129,54. Dieser Saldo besagt, dass nach Berücksichtigung aller Stornierungen der Pflegedienst im vergangenen Geschäftsjahr durch die Erbringung und Abrechnung von Pflegeleistungen nach SGB XI um € 102.129,54 reicher geworden ist (☞ Abb. 2.4).

Beispiel: Erträge nach SGB V

Zweites Beispiel für ein Ertragskonto ist das Ertragskonto für Erträge aus ärztlich verordneten Leistungen nach § 37, SGB V. Bei diesen Erträgen, z. B. aus der Verabreichung von Insulinspritzen und der Durchführung von Blutzuckerkontrollen bei den Kunden durch die Pflegefachkräfte, wird nach Leistungserbringung wie im Bereich SGB XI aufgrund der durch die Kunden unterschriebenen **Leistungsnachweise** eine Abrechnung gegenüber der Krankenkasse erstellt. Nach der Prüfung der Abrechnung durch die Krankenkasse überweist diese an den Pflegedienst die

S	40700 Erträge Leistungen § 37, SGB V	H
	1.) 9.615,21 €	
	2.) 9.423,78 €	
	3.) 8.517,45 €	
	4.) 9.936,27 €	
	5.) 9.165,85 €	
	6.) 9.940,21 €	
	7.) 9.039,91 €	
	8.) 8.329,67 €	
	9.) 9.953,17 €	
	10.) 9.463,82 €	
	11.) 9.961,72 €	
Saldo: 112.383,79 €	12.) 9.036,73 €	
Summe: 112.383,79 €	Summe: 112.383,79 €	

Abb. 2.5: Erträge Leistungen nach § 37 SGB V

entsprechenden Rechnungsbeträge. Diese **Zahlungseingänge** werden auf dem Konto Nr. 40700 durch die Verwaltungskraft des Pflegedienstes CURA erfasst (Abb. 2.5).

Die monatlichen **Erstattungen** der durch den Pflegedienst in Rechnung gestellten Leistungen nach § 37 SGB V resultierten im Geschäftsjahr aus 12 Zahlungen der Krankenkassen an den Pflegedienst. Diese Zahlungen wurden im Konto 40700, wie bei Ertragskonten üblich, auf der rechten Seite des Kontos vermerkt. Die Summe der Erträge beläuft sich auf einen Gesamtbetrag von € 112.383,79. Da keinerlei Stornierungen in dieser Ertragsart vorgenommen werden mussten, ist der Saldo des Kontos gleich der Summe der Erträge und beläuft sich auf ebenfalls € 112.383,79. Der Pflegedienst wurde also durch Erträge aus der Erbringung von Leistungen nach § 37 SGB V um € 112.383,79 reicher (Abb. 2.5).

Die Zusammenfassung der Aufwands- und Ertragskonten erfolgt nun in der so genannten **Gewinn- und Verlustrechnung**. Sie wird uns zeigen, ob der Pflegedienst insgesamt nach Gegenüberstellung der Aufwands- und Ertragskonten reicher oder ärmer geworden ist. Die Gewinn- und Verlustrechnung wird uns also aufzeigen, ob der Pflegedienst im abgelaufenen Geschäftsjahr insgesamt einen Gewinn oder einen Verlust erwirtschaftet hat.

■ Abschluss der Aufwands- und Ertragskonten

Auch die Gewinn- und Verlustrechnung lässt sich in der bekannten T-Kontenform darstellen. Ebenfalls wie in der Gewinn- und Verlustrechnung findet sich die Bezeichnung der linken Seite als »Soll« und der rechten Seite als »Haben« wieder (Abb. 2.6).

Salden darstellen

Genau wie in den oben dargestellten Ertrags- und Aufwandskonten werden in der Gewinn- und Verlustrechnung die Erträge auf der rechten Seite und die Aufwendungen auf der linken Seite dargestellt. Der Unterschied zu den einzelnen Ertrags- und Aufwandskonten besteht jedoch darin, dass in der Gewinn- und Verlustrechnung nicht die einzelnen Ertrags- und Aufwandsbuchungen links und rechts dargestellt werden, sondern lediglich die **Zusammenfassungen**, also die Salden der verschiedenen Aufwands- und Ertragskonten.

Aufwendungen

So findet sich auf der linken Seite der Gewinn- und Verlustrechnung der Saldo des Kontos für die Aufwendungen für Treibstoffe unter der Position 1.) wieder, nämlich die schon oben bei den Treibstoffaufwendungen errechneten € 2.041,62 (Abb. 2.6).

Dieser Saldo wird in der Gewinn- und Verlustrechnung auf der linken Sollseite vermerkt. Das

S	Gewinn- und Verlustrechnung Pflegedienst CURA		H
1.) 2.041,62 €		3.) 102.129,54 €	
2.) 174.252,47 €		4.) 112.383,79 €	
3.) 13.000,00 €			
Saldo = Gewinn: 25.219,24 €			
Summe: 214.513,33 €		Summe: 214.513,33 €	

Abb. 2.6: Gewinn- und Verlustrechnung des Pflegedienstes CURA in T-Kontenform

2

zweite Aufwandskonto unseres Pflegedienstes findet sich unter der Position 2.) wieder, nämlich die Aufwendungen für die gezahlten Gehälter des Pflegedienstes. Der oben errechnete Saldo i. H. v. € 174.252,47 wird unter der Position 2.) in der Gewinn- und Verlustrechnung auf der linken Seite vermerkt. Hier werden grundsätzlich Aufwendungen vermerkt. Auch der Saldo des Abschreibungskontos Nr. 75132 i. H. v. € 13.000,– wird in der Gewinn- und Verlustrechnung zusammengefasst unter der Position 3.).

Erträge

Die rechte Haben-Seite der Gewinn- und Verlustrechnung ist für Erträge reserviert, denn schon oben bei den Ertragskonten fanden wir die Erträge auf der rechten Seite. Da die Gewinn- und Verlustrechnung jedoch eine **abschließende Gesamtschau** von Aufwendungen und Erträgen ist, werden hier auf der rechten Seite nicht einzelne Ertragsbuchungen wie oben vermerkt, sondern die Salden der Ertragskonten. Daher finden sich hier unter den Positionen 4.) und 5.) die Salden der Konten für Erträge aus Leistungen nach dem Pflegeversicherungsgesetz i. H. v. € 102.129,54 und für Erträge aus ärztlich verordneten Leistungen nach § 37 SGB V i. H. v. € 112.383,79 wieder (☞ Abb. 2.6).

Reicher oder ärmer?

Wenn die rechte Seite darstellt, um wie viel der Pflegedienst durch Erträge reicher geworden ist, und auf der linken Seite die Salden der Aufwandskonten widerspiegeln, um wie viel der Pflegedienst ärmer geworden ist, dann kann die Gewinn- und Verlustrechnung uns nun »unter dem Strich« sagen, ob der Pflegedienst im vergangenen Geschäftsjahr nach Berücksichtigung aller Aufwendungen und Erträge insgesamt einen **Verlust** oder einen **Gewinn** erwirtschaftet hat.

Dazu rechnet man, ähnlich wie in den oben beschriebenen Aufwands- und Ertragskonten, die betragsmäßig größere Seite der Gewinn- und Verlustrechnung zusammen und bildet daraus die Summe des Kontos am Fußende. Im obigen Fall

sind die Salden der Ertragskonten auf der rechten Haben-Seite zahlenmäßig größer. Sie addieren sich auf den Betrag von € 214.513,33 und bilden die Summe des Kontos. Genau wie in den oben beschriebenen Ertrags- und Aufwandskonten bildet man nun den Saldo der Gewinn- und Verlustrechnung und zieht von der Summe des Kontos i. H. v. € 214.513,33 die Salden 1.), 2.) und 3.) ab. Von der Gesamtsumme der betragsmäßig stärkeren Erträge auf der rechten Seite werden also die Aufwandspositionen 1.), 2.) und 3.) abgezogen. Es ergibt sich ein Saldo von € 25.219,24. Wie ist nun dieser Saldo zu bewerten? Stellt er einen Verlust oder ein Gewinn dar (☞ Abb. 2.6)? Dieser Betrag i. H. v. € 25.219,24 stellt einen Gewinn des Pflegedienstes im vergangenen Geschäftsjahr dar, denn von den betragsmäßig größeren Salden der Ertragskonten auf der rechten Seite wurden die betragsmäßig kleineren Salden der Aufwandskonten auf der linken Seite abgezogen und es bleibt immer noch etwas übrig. Es gab also insgesamt mehr Erträge als Aufwendungen. Das bedeutet insgesamt einen Gewinn für den Pflegedienst.

Anders formuliert, zog man von allem, was den Pflegedienst reicher gemacht hat (den Salden der Ertragskonten) alles, was den Pflegedienst ärmer gemacht hat (nämlich die Salden aller Aufwandskonten), ab, und es bleibt noch etwas übrig, dann ist ein Gewinn für den Pflegedienst entstanden, in unserem Fall i. H. v. € 25.219,24.

Fragen an die Bilanz

Die Gewinn- und Verlustrechnung hat also ihren wichtigen Zweck erfüllt und ausgesagt, ob der Pflegedienst insgesamt im vergangenen Geschäftsjahr reicher oder ärmer geworden ist. Er wurde in unserem Fall um mehr als € 25.000,– reicher. Genauso wichtig ist es jedoch, nun gleichzeitig zu betrachten, wie die **Struktur** des in der Vergangenheit erwirtschafteten Vermögens sich nach Ablauf des Geschäftsjahres darstellt. Hat der oben dargestellte erzielte Gewinn den Pflegedienst nur ganz knapp vor dem Bankrott gerettet, oder wurde einem ohnehin schon riesigen, in der Vergangenheit vermehrten Vermögen nur noch ein weiterer Gewinn hinzugefügt? Antworten auf diese Fragen gibt uns die so genannte **Bilanz**.

Auf einen Blick

- Nach Ablauf eines Geschäftsjahres muss der Betrieb feststellen, ob er ärmer oder reicher geworden ist, und sein Vermögen in seiner Struktur darstellen.
- Es gibt Aufwandskonten mit Ereignissen, die den Betrieb ärmer machen, und Ertragskonten mit Ereignissen, die den Betrieb reicher machen.
- Aufwandsbuchungen werden »im Soll« gebucht. Stornierungen und Kürzungen dieser Beträge werden »im Haben« gebucht.
- Ein Saldo wird berechnet, indem von der Summe der Aufwendungen auf der »Sollseite» Stornierungen oder Kürzungen auf der »Habenseite« abgezogen werden.
- Aufwendungen, die durch eine Wertminderung von Vermögensgegenständen entstehen, sind Abschreibungen.
- Eine Abschreibung pro Geschäftsjahr errechnet sich aus dem Kaufpreis inklusive Mehrwertsteuer geteilt durch die Nutzungsdauer.
- Ertragsbuchungen werden »im Haben« gebucht. Stornierungen und Kürzungen dieser Beträge werden »im Soll« gebucht.
- In der Gewinn- und Verlustrechnung werden die Salden der verschiedenen Aufwands- und Ertragskonten dargestellt.

2.2.2 Bilanz

Bilanz: Darstellung der Struktur des in der Vergangenheit erwirtschafteten Vermögens eines Unternehmens zu einem bestimmten Stichtag. Es wird einerseits dargestellt, wo das Vermögen herstammt und andererseits aufgezeigt, auf welche Weise das Vermögen im Unternehmen verwendet wurde

A — Bilanz des Pflegedienstes CURA	— P
Mittelverwendung	Mittelherkunft
Summe:	**Summe:**

Abb. 2.7: Bilanz des Pflegedienstes CURA in T-Kontenform

Auch die Bilanz lässt sich zum besseren Verständnis in T-Kontenform darstellen. Anstelle der Bezeichnung »**Soll**« für die linke Seite wird hier jedoch »**A**« für »**Aktiv**« als Bezeichnung gewählt und anstelle von »**Haben**« für die rechte Seite die Bezeichnung »**P**« für »**Passiv**« verwendet (☞ Abb. 2.7).

Die Bilanz stellt sich in T-Kontendarstellung ähnlich wie die Gewinn- und Verlustrechnung dar: Sie hat zwei unterschiedliche Seiten mit unterschiedlicher Bedeutung:

- Rechte **Passivseite** zeigt auf, wo das Vermögen herstammt
- Linke **Aktivseite** zeigt auf, wie das Vermögen im Unternehmen verwendet wurde

Genau wie in der Gewinn- und Verlustrechnung die linke Seite eine Zusammenfassung von Aufwandskonten und die rechte Seite eine Zusammenfassung von Ertragskonten war, bestehen auch die beiden Seiten der Bilanz aus verschiedenen Konten. Diese für uns neuartigen Konten zeigen allerdings hier in der Bilanz verschiedene Arten des Vermögens des Pflegedienstes auf. Wir beginnen mit der linken Seite der Bilanz, der Aktivseite, und führen zwei Beispiele der auf der linken Seite angesiedelten, so genannten **aktiven Bestandskonten**, auf.

Aktive Bestandskonten

Aktive Bestandskonten können zwei verschiedene Arten des Vermögens aufzeigen, nämlich Vermögen in Form des so genannten Anlagevermögens und Vermögen in Form des Umlaufvermögens.

- **Anlagevermögen:** Vermögen, das vergleichsweise fester bzw. langfristiger angelegt ist, wie

z. B. in Form von Autos, Grundbesitz oder Gebäuden

- **Umlaufvermögen:** relativ kurzfristige Anlage des Vermögens der Unternehmung. Es kann im Vergleich zum Anlagevermögen vergleichsweise leichter wieder »in Umlauf gebracht« und beispielsweise in Bargeld verwandelt werden

Anlagevermögen

Ein Beispiel für ein aktives Bestandskonto des Anlagevermögens ist das Konto für die Kraftfahrzeuge des Pflegedienstes. Bei einem aktiven Bestandskonto wird der Anfangsbestand und die Zugänge auf der linken Seite verbucht, daher der Name »aktives Bestandskonto« (☞ Abb. 2.8).

Anfangsbestand

Kraftfahrzeuge zu besitzen ist eine relativ **feste Anlageform** des Vermögens. Will man sie verkaufen, müsste man zunächst einen Käufer finden und aufgrund des hohen Wertverlustes einen hohen Abschlag auf den ursprünglich bezahlten Verkaufspreis in Kauf nehmen. Kraftfahrzeuge können daher vergleichsweise schwer wieder zu **Bargeld** gemacht werden, ohne einen Verlust in Kauf zu nehmen. Sie sind daher den **Vermögensgegenständen** des Anlagevermögens auf der Aktivseite der Bilanz zugeordnet und werden als ein aktives Bestandskonto geführt. Aktive Bestandskonten haben immer dieselbe Struktur: Auf der linken Seite steht der Anfangsbestand des betrachteten Vermögensgegenstandes, in unserem Falle an Fahrzeugen. Dieser **Anfangsbestand** war zu Beginn des Geschäftsjahres € 0,–, denn der Pflegedienst wurde erst zum Jahresanfang eröffnet und die Fahrzeuge zur Geschäftseröffnung erst gekauft.

Jedes aktive Bestandskonto weist neben dem Anfangsbestand auch Zugänge auf der linken Seite des Kontos auf. In der Abbildung sehen wir als Zugänge die fünf Kraftfahrzeuge mit einem Wert von jeweils € 13.000,– (☞ Abb. 2.8).

Zu- und Abgänge

Auf der rechten Seite jedes aktiven Bestandskontos werden jedoch, ähnlich den Stornierungen bei den Aufwandskonten der Gewinn- und Verlustrechnung, Abgänge vermerkt, die den Anfangsbestand und die dann beobachteten Zugänge vermindern. In unserem Beispiel sind die Abgänge nicht verkaufte Kraftfahrzeuge, sondern die **Wertverluste** der Kraftfahrzeuge durch Abschreibung, die die Kraftfahrzeuge durch die Fahrtätigkeit im Rahmen des Pflegedienstes erlitten haben (☞ 2.2.1). Oben machte die Abschreibung als Aufwand den Pflegedienst ärmer. Dies musste im Rahmen der Gewinn- und Verlustrechnung festgehalten und mit einem €-Betrag bewertet werden. In der Bilanz ist jedoch wichtig, welche Struktur das Vermögen des Pflegedienstes hat. Hier interessiert beispielsweise, welchen Wert die Vermögensgegenstände von der Sorte »Kraftfahrzeug« noch haben.

Das aktive Bestandskonto Kraftfahrzeuge mit der Nummer 6300 wurde also auf der linken Seite, ausgehend von einem Anfangsbestand von € 0,–, um die Zugänge von fünfmal € 13.000,– vergrößert. Dann jedoch wurde der Bestand an Vermögen in Form von Kraftfahrzeugen während des vergangenen Jahres um die Abgänge in Form von Wertminderungen durch Abschreibungen von jeweils € 2.600,– verkleinert.

Ähnlich den Aufwands- und Ertragskonten kann man nun das aktive Bestandskonto zusammenfassen und den Saldo des Kontos bilden. Dazu prüft man zunächst wieder, welche Seite die be-

S	6300 Kraftfahrzeuge	H
Anfangsbestand: 0,– €	Abgang: 2.600,– €	
Zugang: 13.000,– €	Abgang: 2.600,– €	
Zugang: 13.000,– €	Abgang: 2.600,– €	
Zugang: 13.000,– €	Abgang: 2.600,– €	
Zugang: 13.000,– €	Abgang: 2.600,– €	
Zugang: 13.000,– €		
	Saldo: 52.000,– €	
Summe: 65.000,– €	**Summe: 65.000,– €**	

Abb. 2.8: Konto Fahrzeuge als Beispiel für Vermögensgegenstände des Anlagevermögens

tragsmäßig Größere ist. Dieses ist in unserem Fall die linke Seite. Deren Summe wird am Fußende nun auf beiden Seiten des Kontos eingetragen. Auf der betragsmäßig kleineren rechten Seite werden im Folgenden von der Summe am Fußende die Abgänge des Kontos abgezogen. Es ergibt sich in unserem Beispiel als Saldo des Kontos ein Betrag i. H. v. € 52.000,– (☞ Abb. 2.8). Was bedeutet aber dieser Saldo?

Saldo des aktiven Bestandskontos

Der Saldo eines aktiven Bestandskontos zeigt nach Ablauf eines Geschäftsjahres an, wie viel von dieser **Vermögensart** auf dem aktiven Bestandskonto noch übrig geblieben ist. Am Beispiel des Kontos Kraftfahrzeuge kann man dies gut nachvollziehen: Ausgehend von einem Anfangsbestand von € 0,– vergrößerte sich das Anlagevermögen in Form von Kraftfahrzeugen durch den Kauf von fünf Kfz um € 65.000,–. Es wurde dann jedoch durch den im vergangenen Jahr beobachteten Wertverzehr durch Abnutzung i. H. v. 5 mal € 2.600,– verringert auf einen Saldo = Endbestand i. H. v. € 52.000,–. Der Saldo des Bestandskontos Kraftfahrzeuge zeigt also den nach dem Geschäftsjahr noch verbleibenden Wert des Vermögens in Form von Kraftfahrzeugen auf. Das Vermögen in Form von Kraftfahrzeugen ist nach dem Geschäftsjahr nur noch € 52.000,– wert (☞ Abb. 2.8).

Umlaufvermögen

Vermögen kann neben der relativ festen Form der Anlage in Anlagevermögen auch in Form von schneller zu Bargeld machbarem Umlaufvermögen angelegt werden. Ein Beispiel für ein aktives Bestandskonto im Bereich Umlaufvermögen ist das Bankkonto des Pflegedienstes (☞ Abb. 2.9). Auf dem Bankkonto finden wir nun auch alle diejenigen oben bei den Aufwands- und Ertragskonten aufgeführten Geschäftsvorfälle wieder, die den Pflegedienst im Geschäftsjahr ärmer oder reicher gemacht haben, und die eine **Bewegung** auf dem Bankkonto des Pflegedienstes zur Folge gehabt haben.

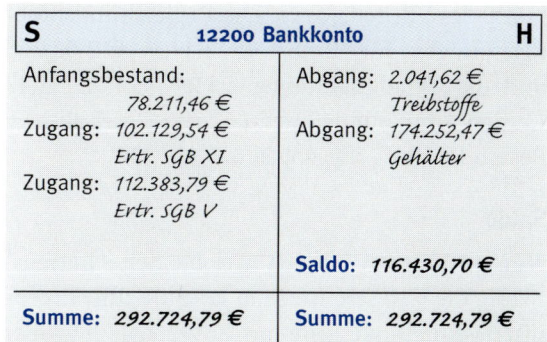

Abb. 2.9: Bankkonto als Beispiel für Gegenstände des Umlaufvermögens

Zugänge

Als Zugang auf dem Buchhaltungskonto »Bankkonto« finden wir auf der linken Seite die von den Pflegekassen überwiesenen **Begleichungen** für die Rechnungen des Pflegedienstes wieder, die wir im Ertragskonto der Leistungen nach SGB XI oben schon aufgeführt haben. Natürlich würden auf dem »richtigen« Buchhaltungskonto jede einzelne, auf dem Girokonto des Pflegedienstes verbuchte Überweisung aus Leistungen nach dem Pflegeversicherungsgesetz vermerkt sein. Wir führen im Konto Nr. 12200 hier jedoch aus Gründen der Übersicht nur den Saldo der überwiesenen Erträge nach SGB XI auf in ihrer Höhe von € 102.129,54. Dieser Betrag erhöht den zu Beginn des Geschäftsjahres auf dem Bankkonto beobachteten Anfangsbestand i. H. v. € 78.211,46. Ebenfalls als Zugang auf der linken Seite dieses aktiven Bestandskontos werden die von den Krankenkassen überwiesenen Erträge aus ärztlich verordneten Leistungen nach SGB V i. H. v. € 112.383,79 vermerkt. Damit ist die linke Seite des Kontos zunächst abgeschlossen (☞ Abb. 2.9).

Abgänge

Auf der rechten Seite werden, wie bei aktiven Bestandskonten üblich, die Abgänge vom Anfangsbestand des Kontos vermerkt. In den bei den Aufwandskonten genannten Beispielen hatten zwei **Aufwandsarten** Abgänge vom Bankkonto zur Folge: Die Begleichungen von Tankrechnungen und die Begleichungen der Gehälter der Pflege-

2

kräfte des Pflegedienstes. Die Begleichungen der Rechnungen für Treibstoffe i. H. v. € 2.041,62 und die Gehaltszahlungen i. H. v. € 174.252,47 werden somit auf der rechten Seite dieses aktiven Bestandskontos abgezogen (☞ Abb. 2.9).

Saldo

Nun prüft man wieder, welche Seite betragsmäßig die Größere ist. Man kommt zum Ergebnis, dass die linke Seite mit € 292.724,79 größer ist als die rechte Seite und trägt diesen Betrag auf beiden Fußseiten als Summe ein. Wie schon in den oben dargestellten Konten errechnet sich daraus ein Saldo auf der rechten Seite. Er wird in diesem Falle i. H. v. € 116.430,70 abschließend in das Konto eingetragen.

Das Bankkonto als aktives Bestandskonto des Umlaufvermögens wurde also ausgehend von einem Anfangsbestand durch die Zugänge durch Überweisung von Erträgen nach SGB XI und SGB V erhöht und verringert durch Abbuchungen durch Begleichung von Rechnungen für Treibstoffe und die Gehaltszahlungen des vergangenen Geschäftsjahres. Man stellt also nach Ende des Geschäftsjahres einen Endbestand in Form des Saldos i. H. v. € 116.430,70 fest. Das Girokonto hat also nach Ablauf des Geschäftsjahres einen Endbestand i. H. v. € 116.430,70. So viel ist also noch von dieser Vermögensart, nämlich Umlaufvermögen in Form von **Bankguthaben**, übrig geblieben.

Woher kommt das Vermögen?

Wir zeigten auf der Aktivseite der Bilanz an Beispielen auf, in welchem Umfang das Vermögen des Pflegedienstes in Anlagevermögen (im Beispiel: Kraftfahrzeuge) und in Form von Umlaufvermögen (im Beispiel: Geld auf dem Bankkonto) verwendet wurde. Aber wo stammt das Vermögen eigentlich her? Hat man sich dieses Vermögen vollständig von **Kapitalgebern** geliehen oder hat man das Vermögen alles selber aufgebracht durch das Vorhandensein von in der Vergangenheit erwirtschaftetem **Eigenkapital**, das der Pflegedienst schon lange besitzt?

Die Antwort gibt die Passivseite der Bilanz mit ihren passiven Bestandskonten, bei der das schon

oben auf der Aktivseite im Blick auf die Mittelverwendung betrachtete Vermögen noch einmal unter einem anderen Blickwinkel betrachtet wird, nämlich danach, wo es herstammt.

■ Passive Bestandskonten

Wie schon angedeutet, gibt es, vereinfacht gesagt, zwei Möglichkeiten, wo Vermögen herstammen kann: Man besitzt es schon oder man leiht es sich von Kapitalgebern wie z. B. Banken aus.

- **Eigenkapital:** Kapital, das man schon besitzt
- **Fremdkapital:** Kapital, das man sich von Dritten leiht und das einem Fremden gehört

Eigenkapital

Bei passiven Bestandskonten sind Anfangsbestand und Zugang, ähnlich wie bei den Ertragskonten, auf der rechten Seite zu finden und die Abgänge auf der linken Seite (☞ Abb. 2.10).

Im Fall des Eigenkapitalkontos finden wir auf der rechten Seite einen Anfangsbestand vor, der aus einer **Kapitaleinlage** der Besitzerin stammt (☞ Abb. 2.10). Sie legte zur Eröffnung des Geschäftsbetriebes den Betrag von € 78.211,46 in Form einer Überweisung auf das Bankkonto des Pflegedienstes ein. Wir finden diesen Betrag auf dem Bankkonto im Anlagevermögen als Anfangsbestand des Bankkontos wieder (☞ Abb. 2.9). Der Zugang i. H. v. DM 25.219,24 stammt aus dem **Jahresüberschuss** der Gewinn- und Verlustrechnung und wird hier als Zugang zum Eigenkapital verbucht. Der Jahresüberschuss erhöht also

S	20000 Eigenkapital	H
Abgang: 0,– €		Anfangsbestand: 78.211,46 € Zugang: 25.219,24 € *Jahresüberschuß*
Saldo = Endbestand: 103.430,70 €		
Summe: 103.430,70 €		**Summe: 103.430,70 €**

Abb. 2.10: Eigenkapitalkonto als Beispiel für ein passives Bestandskonto der Bilanz

das Eigenkapital zum Ende des Geschäftsjahres. Auf der linken Seite ist kein Abgang zu verzeichnen, daher kann man leicht die betragsmäßig größere Seite bestimmen. Diese ist die rechte Seite mit einer Summe von € 103.430,70. Diese Summe wird auch auf die betragsmäßig kleinere linke Seite übernommen und eingetragen. Da auf der kleineren linken Seite keine anderen Buchungen vorliegen, ergibt sich auf der kleineren Seite ein Saldo in gleicher Höhe von € 103.430,70. Der Saldo besagt, dass das Eigenkapital am Ende des betrachteten Geschäftsjahres € 103.430,70 beträgt. Auf diesen Betrag ist das Eigenkapital des Pflegedienstes also durch das Reicherwerden, das wir in der Gewinn- und Verlustrechnung beobachtet haben, angewachsen.

Fremdkapital

Das Fremdkapital soll nun am Beispiel des Kontos »Bankverbindlichkeiten« dargestellt werden (☞ Abb. 2.11).
Als passives Bestandskonto führt das **Verbindlichkeitskonto** für Bankverbindlichkeiten genau wie das Eigenkapitalkonto den Anfangsbestand und die Zugänge auf der rechten Habenseite. Der Anfangsbestand betrug am Anfang des Geschäftsjahres € 0,–. Der Zugang i. H. v. € 65.000,– stammt aus einem Bankkredit, den der Pflegedienst CURA zum Zeitpunkt des Kaufs der Kraftfahrzeuge aufgenommen hat. Statt die Fahrzeuge mit eigenen Mitteln zu kaufen, ermöglichte ein Bankkredit i. H. v. € 65.000,– also den Kauf der Fahrzeuge. Zum Anfangsbestand an **Bankverbindlichkeiten** i. H. v. € 0,– wurde also eine Bankverbindlichkeit

S	31300 Bankverbindlichkeiten	H
Abgang: *0,– €*	Anfangsbestand: *0,– €*	
	Zugang: *65.000,– €*	
Saldo = Endbestand: *65.000,– €*		
Summe: *65.000,– €*	**Summe:** *65.000,– €*	

Abb. 2.11: Bankverbindlichkeitskonto als Beispiel für ein passives Bestandskonto des Fremdkapitals

hinzugefügt i. H. v. € 65.000,–. Da auf der linken Seite kein Abgang von Verbindlichkeiten, etwa durch Rückzahlung eines Bankkredits, verbucht wurde, ergibt sich als betragsmäßig größte Seite die Rechte mit einer Summe i. H. v. € 65.000,–, die gleichzeitig der Saldo des Kontos ist. Der Saldo besagt, dass nach Ablauf des betrachteten Geschäftsjahres der Pflegedienst CURA Vermögen in Form von aufgenommenen Fremdkapital (Bankverbindlichkeiten) i. H. v. € 65.000,– besitzt (☞ Abb. 2.11).

Herkunft des Vermögens

Wenn wir noch einmal die Vermögenskonten auf der rechten Seite der Bilanz betrachten, können wir nun die Herkunft des Vermögens des Pflegedienstes in der Gesamtschau sehen:
- Zu einem Betrag i. H. v. € 103.430,70 stammt das Vermögen des Pflegedienstes CURA aus Eigenkapital, also aus eigenen Mitteln des Pflegedienstes.
- Zu einem nicht unbeträchtlichen Teil von € 65.000,– stammt das Vermögen des Pflegedienstes jedoch aus Fremdkapital, das sich der Pflegedienst von Banken für den Fahrzeugkauf geliehen hat.

Wir fassen nun alle bisher betrachteten Vermögensgegenstände auf aktiven und passiven Bestandskonten in der Bilanz des Pflegedienstes zusammen. Diese vermittelt einen Gesamtüberblick sowohl über die **Mittelherkunft** auf der rechten Passivseite als auch über die Art der **Mittelverwendung** auf der linken Aktivseite.

■ Abschluss der aktiven und passiven Bestandskonten

Die Bilanz fasst nun die Salden aller oben betrachteten Bestandskonten zusammen (☞ Abb. 2.12). Wie schon angesprochen lässt sich die Herkunft des Vermögens nun auf der rechten Seite der Bilanz ablesen: Zu einem Betrag von € 103.430,70 stammt das Vermögen aus eigenen Mitteln, nämlich aus Eigenkapital. Zu einem kleineren Betrag von € 65.000,– stammt das Vermögen des Pflegedienstes jedoch auch aus fremden Mitteln,

2

A	Bilanz Pflegedienst CURA	P
1.) 52.000.– € Kfz 2.) 116.430,70 € Bank		3.) 103.430,70 € Eigenkapital 4.) 65.000.– € Bankverb.
Summe: 168.430,70 €		**Summe: 168.430,70 €**

Abb. 2.12: Bilanz des Pflegedienstes CURA in T-Konten-form

nämlich den oben betrachteten Bankverbindlichkeiten. Das gesamte Vermögen beläuft sich, wie man an der Summe des Kontos sieht, auf einen Betrag von € 168.430,70. Dieser Betrag stellt die Summe des gesamten Vermögens dar.

Auf der linken Seite wird nun das Vermögen in einer anderen Art und Weise betrachtet und unterteilt. Nach der Darstellung der **Struktur der Herkunft** des Vermögens auf der rechten Seite der Bilanz steht nun auf der linken Seite die Art der **Verwendung** des Vermögens im Mittelpunkt. In welcher Art und Weise wurde das aus Eigenkapital und Fremdkapital stammende Vermögen im Pflegedienst verwendet?

Mittelherkunft und Mittelverwendung

Die linke Seite der Bilanz gibt dazu die Antwort: Zu einem Betrag von € 52.000,– ist das Vermögen nach Ablauf des Geschäftsjahres noch in Form von Kraftfahrzeugen erhalten, also in Form von relativ schwer wieder zu Bargeld machbarem Anlagevermögen. Zu einem Betrag von € 116.430,70 wurde das aus Eigen- und Fremdmitteln stammende Kapital auf dem Bankkonto belassen, also in Form von leicht zu Bargeld machbarem Umlaufvermögen.

Da wir auf der Aktiv- und Passivseite der Bilanz ein und dasselbe Vermögen des Pflegedienstes CURA betrachten, jedoch unter den beiden verschiedenen Blickwinkeln Mittelherkunft und Mittelverwendung, ist die Summe des gesamten Kapitals auf beiden Seiten gleich: Sowohl das Vermögen in seiner Darstellung in Mittelherkunft als auch in Darstellung in Mittelverwendung ergibt eine Summe von € 168.430,70 (☞ Abb. 2.12).

Wir sehen, dass die Bilanz ihrer Aufgabe gerecht wurde: Es wurde dargestellt zum **Stichtag** des Endes des Geschäftsjahres, wo das Vermögen des Pflegedienstes herstammt und in welcher Weise es im Pflegedienst verwendet wurde. Die Bilanz ermöglichte nach Ablauf des Geschäftsjahres ein **Überblick über die Vermögenslage** des Pflegedienstes.

Jahresüberschuss

Die Betrachtung des Reicher- oder Ärmerwerdens in der Gewinn- und Verlustrechnung wurde in der Bilanz weitergeführt: Der im Beispiel dargestellte Erfolg des Geschäftsjahres in Form eines Jahresüberschusses erhöhte das Eigenkapital, sodass das Vermögen nun durch den in der Gewinn- und Verlustrechnung bezifferten **Jahresüberschuss** insgesamt vergrößert wurde. Dies ist für den Pflegedienst ein erfreuliches Ergebnis: Der Pflegedienst ist durch seine Tätigkeit im vergangenen Geschäftsjahr reicher geworden und konnte das eigene Vermögen somit vergrößern.

Blick in den Rückspiegel

So wichtig, wie die durch die Gewinn- und Verlustrechnung und die Bilanz erfahrenen Informationen sind, blickten wir doch durch diese Rechenwerke gewissermaßen in den »Rückspiegel«. Denn erst nach Ablauf des vergangenen Geschäftsjahres erfuhren wir, ob wir reicher oder ärmer geworden sind und ob sich unser Vermögen vergrößert oder verkleinert hat. Was wäre gewesen, wenn der Pflegedienst durch massive **Ertragseinbrüche** aufgrund des Wegbleibens von Kunden nicht in der Lage gewesen wäre, die Gehälter der Pflegekräfte zu bezahlen? Wahrscheinlich hätten diese sich nach einer anderen Tätigkeit umgesehen und den Arbeitsvertrag gekündigt. Dann wäre es unter Umständen überhaupt nicht mehr möglich gewesen, den Betrieb des Pflegedienstes aufrechtzuerhalten, und der Pflegedienst hätte seinen Betrieb einstellen müssen.

Kurzfristige Alarmsignale

Nach einem Jahr erst zu betrachten, in welcher wirtschaftlichen Lage sich der Pflegedienst befindet, ist also nicht ausreichend. Es muss in kürzeren Abständen, als es das Gesetz gefordert, betrachtet werden, ob der Pflegedienst wirtschaftlich arbeitet. Adressat solcher Berechnungen, die innerhalb des Geschäftsjahres Auskunft über die **Wirtschaftlichkeit** des Pflegedienstes geben, sind nicht jene, die vor allem außerhalb des Pflegedienstes liegen, wie dies zuvor beim Jahresabschluss der Fall war. Im Falle solcher kurzfristigen Berechnungen, die dem Leiter einer Pflegeeinrichtung innerhalb des Geschäftsjahres Alarmsignale senden sollen, wenn im Bereich der Wirtschaftlichkeit sich etwas in die falsche Richtung entwickelt, spricht man vom so genannten **internen Rechnungswesen**. Es hat die Aufgabe, Informationen an interne Personen des Pflegedienstes zu geben, damit diese die Wirtschaftlichkeit der Einrichtung steuern können. Diese internen Leitungspersonen können z. B. der Geschäftsführer oder die Pflegedienstleitung sein.

Auf einen Blick

▶ In der Bilanz zeigt die rechte Passivseite auf, wo das Vermögen des Betriebes herstammt. Die linke Aktivseite zeigt auf, wie das Vermögen verwendet wurde.

▶ Aktive Bestandskonten stellen das Vermögen des Betriebes in Form von Anlage- und Umlaufvermögen dar.

▶ Der Saldo eines aktiven Bestandskontos zeigt den Wert des Anlage- und Umlaufvermögens auf, z. B. wie viel Wert eine Sorte von Vermögensgegenständen zum Abschluss des Geschäftsjahres noch aufweist.

▶ Das Vermögen eines Betriebes stammt entweder aus Eigen- oder aus Fremdkapital. Demnach gibt es passive Bestandskonten sowohl für Fremd- als auch für Eigenkapital.

▶ Der Saldo eines passiven Bestandskontos zeigt, wie viel Vermögen der Betrieb aus eigenen oder fremden Mitteln zum Abschluss des Geschäftsjahres besitzt.

▶ Die Bilanz fasst die Salden aller aktiven und passiven Bestandskonten zusammen.

2.3 Internes Rechnungswesen am Beispiel der Kosten- und Leistungsrechnung

Drei wesentliche Ziele der Kosten- und Leistungsrechnung sollen im Kapitel 2.3 betrachtet werden:

- **Ermittlung** eines Betriebsergebnisses für den Pflegebetrieb
- **Kalkulation** von kostendeckenden Preisen
- **Kontrolle** der Wirtschaftlichkeit im Pflegedienst

Die Begriffe »Kosten«, »Leistungen« und »Betriebsergebnis« werden durch ihre Erläuterung in den folgenden Kapiteln verständlich. Im ersten Teil der Kosten- und Leistungsrechnung, der **Kostenartenrechnung**, wird der Begriff der »Kosten« eingeführt, der im Folgenden zentral sein wird. Aufbauend auf dem Kostenbegriff werden die damit verbundenen so genannten Leistungen des Pflegedienstes berechnet. Das **Betriebsergebnis** schließlich fasst die Kosten und Leistungen des Pflegedienstes zusammen und zeigt auf, ob ein Betriebsverlust oder -gewinn erzielt werden konnte.

2.3.1 Von der Kostenartenrechnung zum Betriebsergebnis

Im Vergleich zu den oben dargestellten Aufwandsarten, die den Pflegedienst ärmer machen, stellen »Kosten« eine andere Betrachtungsweise von Geschäftsvorfällen dar.

■ Was sind Kosten?

▷ **Kosten:** Verzehr an Gütern, der in Geldeinheiten gemessen wird und für die Erstellung der Leistungen des Betriebes notwendig ist

Es sieht auf den ersten Blick so aus, als ob Kosten die gleichen Geschäftsvorfälle wie Aufwendungen zum Hintergrund haben. Der Unterschied wird bei der ersten hier betrachteten Kostenart klar,

2

dem so genannten »**kalkulatorischen Unternehmerlohn**«. Wir erinnern uns, dass die Inhaberin des Pflegedienstes, Frau Schäfer, die Funktion der Geschäftsführerin in Teilzeittätigkeit wahrnimmt, aber keine monatliche Gehaltszahlung wie ihre Mitarbeiterinnen erhält (☞ 1.1). Sie lebt von den Gewinnen ihres Betriebes. Daher befindet sich auch in der oben betrachteten Gewinn- und Verlustrechnung des Pflegedienstes keine Gehaltszahlung. Die an Aufwendungen und Erträgen orientierte Gewinn- und Verlustrechnung darf kein Gehalt für die Geschäftsführerin ausweisen, denn der Pflegedienst wurde durch keine Gehaltszahlung an sie ärmer, es existiert also kein Aufwand in diesem Zusammenhang.

Kalkulatorischer Kostenwert

Wenn der Pflegedienst aber nicht das »Glück« hätte, eine ohne Gehalt mitarbeitende Geschäftsführerin zu haben, müsste er einer solchen Geschäftsführerin in Teilzeittätigkeit ein entsprechendes Gehalt von beispielsweise € 2.300,– monatlich zahlen. In der Kosten- und Leistungsrechnung muss also bei unentgeltlich mitarbeitenden Personen so getan werden, als ob sie ein Gehalt erhalten würden. Im Fall der Geschäftsführerin des Betriebes nennt man diese Kostenart »kalkulatorischer Unternehmerlohn«. Der Begriff »kalkulatorisch« zeigt dabei an, dass nicht wirklich eine Ausgabe getätigt wird, die den Betrieb ärmer macht, sondern ein »**geplanter**« **Kostenwert** berücksichtigt wird. Daher wird kein Aufwand, sondern ein kalkulatorischer Kostenwert verbucht.

Kostenkriterien

Wir prüfen nun an der oben genannten Definition des Kostenbegriffs, ob es sich bei dem kalkulatorischen Unternehmerlohn wirklich um Kosten handelt:

- Die erste Frage lautet: **Findet ein Verzehr von Gütern statt?** Die Antwort lautet ja, denn die Arbeitszeit, die Frau Schäfer im Pflegedienst in ihrer halbtägigen Tätigkeit als Geschäftsführerin investiert, könnte sie auch in einem anderen Betrieb als Geschäftsführerin einsetzen und dort einen Lohn verdienen. Im Pflegedienst CURA in Teilzeit zu arbeiten, stellt also klar einen Güterverzehr dar, nämlich einen Verzehr an kostbarer Arbeitszeit von Frau Schäfer.

- Die zweite Frage lautet: Kann der kalkulatorische Unternehmerlohn **in Geld bemessen werden**. Wieder lautet die Antwort ja, denn der Betrag von € 2.300,– könnte ohne weiteres in einem anderen Pflegedienst als Geschäftsführerin verdient werden.

- Die dritte Frage lautet: Bezieht sich **der Güterverzehr auf die für den Betrieb übliche Leistungserstellung**. Auch das ist zutreffend, denn die Tätigkeit als Geschäftsführerin ist notwendig für die Hervorbringung von Pflegeleistungen durch den Pflegedienst.

Es handelt sich also beim kalkulatorischen Unternehmerlohn um unseren ersten Kostenwert, der in die Kostenartenrechnung Eintritt findet.

■ Kostenartenrechnung

▷ **Kostenartenrechnung:** systematische Auflistung aller in einem Betrieb anfallenden Kostenarten

Aufgaben der Kosten- und Leistungsrechnung:
- Ermittlung eines Betriebsergebnisses für den Pflegebetrieb
- Kalkulation von kostendeckenden Preisen
- Kontrolle der Wirtschaftlichkeit im Pflegedienst

Um die Aufgaben der Kosten- und Leistungsrechnung (☞ 2.3) gewährleisten zu können, müssen zunächst alle Kostenarten des Pflegedienstes systematisch erfasst werden.
Es werden im Folgenden alle im Pflegebetrieb CURA beobachtbaren Kosten systematisch gegliedert.

Beispiel: Gehälter der Pflegekräfte

Der oben genannte kalkulatorische Unternehmerlohn ist Teil der **Personalkosten**, der hier als erste Kostenart betrachtet wird. Wir erinnern uns jedoch, dass in der Gewinn- und Verlustrechnung des Pflegedienstes CURA auch die Aufwendungen für die Gehälter der Pflegekräfte erfasst wurden, die oben den Pflegedienst ärmer machten. Wie sind diese Aufwendungen nun zu beurteilen? Sind sie auch gleichzeitig Kosten? Die Prüfung der drei Eigenschaften von Kosten zeigt uns, dass es sich in der Tat um Aufwendungen handelt, die in voller Höhe auch Kosten darstellen:

Die Gehälter für Pflegekräfte stellen einen

- Verzehr von Gütern dar, in diesem Fall von Geldmitteln, die durch monatliche Überweisungen an die Pflegekräfte abfließen
- Güterverzehr dar, der in Geld bewertet wird
- Güterverzehr dar, der leistungsbezogen ist, denn ohne die Zahlung der Gehälter für die Pflegekräfte könnten keine Leistungen erbracht werden.

Beispiel: Treibstoff für Dienstfahrzeuge

Die oben in der Gewinn- und Verlustrechnung betrachteten Aufwendungen für die Zahlung von Tankrechnungen für die Dienstfahrzeuge des Pflegedienstes werden der zweiten hier betrachteten Kostenart zugeordnet, nämlich den so genannten **Werkstoffkosten**. In voller Höhe stellen die Aufwendungen für Treibstoffe auch gleichzeitig Kosten dar, denn

- es findet ein Verzehr an Gütern statt, nämlich an Geld, das an den Tankstellenbetreiber sechsmal im vergangenen Jahr überwiesen wurde
- es wird weiterhin der Güterverzehr in Geld bewertet
- der Güterverzehr ist eindeutig leistungsbezogen, denn mit Hilfe des bezahlten Treibstoffes fahren die Pflegekräfte zu den Kunden und erbringen dort ihre Leistungen.

Die zweite Kostenart »Werkstoffkosten« wird also in unserem Beispiel von den Treibstoffkosten besetzt.

Beispiel: Abnutzung der Kraftfahrzeuge

Die dritte hier betrachtete Kostenart sind die so genannten **Betriebsmittelkosten**, die solche Kosten zusammenfasst, die für den Gebrauch der im Unternehmen verwendeten Betriebsmittel anfallen. In unserem Beispiel sind die Kfz des Pflegedienstes das wesentliche Betriebsmittel. Die oben in der Gewinn- und Verlustrechnung betrachteten Aufwendungen für Abschreibungen auf die Kraftfahrzeuge machten den Pflegedienst eindeutig ärmer, denn der jährlich beobachtete Werteverzehr führt nach fünf Jahren dazu, dass die Kraftfahrzeuge dann buchhaltungsmäßig nichts mehr wert sind. Wir fragen uns daher: Sind die oben betrachteten Abschreibungen nicht nur Aufwendungen, die den Pflegedienst ärmer machen, sondern auch gleichzeitig Kosten des Betriebes?

Die Antwort lautet ja, denn die Abschreibungen sind ein

- Werteverzehr, denn das Kfz wird abgenutzt und ist Jahr für Jahr weniger wert
- Güterverzehr, der in Geld bemessen wird
- eindeutig leistungsbezogener Güterverzehr, denn das Fahren zum Kunden bringt den Werteverzehr der Kraftfahrzeuge mit sich.

Die Abschreibungen werden daher als so genannte **kalkulatorische Abschreibungen** der Kostenart Betriebsmittelkosten zugeordnet.

Fallbeispiel

Wenn im Geschäftsjahr durch den Pflegedienst eine **Spende** an das örtliche Diakonische Werk der Stadt geleistet wird, in dem auch der Pflegedienst CURA tätig ist, wie wäre diese Spende buchhaltungsmäßig zu werten? Sicherlich ist der Spendenbetrag ein **Aufwand**, denn der Pflegedienst ist trotz der steuerlichen Entlastung durch die Spende unter dem Strich etwas ärmer geworden. Wäre der Spendenbetrag jedoch auch als Kostenbetrag zu werten?

- Das erste Kriterium, ob es sich um Kosten handelt, wäre zu bejahen, denn zweifelsohne findet durch die Überweisung der Spende ein **Güterverzehr** statt.
- Kriterium zwei wird ebenfalls bejaht, denn die Spendenüberweisung ist in **Geldeinheiten** bewertet.

2

- Beim dritten Kriterium jedoch müssen wir verneinen. Der Güterverzehr ist **nicht mit dem üblichen betrieblichen Leistungsprozess verbunden**. Es handelt sich um einen Aufwand, der außerhalb des in einem Pflegedienst üblichen betrieblichen Güterverzehrs steht. Jedes andere Unternehmen oder auch Privatpersonen können karitativen Institutionen wie örtlichen Diakonischen Werken Geldbeträge spenden, daher handelt es sich bei der Spende um keine Kosten des Betriebes, die im betriebsüblichen Leistungsprozess entstehen.

Liste der Kostenarten

Die folgende Liste stellt hier noch einmal die in unserer vereinfachten **Kostenartenrechnung** mit wenigen Geschäftsvorfällen aufgelisteten Kostenarten dar (☞ Tab. 2.13).

1.) Personalkosten	
€ 174.252,47	Löhne Pflegekräfte
€ 27.600,–	kalk. Unternehmerlohn
€ 201.852,47	**Summe Personalkosten**
2.) Werkstoffkosten	
€ 2.041,62	Treibstoffkosten
€ 2.041,62	**Summe Werkstoffkosten**
3.) Betriebskosten	
€ 13.000,–	kalk. Abschreibungen
€ 13.000,–	**Summe Betriebskosten**
€ 216.894,09	**Summe Gesamtkosten**

Tab. 2.13: Kostenarten des Pflegedienstes CURA

Man sieht in der Auflistung, dass wir es in der Kostenartenrechnung geschafft haben, alle im Beispiel genannten Kosten des Pflegedienstes zu ermitteln und in ihrer Gesamtsumme i. H. v. € 216.894,09 darzustellen.
Wenn jedoch in der Gewinn- und Verlustrechnung Aufwendungen und Erträge als Begriffspaare gegenüberstanden (☞ 2.2.1) und wir nun mit den Kosten eine neue **Sichtweise** solcher Geschäftsvorfälle kennen gelernt haben, die den Erfolg des Betriebes belasten, welcher ist dann der Begriff, der den Kosten als »Begriffszwilling« gegenübersteht? Es handelt sich dabei um den

Begriff der **Leistung**, der sehr ähnlich dem schon aufgezeigten Kostenbegriff festgelegt wird.

■ Leistungsbegriff

▷ **Leistung:** Güterentstehung, die in Geldeinheiten gemessen wird und aus dem üblichen betrieblichen Leistungsprozess stammt

Die Definition einer »Leistung« ist genau spiegelbildlich zu der Definition der Kosten zu verstehen. Es dreht sich hier nicht um Güter**verzehr**, sondern um die damit verbundene Güter**entstehung**.
Anstelle des Güterverzehrs nimmt beim Leistungsbegriff die Güterentstehung eine **zentrale Stellung** ein. Ebenfalls wird diese Güterentstehung beim Leistungsbegriff in Geld gemessen und ebenfalls muss sie aus dem üblichen Geschäftsbetrieb stammen.

Beispiel: SGB XI

Prüfen wir nun die oben in der Gewinn- und Verlustrechnung betrachteten Erträge, ob sie auch gleichzeitig Leistungen darstellen (☞ 2.2.1). Die Erträge, die wir aus dem Bereich Pflegeversicherung i. H. v. € 102.129,54 erlöst haben, stellen in voller Höhe Leistungen dar, denn sie

- sind Güterentstehung in Form von Geldbeträgen auf dem Girokonto des Pflegedienstes
- werden in Geldeinheiten gemessen
- sind aus dem üblichen betrieblichen Leistungsprozess des Pflegedienstes entstanden.

Beispiel: SGB V

Die zweite in obiger Gewinn- und Verlustrechnung aufgezeichnete Ertragsart waren Erträge aus ärztlich verordneten Leistungen nach SGB V. Nach Prüfung mit Hilfe unserer Definition für »Leistungen« stellen wir auch hier fest, dass eine **Güterentstehung** stattgefunden hat, die in **Geldeinheiten** gemessen wird, und der Betrag von € 112.383,79 aus dem üblichen betrieblichen Leistungsprozess stammt. Es handelt sich daher bei diesem Ertrag in voller Höhe um eine Leistung.

⌗ Fallbeispiel

Wenn ein Kunde der Sozialstation nach seinem Ableben ein Teil seines Vermögens i. H. v. € 100.000,– vermacht, um was für einen Geschäftsvorfall handelt es sich dann? Ertrag und auch Leistung?

Unstrittig ist, dass es sich um einen Ertrag handelt, denn der Pflegedienst ist durch die großzügige Spende reicher geworden, das Eigenkapital wird also vermehrt. Bei der Frage, ob es sich außerdem auch um eine Leistung handelt, stellen wir fest, dass es sich 1.) eine Güterentstehung (in Form der Überweisung von € 100.000,–) handelt und 2.) diese auch in Geld bewertet werden kann. Aber bei der dritten Frage zu Prüfung, ob es sich um eine Leistung handelt, müssen wir feststellen, dass die Güterentstehung nicht direkt aus der betrieblichen Tätigkeit des Pflegedienstes entstanden ist. Es ist daher ein Ertrag, keine Leistung.

Stellen wir nun die Leistungen den Kosten gegenüber, erhalten wir das so genannte **Betriebsergebnis**, das das wirtschaftliche Ergebnis der betriebsüblichen Tätigkeit des Pflegedienstes aufzeigt.

■ Betriebsergebnis

▷ **Betriebsergebnis:** Darstellung des wirtschaftlichen Ergebnisses der betriebstypischen Aktivitäten eines Betriebes in der Gegenüberstellung von Kosten und Leistungen

Betriebsgewinn und -verlust

Das Betriebsergebnis ergibt sich aus der **Verrechnung** der im Pflegedienst im Geschäftsjahr erfassten Kosten und Leistungen. Ähnlich wie in der Gewinn- und Verlustrechnung werden die Kosten anstelle der Aufwendungen auf der linken Seite und anstelle der Erträge die Leistungen des Betriebes auf der rechten Seite aufgelistet. Wie in der Gewinn- und Verlustrechnung wird nun zunächst die betragsmäßig größere Seite ermittelt. Dies ist die linke Kostenseite mit einem Be-

S	Betriebsergebnis Pflegedienst CURA	H
1.) *174.252,47 €* *Löhne* 2.) *27.600,– € kalk.* *Unternehmerlohn* 3.) *2.041,62 €* *Treibstoffkosten* 4.) *13.000,– €* *kalk. Abschreibung*	5.) *102.129,54 €* *Leistungen SGB V* 6.) *112.383,79 €* *Leistungen SGB XI* **Saldo = Betriebsverlust:** *2.380,76 €*	
Summe: *216.894,09 €*	**Summe:** *216.894,09 €*	

Abb. 2.14: Betriebsergebnis des Pflegedienstes CURA

trag von € 216.894,09 (☞ Abb. 2.14). Wenn wir die betragsmäßig kleinere rechte Seite mit den Leistungen von diesem Betrag abziehen, erhalten wir einen Saldo, in diesem Fall ein **Defizit**. Im Betriebsergebnis nennt man

- ein Defizit einen Betriebsverlust
- einen Überschuss einen Betriebsgewinn.

Wir sehen uns nun mit dem erstaunlichen Ergebnis konfrontiert: Der Pflegedienst kommt unter dieser neuen Betrachtung der Geschäftsvorfälle als Kosten und Leistungen nicht zu einem **Jahresüberschuss** von € 25.219,24 wie in der oben dargestellten Gewinn- und Verlustrechnung (☞ 2.2.1). Ganz im Gegenteil, bei der Betrachtung von Kosten und Leistungen muss ein Betriebsverlust verzeichnet werden. Wie kann es möglich sein, laut Gewinn- und Verlustrechnung um € 25.219,24 reicher geworden zu sein, und bei der Betrachtung des Betriebsergebnisses feststellen zu müssen, einen Betriebsverlust im vergangenen Jahr i. H. v. € 2.380,76 eingefahren zu haben?

Neue Kostenwerte einführen

Der Grund liegt in der ausschließlichen Betrachtung von Kosten und Leistungen bei der Berechnung des Betriebsergebnisses im Vergleich zu der ausschließlichen Betrachtung von Aufwendungen und Erträgen in der Gewinn- und Verlustrechnung. Denn wir haben mit dem kalkulatorischen Unternehmerlohn für die Geschäftsführerin einen Kostenwert eingeführt, der in der Gewinn- und Verlustrechnung überhaupt nicht vorkam. Die Regeln des Handelsgesetzbuches verbieten es, solche Kosten als Aufwand zu buchen, die keinen **Ausgabencharakter** haben.

Der **kalkulatorische Unternehmerlohn** i. H. v. € 27.600,– jährlich wurde hingegen im Rahmen der Kosten- und Leistungsrechnung ganz bewusst als ein Kostenwert mit einberechnet, um den Betrieb realistisch mit dem Wert der von der Geschäftsführerin unentgeltlich eingebrachten Arbeitsleistung zu belasten (☞ 2.3.1).

Würde die Geschäftsführerin erkranken und nicht mehr dem Pflegedienst als Geschäftsführerin zur Verfügung stehen, müsste sie als Inhaberin des Pflegedienstes eine andere Person für die Geschäftsführung engagieren und mit einer tatsächlichen Gehaltsüberweisung vergüten. Aus diesem Grunde rechnet man in der Kosten- und Leistungsrechnung »zur Sicherheit« einen kalkulatorischen Unternehmerlohn für unentgeltlich zur Verfügung gestellte Arbeitskraft mit ein.

Wirtschaftlichkeit des Betriebes

Mit dem Erstellen eines Betriebsergebnisses wurde die erste **Hauptaufgabe** der Kosten- und Leistungsrechnung erfüllt. Es wurde abweichend von der gemäß dem Handelsgesetzbuch aufzustellenden Gewinn- und Verlustrechnung im Betriebsergebnis errechnet, dass der Betrieb bei der Betrachtung aller im Geschäftsjahr angefallenen Kosten und Leistungen unter dem Strich einen Betriebsverlust eingefahren hat. Diese Information ist sehr wertvoll, waren wir doch bisher der Meinung, dass der Pflegedienst in wirtschaftlicher Hinsicht zufrieden stellend arbeitet. Dem ist aber offensichtlich nicht so.

Es wurde somit auch im Betriebsergebnis die zweite Aufgabe der Kosten- und Leistungsrechnung erfüllt, und zwar die Beurteilung der **Wirtschaftlichkeit** eines Betriebes.

Monatliches Betriebsergebnis

Doch kommt die Information über die mangelnde Wirtschaftlichkeit des Pflegedienstes zu spät,

wenn man wie bei der Gewinn- und Verlustrechnung erst nach dem abgelaufenen Geschäftsjahr eine Gegenüberstellung von Kosten und Leistungen aufbaut. Es empfiehlt sich daher, **monatlich oder quartalsweise innerhalb des laufenden Geschäftsjahres** die Kosten und Leistungen von den Aufwendungen und Erträgen abzugrenzen und monatlich oder quartalsweise darauf aufbauend ein Betriebsergebnis für den Betrieb zu berechnen. Nehmen wir an, das vergangene Geschäftsjahr ist abgelaufen und das neue Geschäftsjahr hat begonnen. Wir wollen nun in diesem neuen Geschäftsjahr nicht wieder den Fehler machen, nach Ablauf des Geschäftsjahres von einem Betriebsverlust überrascht zu werden. Außerdem ist es bei rückblickender Betrachtung eines Betriebsverlustes ohnehin nicht mehr möglich, die Ursachen zu beheben und ihn wieder rückgängig zu machen.

Aus diesem Grund ermitteln wir monatlich die Kosten und Leistungen, indem wir mit Hilfe der Kostenartenrechnung zunächst alle Kostenwerte des Pflegedienstes auflisten und sie darauf folgend den Leistungen des Pflegedienstes im Betriebsergebnis gegenüberstellen. Die Abbildung 2.15 zeigt auf, wie ein innerhalb des Jahres ermitteltes Betriebsergebnis aussehen könnte.

- In der Position 1.) des Betriebsergebnisses des Pflegedienstes CURA wurden die **Löhne der**

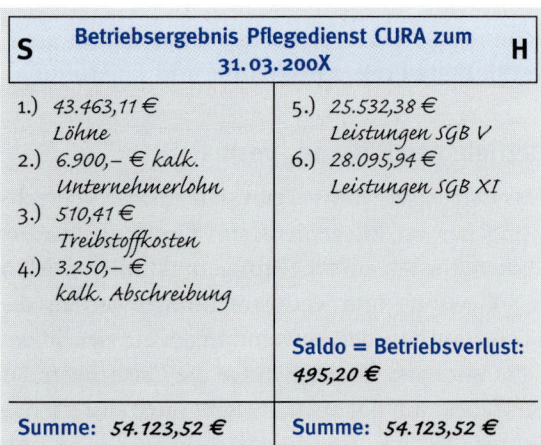

S	Betriebsergebnis Pflegedienst CURA zum 31.03.200X		H
1.) 43.463,11 € Löhne		5.) 25.532,38 € Leistungen SGB V	
2.) 6.900,– € kalk. Unternehmerlohn		6.) 28.095,94 € Leistungen SGB XI	
3.) 510,41 € Treibstoffkosten			
4.) 3.250,– € kalk. Abschreibung			
		Saldo = Betriebsverlust: 495,20 €	
Summe: 54.123,52 €		Summe: 54.123,52 €	

Abb. 2.15: Betriebsergebnis des Pflegedienstes CURA innerhalb des Geschäftsjahres

Pflegekräfte des Pflegedienstes bis zum 31.03. des laufenden Geschäftsjahres aufsummiert. Es wurden hierbei bereits die später im Jahr anfallenden Weihnachts- und Urlaubszuwendungen schon zu einem Viertel mit einberechnet und so getan, als ob schon in den ersten drei Monaten des Jahres ein Viertel des Gesamtbetrages der Urlaubs- und Weihnachtszuwendungen als Kosten angefallen sind.

- In der Position 2.) wird der **kalkulatorische Unternehmerlohn** für die vergangenen drei Monate berechnet und als Kostenwert ebenfalls berücksichtigt. In diesem Wert sind ebenfalls schon die anteiligen Urlaubs- und Weihnachtszuwendungen für ein Vierteljahr mit einberechnet. Später im Jahr im Falle der Beschäftigung eines hauptamtlichen Geschäftsführers bei Krankheitsvertretung für die Geschäftsführerin möglicherweise anfallende Weihnachts- und Urlaubszuwendungen sind also hier auch schon zur Sicherheit berücksichtigt, um das Betriebsergebnis möglichst realistisch und nicht zu positiv darzustellen.
- Die bis zum 31.03. des Jahres angefallenen **Treibstoffaufwendungen** werden in voller Höhe in Position 3.) in das Betriebsergebnis als Kosten eingebracht.
- Als kalkulatorische Abschreibungen werden in Position 4.) der Anteil an den **Gesamtabschreibungen für die Anlagegüter** eingerechnet, der drei Monaten des Jahres entspricht. Wenn man von Abschreibungen für das gesamte Jahr von € 13.000,– ausgeht, sind für drei Monate ein Viertel, also € 3.250,–, anzusetzen.
- Auf der Seite der Leistungen werden unter Position 5.) die bis zum 31.03. des Jahres als Erträge nach SGB V verbuchten € 25.532,38 in voller Höhe als Leistungen aufgeführt und in Position 6.) die bisher von Pflegekassen überwiesenen € 28.095,94 voll als Leistungen in das Betriebsergebnis übernommen.

Das Betriebsergebnis zum 31.03. des laufenden Geschäftsjahres zeigt einen **Betriebsverlust** von bereits € 495,20 an. Der Pflegedienst hat also schon nach einem Vierteljahr einen Betriebsverlust i.H.v. € 495,20 eingefahren. Dies muss nicht als Katastrophe gewertet werden, zeigt jedoch auf, dass, wenn man in Kosten und Leistungen denkt, der Betrieb eher defizitär ist als einen Betriebsüberschuss erzeugend. Was ist jedoch in diesem Beispiel der Grund des Betriebsverlustes?

■ Gründe für ein negatives Betriebsergebnis

Zunächst muss bei einem Betriebsergebnis wie diesem die Methode der Kontrolle der **Auslastung des Pflegedienstes** angewendet werden, um zu prüfen, ob nicht mangelnde Auslastung des Pflegepersonals der Grund für das negative Betriebsergebnis ist (☞ Kap. 1). Denn wenn die Pflegepersonen unter einer akzeptablen Auslastung zu wenig abrechnungsfähige Leistungsstunden bei den Kunden erbringen würden, wäre das sicher eine Ursache für ein negatives Betriebsergebnis.

Man könnte sich weiterhin fragen, in welchem Leistungsbereich des Betriebes der Betriebsverlust entstanden ist. Im Bereich SGB V oder SGB XI? Fraglich ist, ob die mit den **Kassen ausgehandelten Gebühren** überhaupt kostendeckend sind. Diese Fragen müssen beantwortet werden, um zu verhindern, dass der Pflegedienst dauerhaft finanziellen Schaden nimmt bzw. keine ausreichenden Gewinne erwirtschaftet, die für Investitionen der Zukunft notwendig sind.

Die im Folgenden betrachtete **Kostenstellenrechnung** versucht daher, die Orte der Kostenentstehung des Pflegedienstes CURA zu benennen und zu untersuchen, in welchem Bereich ein Betriebsverlust entstanden ist. Aufbauend auf den oben genannten Kostenarten Personalkosten, Werkstoffkosten und Betriebskosten werden diese Kostenarten nun bestimmten Kostenstellen zugeordnet, an denen die Kosten des Pflegedienstes CURA beim betriebstypischen Leistungsprozess entstehen.

2

Auf einen Blick

▶ Ziele der Kosten- und Leistungsrechnung sind die Ermittlung des Betriebsergebnisses, die Kalkulation von kostendeckenden Preisen und die Kontrolle der Wirtschaftlichkeit des Betriebes.

▶ Drei Kriterien für Kosten: Findet ein Güterverzehr statt? Wird der Güterverzehr in Geld bemessen? Bezieht sich der Güterverzehr auf die für den Betrieb übliche Leistungserstellung?

▶ Für die Kosten- und Leistungsrechnung müssen alle Kostenarten des Betriebes systematisch erfasst werden.

▶ Der Begriff Leistung meint nicht den Güterverzehr, sondern die damit verbundene Güterentstehung.

▶ Das Betriebsergebnis zeigt einen möglichen Betriebsgewinn oder Betriebsverlust.

▶ Das Betriebsergebnis ermöglicht durch die Berücksichtigung nicht ausgabewirksamer Geschäftsvorfälle eine wirklichkeitsnähere wirtschaftliche Einschätzung der betriebstypischen Aktivitäten eines Betriebes als die Gewinn- und Verlustrechnung.

▶ In der Kosten- und Leistungsrechnung greifen die Vorschriften des Handelsgesetzbuches nicht. Daher ist es hier zulässig, solche Kosten zu buchen, die nicht Ausgabencharakter haben.

▶ In der Kosten- und Leistungsrechnung ist es auch zulässig, solche Leistungen zu buchen, die nicht Einnahmencharakter haben.

▶ Um rechtzeitig über eine mangelnde Wirtschaftlichkeit des Betriebes informiert zu sein, wird ein monatliches oder quartalsweises Betriebsergebnis erstellt.

2.3.2 Kostenstellenrechnung

▷ **Kostenstellenrechnung:** Bildung von Orten der Kostenentstehung, so genannten Kostenstellen, und die Verteilung der im betriebstypischen Leistungsprozess anfallenden Kosten und Leistungen auf diese Kostenstellen

Kostenstellen, die also **Orte der Kostenentstehung** im Betrieb sind, können nach verschiedenen Regeln gebildet werden. Nach räumlichen Kriterien könnten im Pflegedienst CURA Kostenstellen wie Fuhrpark, Außendienst oder Innendienst gebildet und die dort anfallenden Kosten dann auf diese Kostenstellen aufgeteilt werden. Nach dem bereits im Kapitel 1 bei der Bildung von Organisationseinheiten angesprochenen Kriterium »betriebliche Funktionen« könnte man in unserem Pflegedienst Kostenstellen wie beispielsweise die der »Verwaltung«, »Pflegedienstleitung« oder »Pflegebereich« bilden. Es macht hier jedoch die Bildung von Kostenstellen nach **verrechnungstechnischen Kriterien** am meisten Sinn.

■ Kostenstellen bilden

Im sehr vereinfachten Beispiel des Pflegedienstes CURA wollen wir Kostenstellen nach den mit Kranken- und Pflegekassen abgerechneten Leistungen bilden. Die Art und Weise, wie wir gegenüber den Kassen abrechnen, soll als Vorbild für die Bildung von Kostenstellen dienen, daher sprechen wir hier von einer Bildung von Kostenstellen nach »**verrechnungstechnischen Kriterien**«. Da im Beispiel ausschließlich die Leistungen nach dem Pflegeversicherungsgesetz und ärztlich verordnete Leistungen nach SGB V durch den Pflegedienst CURA erbracht werden, orientieren wir uns also an der Abrechnungsseite des Pflegedienstes und bilden zwei Kostenstellen mit der Bezeichnung »SGB XI« und »SGB V«.

Kostenstelle 1.) SGB XI	Kostenstelle 2.) SGB V
1. Kostenart Personalkosten	1. Kostenart Personalkosten
2. Kostenart Werkstoffkosten	2. Kostenart Werkstoffkosten
3. Kostenart Betriebskosten	3. Kostenart Betriebskosten

Tab. 2.16: Kostenstellen für Leistungen nach SGB XI und SGB V

In der Tabelle 2.16 sehen wir die zwei Kostenstellen des Pflegedienstes, nämlich die

- **Kostenstelle 1.)** für Kosten, die aus der Leistungserbringung von Leistungen nach SGB XI entstanden sind
- **Kostenstelle 2.)** für solche Kosten, die bei der Leistungserbringung nach SGB V entstanden sind.

Wir sehen dabei deutlich, dass Kosten immer untrennbar mit Leistungen verbunden sind: Leistungen erfordern immer den **Anfall von Kosten** und Kosten sind nur wirklich Kosten, wenn eine Leistung mit ihrer Hilfe erbracht wird.

Auf den Kostenstellen sollen nun die drei im Pflegedienst CURA angefallenen Kostenarten auf die Leistungsbereiche SGB XI und SGB V verteilt werden (☞ Tab. 2.16). Aber hierin liegt schon das erste Problem. Wenn wir irgendeinen der Kostenwerte einer der beiden Kostenstellen zuordnen wollen, stellen wir Folgendes fest: Wir können keine der oben aufgelisteten Kostenarten direkt einer Kostenstelle zuordnen.

Nehmen wir als erste Kostenart die Personalkosten: Die Löhne der Pflegekräfte können wir nicht ausschließlich einer der beiden Kostenstellen zuordnen, denn die Pflegekräfte erbringen beide Leistungsarten, SGB XI und SGB V. Die Personalkosten einer einzigen der beiden Kostenstellen zuzuordnen wäre also grob **verursachungsungerecht**. Wir müssen uns daher überlegen, wie wir die Personalkosten der Pflegekräfte verursachungsgerecht auf beide Kostenstellen aufteilen können.

■ Kostenarten auf Kostenstellen teilen

Zur Aufteilung der Personalkosten der Pflegekräfte nutzen wir die Möglichkeiten des **EDV-Abrechnungsprogramms** des Pflegedienstes, mit dem die erbrachten Leistungen erfasst und den Pflege- und Krankenkassen in Rechnung gestellt werden. Jedes für einen Pflegedienst taugliche Abrechnungsprogramm muss die Erstellung einer **statistischen Auswertung** ermöglichen, mit der alle in einem bestimmten Zeitraum erbrachten Leistungen so auswertbar sind, dass

man eine Aufteilung auf bestimmte Personengruppen, Kunden oder Leistungsbereiche aus der Software erhalten kann. Diese Mindestanforderung muss ein Abrechnungsprogramm für einen Pflegedienst erfüllen.

Erbrachte Leistungen

Angenommen, die Auswertung der im ersten Quartal des Jahres durch den Pflegedienst CURA erbrachten Leistungen ergibt die Aufteilung in Tabelle 2.17 der insgesamt abgerechneten Stunden auf die Leistungsbereiche SGB XI und SGB V mit Hilfe einer statistischen Auswertung aus der Abrechnungssoftware.

Auswertung Leistungsstunden 01.01.–31.03.03 des Jahres
1.) Erbrachte Stunden insgesamt 198 Stunden (= 100 %)
2.) davon erbrachte Stunden in Form von Leistungen nach SGB XI 107 Stunden (= 54,04 %)
3.) davon erbrachte Stunden in Form von Leistungen nach SGB XI 91 Stunden (= 45,96 %)

Tab. 2.17: Aufteilung der abgerechneten Stunden mit Hilfe einer statistischen Auswertung aus der Abrechnungssoftware

Die Auswertung aus der Abrechnungssoftware zeigt eine **Statistik** für die Leistungen des Zeitraumes 01.01.–31.03. des laufenden Jahres. Die Leistungsstunden insgesamt beliefen sich auf 198 Stunden, wobei 54,04 % der Stunden, nämlich 107 Stunden, in Form von Leistungen nach SGB XI und 45,96 % der insgesamt 198 Stunden, nämlich 91 Stunden, im Bereich der ärztlich verordneten Leistungen nach SGB V erbracht wurden (☞ Tab. 2.17).

Notwendige Zeiterfassung

Diese Auswertung ist selbstverständlich nur möglich, wenn eine Zeiterfassung für die durch den Pflegedienst erbrachten Leistungen durchgeführt wurde und die Ergebnisse (beispielsweise 38 Minuten durchschnittliche Zeitdauer für die

2

Erbringung des Moduls 1 der Leistungen nach dem Pflegeversicherungsgesetz) in die Abrechnungssoftware hinterlegt wurden (☞ 1.4.2). Nur dann kann man Leistungszeiten in Stunden für einen bestimmten Zeitraum wie hier in der Auswertung für das erste Quartal des Jahres errechnen lassen.

Verursachungsgerechtigkeit

Angenommen, wir haben ein geeignetes Abrechnungsprogramm, in dem die **durchschnittlichen Leistungszeiten** hinterlegt sind, und können die im ersten Quartal des Jahres abgerechneten Leistungsstunden aufgeteilt nach Leistungsstunden im Leistungsbereich SGB XI und Leistungsbereich SGB V ermitteln. Dann besagt die statistische Auswertung in der Tabelle 2.17 beispielsweise, dass 54,04 % der Pflegezeit im Bereich SGB XI und 45,96 % der Leistungszeit im Bereich SGB V eingesetzt wurde.

Mit diesen Informationen können wir nun folgende Überlegung anstellen: wenn 54,04 % der Pflegeleistungen durch Pflegekräfte im Bereich SGB XI und 45,96 % der Leistungen durch Pflegekräfte im Bereich SGB V erbracht wurden, dann sollten auch die Personalkosten der Pflegekräfte aus Gründen der Verursachungsgerechtigkeit mit genau diesen Prozentsätzen auf die Kostenstellen SGB XI und SGB V verteilt werden.

Betriebsabrechnungsbogen

Eine bewährte Darstellungsform, um Kostenarten auf Kostenstellen aufzuteilen, ist der so genannte »**Betriebsabrechnungsbogen**«. In ihm werden auf der linken Seite die Kostenarten aufgelistet und auf der rechten Seite die Kosten auf die vorhandenen Kostenstellen verteilt (☞ Tab. 2.18).

Die Kostenart Personalkosten Pflegekräfte lässt sich mit Hilfe der Prozentsätze aus der Leistungsstatistik des Abrechnungsprogramms verursachungsgerecht auf die Kostenstellen SGB XI und SGB V verteilen. Da 54,04 % der Leistungsstunden bei der Erbringung von Leistungen nach SGB XI entstanden, werden auch 54,04 % der Personalkosten der Pflegekräfte des ersten Quartal des Jahres auf die Kostenstelle SGB XI umgelegt. Das entspricht einem €-Betrag i. H. v. 23.487,46.

Die gleiche Logik wenden wir bei der Kostenstelle SGB V an: Da 45,96 % der Leistungsstunden bei der Erbringung von Leistungen nach SGB V entstanden sind, werden auch 45,96 % der Personalkosten der Pflegekräfte des ersten Quartals des Jahres auf die Kostenstelle SGB V umgelegt. Das entspricht einem €-Betrag i. H. v. 19.975,65. Wenn wir die beiden eben errechneten Teilwerte zusammenzählen, erhalten wir wieder die Gesamtsumme der Personalkosten i. H. v. € 43.463,11 (☞ Tab. 2.18).

Kostenarten	Kostenstelle 1.) SGB XI	Kostenstelle 2.) SGB V
1.) Personalkosten € 43.463,11 Löhne Pflegekräfte (100 %) € 6.900,– kalk. Unternehmerlohn	€ 23.487,46 (54,04 %)	€ 19.975,65 (45,96 %)
€ 50.363,11 Summe Personalkosten		
2.) Werkstoffkosten € 510,41 Treibstoffkosten		
€ 510,41 Summe Werkstoffkosten		
3.) Betriebskosten € 3.250,– kalk. Abschreibungen		
€ 3.250,– Summe Betriebskosten		
€ 54.123,52 Summe Gesamtkosten		

Tab. 2.18: Kostenverteilung der Personalkosten der Pflegekräfte auf die Kostenstellen mit Hilfe des Betriebsabrechnungsbogens zum 31. 3. des laufenden Jahres

Beispiel: Urlaubs- und Weihnachtszuwendungen

Wir haben nun erreicht, was uns zuvor noch schwierig erschien: Wir haben eine Kostenart verursachungsgerecht auf die Kostenstellen des Pflegedienstes umgelegt.

Ebenfalls eingerechnet in die Gesamtpersonalkosten i. H. v. € 43.463,11 wurden bereits die anteiligen Urlaubs- und Weihnachtszuwendungen der Pflegekräfte. Schon im ersten Quartal des Jahres müssen wir diese zu einem Viertel in die **Gesamtpersonalkostensumme** mit einberechnen. Damit stellen wir sicher, dass wir nicht später zum Zeitpunkt der Zahlung der Urlaubsvergütungen bzw. der Weihnachtszuwendungen einen »Sprung nach oben« in den Personalkosten im dritten bzw. vierten Quartal erhalten. Der hier dargestellte Personalkostenwert ist somit auch ein **kalkulatorischer Kostenwert**. Wir buchen schon im ersten Quartal Kostenwerte, die erst später zu wirklichem Aufwand werden. In der Kostenrechnung wird jedoch später, wenn diese Urlaubs- und Weihnachtszuwendungen tatsächlich ausbezahlt werden, diese nicht in voller Höhe als Kosten berücksichtigt. Sie wurden ja bereits »Stück für Stück« in allen Quartalen des Jahres zu einem Viertel einbezogen.

Wie ist es jedoch mit den anderen Kostenarten? Lassen sie sich nach dem gleichen Prinzip umlegen? Dies wollen wir der Reihe nach prüfen.

Beispiel: Kalkulatorischer Unternehmerlohn

Wie ist es mit dem kalkulatorischen Unternehmerlohn der in Teilzeit arbeitenden Geschäftsführerin? Genau wie bei den restlichen Personalkosten kann man vermuten: Wenn ein höherer Teil der Pflegeleistungen durch Pflegekräfte im Bereich SGB XI erbracht wird, dann hat die Geschäftsführerin einen höheren **Koordinationsbedarf** im Bereich SGB XI, in dem die Pflegekräfte dann verstärkt tätig sind. Wir verteilen also auch hier verursachungsgerecht sowohl die Personalkosten der Geschäftsführerin inklusive Arbeitgeberanteil an der Sozialversicherung und Rentenversicherung nach den oben genannten Schlüs-

seln auf beide Kostenstellen SGB XI und SGB V, da die Geschäftsführerin mehr für den Bereich SGB XI koordiniert als für den Bereich SGB V. Ebenfalls in diesem Kostenwert für das erste Quartal für die Geschäftsführerin des Pflegedienstes enthalten sind anteilig angenommene Urlaubsgeld- und Weihnachtszuwendungsanteile inklusive Arbeitgeberanteile. Denn wir müssen in der Kostenrechnung annehmen, dass wir eigentlich eine nicht unentgeltlich arbeitende Person in dieser Tätigkeit beschäftigen müssten. Besonders deutlich würde diese Annahme im Krankheitsfall der Geschäftsführerin.

Wir verteilen also auch den gesamten im ersten Quartal anfallenden kalkulatorischen Unternehmerlohn nach dem Schlüssel 54,04 % zu 45,96 % auf die beiden Kostenstellen SGB XI und SGB V.

Beispiel: Werkstoff- und Betriebsmittelkosten

Die letzten beiden Kostenarten Werkstoffkosten (Treibstoffe) und Betriebsmittelkosten (kalkulatorische Abschreibungen) haben beide etwas mit den zur Pflegetätigkeit benutzten Kraftfahrzeugen zu tun. Wenn im ersten Quartal des Jahres mehr Leistungsstunden im Bereich SGB XI als im Bereich SGB V erbracht wurden, dann wurden auch für den Bereich SGB XI wahrscheinlich mehr Treibstoffkosten und Abnutzung der Kraftfahrzeuge (Abschreibungen) verursacht als im Bereich SGB V. Diese stärkere Verursachung von Treibstoff- und Abschreibungskosten bemessen wir daher am besten mit den bekannten verursachungsgerechten Prozentzahlen, nämlich 54,04 % für die Kostenstelle SGB XI und mit 45,96 % für die Kostenstelle SGB V.

Ergebnis im Betriebsabrechnungsbogen

Nachdem nun alle genannten Kostenarten auf die beiden Kostenstellen restlos verteilt wurden, ergibt sich folgendes Bild im Betriebsabrechnungsbogen für das erste Quartal des Jahres (☞ Tab. 2.19).

Alle Kostenarten des Pflegedienstes CURA wurden auf die beiden Kostenstellen SGB XI und SGB V verteilt (☞ Tab. 2.19). Die Summe der Kostenar-

Kostenarten	Kostenstelle 1.) SGB XI	Kostenstelle 2.) SGB V
1.) Personalkosten		
€ 43.463,11 kalk. Löhne Pflegekräfte (100 %)	€ 23.487,46 (54,04 %)	€ 19.975,65 (45,96 %)
€ 6.900,– kalk. Unternehmerlohn	€ 3.728,76	€ 3.171,24
€ 50.363,11 Summe Personalkosten	**€ 27.216,22**	**€ 23.146,89**
2.) Werkstoffkosten		
€ 510,41 Treibstoffkosten	€ 275,83	€ 234,58
€ 510,41 Summe Werkstoffkosten	**€ 275,83**	**€ 234,58**
3.) Betriebskosten		
€ 3.250,– kalk. Abschreibungen	€ 1.756,30	€ 1.493,70
€ 3.250,– Summe Betriebskosten	**€ 1.756,30**	**€ 1.493,70**
€ 54.123,52 Summe Gesamtkosten	**€ 29.248,35**	**€ 24.875,17**

Tab. 2.19: Kostenverteilung der Restkosten auf die Kostenstellen mit Hilfe des Betriebsabrechnungsbogens zum 31. 03. des laufenden Jahres

ten auf Kostenstelle SGB XI i. H. v. € 29.248,35 ergibt zusammen mit der Summe der Kostenarten auf Kostenstelle SGB V i. H. v. € 24.875,17 wieder die Gesamtkostensumme. Diese **Plausibilitätskontrolle**, ob keine Kosten »verloren« gegangen sind, die in voller Höhe verteilt werden sollten, muss immer bei Kostenartenverteilungen mit solchen Prüfsummen durchgeführt werden.

Kosten ohne Leistungen

Erinnern wir uns: Wir haben die Kostenarten auf die Kostenstellen verteilt, um zu sehen, aus welchem Bereich der kleine Betriebsverlust stammt. Aber auf der Kostenstelle können wir das Defizit noch nicht sehen. Wir finden bisher lediglich die Summe der Gesamtkosten auf jeder Kostenstelle vor. Wir müssen daher, ähnlich wie bei der Gegenüberstellung von Aufwendungen und Erträgen in der Gewinn- und Verlustrechnung, hier in unseren Kostenstellen neben die Kosten die Leistungen des betrachteten Zeitraumes stellen. Allerdings tun wir dies für die beiden Kostenstellen getrennt, da wir ja ein Betriebsergebnis zum 31. 03. des Jahres für beide Kostenstellen erhalten wollen.

■ Betriebsergebnis innerhalb des Geschäftsjahres errechnen

Die Leistungen sind den Kostenstellen im Beispiel des Pflegedienstes CURA sehr leicht zuzuordnen, da wir ja die Kostenstellen bereits nach

verrechnungstechnischen Kriterien als Kostenstelle SGB XI und Kostenstelle SGB V gebildet haben. Die Leistungen nach SGB XI lassen sich daher vollständig zur Kostenstelle SGB XI zuordnen. Dasselbe gilt für die Leistungen nach SGB V, die direkt der Kostenstelle SGB V zugeordnet werden.

Beispiel: SGB XI

Wir stellen die Kostenstellen nun in der uns schon bekannten T-Kontenform dar (☞ Abb. 2.20).
Die Leistungen wurden auf den beiden Kostenstellen auf der rechten Seite eindeutig zugeordnet. Wir errechnen nun wie bei der Gewinn- und Verlustrechnung die betragsmäßig größere Seite und bilden die **Zeilensumme** am Fuß des T-Kontos für die Kostenstelle SGB XI. Die betragsmäßig größere Seite ist leider die Seite mit den verursachungsgerecht auf die Kostenstelle SGB XI geschlüsselten Kosten i. H. v. € 29.248,35. Die auf der rechten Seite vermerkten Leistungen i. H. v. € 28.095,94 vermögen nicht die Summe der Kosten zu übersteigen, sodass der Saldo der Kostenstelle insgesamt ein kleines Defizit i. H. v. € 1.152,41 ausweist.

Beispiel: SBG V

Auf der darunter in der Abbildung aufgeführten Kostenstelle SGB V überwiegen jedoch die auf die Kostenstelle heruntergebrochenen Kosten die auf

S	Kostenstelle 1.) (SGB XI) Betriebsergebnis Pflegedienst CURA zum 31.03.200x	H
1.) *23.487,46 € kalk. Löhne Pflegekräfte* 2.) *3.728,76 € kalk. Unternehmerlohn* 3.) *275,83 € Treibstoffkosten* 4.) *1.756,30 € kalk. Abschreibungen*	1.) *28.095,94 € Leistungen SGB XI* **Saldo = Betriebsverlust:** *1.152,41 €*	
Summe: 29.248,35 €	**Summe: 29.248,35 €**	

S	Kostenstelle 2.) (SGB V) Betriebsergebnis Pflegedienst CURA zum 31.03.200x	H
1.) *19.975,65 € Löhne Pflegekräfte* 2.) *3.171,24 € kalk. Unternehmerlohn* 3.) *234,58 € Treibstoffkosten* 4.) *1.493,70 € kalk. Abschreibungen* **Saldo = Betriebsgewinn:** *657,21 €*	1.) *25.532,38 € Leistungen SGB V*	
Summe: 25.532,38 €	**Summe: 25.532,38 €**	

Abb. 2.20: Zuordnung der Leistungen auf die Kostenstellen und Berechnung eines Betriebsergebnis zum 31.03. des laufenden Geschäftsjahres

der rechten Seite vermerkten Leistungen nicht, sodass hier der Saldo der Kostenstelle einen kleinen Betriebsgewinn ausweist, und zwar in Höhe von € 657,21 (☞ Abb. 2.20).

Teildefizite oder -überschüsse

Bei der Addition dieser Teildefizite auf den Kostenstellen erhalten wir den Betriebsverlust, den wir im oben aufgeführten Betriebsergebnis für den gesamten Pflegedienst bereits oben ermittelt haben, nämlich € 495,20. Wie sollte es auch anders sein? Wir teilten alle Kosten und alle Leistungen auf zwei unter das Betriebsergebnis untergeordnete Kostenstellen auf. Wenn wir diese Teilergebnisse nun wieder zusammenfassen,

müssen wir natürlich wieder den kleinen Gesamtverlust des Pflegedienstes als Ergebnis erhalten. Das **Wiederzusammenfassen von Teilverlusten** oder Teilüberschüssen zu einem Gesamtergebnis zeigt, falls man als Ergebnis genau das zuvor ermittelte Gesamtergebnis erhält, dass die Aufschlüsselungen auf die Kostenstellen ohne Rechenfehler vollzogen wurden. Das erneute Zusammenfassen von Teilergebnissen hat somit eine nützliche **Kontrollfunktion**.

Die beiden Kostenstellen im ersten Quartal des Jahres haben einerseits einen kleinen Betriebsgewinn und andererseits ein kleines Betriebsergebnis verursacht. Im Fall der Kostenstelle SGB XI »erwirtschaftete« der Pflegedienst einen kleinen Betriebsverlust i. H. v. € 1.152,41 und im Falle der Kostenstelle SGB V einen kleinen Betriebsgewinn i. H. v. € 657,21 (☞ Abb. 2.20).

Betriebsergebnis »auf Null«

Wie hätten wir das Ergebnis zur **Deckung** bringen können, oder noch besser, wie hätten wir in beiden Kostenstellen einen angemessenen Betriebsgewinn erwirtschaften können? Wir wissen, dass das im Vergleich zum Jahresabschluss des Vorjahres schlechtere Betriebsergebnis vor allem durch den jetzt verwendeten kalkulatorischen Unternehmerlohn begründet ist. Dennoch macht es für den Pflegedienst Sinn, auch ohne eine unentgeltlich arbeitende Geschäftsführerin einen ausreichend großen **Überschuss** bei gleichzeitig guter Versorgung der Kunden zu erzielen.

Die Frage, wie wir das Betriebsergebnis des ersten Quartals hätten »auf Null« bringen können, oder noch besser, einen deutlichen Überschuss hätten erwirtschaften können, ist für die Existenz des Betriebes entscheidend. Denn im weiteren Verlauf des Jahres wollen wir Betriebsverluste möglichst vermeiden. Wir wissen bereits aus dem Beispiel der Gewinn- und Verlustrechnung, dass Defizite die **Betriebssubstanz** vernichten und das Kapital des Pflegedienstes durch Defizite Stück für Stück vernichtet wird. Nichts anderes ist der Fall hier beim Betriebsergebnis, das im Grunde noch realistischer bei Einplanung aller auch kalkulatorischen Kostenfaktoren angibt, ob wir wirtschaftlich gearbeitet haben oder nicht.

Auslastungsgrade erhöhen

Der Leser mag nun aufgrund der Lektüre des Kapitels 1.4.2 vermuten, dass unter Umständen ein höherer **Auslastungsgrad** in den Monaten des ersten Quartals das Betriebsergebnis hätte in einen deutlichen Gewinn verwandeln können, dass also ein höheres Verhältnis von abgerechneten Stunden im Vergleich zum Arbeitszeitangebot die wirtschaftliche Situation hätte befriedigend gestalten können.

Es muss hier jedoch entgegnet werden, dass wir zuallererst prüfen müssen, ob die der **Leistungsabrechnung** zugrunde liegenden, zwischen den Pflege- und Krankenkassen mit dem Pflegedienst verhandelten **Leistungsgebühren** überhaupt **kostendeckend** sind. Zwar sollen Leistungsgebühren, wie dies beispielsweise im Pflegeversicherungsgesetz gefordert wird, kostendeckend sein, doch oftmals ergeben Gebührenverhandlungen aufgrund der stärkeren Verhandlungsposition der Pflege- und Krankenkassen nicht kostendeckende Leistungsgebühren für die Pflegedienste.

Wenn die Leistungsgebühren aufgrund einer nicht die Kosten der Pflegedienste beachtenden **Gebührenverhandlung** preislich so pro Leistungseinheit gestaltet sind, dass bei jeder Leistungserbringung ein kleiner Betriebsverlust erzeugt wird, dann haben viele Leistungen mit nicht kostendeckenden Leistungsgebühren zur Folge, dass bei jeder Leistungserbringung ein immer größerer Betriebsverlust für den Pflegedienst entsteht.

Nicht kostendeckende Leistungsgebühren

Dabei wäre der Ratschlag, möglichst viele Leistungen durch die Pflegekräfte erbringen zu lassen und dabei eine ausreichend lange Zeit bei der Pflege der Kunden zu verbringen, wahrscheinlich finanziell schädlich. Wir würden mit jeder Leistungserbringung ein kleines Defizit einfahren. Falls die mit dem Pflegedienst verhandelten Ge-

bühren nicht kostendeckend sind, gibt es nur eine Strategie für ein wirtschaftliches Überleben. Das Pflegepersonal müsste sich möglichst wenig Zeit bei der Leistungserbringung nehmen und viele »schnell erbrachte« Leistungen gegenüber den Kassen abrechnen. Dies wäre allerdings nicht im Sinne einer qualitativ hohen Pflege der Kunden, die auch im Pflegeversicherungsgesetz gefordert wird.

Die Frage, ob die Leistungsgebühren in den Bereichen SGB XI und SGB V ausreichend hoch verhandelt worden oder zumindest kostendeckend sind, ist für die **Steuerung der Wirtschaftlichkeit** des Pflegedienstes Cura entscheidend. Ohne diese Information ist nicht erkennbar, woher der beobachtete Betriebsverlust stammt.

Wir werden daher im nächsten Kapitel einen wichtigen, noch fehlenden Teil der Kosten- und Leistungsrechnung betrachten, nämlich die so genannte **Kostenträgerrechnung**, bei der geprüft wird, ob die Kosten pro erbrachter Leistung gedeckt sind oder nicht.

Abb. 2.21: An der Qualität der Pflege beim Kunden darf nicht gespart werden.

Auf einen Blick

▶ Leistungen erfordern immer den Anfall von Kosten, und diese sind nur wirklich Kosten, wenn durch sie eine Leistung erbracht wird.

▶ Kostenstellen sind Orte der Kostenentstehung und müssen nach festen Kriterien gebildet werden.

▶ Kostenarten müssen verursachungsgerecht auf Kostenstellen aufgeteilt werden.

▶ Ein EDV-Abrechnungsprogramm in einem Pflegedienst muss eine statistische Auswertung ermöglichen, nach der sich alle in einem bestimmten Zeitraum erbrachten Leistungen auf bestimmte Personengruppen, Kunden oder Leistungsbereiche aufteilen lassen.

▶ Bei Kostenartenverteilungen wird eine Plausibilitätskontrolle durchgeführt.

▶ Durch Addition von Teildefiziten oder -überschüssen auf den Kostenstellen wird ein Betriebsverlust oder -gewinn errechnet.

▶ Defizite vernichten die Betriebssubstanz.

▶ Für die Wirtschaftlichkeit des Pflegedienstes ist es entscheidend, ob Leistungsgebühren in den Bereichen SGB XI und SGB V ausreichend hoch verhandelt worden sind.

2.3.3 Kostenträgerrechnung

▷ **Kostenträgerrechnung:** Zuordnung von im Betrieb entstandenen Kosten zu einem Endprodukt der Leistungserstellung. Kostenträger »tragen« dabei alle ihnen zugeordneten Kosten.

Wieder bestimmen Kosten und nicht Aufwendungen den Begriff »Kostenträger« mit. Es steht also wieder der Bezug zur Leistung im Mittelpunkt und der damit verbundene **betriebstypische Leistungserstellungsprozess**. Was ist aber nun im Beispiel des Pflegedienstes CURA ein Kostenträger? Gibt es unter Umständen mehrere Kostenträger?

Endprodukte

Wenn wir nach der Definition des Kostenträgers gehen, suchen wir bei der Frage nach einem Kostenträger nach Endprodukten des Pflegedienstes CURA. Was sind also die **Dienstleistungen**, die wir beim Kunden erbringen, und die wir dem Kunden »verkaufen«? Es sind im Beispiel die Leistungen des Pflegeversicherungsgesetzes und die ärztlich verordneten Leistungen nach SGB V, die im Pflegedienst CURA »Endprodukte« und somit Kostenträger darstellen. Auf diese Kostenträger müssen wir alle Kosten des Pflegedienstes CURA herunterbrechen.

Leistungspakete

Je nach Bundesland liegen in der Bundesrepublik völlig verschiedene »Pakete« von Leistungen nach dem Pflegeversicherungsgesetz vor. Der Pflegedienst CURA orientiert sich z. B. an den Leistungsgebühren des Landes Baden-Württemberg. Kostenträger ist hier im Grunde eine Stunde an Pflegeleistung, die durch eine Pflegekraft im Bereich SGB XI oder SGB V beim Kunden erbracht wird. Diese Leistungsstunde pro Fachkraft wird bei der Berechnung der **Leistungspreise** dann auf bestimmte »Pakete« von Pflegeleistungen heruntergebrochen, die wiederum verschiedene einzelne Leistungen enthalten.

Beispiel »Große Toilette«

Ein Beispiel macht dies deutlich: Das Leistungspaket »Große Toilette« beinhaltet in Baden-Württemberg beispielsweise die folgenden Tätigkeiten:

- An- bzw. Auskleiden
- Hautpflege
- Kämmen
- Mund- und Zahnpflege, Zahnprothesenpflege einschließlich Parotitis- und Soorprophylaxe
- Rasieren
- Waschen (im Bett oder am Waschbecken) oder Duschen bzw. Baden (umfasst gegebenenfalls Haarwäsche)
- Transfer aus dem Bett bzw. ins Bett
- Bett machen bzw. richten

2

Diese Leistungen werden bei der Erbringung des Leistungspaketes »Große Toilette« in der Regel durchgeführt. Falls im Rahmen der im Pflegeversicherungsgesetz geforderten »aktivierenden« Art der Pflege eine der genannten Tätigkeiten des Leistungspaketes »Große Toilette« durch den Kunden selber oder auch durch dessen Angehörige erbracht wird, dann gilt die Leistung dennoch als erbracht und kann in voller Höhe gegenüber der Pflegekasse abgerechnet werden.

Vom Grundprinzip her wurden die oben genannten Einzeltätigkeiten innerhalb des Leistungspaketes »Große Toilette« bei den **Gebührenverhandlungen** mit einem bestimmten **Zeitwert** versehen und beispielsweise aufaddiert zu einer Gesamtsumme von 40 Minuten. Das Leistungspaket »Große Toilette« dauert also bei Erbringung aller Teiltätigkeiten durchschnittlich 40 Minuten. Das Leistungspaket kann im Einzelfall sehr viel länger dauern als 40 Minuten, falls der Kunde sich in sehr schlechter Verfassung befindet. Andererseits kann auch der Kunde an anderen Tagen, beispielsweise als Folge von aktivierender Pflege, so aktiv und selbstständig sein, dass ein sehr viel geringerer **Minutenwert** bei der Leistungserbringung benötigt wird.

Es gibt daher keinen Anspruch beim Kunden auf die Leistungsdauer von 40 Minuten bei der Leistung der Großen Toilette. Anspruch besteht lediglich darauf, dass die Inhalte der **Leistungsbeschreibung** bei Bedarf umgesetzt werden.

Kalkulationswert

Dennoch wurde als Kalkulationswert bei der Gebührenverhandlung beispielsweise der Wert von 40 Minuten als Durchschnittswert verwendet. Wenn die Vertragsparteien bei der Gebührenverhandlung nun von der Annahme ausgegangen sind, dass eine Stunde Arbeitszeit durch eine Fachkraft, z. B. Krankenschwester, Altenpflegerin, Krankenpflegehelferin oder Altenpflegehelferin, einen €-Betrag von 30,– kostet, dann hätten die Vertragsparteien beispielsweise folgende, einfache Rechnung aufstellen können, um einen Preis für die »Große Toilette« zu ermitteln.

⌖ Fallbeispiel

Wenn eine Stunde (60 Minuten) Pflegezeit durch eine Fachkraft € 30,– kostet, dann kosten 40 Minuten entsprechend 40/60-tel von € 30,– , also $40/60 \times 30 = € 20,-$. Nach diesem Muster erhält die Große Toilette in der Gebührenverhandlung beispielsweise einen Preis von € 20,–. Wenn die große Toilette durch eine Pflegekraft beim Kunden erbracht wird, dann muss für diese Leistung dem Pflegedienst der Betrag von € 20,– gezahlt werden. Nach demselben Muster können nun alle weiteren Leistungen mit ihren Preisen berechnet und in einer Preisliste dokumentiert werden.

Unsere drängende Frage war jedoch, ob diese verhandelten Gebühren für unseren Pflegedienst Cura kostendeckend sind oder nicht. Wenn ja, dann müssen wir den Grund für den Betriebsverlust an einer anderen Stelle des Pflegedienstes suchen, wenn nein, dann müssen wir zum nächstmöglichen Zeitpunkt neue Gebührenverhandlungen in die Wege leiten, um für uns kostendeckende Leistungsgebühren zu erhalten.

■ Kostendeckende Leistungsgebühren nach SGB XI

Wir wissen an dieser Stelle, wie in der Gebührenverhandlung die dem Pflegedienst vorliegenden Leistungsgebühren berechnet wurden. Wir führen nun für uns selber noch einmal die Berechnung der Leistungsgebühren durch, diesmal jedoch mit Kosten und Zeitwerten unseres Pflegedienstes Cura. Im Vergleich zwischen den für den Pflegedienst kostendeckenden Gebühren mit den Gebühren aus der letzten Gebührenverhandlung werden wir dann sehen, ob die dem Pflegedienst vorliegenden Leistungsgebühren kostendeckend sind oder nicht.

Leistungserbringung im SGB XI

Ausgangspunkt bei der Gebührenverhandlung der Leistungen nach SGB XI waren die Kosten für eine Leistungsstunde, die durch eine Pflegefachkraft erbracht werden. Die Gesamtkosten für den Bereich SGB XI kennen wir schon aus dem Kapitel 2.2.2. Dort verteilten sich alle Kosten des Pflegedienstes CURA mit Hilfe des Betriebsabrechnungsbogens auf die beiden Kostenstellen SGB XI und SGB V. Die Kostenstelle SGB XI zeigt uns auf der Sollseite diese Kostensumme i. H. v. € 29.248,35. Die Leistungserbringung im Bereich SGB XI kostete also insgesamt € 29.248,35 im ersten Quartal des Jahres. Wenn wir nun wissen wollen, wie viel eine Stunde Leistungserbringung im Bereich SGB XI kostet, müssen wir die Gesamtkosten des Leistungsbereiches SGB XI für das erste Quartal des Jahres durch die Anzahl der Leistungsstunden teilen, die im ersten Quartal im Bereich SGB XI erbracht wurden.

EDV-Abrechnungsprogramm

Das EDV-Programm, mit dem wir die Leistungen gegenüber den Kostenträgern abrechnen, hilft uns wiederum bei dieser Aufgabe. Im EDV-Abrechnungsprogramm lassen sich alle Leistungen des Pflegedienstes mit deren **durchschnittlicher Dauer** pro Leistung hinterlegen. Diese durchschnittliche Dauer wurde zuvor in einer Zeiterhebung ermittelt und gibt Zeitwerte wieder, die in der täglichen Pflege beobachtet wurden. Das EDV-Programm summiert nun alle Leistungen, die im ersten Quartal erbracht wurden, auf und liefert uns beispielsweise das Ergebnis von 860,25 Stunden, die im ersten Quartal durch die Pflegekräfte im Bereich SGB XI erbracht und abgerechnet wurden.

Kosten pro Leistungsstunde

Kosten sind immer untrennbar mit Leistungen verbunden. Wenn es keine Kosten gibt, dann können auch keine Leistungen entstehen. Wenn es Leistungen gegeben hat, dann muss ihre Erbringung auch Kosten verursacht haben. Wenn im ersten Quartal also Kosten i. H. v. € 29.248,35 angefallen sind, und 860,25 Stunden an Leistungen erbracht wurden, dann kann man sagen, dass 860,25 Leistungsstunden den Betrag von € 29.248,35 gekostet haben. Wenn nun 860,25 Leistungsstunden

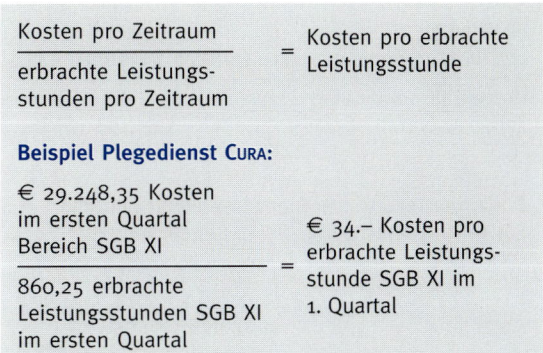

Abb. 2.22: Formel zur Berechnung der Kosten pro Leistungsstunde im Bereich SGB XI

die Kostensumme von € 29.248,35 verursacht haben, dann kostet eine einzige Stunde den Betrag von € 29.248,35 geteilt durch 860,25 Stunden = € 34,–. Eine Leistungsstunde hat also im ersten Quartal des Jahres den Pflegedienst genau € 34,– gekostet. Wir haben also einen der gesuchten Kostenträger errechnet: »**Eine Stunde Leistungserbringung nach SGB XI**« ist der Kostenträger. Eine Stunde von diesem Kostenträger hat den Pflegedienst CURA € 34,– gekostet (☞ Abb. 2.22).

Kosten pro Leistungspaket

Wir wissen nun, dass eine Leistungsstunde im Bereich SGB XI € 34,– gekostet hat. Gleichzeitig wissen wir aus unserer Zeiterhebung, die im Pflegedienst für alle Leistungspakete im Bereich SGB XI durchgeführt wurde, dass beispielsweise das Leistungspaket »Große Toilette« im Pflegedienst CURA nicht 60 Minuten im Durchschnitt benötigt hat, sondern in durchschnittlich 38 Minuten erbracht wird. Wenn wir nun den für den Pflegedienst CURA kostendeckenden Preis für das spezielle Leistungspaket »Große Toilette« berechnen wollen, rechnen wir nach folgendem Dreisatz:

60 Minuten Pflege nach SGB XI zu erbringen verhält sich zu den Kosten für diese Leistungserbringung genau so wie die Dauer einer speziellen Leistung nach SGB XI zu den Kosten dieser Leistung. Wenn wir den kostendeckenden Preis einer Leistung suchen, setzen wir ihn genau

$$\frac{\text{60 Minuten Leistungserbringung}}{\text{Kosten für 60 Minuten Leistungserbringung}} = \frac{\text{Dauer einer speziellen Leistung in Minuten}}{\text{gesuchter kostendeckender Preis einer speziellen Leistung}}$$

Durch Umstellung des Dreisatzes erhält man die Formel zur Berechnung des kostendeckenden Preises:

$$\text{gesuchter kostendeckender Preis einer speziellen Leistung} = \frac{\text{Dauer einer spez. Leistung in Minuten} \times \text{Kosten für 60 Minuten Leistungserbringung}}{\text{60 Minuten Leistungserbringung}}$$

Beispiel Plegedienst CURA für die Leistung »Große Toilette«:

$$\text{gesuchter kostendeckender Preis der Leistung »Große Toilette«} = \frac{38 \text{ Minuten} \times €\ 34.-}{\text{60 Minuten Leistungserbringung}}$$

$$\text{gesuchter kostendeckender Preis der Leistung »Große Toilette«} = €\ 21,53$$

Abb. 2.23: Formel zur Berechnung des kostendeckenden Preises für die Leistung »Große Toilette«

gleich seinen Kosten. Wir verlangen für die Leistung also exakt die Kosten der Leistungserbringung. Deswegen ist in der dargestellten Formel anstelle der Kosten für die spezielle Leistung der gesuchte kostendeckende Preis eingesetzt. Die Umstellung des in der Abbildung 3.23 dargestellten Dreisatzes ergibt die Formel für den kostendeckenden Preis einer Leistung.

Kalkulation des kostendeckenden Preises

Spielen wir die Formel für die »Große Toilette« (☞ Abb. 2.23) durch: 60 Minuten Leistungserbringung im Bereich SGB XI verhält sich zu den Kosten für 60 Minuten Leistungserbringung nach SGB XI genau wie die Dauer der »Großen Toilette« zu dem kostendeckenden Preis (= Kosten der Leistung) der »Großen Toilette«. Durch Umstellung des Dreisatzes erhält man: Der gesuchte kostendeckende Preis der »Großen Toilette« ist gleich der Dauer der »Großen Toilette« multipliziert mit den Kosten für 60 Minuten

Leistungserbringung geteilt durch 60 Minuten Leistungserbringung.

Als Ergebnis erhalten wir den Betrag von € 21,53 als kostendeckenden Preis für die Leistung »Große Toilette«. Bei einem Preis von € 21,53 hätten wir im ersten Quartal für alle erbrachten »Großen Toiletten« Kostendeckung erhalten. Das stimmt natürlich nur, wenn alle erbrachten Leistungen der Art »Große Toilette« im Durchschnitt 38 Minuten gedauert hätten. Das kann natürlich niemals genau der Fall sein, aber zur Kalkulation eines kostendeckenden Preises müssen wir Annahmen dieser Art treffen.

Vergleich mit »verhandelten« Preisen

Wir sehen, dass wir als ersten Kostenträger »eine Stunde Leistungserbringung nach SGB XI« festgelegt haben und als Ergebnis € 34,– pro Leistungsstunde nach SGB XI erhielten. Ausgehend von diesem Kostenträger können wir die Kosten für eine Leistungsstunde nach SGB XI herunterbrechen auf alle Leistungen nach SGB XI des Pflegedienstes CURA, die kürzer als eine Stunde dauern. Auf diese Weise können wir die kostendeckenden Preise für alle unsere Leistungen berechnen.

Nach dem dargestellten Berechnungsmuster könnten wir nun für alle anderen Leistungen nach SGB XI die kostendeckenden Preise berechnen und mit den tatsächlich verhandelten **Leistungsgebühren** vergleichen. Wir wollen hier im Beispiel stellvertretend für die Preise im Bereich SGB XI lediglich die »Große Toilette« nehmen und den für den Pflegedienst CURA kostendeckenden Preis mit dem verhandelten Preis vergleichen.

Zu Beginn des Kapitels 2.3.3 erfuhren wir, dass in der Gebührenverhandlung die Gebühr € 20,– für die »Große Toilette« festgelegt worden ist. Wir sehen, dass die Gebühr, die für unseren Pflegedienst kostendeckend, jedoch ein höherer Wert von € 21,53 wäre. Bei jeder Erbringung einer »Großen Toilette« fahren wir also einen kleinen Betriebsverlust ein, wenn wir in einer ausreichend langen Zeit beim Kunden die Leistung erbringen. Die Leistungsgebühr, die verhandelt wurde, ist also für den Betrieb nicht kostendeckend.

Die Berechnung von Gebühren, die der Pflegedienst zur Kostendeckung pro Leistung bräuchte, müsste nun in der betrieblichen Praxis für alle anderen Gebühren im Bereich SGB XI auch noch durchgeführt werden. Wir nehmen hier an, diese Berechnungen würden bei allen Gebühren ergeben, dass die verhandelten Gebühren nicht kostendeckend sind. Auf diese Weise wäre das kleine Betriebsdefizit im Bereich SGB XI im ersten Quartal in der Tendenz zum Teil zu erklären.

Genau dieselbe Vorgehensweise wenden wir anhand eines Beispiels nun noch verkürzt für den anderen Leistungsbereich des Pflegedienstes, den Bereich SGB V, an.

■ Kostendeckende Leistungsgebühren nach SGB V

Bei den ärztlich verordneten Leistungen nach SGB V wies die Kostenstelle SGB V Gesamtkosten im ersten Quartal i. H. v. € 24.875,17 aus (☞ 2.3.2). Die Abrechnungssoftware gibt uns als erbrachte Leistungsstunden für das erste Quartal das Ergebnis 672,30 Leistungsstunden an. Der Betrag von € 24.875,17 an Kosten im Bereich SGB V muss also auf 672,30 Leistungsstunden verteilt werden. Wir benutzen dieselbe Formel wie oben im Bereich SGB XI (☞ Abb. 2.24).

Kosten pro Zeitraum / erbrachte Leistungsstunden pro Zeitraum = Kosten pro erbrachte Leistungsstunde

Beispiel Pflegedienst Cura:

€ 24.875,17 Kosten im ersten Quartal Bereich SGB V / 672,30 erbrachte Leistungsstunden SGB V im ersten Quartal = € 37.– Kosten pro erbrachte Leistungsstunde SGB V im 1. Quartal

Abb. 2.24: Formel zur Berechnung der Kosten pro Leistungsstunde im SGB V

Kostenträger im Bereich SGB V

Wir verteilen also auch hier die Gesamtkosten des Bereichs SGB V im ersten Quartal auf die im ersten Quartal erbrachten 672,30 Leistungsstunden nach SGB V. Der Kostenträger im Bereich SGB V ist auch die »**Erbringung von 60 Minuten der Leistung**«. Eine Stunde hat dann einen Kostenwert von genau € 37,– zu tragen. Dann sind alle Kosten auf die im ersten Quartal erbrachten Leistungsstunden verteilt. Der hier festgestellte Kostenwert ist höher als der im Bereich SGB XI, da bei den ärztlich verordneten Leistungen nach SGB V ausschließlich höher vergütete, 3-jährig **ausgebildete Krankenschwestern** oder **examinierte Altenpflegerinnen**, diese medizinischen Leistungen, wie z. B. Injektionen oder Verbandswechsel, durchführen dürfen.

Der Kostenträger »eine Stunde Erbringung von Leistungen nach SGB V« hat also hier € 37,– zu tragen.

Kostenwert pro Leistungsstunde

Wir wollen nun auch hier diesen Kostenwert für eine Leistungsstunde nach SGB V herunterbrechen auf die einzelnen, im Pflegedienst Cura täglich erbrachten Leistungen im Bereich SGB V. Wir benutzen dafür dieselbe Formel wie oben im Bereich SGB XI (☞ Abb. 2.25).

Aus der in der Vergangenheit durchgeführten Zeiterfassung im Pflegedienst Cura wissen wir, dass beispielsweise Injektionen im Durchschnitt 8 Minuten Zeit benötigen. Selbstverständlich schwankt dieser Wert in der betrieblichen Praxis, für die Kalkulation von Preisen für den Pflegedienst können wir jedoch nicht bei jedem Kunden an verschiedenen Tagen unterschiedliche Injektionszeiten berücksichtigen, sondern müssen mit einem Durchschnittswert arbeiten.

Der gesuchte kostendeckende Preis der Leistung Injektion ergibt sich daher aus der Dauer der Leistung Injektion multipliziert mit den Kosten für 60 Minuten Leistungserbringung nach SGB V geteilt durch 60 Minuten Leistungserbringung. Das Ergebnis ist ein kostendeckender Preis für eine Injektion von € 4,93. Wenn wir für jede Injektion

$$\frac{60 \text{ Minuten Leistungserbringung}}{\text{Kosten für 60 Minuten Leistungserbringung}} = \frac{\text{Dauer einer speziellen Leistung in Minuten}}{\text{gesuchter kostendeckender Preis einer speziellen Leistung}}$$

Durch Umstellung des Dreisatzes erhält man die Formel zur Berechnung des kostendeckenden Preises:

$$\text{gesuchter kostendeckender Preis einer speziellen Leistung} = \frac{\text{Dauer einer spez. Leistung in Minuten} \times \text{Kosten für 60 Minuten Leistungserbringung}}{60 \text{ Minuten Leistungserbringung}}$$

Beispiel Plegedienst CURA für die Leistung nach SGB V »Injektion«:

$$\text{gesuchter kostendeckender Preis der Leistung »Injektion«} = \frac{8 \text{ Minuten} \times € 37.-}{60 \text{ Minuten Leistungserbringung}}$$

$$\text{gesuchter kostendeckender Preis der Leistung »Injektion«} = € 4,93$$

Abb. 2.25: Formel zur Berechnung des kostendeckenden Preises für die Leistung nach SGB V »Injektion«

4,93 € hätten von den Krankenkassen erlösen können, dann wäre die Leistungserbringung zumindest bei den Injektionen kostendeckend gewesen. Nach demselben Muster können wir nun für alle anderen Leistungen nach SGB V kostendeckende Preise ermitteln. Nehmen wir an, für folgende Leistungen wären folgende kostendeckende Preise für den Pflegedienst CURA berechnet worden:

- **Verbandswechsel:** € 11,10 (18 Minuten durchschnittliche Leistungsdauer)
- **Blutzuckerkontrolle:** € 4,32 (7 Minuten durchschnittliche Leistungsdauer)
- **Katheterlegen:** € 7,40 (12 Minuten durchschnittliche Leistungsdauer)

Beispiel: Hausbesuchspauschale

Wie sehen aber nun die Leistungsgebühren im Bereich SGB V in der Praxis aus? Es handelt sich hier beispielsweise in Baden-Württemberg um Pauschalen für einen durch den Pflegedienst erbrachten Hausbesuch. Pro erbrachten Hausbe-

such, bei dem Leistungen nach SGB V erbracht werden, wird beispielsweise eine Pauschale für den Hausbesuch i. H. v. € 9,30 abgerechnet. Hierfür erhält der Pflegedienst also den Betrag von € 9,30. Das Problem besteht darin, dass es bei dieser Art der Abrechnung der Leistung unerheblich ist, wie viele Leistungen nach SGB V in einem Hausbesuch erbracht werden.

Wird in einem Hausbesuch beispielsweise nur eine Injektion erbracht und beim selben Hausbesuch auch noch eine Leistung nach dem Pflegeversicherungsgesetz, dann wird **separat** die Leistung nach SGB XI abgerechnet und für die Injektion erhalten wir den oben genannten Betrag von € 9,30 für den Hausbesuch.

Das klingt nach einer **profitablen Leistungserbringung**: Bei einem Hausbesuch bei einem Kunden werden Leistungen nach SGB XI erbracht und noch »ganz nebenbei« eine Injektion durchgeführt, für die wir die Hausbesuchspauschale von € 9,30 erhalten, obwohl wir als kostendeckenden Preis für die Injektion ja »nur« € 4,93 berechneten. Mit € 4,93 wären wir für unseren Pflegedienst kostendeckend gewesen, aber die Pflegekasse zahlt uns für den Hausbesuch im Bereich SGB V den höheren Wert der Hausbesuchspauschale von € 9,30.

Aber nur diese **Kombination** der Leistungserbringung von SGB XI und SGB V war ein für den Pflegedienst profitabler Fall. Nehmen Sie an, der Kunde hat ärztliche Verordnungen für alle oben beispielhaft aufgeführten ärztlich verordneten Leistungen: Wenn in einem Hausbesuch die Leistungen Injektion, Verbandswechsel, Blutzuckerkontrolle und Katheterlegen erbracht würden, dann kann in solch einem Hausbesuch auch nur die Hausbesuchspauschale i. H. v. € 9,30 abgerechnet werden. Wir wissen aber aus der Berechnung der kostendeckenden Preise, dass diese vier Leistungen uns € 4,93 + 11,10 + 4,32 + 7,40 = € 27,75 kosten und dass wir zur Kostendeckung für solch einen Hausbesuch eigentlich die Leistungsgebühr € 4,93 + 11,10 + 4,32 + 7,40 = € 27,75 € hätten bekommen müssen. Für diesen Hausbesuch haben wir jedoch nur eine Hausbesuchspauschale i. H. v. € 9,30 erstattet bekommen. Dieser zuletzt beschriebene Hausbesuch alleine hat also ein Defizit i. H. v. € 18,45 verursacht.

Idealkombinationen

Es ist also in unserem Beispiel am profitabelsten, wenn einzelne ärztlich verordnete Leistungen nach SGB V in Kombination mit Leistungen nach SGB XI erbracht werden, sodass man mit relativ kurzen Leistungsdauern im Bereich SGB V die Hausbesuchspauschale »mitnimmt«, während man ohnehin beim Kunden Leistungen nach SGB XI leistet.

Diese Idealkombination ist natürlich aufgrund der **Verschiedenartigkeit der Leistungsstruktur** bei den Kunden nicht wirklich steuerbar und wird eher selten so ideal wie oben beschrieben stattfinden. Man kann vermuten, dass im Bereich SGB V der Grund für den kleinen Betriebsgewinn in einer günstigen Kombination von Leistungen nach SGB V und SGB XI lag.

Was kann jedoch der Pflegedienst kurzfristig tun, um zukünftig Betriebsverluste zu vermeiden? Oder noch besser, wie kann der Pflegedienst systematisch versuchen, einen ausreichend hohen Betriebsgewinn zu verwirklichen?

Auf einen Blick

▶ Kostenträger sind Endprodukte der Leistungserstellung des Betriebes, beim Pflegedienst z. B. die Dienstleistungen, die beim Kunden erbracht werden.

▶ Je nach Bundesland gibt es verschiedene festgelegte Pakete von Leistungen nach dem Pflegeversicherungsgesetz.

▶ Der Kunde hat Anspruch darauf, dass die Inhalte der Leistungsbeschreibung lediglich nach Bedarf umgesetzt werden.

▶ Um den Preis für z. B. »Eine Stunde Leistungserbringung nach SGB XI« zu berechnen, müssen die Gesamtkosten des Leistungsbereiches SGB XI durch die Anzahl der Leistungsstunden jeweils im gleichen Quartal des Jahres geteilt werden.

▶ Der kostendeckende Preis einer Leistung ist genau so hoch wie die Kosten dieser Leistung.

2.3.4 Wege zu ausgeglichenen Betriebsergebnissen

Die oben betrachtete Situation des Pflegedienstes Cura machte deutlich, dass die Gebühren, die in der Vergangenheit verhandelt wurden, zumindest im Bereich SGB XI nicht immer kostendeckend für den Pflegedienst sind. Kurzfristig können wir jedoch nicht neue Gebühren mit den Pflege- und Krankenkassen verhandeln, da die Kündigungsfristen der bisherigen **Gebührenverhandlungen** erst abgewartet werden müssen.

■ Leistungsgerechte Vergütung

Unter dem Strich ist jedoch die Durchsetzung einer leistungsgerechten Vergütung, wie sie im Pflegeversicherungsgesetz gefordert wird, unverzichtbar. Eine leistungsgerechte Vergütung muss für den Pflegedienst Cura zum nächstmöglichen Termin in Gebührenverhandlungen umgesetzt werden, wobei die für diesen Pflegedienst vorliegenden Kostenwerte und Dauern der Leistungserbringung berücksichtigt werden müssen.

Ein in der betrieblichen Praxis entwickelter Ansatz zu kurzfristiger Erreichung eines ausgeglichenen Betriebsergebnisses ist die im folgenden dargestellte Berechnung von kostendeckenden Auslastungsgraden. Diese können monatlich Pflegeteams als **Zielwerte** vorgegeben werden.

■ Betriebsergebnis mit Auslastungsgrad verbinden

Ein viel versprechender Ansatz für die Schaffung eines ausgeglichenen Betriebsergebnisses ist das Verbinden von monatlich oder quartalsweise errechneten **Betriebsergebnissen** mit den schon in Kapitel 1.4.2 dargestellten **Auslastungsgraden**. Wir erinnern uns an die Präsentation der Auslastungsgrade gegenüber den Pflegekräften und Pflegedienstleitungen: Welchen Auslastungsgrad sollen wir als Zielwert vorgeben? Wann ist ein Auslastungsgrad kostendeckend bzw. gewinnwirtschaftend?

Das Betriebsergebnis war, wie in Kapitel 2.3.1 beschrieben, das wirtschaftliche Ergebnis des ersten

Quartals. Es zeigte uns an, ob im ersten Quartal des Jahres ein Betriebsverlust oder ein Betriebsgewinn erwirtschaftet wurde. In unserem Fall ergab sich leider ein kleiner Betriebsverlust i. H. v. insgesamt € 495,20. Die Kosten waren mit € 54.123,52 um den Betriebsverlust größer als die gesamten Leistungserträge des Pflegedienstes CURA i. H. v. € 53.628,32.

Kostendeckende Auslastungsgrade berechnen

Gleichzeitig hat unsere **Auslastungsgradkontrolle** für den Pflegedienst CURA beispielsweise für das erste Quartal ergeben, dass der Auslastungsgrad im Durchschnitt im ersten Quartal den Prozentsatz 83,20 hatte. Die Idee liegt nahe, nun zu berechnen, welcher Auslastungsgrad im Mittel notwendig gewesen wäre, um dem Pflegedienst zur Kostendeckung zu verhelfen. Man stellt hierzu folgenden Dreisatz auf (☞ Abb. 2.26).

$$\frac{\text{(nicht kostendeckende) Erträge im 1. Quartal}}{\text{beobachteter durchschnittlicher Auslastungsgrad im 1. Quartal}} = \frac{\text{kostendeckende Erträge im 1. Quartal}}{\text{kostendeckender Auslastungsgrad}}$$

Durch Umstellung des Dreisatzes erhält man die Formel zur Berechnung des kostendeckenden Auslastungsgrades:

$$\text{kostendeckender Auslastungsgrad} = \frac{\text{kostendeckende Erträge im 1. Quartal} \times \text{beobachteter durchschnittlicher Auslastungsgrad im 1. Quartal}}{\text{(nicht kostendeckende) Erträge im 1. Quartal}}$$

Beispiel Pflegedienst CURA:

$$\text{gesuchter kostendeckender Auslastungsgrad} = \frac{€\ 54.123,52 \times 83,20\,\%}{€\ 53.628,32}$$

$$\text{gesuchter kostendeckender Auslastungsgrad} = 83,97\,\%$$

Abb. 2.26: Formel zur Berechnung des kostendeckenden Auslastungsgrades für den Pflegedienst CURA

Es gilt: Die (in diesem Fall nicht ganz kostendeckenden) Erträge des Pflegedienstes im ersten Quartal verhalten sich zum beobachteten Auslastungsgrad genau wie die Erträge, die kostendeckend gewesen wären, zu einem kostendeckenden Auslastungsgrad. Durch Auflösen der Formel nach dem kostendeckenden Auslastungsgrad, den wir ja suchen, erhält man die dargestellte Formel für die Berechnung des kostendeckenden Auslastungsgrades (☞ Abb. 3.24).

Auslastungsgrad im Quartal

Wenn wir nun die Zahlen aus unserem Pflegedienst CURA einsetzen, haben wir bereits den beobachteten Auslastungsgrad des ersten Quartals vorliegen, genauso kennen wir die Erträge des ersten Quartals. Was sind jedoch die kostendeckenden Erträge des ersten Quartals, die wir ebenfalls für die Berechnung des kostendeckenden Auslastungsgrades benötigen? Wenn wir noch einmal das Betriebsergebnis im Kapitel 2.3.1 betrachten, dann sehen wir, dass die Gesamtkosten € 54.123,52 betrugen. Die Ertragssumme, die kostendeckend gewesen wäre, muss also genau so groß sein wie die beobachteten Gesamtkosten des ersten Quartals. Also erhalten wir als **kostendeckende Ertragssumme** den Betrag von € 54.123,52 (der gleich den Kosten des ersten Quartals ist) und setzen ihn in die Formel ein. Wir erhalten durch Berechnung mit unserer Formel als kostendeckenden Auslastungsgrad den Prozentsatz von 83,97 %. Wenn wir in dem ersten Quartal des neuen Jahres im Durchschnitt einen Auslastungsgrad von 83,97 % erreicht hätten, dann hätten wir ein ausgeglichenes Betriebsergebnis erhalten. Ein Auslastungsgrad, der darüber gelegen hätte, hätte einen Betriebsgewinn erzeugt, bei Unterschreiten des kostendeckenden Auslastungsgrades hätten wir (und haben tatsächlich) einen Betriebsverlust erwirtschaftet.

Wirtschaftlichkeit der Auslastungsgrade

Durch die Berechnung von kostendeckenden Auslastungsgraden können wir also erstmals die zuvor in Kapitel 1.4.2 errechneten Auslastungsgrade hinsichtlich ihrer Wirtschaftlichkeit beurteilen. In unserem Beispiel ist das Ergebnis: »Der im ersten Quartal beobachtete Auslastungsgrad war im Grunde kostendeckend«. Wenn wir wissen, welchen Auslastungsgrad wir benötigen, um Kostendeckung zu erhalten, können wir dem Pflegeteam diesen Auslastungsgrad als Zielwert vorgeben und die Mitarbeiter motivieren, diesen zu erreichen. In unserem Beispiel ist also, falls wir die genaue Kostendeckung anstreben, die Rückmeldung an das Pflegeteam, dass wir »fast genau auf Schiene sind«.

Kostendeckende Auslastungsgrade erreichen

Nehmen wir an, im nächsten Quartal ist der Unterschied zwischen den im Betriebsergebnis errechneten Kosten und den Leistungserträgen derart, dass eine große Lücke zwischen den Kosten und plötzlich eingebrochenen kleineren Erträgen entsteht. Dieser Betriebsverlust beziffert sich z. B. auf einen Verlust i. H. v. € 10.000,–. Der Grund für den Einbruch könnte beispielsweise schnell im Versterben von Kunden gefunden werden, denen gegenüber viele Leistungen erbracht wurden. Nehmen wir an, als für dieses Quartal berechneten kostendeckenden Auslastungsgrad würden wir einen Prozentsatz von 92 errechnen.

Dieser uns dann vorliegende Auslastungsgrad zur Kostendeckung erscheint sehr hoch. Ist er überhaupt erreichbar? Wie kann man fast 100 % der zur Verfügung stehenden Zeit in abrechnungsfähige Zeit umsetzen? Die Pflegekräfte und Pflegedienstleitungen werden angesichts eines jetzt zur Kostendeckung benötigten Auslastungsgrades von 92 % entgegnen, es müssen ja schließlich auch solche Zeiten in Kauf genommen werden wie **Wegezeiten** und **Besprechungszeiten** im Pflegeteam, in denen keine Leistungen erwirtschaftet werden können. Wie soll ein solch hoher Auslastungsgrad erreicht werden? Wir müssen uns hierbei jedoch erinnern, was die Annahmen bei der Errechnung der zur Verfügung stehenden Zeit im Rahmen des Auslastungsgrades in Kapi-

tel 1.4.2 waren. Denn diese Annahmen stehen bei einem solchen Auslastungsgrad immer im Hintergrund. Wir hatten nämlich dort sehr viel Zeit im Vorfeld von der Jahresarbeitszeit der Pflegekräfte bereits abgezogen, wie z. B. 10 Tage durchschnittliche Krankheitszeit pro Person und 10 Tage Fortbildungszeit pro Pflegekraft pro Jahr. Es wurden also im Vorfeld schon erhebliche Zeitwerte von der zur Verfügung stehenden Zeit der Pflegekräfte abgezogen. Wenn die Krankheitssituation sich im »Quartal des Nachfrageeinbruchs« so darstellt, dass **nicht** inzwischen zwei Viertel der für das ganze Jahr angenommenen 10 Tage **Krankheit** durch den Pflegedienst insgesamt hingenommen werden musste und auch noch nicht zwei Viertel der geplanten 10 Tage **Fortbildungszeit** durch die Pflegekräfte bereits in Anspruch genommen worden ist, dann kann ein Auslastungsgrad von 92 % unter Umständen durchaus erbringbar sein.

Kurzfristige Lösung

Die Leiterin des Pflegedienstes sollte also in der Situation eines Betriebsverlustes zunächst den kostendeckenden Auslastungsgrad als **Zielwert** den Pflegekräften vorgeben und versuchen, ihn mit dem Pflegeteam zu erreichen, und die dann im Folgenden beobachteten Auslastungsgrade jeden Monat
- kritisch an diesem Zielwert prüfen
- Gründe für ein mögliches Unterschreiten mit den Pflegekräften herausfinden.

Diese Vorgehensweise ist jedoch nur eine kurzfristige Lösung, die verhindern soll, noch weiter in Betriebsverluste mit dem Pflegedienst hineinzugeraten. Einen möglichen wesentlichen Grund für die defizitäre Lage des Pflegedienstes haben wir jedoch schon in Kapitel 2.3.3 herausgefunden, nämlich das möglicherweise Vorliegen von nicht kostendeckenden Preisen. Nur durch das **Verhandeln von kostendeckenden Preisen** kann der Pflegedienst langfristig in die Situation geraten, dass ausreichend lange Zeit beim Kunden verbracht werden kann und ein ausgeglichenes Betriebsergebnis erzielt wird.

Gewinnerzielende Auslastungsgrade

Privat-gewerbliche Pflegedienste bzw. Pflegedienste, die ganz bewusst einen Betriebsgewinn in jedem Quartal erwirtschaften wollen, können die dargestellte Berechnung von kostendeckenden Auslastungsgraden derart an ihre Ziele anpassen, dass sie, vereinfacht gesagt, anstelle der für Kostendeckung benötigten Erträge solche Erträge in eine neue Formel einsetzen, die ihnen den anvisierten Gewinn ermöglichen.

Diese gewinnerzielenden Auslastungsgrade sind natürlich höher als die, die beispielsweise ein auf Kostendeckung zielender **frei-gemeinnütziger** Pflegedienst verwirklichen muss. Bei privat-gewerblichen Pflegediensten muss der richtige Weg gefunden werden zwischen dem Anstreben von angemessenen Betriebsgewinnen für den Eigentümer oder Träger des Pflegedienstes und der mit höheren Auslastungsgraden verbundenen geringeren Leistungszeit beim Kunden und der damit verbundenen höheren Belastung des Pflegepersonals und sogar unzufriedeneren Kunden.

Auf einen Blick

▶ Für die Schaffung eines ausgeglichenen Betriebsergebnisses können monatlich oder quartalsweise errechnete Betriebsergebnisse mit den Auslastungsgraden der Pflegeteams verbunden werden.

▶ Im Fall eines Betriebsverlustes kann den Mitarbeitern der kostendedeckende Auslastungsgrad als Zielwert vorgegeben werden.

▶ Langfristig ermöglicht nur das Verhandeln von kostendeckenden Preisen ein zufrieden stellendes Betriebsergebnis.

▶ Der Betriebsgewinn sollte in einem vertretbaren Verhältnis zur Belastung des Pflegepersonals und der Verweildauer beim Kunden stehen.

3

Marketing

In der betrieblichen Praxis versteht man unter dem Begriff Marketing vor allem Maßnahmen der **Öffentlichkeitsarbeit** wie z. B. Erstellung und Verteilung von Prospekten, Werbung von Kunden, Schalten von Anzeigen, Suche nach Sponsoren und die Durchführung von Kundenumfragen nach dem Grad der Zufriedenheit mit den Leistungen. Es macht jedoch Sinn, ein umfassenderes Verständnis des Marketings im Pflegebetrieb anzuwenden.

In diesem Rahmen beleuchten wir zunächst in Abschnitt 3.1 **Grundideen** und die **Grundstruktur** des hier vorgestellten Marketing-Konzepts. Abschnitt 3.2 stellt mit **Informations- und Analysekonzepten** den ersten wichtigen Baustein des Marketings dar. Die durch sie gewonnenen Erkenntnisse über das Unternehmen und dessen Umwelt schlagen sich in der in Abschnitt 3.3 vorgestellten **Marketing-Philosophie** nieder. Es handelt sich hierbei um langfristige Leitideen für das ganze Unternehmen, die in Abschnitt 3.4 heruntergebrochen werden auf die konkret formulierten strategischen **Handlungsprogramme** wie z. B. die Marketing-Kooperation. Abschnitt 3.5 stellt uns mit dem Baustein des Marketing-»Mix« noch direkter und kurzfristiger wirkende **Marketing-Maßnahmen** vor. Die **Marketing-Organisation** führt uns schließlich in Abschnitt 3.6 in Regelungen ein, die alle anderen Bausteine des Marketings organisatorisch einbinden.

3.1 Grundfragen des Marketings

In drei Unterabschnitten werden wir nun Grundfragen des Marketings kennen lernen. Zunächst wird die Grundidee des Marketings vorgestellt, nämlich eine Unternehmung »vom Markt her auf den Markt hin« zu führen. Weiterhin werden die einzelnen Bausteine des Marketings umrissen und deren Wechselwirkungen untereinander verdeutlicht.

3.1.1 Von den Märkten her zu den Märkten hin

▷ **Marketing:** Führung einer Unternehmung von den Märkten her zu den Märkten hin

Dieses Verständnis von Marketing ist sehr viel umfassender als die üblicherweise geläufige Auffassung des Begriffes. Es verhilft dazu, die Märkte, in denen sich der Betrieb befindet, und den Betrieb selber

- systematisch zu **analysieren**
- aus diesen Erkenntnissen **Leitgedanken** in sehr allgemeiner Form für den Betrieb aufzustellen, z. B. »was ist überhaupt die Aufgabe des Betriebes, was ist seine Betriebsphilosophie?«
- auf einer konkreteren Ebene zu überlegen, was z. B. für Arten von **Produkten** mit welchen **Preisen** angeboten werden sollen.

Abrunden tut dieses umfangreiche Marketing-Konzept schließlich die Umsetzung der Marketing-Ideen in Form von organisatorischen Regelungen wie z. B. Ablaufroutinen. Die Idee ist also, alle betrieblichen Aktivitäten in einem umfassenden **Marketing-Rahmen** zu betrachten, auch die **Organisation** (☞ Kap. 1) und das kaufmännische **Rechnungswesen** (☞ Kap. 2).

Vom Anbietermarkt hin zum Nachfragermarkt

Als wichtige Rahmenbedingung muss man wissen, dass viele Märkte und damit auch der **Pflegemarkt** sich sehr gewandelt haben. Waren Märkte in vergangenen Jahrzehnten noch von den Leistungsanbietern bestimmt und ausgestaltet worden, wandeln sie sich immer mehr zu von den Kunden bestimmten Märkten, in denen viele Leistungsanbieter um die Gunst des Kunden wetteifern.

Während in vergangenen Jahrzehnten Anbieter noch viele **Dienstleistungen** nach eigenen Vorstellungen gestalten konnten und die Kunden oftmals keine andere Wahl hatten, als diese Dienstleistungen zu kaufen, müssen Hersteller von Produkten und Dienstleistungen heutzutage zunehmend kritischere Kunden zufrieden stellen und solche Leistungen erdenken, die den Bedürfnissen der Kunden möglichst nahe kommen. Je mehr Anbieter beispielsweise im Pflegemarkt wetteifern, desto mehr müssen sie »erspüren«, auf welche Art und Weise sie sich von ihren **Konkurrenten** mit ihrer Pflegeleistung abheben müssen, um den Auftrag vom Kunden zu erhalten. Nur der Anbieter, der die **Kundenwünsche** besser als seine Konkurrenten mit seiner Leistung befriedigen kann, wird den Kunden gewinnen und seine Position im Markt langfristig sichern können.

Man spricht bei dieser in vielen Märkten beobachtbaren Entwicklung von einer Veränderung des Marktes vom »Anbietermarkt« zum »Nachfragermarkt« hin. Deutlich wird, dass die Position des nachfragenden Kunden immer stärker wird.

Marketing als Kreislauf

Das hier dargestellte Marketing-Konzept entspricht in der Grobstruktur dem Marketing-Konzept, das Professor **Dr. Hans Raffée** am Lehrstuhl I für Allgemeine Betriebswirtschaftslehre und Marketing an der Universität Mannheim in langjähriger Forschungstätigkeit mit vielen betrieblichen Praxiseinflüssen entwickelt hat. Dieses umfassendere Marketing-Konzept hat sich in vielen verschiedenen Branchen und Betrieben als **Orientierungs- und Führungsrahmen** bewährt. Nach Raffée kann man Marketing als »Führung von den Märkten her zu den Märkten hin« als eine Art Kreislauf sehen: Man untersucht zunächst den Markt, das Unternehmen und beispielsweise seine Konkurrenten, dann entwickelt man auf der Grundlage gewonnener Erkenntnisse **Strategien** auf lang-, mittel- und kurzfristigerer Ebene, die es der Unternehmung ermöglichen sollen, in seinem Markt erfolgreich tätig zu sein. Begleitend überlegt man, wie diese Strategien im Betrieb in **organisatorischen Regelungen** festgehalten werden können.

Auf einen Blick
▶ Alle betrieblichen Aktivitäten werden aus der Sicht eines umfassenden Marketing-Konzepts analysiert und weiterentwickelt.

▶ Der Pflegemarkt hat sich vom Anbietermarkt zum Nachfragermarkt gewandelt.
▶ Nach einer Markt- und Unternehmensanalyse werden Strategien auf lang-, mittel- und kurzfristiger Ebene entwickelt.

3.1.2 Marketing-Bausteine

In der Abbildung 3.1 wird der Zusammenhang der Bestandteile des Marketings deutlicher. Angenommen, der Pflegemarkt hat sich gewandelt. Nach dem in der Abbildung dargestellten Marketing-Konzept untersucht man zunächst mit Informations- und Analysekonzepten (☞ 3.2) den eigenen Betrieb im **Verhältnis** zum Pflegemarkt und den Konkurrenten. Das ermöglicht eine **Beurteilung** der eigenen betrieblichen Situation, die im folgenden Auswirkungen auf lang-, mittel- und kurzfristige Strategien des Pflegeunternehmens haben kann.

Maßnahmen des Marketing-»Mix«

Die ursprünglich erarbeitete Marketing-Philosophie des Pflegedienstes, die Orientierung für sehr lange Zeit geben sollte, wird in der Regel angesichts eines neuen Konkurrenten allerdings nicht ohne zwingende Gründe überarbeitet. Auch bereits aufgestellte strategische Marketing-Handlungsprogramme, wie z. B. Kooperationen mit anderen Leistungsanbietern oder die Bearbei-

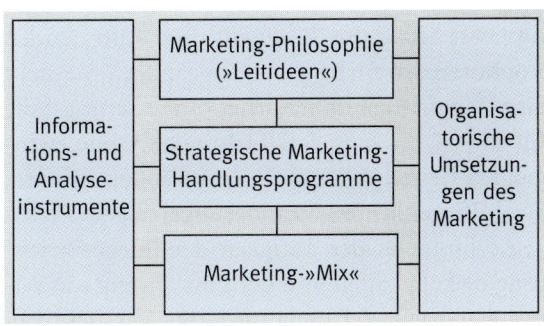

Abb. 3.1: Bausteine des Marketings

tung einer ganz bestimmten »Nische« im Markt, werden vermutlich ebenfalls nicht ohne Grund wieder verworfen. Auf der Ebene des so genannten **Marketing-»Mix«** muss der Betrieb jedoch aufgrund der veränderten Marktdaten Änderungen in den Bestandteilen des »Mix« formulieren. Maßnahmen im Rahmen des Marketing-»Mix« sind beispielsweise

- Produktveränderungen
- Preise der Dienstleistungen
- Art, wie die Dienstleistung zum Kunden »transportiert« und wie mit den Kunden kommuniziert wird.

☞ Fallbeispiel

Die Information, dass ein international tätiger Pflegekonzern eine neue stationäre Pflegeeinrichtung auf derselben Insel, auf der das INSEL-HAUS tätig ist, errichten will, hat die Geschäftsführung des INSELHAUSES alarmiert. Da man das Pflegekonzept des Konkurrenten schon aus seinen bereits auf dem Festland erfolgreich tätigen Einrichtungen kennt, erarbeitet das INSELHAUS eine Analyse, in der die Leistungen des Konkurrenten mit denen des INSELHAUSES verglichen werden. Der hier angesprochene Bereich ist Teil der »Informations- und Analyseinstrumente« (☞ links in Abb. 3.1).

Baustein Marketing-Philosophie

Die ebenfalls in der Abbildung 3.1 genannte Marketing-Philosophie, die beispielsweise die **aktivierende Pflege** der versorgten Kunden und eine Orientierung an deren berechtigten Bedürfnissen umfasst, wird durch einen neu auftretenden Konkurrenten nicht gleich abgeändert. Sie stellt eine langfristige inhaltliche Orientierungshilfe für die nächsten ca. 5–10 Jahre dar. Ohne zwingenden Grund sollte sie nicht verändert werden. Sie hilft gerade in veränderungsreichen Zeiten »eine Linie« in der Tätigkeit der Pflegeeinrichtung beizubehalten und der Einrichtung mit seiner Mitarbeiterschaft **langfristige Perspektiven** zu geben.

Baustein langfristige Marketing-Handlungsprogramme

Auch die langfristigen Marketing-Handlungsprogramme, die in Abbildung 3.1 den mittleren Kasten einnehmen, wie z. B. die **Kooperation** mit dem ortsansässigen ambulanten Pflegedienst, werden nicht durch neue Informationen über den Konkurrenten abgeändert. Diese Kooperation hat nach wie vor Bestand und wird – ganz im Gegenteil – helfen, dem Konkurrenten zu widerstehen.

Baustein Marketing-»Mix«

Auf der kurzfristigeren Ebene des Marketing-»Mix« wird man sich jedoch unter Umständen Gedanken um Veränderungen machen, die unsere Kunden stärker an uns binden bzw. die helfen sollen, Neukunden leichter in der Zukunft zu gewinnen.

Der Marketing-»Mix« umfasst die Bereiche der

- **Produkt und Programmpolitik:** Welche Produkte will man in welcher Kombination anbieten?
- **Preis- und Entgeltpolitik:** Welches Entgelt wollen wir für welche Dienstleistungen verlangen?
- **Distributionspolitik:** Wie soll die Leistung zum Kunden gebracht werden?
- **Kommunikationspolitik:** Wie wollen wir den Kunden ansprechen und über unsere Dienstleistungen informieren?

☞ Fallbeispiel

Das INSELHAUS kommt als Maßnahme gegen den in seinen Markt eindringenden Konkurrenten zu dem Entschluss, für ein geringes Entgelt seinen transportfähigen Kunden anzubieten, sie wöchentlich einmal im Rahmen eines Ausfluges zu anderen Orten der Insel mit einem Bus zu transportieren. Vom gehfähigen bis zum rollstuhlfahrenden Kunden wird jeder Interessent mitgenommen. Diese Änderungen im Marketing-»Mix« sind:

- Änderungen in der **Produktpolitik**: Ein neues Produkt »wöchentlicher Ausflug für die Kunden« wurde erfunden.

- Änderungen in der **Entgeltpolitik**: Ein neuer Preis für diese Leistung wird erdacht.
- Änderungen in der **Distributionspolitik**: Mit einem Bus wird die Leistung gewissermaßen an die Kunden gebracht.
- Änderungen in der **Kommunikationspolitik**: Es wird in die Werbebroschüre des INSEL-HAUSES zukünftig die Leistung »wöchentliche Ausflüge« mit aufgenommen.

Eine Veränderung außerhalb des Betriebes INSELHAUS wurde also durch seine Informations- und Analyseinstrumente wahrgenommen und bewertet. Dies hat Veränderungen in allen Bereichen des Marketing-»Mix« zur Folge.

Baustein organisatorische Umsetzung des Marketings

Im Bereich der organisatorischen Umsetzung (☞ rechter Kasten der Abbildung 3.1) kann das INSELHAUS beispielsweise auf die Idee kommen, einen **Kundenbeirat** einzurichten, der aus Patienten, deren Angehörigen und Pflegemitarbeitern besteht. Dieser Kundenbeirat könnte in der Zukunft regelmäßig von sich aus Vorschläge für neue **Produktideen** liefern und diese an die Geschäftsführung weiterleiten. Mit einem solchen Ideen-»Pool« für Produktideen für die Zukunft kann man einer zukünftigen überraschenden Entwicklung des eigenen Marktes besser aktiv eigene Ideen entgegensetzen und versuchen, nach wie vor Neukunden für sich zu gewinnen. Zum besseren Verständnis des Marketing-Konzeptes soll in Abschnitt 3.1.3 noch genauer aufgezeigt werden, wie ein Impuls aus dem Umfeld des Pflegebetriebes Änderungen in **allen** Teilen des Marketing-Konzeptes zur Folge haben kann.

Auf einen Blick

▶ Zunehmend bestimmen Nachfrager und nicht mehr die Anbieter die Ausgestaltung des Pflegemarktes. Folge ist ein Wettbewerb der Leistungsanbieter um die Kunden.

▶ Auf Grund notwendiger Kundenorientierung soll Marketing als zusammenfassender Orientierungsrahmen ein Unternehmen leiten.

▶ Eine Analyse des Betriebes und seines Umfeldes, eine daraus abgeleitete Marketing-Philosophie, langfristige Marketing-Handlungsprogramme, Marketing-»Mix«-Instrumente und organisatorische Maßnahmen führen den Betrieb vom Markt her zum Markt hin.

3.1.3 Marketing-Konzept

Angenommen, im Bereich der **Informations- und Analyseinstrumente** (☞ linker Block der Abbildung 3.1) erkennen wir, dass die **Anfragen** von Inselbewohnern nach Aufnahme in das INSELHAUS innerhalb des letzten Halbjahres immer weiter abnehmen. Außerdem ergibt die Untersuchung der **Altersstruktur** der Bewohner auf der Insel, dass es durch Zuzug von jüngeren Familien und durch das Versterben von Teilen der älteren Bewohnerschaft sehr wahrscheinlich immer weniger mögliche Kunden für die Leistungen der stationären Pflegeeinrichtung INSELHAUS in der Zukunft geben wird. Aufgrund des in den Analyseinstrumenten festgestellten »**Kundenschwundes**« müssen wir uns nun Gedanken in den anderen Bereichen des Marketing-Konzeptes machen, wie wir dieser Entwicklung entgegentreten können:

Marketing-Philosophie

Im Bereich der langfristigen Marketing-Philosophie sollten wir die in der Vergangenheit aufgestellte **Leitlinie**, dass wir »als Pflegeeinrichtung für die Inselbevölkerung Pflegeleistungen erbringen, wenn diese pflegebedürftig wird«, abändern. Als erweiterte Leitlinie eignet sich »die grundsätzliche Tätigkeit des INSELHAUSES für die Inselbewohnerschaft und die Küstenbevölkerung« besser.

Langfristige Marketing-Handlungsprogramme

Im Bereich der langfristigen Marketing-Handlungsprogramme könnten wir nun auf die neue

Leitlinie aufbauend **Kooperationen** mit ambulanten Pflegediensten und Krankenhäusern der Küstenregion suchen, um aus diesen »Quellen« in Zukunft Neukunden für das INSELHAUS durch Empfehlung und Überweisung zugeleitet zu bekommen.

Marketing-»Mix«

Im Bereich des Marketing-»Mix« könnten sich folgende Maßnahmen aus dieser neuen Situation ableiten:

- Änderungen der **Produktpolitik**: Ein neues Produkt für den Service gegenüber Neukunden aus der Küstenregion könnte darin bestehen, den Transport der Kunden von der Küstenregion hinüber in das INSELHAUS gegen Entgelt zu übernehmen, sodass die Kundschaft sich nicht selber um den Transport kümmern muss.
- Änderungen in der **Entgeltpolitik**: Für diesen Transportservice müsste eine kostendeckende Gebühr verlangt werden. Diese wäre in die Gebührenordnung des INSELHAUSES zu übernehmen.
- Änderungen in der **Distributionspolitik**: Diese Transportleistung könnte durch Transport der Kunden in einem eigenen Fahrzeug geschehen.
- Änderungen in der **Kommunikationspolitik**: Selbstverständlich müsste in Zeitungen, geeigneten Zeitschriften und den hauseigenen Prospekten dieser neue Service beworben werden.

Organisatorische Umsetzung des Marketings

Im Bereich der organisatorischen Umsetzung des Marketings schließlich müssten geeignete Fahrer für diesen Transportdienst gefunden werden, die bei Bedarf abrufbar wären.

> **Auf einen Blick**
> ▶ Marketing als Führungskonzeption gleicht einem Kreislauf, der regelmäßig durchlaufen werden muss und der die Marketing-Bestandteile immer wieder erneuert.

> ▶ Die fünf Kernbereiche des Marketing-Konzepts bilden einen logischen Ablauf von der Analyse hin zur Umsetzung von lang- bis kurzfristigen Maßnahmen, unterstützt durch geeignete organisatorische Veränderungen.
> ▶ Die regelmäßige Anwendung von Analyse- und Informationsinstrumenten gibt beim Kreislauf des Marketings das erste Signal für notwendige Änderungen.

3.2 Informations- und Analysekonzepte

Drei in der betrieblichen Praxis wesentliche Informations- und Analysekonzepte sollen hier dargestellt werden:

- Portfolioanalyse
- Umweltanalyse
- Stärken-Schwächen-Analyse

3.2.1 Portfolioanalyse

Die Portfolioanalyse stammt ursprünglich aus dem **Aktienmarkt**. Unternehmen überlegten, sich ihren Wertpapierbestand (das sog. »Portfeuille«) von verschiedenen Aktien so zusammenzustellen, dass eine möglichst ausgewogene Mischung aus eher **risikoreichen** und eher **risikoarmen** Wertpapieren im Umlaufvermögen der Unternehmung steht. Man dachte, mit einer derartigen Risikostreuung mit dem Gesamtaktienpaket einen relativ sicheren Gewinn bei kontrolliertem Wertverlustrisiko erreichen zu können.

■ Neue und altbewährte Produkte

Aus dieser Idee einer ausgewogenen Zusammenstellung des Wertpapierbestandes wurde später mit Blick auf die Produktpalette eines Unternehmens die Idee geboren, dass ein Unternehmen auch ein möglichst breit gefächertes und vielseitiges **Produktsortiment** anbieten sollte, das die Risiken für das Unternehmen insgesamt möglichst klein hält.

Da alle Arten von Produkten und Dienstleistungen, die Kunden angeboten werden, nach einer gewissen Zeit in der Regel **Alterungserscheinungen** zeigen und nach bestimmter Zeit unter Umständen als Produkte »sterben« und aus der Produktpalette des Unternehmens verschwinden, macht es Sinn, eine »gesunde« Mischung aus **neuen** und **altbewährten** Produkten anzubieten. Dann kann man im Falle des »Sterbens« eines nicht mehr durch die Kunden akzeptierten und nachgefragten Produktes sich auf die noch nicht veralteten Produkte stützen und mit diesen immer noch Umsatz machen. Auch erfordert die Idee einer »gesunden Mischung aus alten und neuen Produkten« die gezielte Suche nach neuen Produkten, die später dann die »verstorbenen«, nicht mehr nachgefragten Produkte der Unternehmung ersetzen können.

■ Marktattraktivität und relativer Marktanteil

Wenn wir uns überlegen, in welchem »Alter« sich die Produkte eines Betriebes befinden, kann die Darstellungsform in der Abbildung 3.2 hilfreich sein.
Im dargestellten Achsenkreuz befinden sich zwei Achsen:
- **Marktattraktivität:** Gibt an, wie Erfolg versprechend sich ein bestimmter Markt momentan darstellt.

- **relativer Marktanteil:** Umsatz, den unser Betrieb mit einem Produkt im von uns bearbeiteten Markt im Verhältnis zu dem Umsatz erzielt, den alle Konkurrenten mit dieser Produktart insgesamt im Markt erzielen.

Fallbeispiel

Wenn das INSELHAUS mit Leistungen nach dem Pflegeversicherungsgesetz einen monatlichen Umsatz von € 20.000,– im von ihm bearbeiteten Markt erzielt und die gesamte übrige Konkurrenz bei dieser Leistungsart einen Umsatz von € 80.000,– erlöst, dann hält das INSELHAUS mit € 20.000,– Umsatz einen relativen Marktanteil von 20 % des gesamten Umsatzes im Markt von Leistungen nach dem Pflegeversicherungsgesetz (Gesamtmarkt hat einen Umsatz von € 20.000,– + € 80.000,– = € 100.000,–. Der Anteil von € 20.000,– an € 100.000,– in Prozent ist 20.000/100.000 × 100 = $\frac{1}{5}$ × 100 = 20 %).

■ Was macht einen Markt attraktiv?

Ob ein Markt attraktiv ist oder nicht, kann beispielsweise daran gesehen werden,
- wie seine Wachstumsaussichten sich darstellen
- wie viele andere Konkurrenten mit einem Unternehmen um die Kunden wetteifern
- welche gesetzlichen Einschränkungen im Markt vorliegen.

3

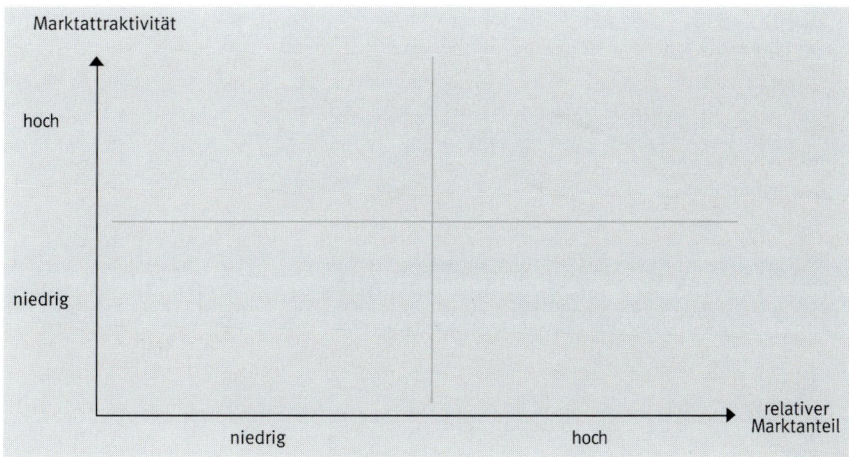

Abb. 3.2: Grundstruktur der Portfolioanalyse

Die Produkte des INSELHAUSES sollen so geordnet werden, dass man sieht, ob ein Dienstleistungsangebot in Form einer ausgewogenen Mischung aus neuen, reifen oder alten Produkten im Markt vorliegt. Anlässlich der neu erdachten Dienstleistung »Transport vom Festland« soll zunächst anhand des dargestellten Achsenkreuzes (☞ Abb. 3.3) geprüft werden, wie sie ins Portfolio einzuordnen ist.

Zu Beginn des Lebens eines neuen Produktes, wie z. B. der Transportleistung für neue Kunden vom Festland, erscheint dieser »neue Markt« zunächst in Bezug auf Wachstum und neue Umsätze für das INSELHAUS als attraktiv und viel versprechend. Dieses Neuprodukt könnten wir dann zunächst in der linken oberen Ecke des Achsenkreuzes in der Position 1 einordnen (☞ Abb. 3.3). Wir stellen bei dieser neuen Transportleistung des INSELHAUSES also zunächst eine hohe **Marktattraktivität** fest, haben jedoch noch einen sehr kleinen **relativen Marktanteil**, denn wir haben ja noch nicht richtig mit der Erbringung dieser Leistung begonnen.

Eventuell können wir nun im Folgenden durch geeignete Werbemaßnahmen pflegebedürftige Festlandskunden für unsere Transportleistung ins INSELHAUS mehr und mehr gewinnen, sodass diese lieber unsere Kunden werden als die unserer Konkurrenten auf dem Festland, die mit ähnlichen Transportdiensten werben. In diesem Fall können wir unseren **Marktanteil** steigern, sodass

wir in diesem nach wie vor attraktiven Markt ebenfalls einen hohen relativen Marktanteil (in Verhältnis zu unserer Konkurrenz) erreichen. Wir hätten uns nun im Zeitverlauf im so genannten »**Portfolio**« unserer Produkte mit der Transportdienstleistung von 1 nach 2 bewegt.

Wir sehen in der Abbildung 3.3, dass sich das Produkt nicht nur von der Kombination – **niedriger relativer Marktanteil + hohe Marktattraktivität** – zu der Kombination – **hoher relativer Marktanteil + nach wie vor hohe Marktattraktivität** – bewegt hat, sondern dass das Produkt auch in seiner Größe gewachsen ist. Grund dafür ist die Darstellung von Produkten im Portfolio derart, dass je größer der Umsatz ist, der mit dem Produkt erzielt wird, desto größer die Fläche des Kreises üblicherweise dargestellt wird, der das jeweilige Produkt verkörpert.

■ Eintritt von Konkurrenz

Produkte werden sozusagen »geboren«, dann reifer, altern und können auch »sterben«. In der Zukunft könnte man sich in diesem Zusammenhang vorstellen, dass ein weiterer Anbieter mit demselben günstigen Preis für die Transportdienstleistung vom Festland auf die Insel in den Markt eintritt und uns in dieser Hinsicht Konkurrenz macht. Da der Markt für diese Transportdienstleistung auch in andere Altenpflegeeinrichtungen weiter wächst, profitieren das IN-

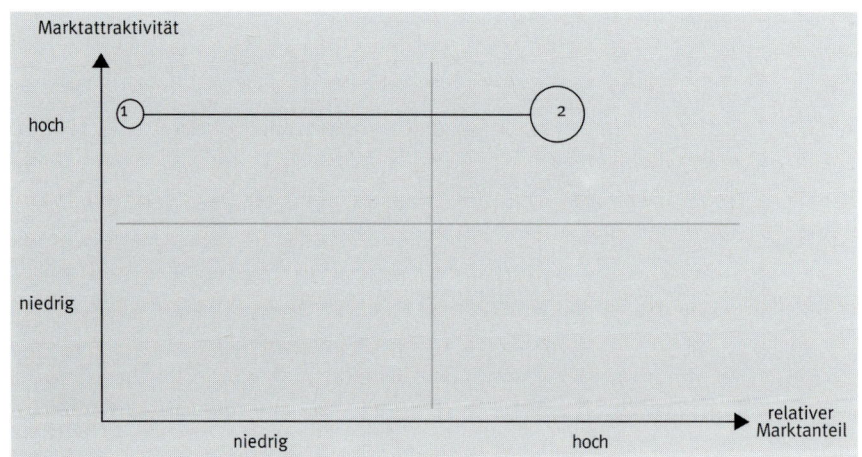

Abb. 3.3: Einordnung des Produktes »Transport vom Festland« im Portfolio des Betriebes INSELHAUS im Zeitverlauf

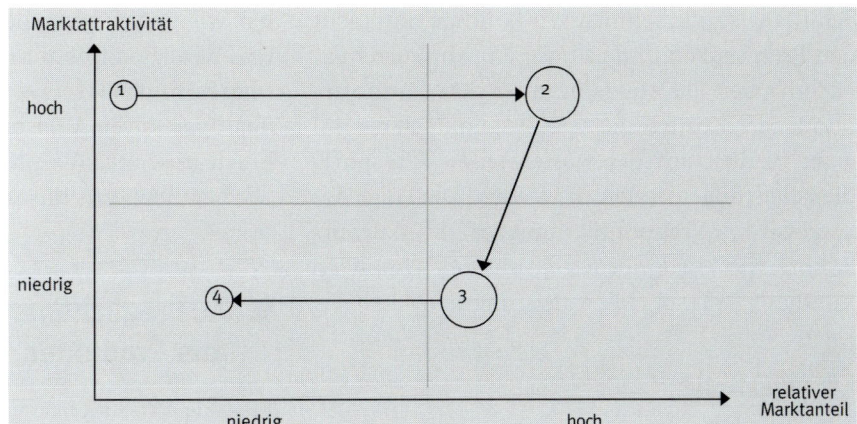

Abb. 3.4: Einordnung des Produktes »Transport vom Festland« im Portfolio des Betriebes INSELHAUS bei gesunkener Marktattraktivität

SELHAUS und der neue Konkurrent gleichermaßen von dem angebotenen Produkt der Transportdienstleistung. Beide machen einen erhöhten Umsatz. Wir wachsen also beide im Umsatz, müssen den Umsatz jedoch teilen mit dem Konkurrenten, bei dem auch die Bewohner unseres Hauses und anderer Einrichtungen Transportdienstleistungen einkaufen. In der Abbildung 3.4 können wir diese Marktposition mit der Kombination – **nicht mehr so großer relativer Marktanteil + niedrigere Marktattraktivität** – in der Position 3 beschreiben. Grund für die verringerte Marktattraktivität ist die jetzt neu in den Markt eingedrungene Konkurrenz.

Berechnung relativer Marktanteil

Zuvor betrug unser Umsatz mit dieser Transportdienstleistung beispielsweise € 3.000,– und wir hatten nur einen sehr kleinen Konkurrenten gegenüber mit € 1.000,– Umsatz. Also war der Gesamtmarkt € 4.000,– groß. Daher hatten wir einen relativen Marktanteil von **€ 3.000,– geteilt durch dem Gesamtumsatz von € 4.000,– malgenommen mit Hundert = $\frac{3}{4} \times 100\%$ = 75 %. Dies entspricht der Position 2 im Portfolio.**
In der Position 3 haben wir aufgrund eines insgesamt gewachsenen Marktes und des Neuauftretens eines starken Konkurrenten einen eigenen Umsatz von € 5.000,– im Markt. Aber der Konkurrent hat einen Jahresumsatz von € 3.000,–,

sodass der Gesamtmarkt für Transporte vom Festland in Altenhilfeeinrichtungen jetzt € 8.000,– beträgt. Man sieht, dass wir und die Konkurrenz mit dem Markt im Umsatz gewachsen sind. Wir berechnen wieder unseren relativen Marktanteil, das heißt unseren Umsatzanteil am Gesamtmarkt:

Fallbeispiel

Der Umsatz des INSELHAUSES von € 5.000,– wird geteilt durch den Gesamtumsatz im Markt von € 8.000,– multipliziert mit 100. Dies ergibt einen relativen Marktanteil von € 5.000,–/ € 8.000,– × 100 % = 62,5 %. Der Marktanteil hat sich durch den starken Konkurrenten trotz eines wachsenden Marktes von 75 % auf 62,5 % verringert. Dies spiegelt sich in der Abbildung 3.4 durch die Bewegung von Position 2 zurück zu Position 3 wider.

Aggressives Verhalten des Konkurrenten

Angenommen, der Konkurrent ändert seine Preise in einer aggressiven Weise derart ab, dass er die Transportdienstleistung so preiswert erbringt, dass er nur noch sehr kleine Gewinne in Kauf nimmt. Er könnte diese **Preisstrategie** für einen gewissen Zeitraum durchführen, um alle neuen Kunden für sich zu gewinnen und uns aus dem Markt »herauszudrücken«. Angenommen, er hat Erfolg und fast alle neuen Konkurrenten entscheiden sich für den jetzt unschlagbar günstigen

Schifffahrtsunternehmer. Wir könnten nun nicht den Preis senken und es unserem Konkurrenten nachmachen, da wir dann unter den damit verbundenen Kosten die Leistung anbieten und einen Verlust auf der Kostenstelle »Transportdienstleistungen« erleiden würden. Die Folge der aggressiven Preispolitik unserer Konkurrenz könnte also ein Einbruch in unseren Umsätzen mit dieser Transportdienstleistung sein.

Fallbeispiel

Bei einem Umsatz des INSELHAUSES von inzwischen nur noch € 1.000,– und einem Umsatz des Konkurrenten von € 8.000,– bestünde ein Gesamtmarkt von € 9.000,– und ein eigener relativer Marktanteil für das INSELHAUS von lediglich € 1.000,–/€ 9.000,– × 100 % = 11,11 % relativer Marktanteil. Wir befänden uns dann in der Position 4 im Portfolio, die durch die Kombination – niedrige Marktattraktivität + niedriger relativer Marktanteil – gekennzeichnet wäre.

Rückblick auf das Produktleben

Rückblickend haben wir uns also im »Leben« der Transportdienstleistung von der »Geburt« in Position 1 zur Position 2 als der den Markt beherrschende Anbieter entwickelt. Den Weg hin zur zweiten Position könnte man als das Produktalter des »Wachstums« bezeichnen. Durch den Eintritt des Schifffahrtsunternehmers muss-

ten wir den wachsenden Markt mit ihm teilen und bewegten uns zum Produktalter der »Reifephase« in der Position 3 im Portfolio. Als Folge der aggressiven Preispolitik des Konkurrenten brach unser relativer Marktanteil dann ein und wir bewegten uns hin zur **Altersphase** in Position 4.

■ Ausgeglichener »Mix« aus Produkten

Für alle Produkte eines Betriebes hat sich eine Grobeinteilung und Bezeichnung der Felder eines solchen **Produktportfolios** bewährt, um in einer anschaulichen Weise zu sehen, ob es sich um neue, reife oder alte Produkte handelt (☞ Abb. 3.5). Gleichzeitig kann man auf diese Weise darstellen, ob die Produkte eher **finanzielle Mittel** benötigen oder finanzielle Mittel für den Betrieb produzieren. Ziel ist ein ausgeglichener »Mix« aus neuen und reifen Produkten, wobei in der Regel die Reifen die finanziellen Mittel produzieren, die noch neue, im Wachstum befindliche Produkte benötigen.

Fragezeichen

Alle Produkte, wie z. B. unsere Transportdienstleistung im obigen Beispiel, beginnen ihr Leben zunächst als so genannte »Fragezeichen«. Es befindet sich dann häufig in einem neuen, viel versprechenden Markt (= **hohe Marktattraktivität**)

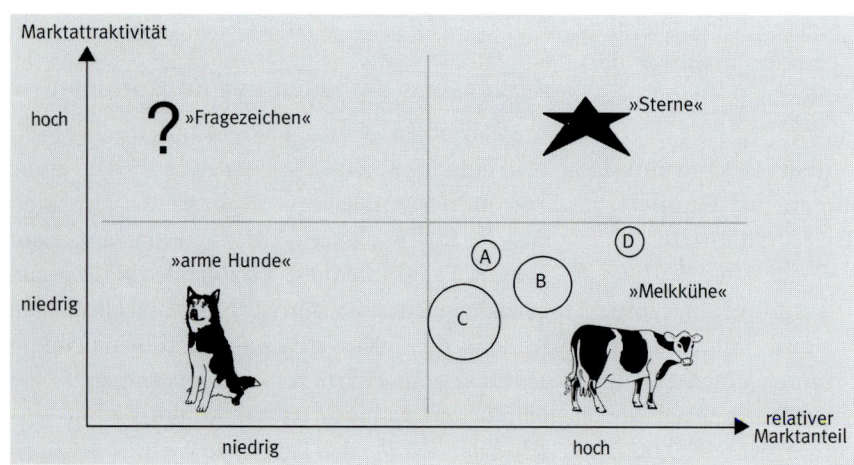

Abb. 3.5: Schema zur Einordnung aller Produkte eines Betriebes in ein Portfolio

und besitzt zunächst einen **kleinen Marktanteil**. Ein Produkt in diesem Stadium wird als ein »Fragezeichen« bezeichnet, weil man noch nicht weiß, was aus ihm im Markt werden wird. Vielleicht ist es aufgrund starker Konkurrenz nicht möglich, den **Markteintritt** zu schaffen und den Marktanteil des Produktes zu steigern. Denn zu Beginn des »Lebens« eines Produktes muss man oftmals sehr große finanzielle Mittel in die **Öffentlichkeitsarbeit** für das neue Produkt investieren und es kann geschehen, dass man aufgrund des Widerstandes von Konkurrenten, z.B. in Form einer aggressiven Preispolitik, aufgeben muss und nicht weiter versuchen kann, seinen relativen Marktanteil zu steigern. Dann wird aus dem »Fragezeichen« unmittelbar ein so genannter »**armer Hund**« (Position links unten), der sich durch einen niedrigen relativen Marktanteil und eine niedrige Marktattraktivität auszeichnet. In dieser Position scheidet man am besten aus dem Markt aus und entfernt dieses Produkt aus seinem Produktprogramm.

Sterne

Schafft man es jedoch, den Marktanteil des Produktes z. B. durch die **Neuartigkeit** des erdachten Produktes und geschickte Öffentlichkeitsarbeit zu steigern, dann kann man mit den damit verbundenen, zumeist hohen **Investitionen** das Produkt zu einem so genannten »Stern« machen, der sich durch die Eigenschaften hohe Marktattraktivität und hoher relativer Marktanteil auszeichnet. Ein Produkt in dieser Lebensphase erfordert weiterhin hohe Investitionen in das Produkt, denn es müssen hohe Werbeausgaben, hohe Investitionen in die Verbesserung des Produktes gemacht werden. Es müssen auch hohe Aufwendungen in die aktuelle **Analyse des Marktes** und der **Konkurrenten** investiert werden, um weiterhin wachsam den Markt und sein Umfeld zu beobachten.

Melkkühe

Lässt die Marktattraktivität im Zeitverlauf wie in vielen Märkten nach, dann kommt das Produkt in den Bereich der so genannten »Melkkühe«, die sich durch **hohen relativen Marktanteil** und **niedrigere Marktattraktivität** auszeichnen. Diese Position wäre beispielsweise gegeben, wenn der Markt geschrumpft wäre, das INSELHAUS sich im Zeitverlauf jedoch eine so feste Position im Markt geschaffen hätte, dass einige Konkurrenten den Markt verlassen haben. Das INSELHAUS teilt sich nun den Umsatz mit Transportleistungen mit wenigen anderen Konkurrenten auf der Insel. Diese Position als bekannter und akzeptierter Leistungsanbieter ist eine vorteilhafte Position. Wir müssen mit einem als »Melkkuh« in das Portfolio eingeordneten Produkt nicht mehr so hohe Werbemaßnahmen wie zuvor betreiben, auch müssen wir uns nicht mehr durch so aufwendige **Produktverbesserungen** wie zuvor von den Konkurrenten abheben, um die Gunst der Kunden zu erlangen. Der Markt ist nun für uns nicht mehr so gefährlich wie zuvor in der verschärften Konkurrenzsituation. Wir können daher zu einem gewissen Grad auch Markt- und Konkurrenzanalysen bei diesem Produkt einsparen, obwohl wir immer noch in gewissem Umfang ein Auge auf die verbliebene und möglicherweise neu auftretende Konkurrenz haben müssen.

Die Folge ist, dass wir auf der Kostenseite **Einsparungen** durchführen können bei gleichzeitig noch immer hohen Leistungserträgen mit dem Produkt. Dann ist ein hoher Beitrag des Produktes zum Betriebsgewinn des INSELHAUSES möglich. Wir erzielen in diesem Bereich durch **stabilen Umsatz** mit verringerten Kosten oftmals einen großen Betrag an flüssigen finanziellen Mitteln (**Liquidität**) für den Betrieb.

Arme Hunde

Aber jedes Produktleben hat in der Regel auch eine Phase des Abbaus und des Rückgangs der Fähigkeiten, Umsätze zu erzeugen. In dieser Position eines **niedrigen Marktanteils** und einer **niedrigen Marktattraktivität** bezeichnet man ein Produkt, wie schon oben angesprochen, als »armen Hund«. In dieser Situation, in der das

Produkt wenig Umsätze in einem nicht mehr attraktiven Markt erbringt, kann man sich überlegen, das Produkt »sterben« zu lassen. Nicht sterben lassen sollte man es jedoch, wenn die Kunden das Produkt für unentbehrlich halten, und die anderen Produkte nur dann kaufen, wenn die Leistungsversorgung von ihnen mit unserer Transportdienstleistung beginnt. Manche eigentlich nicht rentablen **Nebenleistungen** können beim Nichtanbieten die Folge haben, dass die Kunden dann auch unsere anderen Produkte nicht kaufen wollen.

Melkkühe finanzieren Fragezeichen

Die günstigste Situation für ein Unternehmen ist ein ausgewogener »Mix« aus Produkten, die sich in allen vier Feldern des Portfolios befinden. Denn dann können die **Melkkühe** mit ihrer hohen Produktion an flüssigen Mitteln die hohen Investitionen finanzieren, die wir benötigen, um **Fragezeichen** in **Sterne** zu verwandeln. Auch ermöglichen es die Melkkühe, dass wir zu **armen Hunden** gewordene Produkte noch so lange »mitziehen« können, wie es unsere Kunden wollen, bzw. bis wir neue Produkte erdacht haben, um ein neues Fragezeichen an den Start zu bringen.

Unausgeglichene Produktmischung

Eine unausgeglichene Produktmischung zeigen die Produkte A bis D des Portfolios in der Abbildung 3.5. Es handelt sich hierbei zwar allesamt um Melkkühe, die überschüssige Mittel auf dem Bankkonto des INSELHAUSES produzieren, aber es gibt keine Sterne im Produktprogramm, die die Melkkühe ernähren könnten und auch keine Fragezeichen, die durch die zur Verfügung stehende Liquidität zu Sternen der Zukunft gemacht werden könnten. Würden nun diese Melkkühe der Gegenwart A bis D rasch zu armen Hunden, dann wäre eine gesicherte betriebliche Zukunft des INSELHAUSES in Gefahr. Denn die armen Hunde könnten schließlich ganz »sterben« und neue eigene Produkte wären nicht einmal in Sicht.

Alarmzeichen durch Portfolioanalyse

Man sieht, dass die sehr einfach anmutende Darstellung der Produkte eines Unternehmens im Produktportfolio dennoch nützliche **Anregungen** geben kann, um sich Gedanken um die Erschaffung neuer Produkte zu machen und um Alarmzeichen zu senden in Bezug auf die betriebliche Zukunft. Die schon oben angesprochene **Umweltanalyse** des Betriebes ist das nächste Informations- und Analyseinstrument, dass uns wichtige Informationen über unser Unternehmen und seinen Markt geben soll.

Auf einen Blick
▶ Die Portfolioanalyse gibt einen Überblick über die Marktattraktivität und den Marktanteil seiner Produkte.
▶ Oftmals wird bei den Produkten ein »Lebenslauf« beobachtet, bei dem sie im Zeitverlauf die Positionen von so genannten »Fragezeichen«, »Sternen«, »Melkkühen« und »Armen Hunden« einnehmen.
▶ Die Portfolioanalyse veranschaulicht die Notwendigkeit des Vorliegens einer ausgeglichenen Mischung aus verschieden alten Produkten, die sich gegenseitig »ernähren«.

3.2.2 Umweltanalyse

Es gibt verschiedene »Richtungen«, aus denen das Umfeld eines Unternehmens untersucht werden kann, um zukunftsweisende Informationen zu erhalten (☞ Abb. 3.6).
Da Marketing im hier verstandenen Sinne die Führung einer Unternehmung von den Märkten her auf die Märkte hin darstellt, muss der Markt, in dem das Unternehmen tätig ist, untersucht werden. Um rechtzeitig Veränderungsbedarf im eigenen Unternehmen zu erkennen, gibt hierzu eine Untersuchung des Marktes Aufschluss in Hinsicht auf:
• **Lieferanten**
• **Kunden**

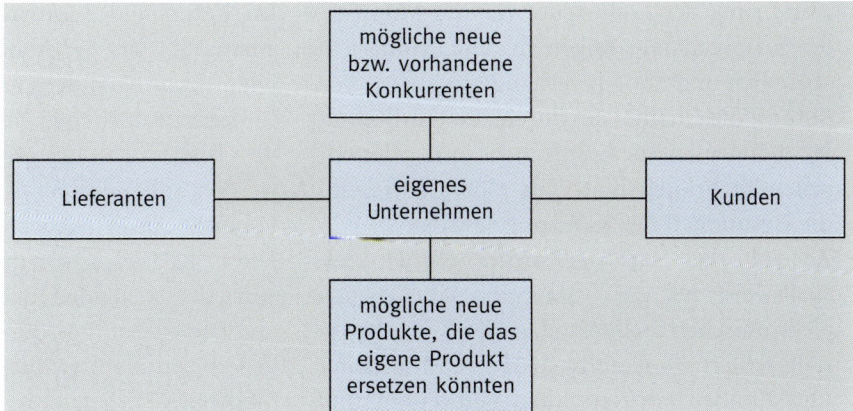

Abb. 3.6: Untersuchungsbereiche der Umweltana-
lyse

- gegenwärtige und mögliche neue **Konkurrenten**
- möglicherweise neu auftauchende **Produkte**,
die die eigenen Produkte beim Kunden ersetzen könnten.

■ Untersuchung der Lieferanten

Viele Lieferanten versorgen das INSELHAUS mit
Dienstleistungen, die wir für die Erstellung unserer eigenen Produkte benötigen.
Beispiele dafür sind:
- die **Werkstätte**, die den Fuhrpark wartet
- der **Lebensmittelgroßhändler**, der die haus-
eigene Küche beliefert
- das unternehmensfremde **Abrechnungszentrum**, das für die Einrichtung die Personalsachbearbeitung erledigt
- der **Großhändler für medizinisches und pflegerisches Verbrauchsmaterial**, das in der Einrichtung benötigt wird
- das **Handwerksunternehmen**, das bei größeren Reparaturarbeiten im INSELHAUS in seinem
Auftrag tätig wird
- die **Mietbekleidungsfirma**, die dem Pflegepersonal die Dienstkleidung zur Verfügung
stellt und reinigt
- die **Reinigungsfirma**, die die Räumlichkeiten
des INSELHAUSES täglich reinigt
- die **Bürokommunikationsfirma**, die dem IN-
SELHAUS Faxgeräte und Kopierer im Rahmen
eines Leasingvertrages zur Verfügung stellt

- die **Telekommunikationsfirma**, die dem IN-
SELHAUS eine Telefonanlage installiert hat und
an uns vermietet.

Abhängigkeit von der Qualität der Lieferanten

Anhand dieser Beispiele sehen wir, dass viele Lieferanten das INSELHAUS mit ihren **Dienstleistungen** beliefern. Man kann auch sehen, dass das
INSELHAUS viele Vorgänge, die in anderen Einrichtungen mit eigenem Personal durchgeführt
werden, an **außenstehende Dienstleister** für ein
entsprechendes Entgelt abgegeben hat.
Es erscheint nun im Rahmen der Untersuchung
des Bereiches der Lieferanten sinnvoll, zu untersuchen, ob wir mit den Lieferanten und den
durch sie angebotenen Dienstleistungen zufrieden sind. Denn bei mangelnder **Qualität** der
Dienstleistungen der Lieferanten könnte auch die
Qualität unserer mit diesen Dienstleistungen erstellten Produkte leiden:
- Wenn die **Werkstätte**, die den Fuhrpark wartet, schlecht leistet, dann werden die wöchentlichen Ausflüge mit den Kunden z. B. durch
stehen bleibende Fahrzeuge zum Desaster.
- Stimmt die Qualität der Waren des **Lebens-
mittelgroßhändlers** nicht, der die Küche beliefert, dann verärgern wir unsere Kunden.
- Arbeitet das **Abrechnungszentrum**, das für
die Einrichtung die Personalsachbearbeitung
erledigt, fehlerhaft, dann wird beispielsweise
das Finanzamt bei einer Außenprüfung der

3

Abführung der Lohnsteuer für die Mitarbeiter entsprechende Rügen in den Prüfbericht schreiben und Strafen verhängen.

- Stimmt die Qualität des durch den **Großhändler gelieferten medizinischen und pflegerischen Verbrauchsmaterials** nicht, dann wird die Gesundheit der Kunden gefährdet.
- Arbeitet das **Handwerksunternehmen** beispielsweise bei der Installation einer neuen elektronischen Schließanlage für das INSEL-HAUS fehlerhaft, dann bleiben z. B. Mitarbeiter und Kunden vor verschlossenen Türen und werden unfreiwillig aus- oder eingeschlossen.
- Reinigt und bügelt die **Mietbekleidungsfirma**, die dem INSELHAUS zuarbeitet, unkorrekt, dann machen die Pflegemitarbeiter einen schlechten optischen Eindruck bei den Kunden und gefährden diese durch ihre verschmutzte Dienstkleidung.
- Arbeitet die **Reinigungsfirma**, die die Räumlichkeiten des INSELHAUSES täglich reinigt, unsauber, dann spricht sich diese Unreinheit des INSELHAUSES schnell unter den Kunden herum.
- Tauscht die **Bürokommunikationsfirma**, die dem INSELHAUS Faxgeräte und Kopierer im Rahmen eines Leasingvertrages zur Verfügung stellt, nicht schnell genug defekte Geräte aus, dann wird der Betrieb blockiert.
- Behebt die **Telekommunikationsfirma**, die die Telefonanlage des INSELHAUSES installiert hat, Fehler nicht umgehend, dann ist die Kommunikation des INSELHAUSES mit der Umwelt abgeschnitten.

Wir sehen, dass wir uns durch Auslagerung von Tätigkeiten, die wir vielleicht in der Vergangenheit noch selber erbracht haben, von außenstehenden Lieferanten von Dienstleistungen abhängig machen. War der Grund der Auslagerung der Tätigkeit, des so genannten »**Outsourcing**«, zum damaligen Zeitpunkt die Kostenersparnis, die das INSELHAUS durch das Abgeben der aufgeführten Dienstleistungen realisieren wollte, muss nun untersucht werden, ob auch die Qualität der Dienstleistung nach wie vor zufrieden stellend ist.

Im Rahmen der Umweltanalyse kann man in einem Raster (☞ Abb. 3.7) die Qualität der Dienstleistungen der Lieferanten beurteilen.

In den verschiedenen Zeilen sind die Lieferanten des INSELHAUSES untereinander aufgelistet. Sie werden anhand einer Skala zur Beurteilung der **Qualität** ihrer Dienstleistungen eingeordnet. Diese Skala reicht von zu niedriger Qualität über zufrieden stellende Qualität bis zu einer Qualität der Dienstleistung, die höher ist, als wir oder unsere Kunden es berechtigterweise erwarten (☞ Abb. 3.7). Letzteres ist »zu viel des Guten«. Denn es macht keinen Sinn und stellt eine **Verschwendung** der Mittel des Betriebes dar, mehr zu leisten, als wir oder der Kunde als angemessen erachten.

Lieferant Werkstätte

Nehmen wie das Beispiel der Werkstätte, die den Fuhrpark des INSELHAUSES wartet, mit dem wir die Kunden zu Ausflügen mitnehmen. Die Qualität der Dienstleistung ist in diesem Falle so groß, dass sie höher ist, als wir oder unsere Kunden dies eigentlich erwarten. Der Motor beispielsweise wird im Rahmen der Standard-Wartungstermine regelmäßig mit dem Dampfreiniger von außen gereinigt. Dies ist ein sehr zuvorkommendes **Extra** der Werkstätte. Es vergrößert allerdings auch die Stundenzahl, die uns mit teuren **Stundensätzen** daraus folgend in Rechnung gestellt wird. Angesichts dieser überteuerten Dienstleistung sollten wir die Werkstatt bitten, die Dienstleistungsdauer um »Extras« der dargestellten Sorte zu kürzen.

Lieferant von Lebensmitteln

Mit einem Kreuz ist auch im Raster beurteilt und markiert worden, wie es um die Qualität der Warenlieferung von Lebensmitteln für unsere Küche bestellt ist. Diese ist zwischen »zufrieden stellend« und »höher, als erwartet« einzuordnen. Angesichts dieser Leistungsqualität muss man nichts in Bezug auf diesen Lieferanten ändern, vorausgesetzt, es besteht bei seinen Leistungen ein annehmbares **Preis-Leistungsverhältnis**.

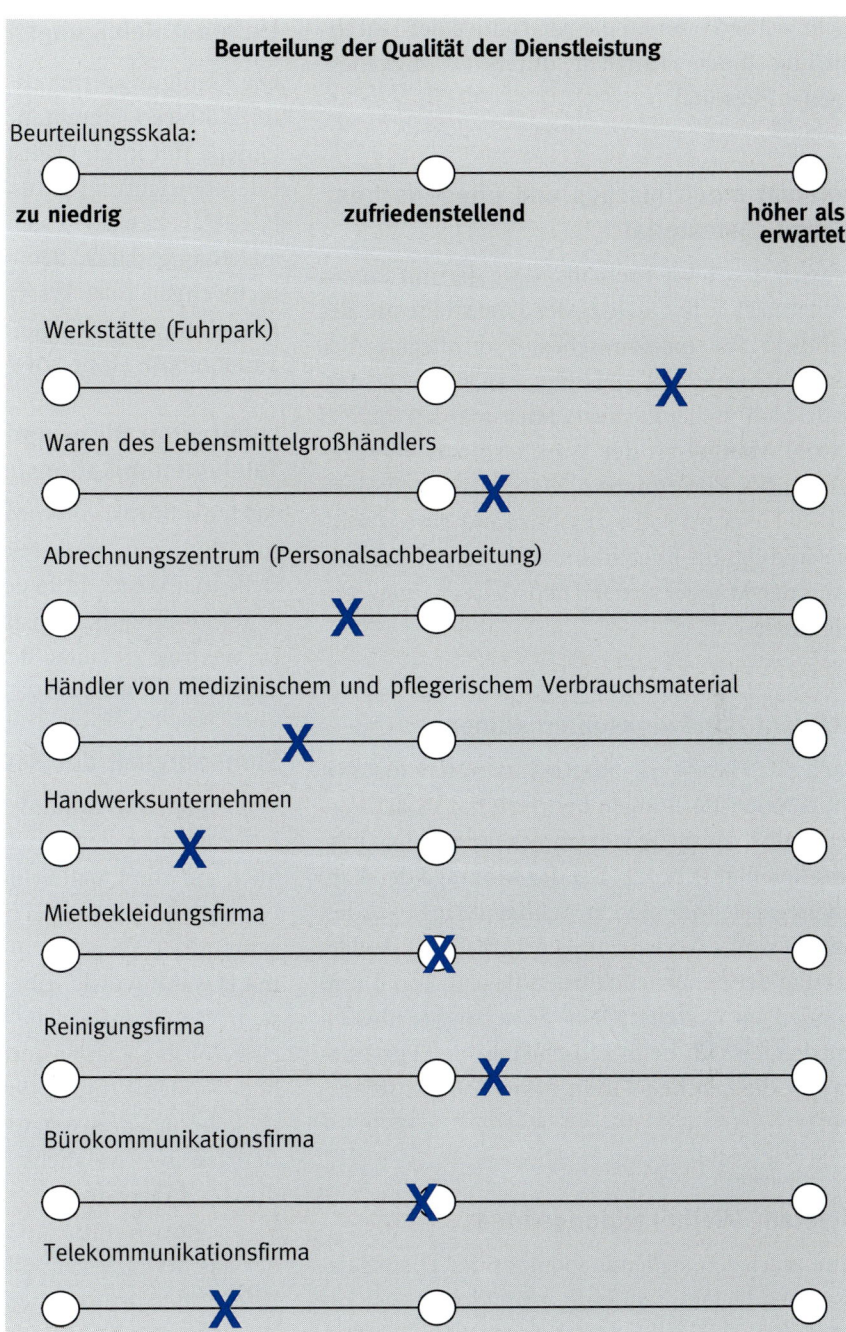

Abb. 3.7: Raster zur Untersuchung der Lieferanten des INSELHAUSES

Lieferant Abrechnungszentrum

Problematisch erscheint das Ergebnis der Einordnung der Qualität des Abrechnungszentrums, das die Personalsachbearbeitung für das INSELHAUS durchführt. Kleine Fehler können hier, wie am Beispiel der Außenprüfungen des zuständigen Finanzamtes, unangenehme Folgen haben. Wir sollten daher diesen Dienstleister rügen und von ihm in der Zukunft eine bessere Qualität der Leistungserbringung verlangen. Andernfalls sollte über die **Vergabe** des Auftrages an einen anderen Lieferanten dieser Dienstleistung nachgedacht werden oder an die Alternative der Durch-führung dieser Tätigkeit durch (zusätzliches) **eigenes Personal**.

Lieferant medizinisches und pflegerisches Verbrauchsmaterial

Kritisch erscheint ebenfalls, dass die mit einem Kreuz markierte Qualität der Dienstleistung des Händlers für medizinisches und pflegerisches Verbrauchsmaterial zwischen »zu niedrig« und »zufrieden stellend» liegt. Hier wurden bereits sowohl **Mängel** an der Ware als auch Verzöge-rungen bei Lieferung des Materials angemahnt. Dieser Lieferant sollte abschließend gerügt wer-den und darauf folgend im Falle der Nichtbehe-bung der Mängel seiner Dienstleistung gewech-selt werden.

Lieferant Handwerksunternehmen

Auch das Handwerksunternehmen, das uns mit seinen Dienstleistungen beliefert, hat in der Ver-gangenheit zum Teil erschreckende Dienstleis-tungsqualität geboten. Bei der Montage der Kar-tenlesegeräte der neuen Schließanlage wurden beispielsweise Verkabelungen vertauscht, sodass am Tag der Inbetriebnahme Pflegepersonal und Kunden im INSELHAUS ein- bzw. ausgeschlossen wurden, da sich beim Einschieben der Türcode-Karten die falschen Türen öffneten bzw. schlos-sen.

Lieferant Mietbekleidungsfirma

Eine zufrieden stellende Qualität der Dienstleis-tung des Lieferanten kann erfreulicherweise bei der Mietbekleidungsfirma festgestellt werden. Der bundesweit tätige Anbieter bügelt zwar die Kleidung nur mit der bei Mietbekleidungswäsche üblichen, aber ausreichenden Qualität, das Aus-sehen der Kleidung und die Reinigungsqualität ist jedoch durchaus zufrieden stellend und die Waren werden pünktlich angeliefert und abge-holt. Die Analyse dieses Lieferanten macht also keinen **Lieferantenwechsel** erforderlich.

Lieferant Reinigungsfirma

Die Reinigungsfirma tut, wie man an der Bewer-tung dieses Lieferanten sieht, »etwas zu viel des Guten« mit ihren Dienstleistungen, aber in einer Pflegeeinrichtung ist es sicher gut, wenn etwas besser als zufrieden stellend gereinigt wird. Vor-aussetzung dafür, dass wir diesen Dienstleister nicht rügen oder ersetzen, ist jedoch, dass das Entgelt für das Reinigen der Räumlichkeiten eine annehmbare Höhe aufweist.

Lieferanten Büro- und Telekommunikationsfirma

Auch die Bürokommunikationsfirma versorgt uns mit Kopierern und Telefaxgeräten in zufrieden stellender Weise; die in der letzten Zeile aufgeführ-te Telekommunikationsfirma legt jedoch eine eher zu niedrige Qualität der Dienstleistung an den Tag. Hier muss das INSELHAUS Besserung fordern.

Sinnhaftigkeit der Bewertung

Wir sehen, dass es sinnvoll ist, die Lieferanten des INSELHAUSES systematisch aufzulisten und in Hin-blick auf die Qualität ihrer Dienstleistungen zu beurteilen. Obwohl bei der Beurteilung der Liefe-ranten hier ein sehr einfaches **Bewertungssche-ma** gewählt wurde, gibt es uns dennoch Hinwei-se, in Bezug auf welche Lieferanten Änderungen eingefordert werden müssen, um die Zufrieden-heit bei den Kunden des INSELHAUSES auf Dauer zu sichern. Voraussetzung ist allerdings, dass die Beurteilung möglichst objektiv und präzise durchgeführt wird.

Wir kommen nun zum zweiten Teil des Marktes, der das INSELHAUS umgibt, nämlich den Kunden. Wir werden prüfen, wie wir auch hier im Rahmen einer Umweltanalyse erkennen können, ob in die-sem Teil des Marktes für das INSELHAUS bedrohli-che oder viel versprechende Sachverhalte entdeckt werden können (☞ Abb. 3.6 rechter Kasten).

■ Untersuchung der Kunden

Im Rahmen der Umweltanalyse des INSELHAUSES ist mit der Untersuchung der Kunden eine **syste-**

matische Betrachtung der Kunden des eigenen Unternehmens und der potentiellen Kunden in der Zukunft gemeint. Ziel ist dabei die Gewinnung von Informationen, die es uns ermöglichen, mit der Einrichtung heute und in der Zukunft solche Leistungen zu erbringen, die die Kunden zufrieden stellen bei gleichzeitiger Erfüllung **gesetzlicher Anforderungen** und gleichzeitigem Genügen **fachlicher Qualitätsstandards**.

In Bezug auf die gegenwärtigen und zukünftigen Kunden des INSELHAUSES können im Rahmen einer Umweltanalyse beispielsweise folgende Überlegungen angestellt werden:

Einrichtung eines Kundenbeirates?

In einem Kundenbeirat können ausgewählte Kunden in einem Gremium zusammenfasst werden, um von ihnen in regelmäßigen Gesprächen **Verbesserungsvorschläge** in Bezug auf die momentane Art und Qualität der Dienstleistungen zu erfahren, aber auch Ideen für ganz neue Dienstleistungen zu gewinnen. Auf diese Weise gewinnen wir auch ein deutliches Bild von diesen Stellvertretern der Kundschaft und lernen, uns in sie hineinzuversetzen.

Kundenbefragung

In einer Kundenbefragung aller Kunden des INSELHAUSES können die Kunden gebeten werden, alle Dienstleistungen des INSELHAUSES schriftlich zu beurteilen, beispielsweise mit einer Bewertungsskala, wie wir sie schon bei den Lieferanten angewendet haben. Aus dieser Analyse können wichtige Verbesserungsvorschläge gewonnen werden, z. B. betrachten viele Kunden die Verabreichung der Mahlzeiten auf Kantinentabletts als menschenunwürdig. Die aus der Kundenumfrage gewonnenen Kritikpunkte wären Anlass genug, zu einer Mahlzeitenreichung auf Tellern zurückzukehren, die den Kunden das Gefühl gibt, im Alter mit ihren Bedürfnissen respektiert zu werden.

Vergleich der Pflegestufen der Kunden

Die **Kundenstruktur** der Einrichtung kann dahingehend untersucht werden, dass wir die mo-

mentan vorliegenden Pflegestufen unserer Kunden vergleichen mit der Pflegestufenstruktur, die wir in der letzten Gebührenverhandlung unseren Leistungsgebühren zugrundegelegt haben. Hatten wir z. B. die letzte Gebührenverhandlung mit den Pflegekassen mit einem »**Pflegestufenmix**« verhandelt, der den Schwerpunkt bei kleineren Pflegestufen hatte, dann passen die uns jetzt vorliegenden Leistungsgebühren preislich zu einer Kundenstruktur, die eher kleinere Pflegestufen hat. Erkennen wir jedoch durch die Analyse der Kunden im INSELHAUS, dass wir im Zeitverlauf überwiegend Patienten mit einer hohen Pflegestufe aufgenommen haben, dann besteht momentan die Schwierigkeit, mit für kleinere Pflegestufen passenden, kleineren **Leistungsgebühren** nun relativ zeitaufwendige Pflege für Kunden mit höheren Pflegestufen zu erbringen. Das durch geringere Leistungsgebühren und damit verbundene geringere Erträge knapper bemessene Personal hat somit nicht genug Zeit für die Pflege der nun schwerer pflegebedürftigen Kunden. Unter Umständen erhalten wir durch diese Analyse der Kundenstruktur eine Erklärung dafür, warum das Pflegepersonal nicht genug Pflegezeit für die Kunden zur Verfügung hat. Unter Umständen gibt uns diese Analyse auch das Alarmsignal dafür, mit den Mitteln der Kosten- und Leistungsrechnung die Pflegeleistungen auf ihre Wirtschaftlichkeit genau zu überprüfen (☞ Kap. 2). Es macht daher durchaus Sinn, die Instrumente der Kosten- und Leistungsrechnung auch neben die hier dargestellten Informations- und Analyseinstrumente einzureihen. Die Kosten- und Leistungsrechnung wird dann zu einem Informations- und Analyseinstrument des Marketings.

Bevölkerungsstruktur

In einer Untersuchung der Struktur der Bevölkerung im Einzugsgebiet der Einrichtung wird beispielsweise festgestellt, dass ein hoher Teil der Bevölkerung der Insel so genannte »Junge Senioren« sind, die noch in keiner Weise pflegebedürftig sind, aber dies in 5–10 Jahren sein könnten. Diese »**Kunden der Zukunft**« werden z. B. durch Tage der offenen Tür, kulturelle Veranstaltungen in der Einrichtung oder durch geeignete Werbebroschüren für unseren Betrieb interessiert. Auf diese Weise erzeugen wir bei ihnen eine positive Einstellung in Bezug auf das INSELHAUS. Die Untersuchung der Struktur der Bevölkerung im Einzugsgebiet des INSELHAUSES ist somit der Startpunkt für das Erkennen und die Ansprache von für die Zukunftssicherung wichtigen Kundengruppen.

Angehörige der Kunden

In einer Umfrage unter den Angehörigen der Kunden sind im Rahmen der Umweltanalyse auch wichtige Erkenntnisse möglich. Wir könnten beispielsweise herausfinden, dass viele von ihnen unentgeltlich als **Freiwillige** im INSELHAUS tätig sein wollen, würden wir ihnen nur die richtigen Aufgaben zuweisen und sie geeignet anleiten. Auf diese Weise könnten diese Freiwilligen beispielsweise als Begleitpersonen bei dem wöchentlichen Ausflug aller transportfähigen Kunden mithelfen und das Pflegepersonal entlasten, das dann nicht mit auf den Ausflug mitgehen müsste.

Ein anderes Beispiel ist die Mithilfe der Freiwilligen bei spielerischen Aktivitäten mit den Kunden, wie z. B. beim vormittaglichen Bingo-Spielen. Im Folgenden könnte man sich überlegen, wie man diese Freiwilligen dauerhaft spüren lassen kann, dass das INSELHAUS ihnen für ihre Freiwilligenarbeit dankbar ist, z. B. durch kleine Gesten wie das Anbieten eines morgendlichen Kaffees oder einer kostenlosen Mahlzeit. Dauerhaft an das INSELHAUS gebundene Freiwillige könnten dann im besten Fall nach dem Versterben ihrer im INSELHAUS untergebrachten Angehörigen dem INSELHAUS weiterhin als Freiwillige bei der Betreuung anderer Kunden helfen. Vielleicht können wir diese Freiwilligen somit auch später als Kunden gewinnen, wenn sie selber pflegebedürftig werden.

Pflegerische Kenntnisse der Angehörigen?

Durch eine Ermittlung der pflegerischen Kenntnisse der Angehörigen wird beispielsweise festgestellt, dass diese zwar wenige grundlegende Kenntnisse haben, aber ein großes Interesse zeigen, diese durch das Fachpersonal des INSELHAUSES zu erlernen. Diese Kenntnisse könnten nach der Rückkehr der Kunden in ihr ursprüngliches Zuhause dort durch die Angehörigen angewendet werden. Anbieten würde sich beispielsweise ein **Kurs für pflegende Angehörige**, um auf diese Weise den Angehörigen und damit verbunden auch den Kunden zu helfen.

■ Informationen über alte und neue Konkurrenten

Wie können wir für das INSELHAUS nützliche Informationen über unsere gegenwärtigen und zukünftigen Konkurrenten erhalten (☞ Abb. 3.6 oberer Kasten)? **Wirtschaftliche Daten** über die Konkurrenten des INSELHAUSES sind nur schwer oder auch gar nicht ausfindig zu machen. Welcher Konkurrent würde uns schon seinen Jahresabschluss zur Verfügung stellen oder ihn veröffentlichen. Nur beispielsweise in Rechtsform einer **Aktiengesellschaft** müsste ein Konkurrent seine wirtschaftliche Situation öffentlich machen.

Es gibt jedoch auch andere Wege, um Informationen über Konkurrenten zu erhalten:

* Bei der örtlichen Pflegekasse gibt es eine **Gebührenliste** aller im Einzugsgebiet ansässigen Pflegeeinrichtungen. Diese gibt uns einen Überblick über die Konkurrenten und einen Einblick in deren Gebührenstruktur. Sie kann aufzeigen, wie attraktiv unsere Gebühren im Vergleich zu denen der Konkurrenz wirken.
* Mitarbeiter des INSELHAUSES könnten sich als **mögliche Kunden bzw. deren Angehörige** bei der Konkurrenz ausgeben und sich vor Ort durch den Konkurrenten in seiner Einrichtung beraten lassen. Wichtige Einblicke in die Arbeitsweise der Konkurrenten und die Qualität von deren Dienstleistungen wären die Folge.
* Durch **Teilnahme in Gremien** der Leistungserbringer im Einzugsgebiet wird das INSELHAUS zwangsläufig in Kontakt mit der Konkurrenz kommen und kann auch so einen Einblick in Ideen, Forderungen und das Auftreten des Konkurrenten erhalten.

- Durch **Gewinnen von Mitarbeitern des Konkurrenten**, die dort ausscheiden, und nun eine
neue Anstellung suchen, können auch wichtige Einblicke in die Konkurrenzeinrichtung gewonnen werden.

Mögliche zukünftige Konkurrenten sind ebenfalls schwierig zu erkennen. Das INSELHAUS kann
jedoch

- die **überregionale Fachpresse** regelmäßig lesen, um zu erfahren, ob beispielsweise Pflege-
konzerne beabsichtigen, in unser Einzugsgebiet einzudringen, um einen neuen Standort
zu eröffnen
- mit der **örtlichen Kommune** einen engen
Kontakt halten, um so frühzeitig Kenntnis
von mit der Eröffnung einer Konkurrenzeinrichtung verbundenen Maßnahmen, wie
z. B. Erschließungs- und Baumaßnahmen, zu
erhalten.

■ Suche nach neuen Produkten

Ähnlich wie die Konkurrenten der Zukunft stellen auch solche zukünftigen Dienstleistungen
eine Gefahr dar, mit denen Konkurrenten vorhandene Kunden abwerben bzw. mit denen
Konkurrenten neue Kunden an sich binden und
von uns abhalten könnten (☞ Abb. 3.6 unterer
Kasten). Viele richtungsweisende Neuentwick-
lungen im Bereich der Pflege tauchen erstmals in
Fachzeitschriften, auf Kongressen und Pflegemessen auf. Dort gilt es, regelmäßig nach neuen
Entwicklungen Ausschau zu halten.
Dienstleistungen, die die Bedürfnisse der Kunden
in Zukunft besser befriedigen können als unser
bisheriges Leistungsspektrum, sind jedoch für
den Kunden nützlich und verbessern oft seine
Lebensqualität. Es sollte daher immer auch geprüft werden, ob wir diese neuen Dienstleistungen nicht zum Nutzen unserer Kunden aufgreifen
und unser Leistungsspektrum mit ihnen erweitern können.
Solche im Markt neuen Dienstleistungen könnten beispielsweise die im Folgenden genannten
Produkte darstellen.

Neuartige Transportdienstleistungen

Schon oben in Kapitel 3.2.1 wurden die Transportdienstleistungen vom Einzugsgebiet in die
stationäre Pflegeeinrichtung genannt, wobei das
INSELHAUS von der Planung des Umzugs bis zum
Transport der Neukunden in das INSELHAUS alles
Notwendige für den Kunden regelt. In diesem
Falle hat das INSELHAUS ausgehend von einer
Analyse von möglichen neuen Dienstleistungen
ein neues Produkt »geboren« und kann mit ihm
versuchen, neue Kunden leichter an sich zu binden als Konkurrenzunternehmen, die noch nicht
diesen Service ihren Kunden anbieten.

Ausflüge mit den Kunden

Bereits oben in diesem Kapitel wurden wöchentliche Ausflüge der transportfähigen Kunden mit
Unterstützung von Freiwilligen zu solchen Orten
der Umgebung der stationären Einrichtung an-
gedacht, die den Kunden regelmäßige neue Er-
lebnisse bieten und sie vom Alltag im INSELHAUS
ablenken, z. B. Besuch von Einkaufszentren in
der Nähe mit damit verbundenem gemeinsamen
»Picknick« mit allen Ausflugteilnehmern. Auch in
diesem Beispiel hatte das INSELHAUS »die Nase vor-
ne« und konnte als erste Einrichtung im Einzugsgebiet diesen Service seinen Kunden anbieten.

Lieferdienste zum Kunden

Ein Konkurrent (ambulanter Pflegedienst) könnte auf die Idee kommen, auf Wunsch zu Hause
lebende pflegebedürftige Kunden ohne Angehörige mit Produkten aus örtlichen Supermärkten
oder Drogerien zu versorgen. Auf diese Weise würden seine Kunden etwas Abwechslung in ihre Versorgung mit Gütern des täglichen Bedarfes bringen und sich etwas selbstständiger fühlen. Über
den Verkaufsprospekt des Einzelhandelsgeschäf-
tes, mit dem die Konkurrenzeinrichtung zusam-
menarbeitet, könnten Kunden Artikel bequem
telefonisch oder mit Hilfe des Pflegepersonals
bestellen. Diese neue Dienstleistung des Konkurrenten würde vermutlich auch durch unsere eigenen Kunden nachgefragt werden. Denn diese kann

3

niemand hindern, sich Lebensmittel und andere Güter von unserer Konkurrenz liefern zu lassen.

Tele-Care

Konkurrenz für unsere stationären Pflegeleistungen könnte auch in der Zukunft über so genannte »Tele-Care« entstehen, bei der Konkurrenz-Pflegeheime Patienten in ihrer häuslichen Umgebung belassen, sie jedoch über ein elektronisches »Überwachungssystem« aus der Ferne sichern und überwachen. Bei Zwischenfällen würde natürlich schnellstmöglich eine Pflegekraft zum Kunden geschickt werden und Hilfe leisten. Bei Tele-Care (»Fern-Pflege«) würde jedoch nicht die Situation entstehen, dass der Kunde überhaupt keinen menschlichen Kontakt mehr hat, und nur per Ferndiagnose überwacht wird. Er könnte nach wie vor in regelmäßigen Zeitabständen durch Pflegekräfte die notwendigen Pflegemaßnahmen erhalten. Der Patient würde in seinem Zuhause ambulant versorgt. Auf diese Weise könnte man viele Patienten, die momentan noch zwingend notwendig in eine stationäre Pflegeeinrichtung einziehen müssen, in der gewohnten häuslichen Umgebung belassen bei gleichzeitig guter pflegerischer Versorgung. Die persönliche Ansprache und Betreuung könnte ergänzend beispielsweise vor Ort in der Häuslichkeit des Patienten durch Freiwillige des INSELHAUSES geleistet werden. Das INSELHAUS müsste nicht warten, bis Konkurrenten diese Leistung der Tele-Care anbieten. Es könnte, so bald die technischen Voraussetzungen ausgereift sind, bei wenigen Patienten dieses Konzept erproben und sich somit die neue Dienstleistung zu Eigen machen.

Neue Produkte der Freien Wohlfahrtspflege

Neue Anbieter der Freien Wohlfahrtspflege könnten in den Markt des INSELHAUSES eindringen und für ihre Leistungen als »Pflegeeinrichtung mit angeschlossenem Sozialdienst« werben. Viele Einrichtungen der Freien Wohlfahrtspflege wie z. B. Einrichtungen der Caritas oder Arbeiterwohlfahrt haben vielfältigste Beratungsdienstleistungen im Angebot, die sie mit Sozialarbeitern und anderen Fachkräften erbringen, z. B. Dienste der psychosozialen Beratung von Medikamenten- und Drogenabhängigen, Schuldnerberatung. Solche »Sozialkonzerne« könnten in unserem Einzugsgebiet eine Pflegeeinrichtung eröffnen und diese mit allen schon in der Region vorhandenen eigenen Beratungsdiensten vernetzen, sodass in solch einem Unternehmen immer schnell Spezialisten im Einverständnis mit dem Kunden eingeschaltet werden könnten. Sie könnten die Kunden schnell und fachlich versiert mit Auskunft und Hilfe versorgen, beispielsweise in Fragen des Altersalkoholismus oder zu Schuldenfragen.

Viele karitative Träger von Pflegeeinrichtungen bieten auch die Durchführung von Amtsgerichten angeordneten Betreuungen an, bei denen von Gerichtsseite bestellte Betreuer die Interessen solcher Kunden wahrnehmen, die nicht mehr selber ihre wirtschaftlichen und persönlichen Belange regeln können. Viele Kunden könnten sich verstärkt einem solchen Pflegeheim mit angeschlossenem qualifizierten Sozialdienst anvertrauen, da es eine hohe Gewähr für den Kunden zu bieten scheint, dass in allen Lebenslagen hier für ihn fachlich gut und zuverlässig gesorgt wird.

Rückblick

Am Anfang dieses Kapitels untersuchten wir unsere Produktpalette mit Hilfe der Portfolioanalyse. In der Umweltanalyse haben wir wichtige Einblicke beispielsweise in unsere Kundenstruktur und das weitere Umfeld des Betriebes gewonnen. Wir sollten nun jedoch im Rahmen der Informations- und Analyseinstrumente zur Vollständigkeit auch noch das eigene Unternehmen systematisch betrachten, um auch hier zukunftsweisende Informationen und Alarmzeichen zu erkennen.

Auf einen Blick

▶ Die Umweltanalyse untersucht das Umfeld des Unternehmens in Hinsicht auf seine Lieferanten, Kunden, möglicher neuer Konkurrenten und Produkte, die die eigenen Produkte beim Kunden ersetzen könnten.

▶ Bewertungsraster stellen die betriebliche Umwelt anschaulich dar und ermöglichen den Vergleich von einheitlich durchgeführten Bewertungen im Zeitverlauf.

▶ Kundenorientiert ausgestaltete Tele-Care könnte vielen Kunden ermöglichen, einen stationären Pflegeaufenthalt zu vermeiden.

3.2.3 Stärken- und Schwächen-Analyse

Ziel der Stärken-Schwächen-Analyse ist die Bewertung des Betriebes unter dem Blickwinkel verschiedener wichtiger Eigenschaften, die seine Schwächen oder Stärken darstellen. Wir befinden uns also nun im mittleren Kasten der Untersuchungsbereiche der Umweltanalyse (☞ Abb. 3.6). Im ersten Abschnitt soll eine einfache Bewertung des INSELHAUSES auf seine Stärken und Schwächen hin durchgeführt werden. Im zweiten Abschnitt wird die Bewertung dann verfeinert und bestimmte Stärken und Schwächen durch eine Bewertung mit größeren bzw. kleineren Gewichtungswerten herausgehoben bzw. in den Hintergrund gestellt.

■ Grundform der Stärken-Schwächen-Analyse

Zunächst stellen wir verschiedene, für den Betrieb wichtige Betätigungsfelder und Eigenschaften der Einrichtung in Zeilen untereinander dar und bewerten diese auf einer Skala von »stellt eine Schwachstelle des Betriebes dar« über »ist für den Betrieb zufrieden stellend« bis hin zu »stellt eine Stärke für den Betrieb dar« (☞ Abb. 3.8).
Wir sehen, dass das Raster zur Bewertung der Stärken und Schwächen des Betriebes sehr dem Raster zur Bewertung der Lieferanten ähnelt (☞ Abb. 3.7). Während dort die Qualität der Dienstleistungen verschiedener Lieferanten beurteilt wurde, stellen wir nun die Bewertung

verschiedener betriebsinterner Dienstleistungen bzw. Eigenschaften des Betriebes in den Mittelpunkt. Viele betrieblichen Tätigkeiten im INSELHAUS kann man als innere Dienstleistungen auffassen: Die Buchhaltung leistet beispielsweise Buchhaltungsdienstleistungen für das gesamte INSELHAUS, damit Mitarbeiter und Leitungskräfte über den wirtschaftlichen Erfolg oder Misserfolg der Einrichtung zeitnah informiert sind (☞ Kap. 2). Die sich an der Pforte in ihrem Pfortendienst abwechselnden Mitarbeiter leisten wiederum den Kunden und den Mitarbeitern der Einrichtung gegenüber eine Dienstleistung. Prüfen wir nun in den einzelnen Rubriken, was die eigene Bewertung im INSELHAUS ergab.

Buchhaltung

Wie bereits angedeutet ist die Buchhaltung, die im Betrieb selber durchgeführt wird, eine wichtige innere Dienstleistung. Sie wurde auf der in der Abbildung 3.8 dargestellten Skala als zufrieden stellend für den Betrieb bewertet. Die Buchhaltungsabteilung stellt allerdings keine so ausgeprägte Stärke des INSELHAUSES dar, dass das INSELHAUS beispielsweise durch Vergrößerung der Personalkapazität noch andere ambulante oder stationäre Einrichtungen mit ihrer **Buchhaltungskompetenz** und ihren **Buchhaltungsdienstleistungen** versorgen könnte. Daher wurde dieses Tätigkeitsfeld nur mit »ist für den Betrieb zufrieden stellend« bewertet. Die Stärken-Schwächen-Analyse gibt in Hinblick auf diese betriebsinterne Dienstleistung keine Anregungen für Veränderungen.

Pfortendienst

Die **Freundlichkeit der Mitarbeiter** an der Pforte wurde in der abgebildeten Stärken-Schwächen-Analyse als eine weitere Eigenschaft des Betriebes ausgewählt, in der zweiten Zeile der Bewertung aufgeführt und beurteilt. Sie wird nach unserer eigenen Bewertung eher als Schwachstelle gesehen. Grund für diese Bewertung ist die Tatsache, dass sowohl Mitarbeiter des INSELHAUSES als auch vereinzelt Angehörige von Kunden, die telefo-

3

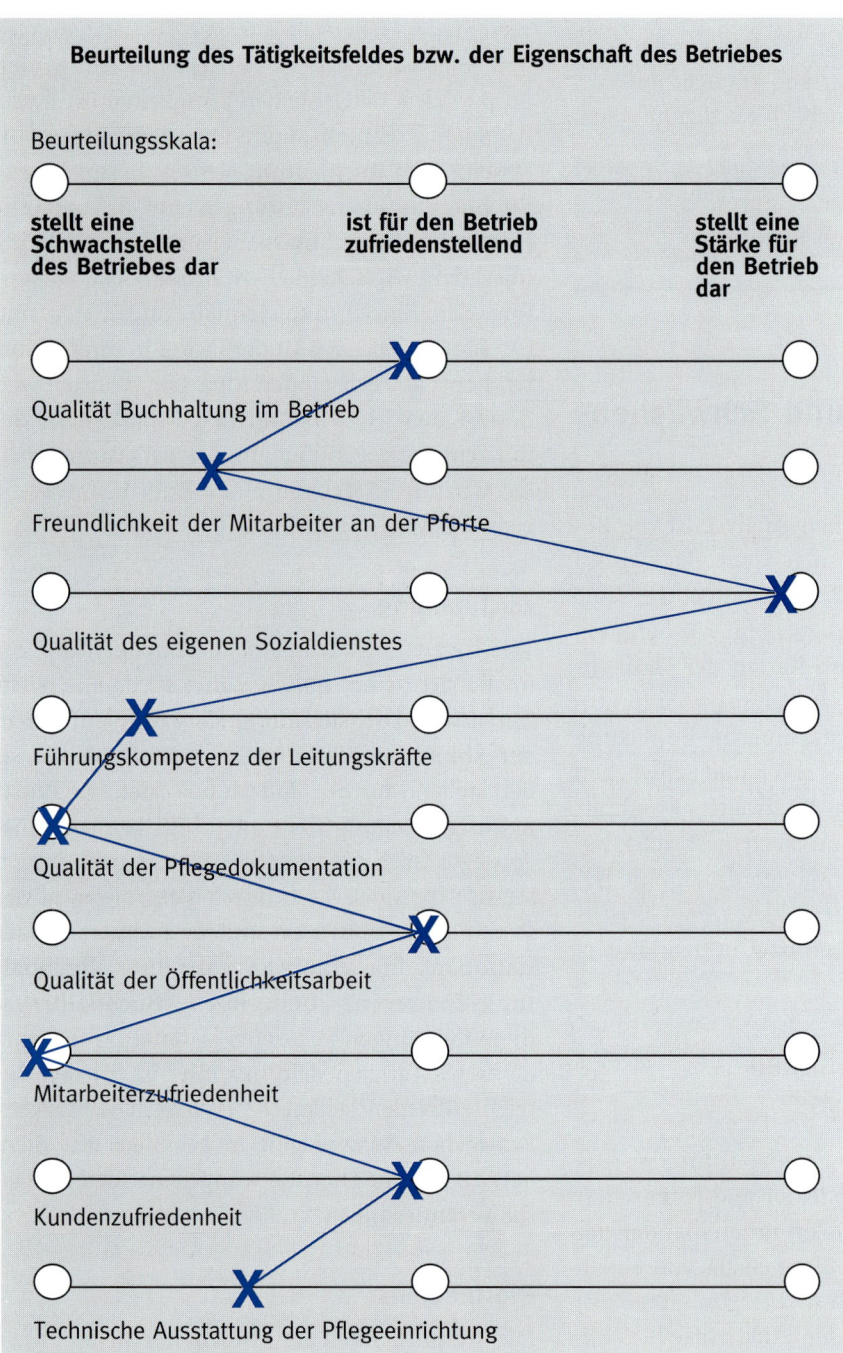

Abb. 3.8: Untersuchungsbereiche der Stärken-
Schwächen-Analyse

nisch mit diesen Kontakt aufnehmen wollten, sich über den ruppigen Tonfall der Pfortenmitarbeiter beschwerten, die auch die Telefonzentrale des Inselhauses bedienen. Die Stärken-Schwächen-Analyse zwingt uns zur Bewertung von durch uns selber ausgewählten Eigenschaften oder Tätigkeitsfeldern des Betriebes. Aufgrund dieser durchgeführten und sichtbar gemachten Bewertung muss sowohl im Sinne der **Kundenzufriedenheit** als auch der damit verbundenen

Zukunftssicherung des Betriebes begonnen werden, die Stärken des Betriebes auszubauen und seine Schwächen auszumerzen. Im Falle der Pfortenmitarbeiter sollte daher diese Problematik beispielsweise in einem Mitarbeitergespräch angesprochen und die Freundlichkeit im wichtigen Bereich des Pfortendienstes eingefordert werden.

Sozialdienst

Die Qualität des eigenen Sozialdienstes wird in der abgebildeten Stärken-Schwächen-Analyse als Stärke des Betriebes beurteilt. Der Sozialdienst des INSELHAUSES hilft beispielsweise in sozialhilferechtlichen Belangen in der Tat den Kunden so gut und unterstützt die Überleitungen von der ambulanten Versorgung der Kunden hin in das INSELHAUS so kompetent und effizient, dass wir in diesem Bereich fast keine **Beschwerden** oder **Komplikationen** feststellen. Es gilt daher, diese Stärke des Betriebes zu erhalten und auszubauen, beispielsweise durch gezielte **Fort- und Weiterbildung** des Sozialarbeiters in diesem Arbeitsfeld.

Mitarbeiterführung

Die **Führungskompetenz** der Leitungskräfte wird in der hausinternen Bewertung eher als Schwachstelle des Betriebes beurteilt. Oftmals stellt man nämlich im INSELHAUS fest, dass Pflegemitarbeiter nicht die volle Verantwortung für ihren festgelegten Tätigkeitsbereich übernehmen, sondern bei der kleinsten Komplikation ihre Probleme der Stationsleitung »vor die Füße werfen«, anstelle selber zu versuchen, das Problem zu lösen. Die Stationsleitung nimmt dieses an sie weitergegebene Problem als ihres an und wird selbst aktiv. Viele andere Pflegekräfte tun oft dasselbe und geben ihnen erteilte Aufträge bei der kleinsten Umsetzungsschwierigkeit an die Stationsleitung zurück. Die Folge ist eine starke **Überlastung** der Stationsleitung und die **Vernachlässigung** der ihr eigentlich übertragenen Aufgaben, wie z. B. die Durchführung von Pflegevisiten und die Kontrolle der korrekten Doku-

mentation der Pflege. Die Entscheider im INSELHAUS müssen das hier durch die Stärken-Schwächen-Analyse schriftlich »auf den Punkt gebrachte« Problem nun als **Alarmzeichen** auffassen. Die Geschäftsleitung könnte beispielsweise als Folge der Stärken-Schwächen-Analyse als ersten Lösungsschritt veranlassen, dass die Stationsleitung sich im Bereich Mitarbeiterführung fortbilden muss und auf diese Weise lernt, wie die Pflegemitarbeiter angeleitet werden können, selbstverantwortlich zu arbeiten. Dies stellt eine Maßnahme zur Linderung einer Schwäche des Betriebes dar.

Pflegedokumentation

Die Qualität der Pflegedokumentation leidet durch die »Nichtführung« der Pflegekräfte durch die Stationsleitung ebenfalls, da diese keine Zeit mehr haben, beispielsweise in Stichproben die Pflegedokumentationen der Kunden in Hinblick auf die Abbildung des Pflegeprozesses zu prüfen. Die Qualität der Pflegedokumentation wurde daher als Schwachstelle des Betriebes beurteilt. Diese Schwachstelle erscheint besonders kritisch, da die Qualität der Dokumentation des Pflegeprozesses zunehmend von Pflegekassen nachgeprüft wird. Diese Schwäche könnte im schlimmsten Fall zur **Kündigung des Versorgungsvertrages** des INSELHAUSES führen. Dieses Alarmzeichen muss daher zu Maßnahmen der verstärkten **Kontrolle** der Pflegekräfte in Hinblick auf die korrekte Dokumentation ihrer Pflegetätigkeit führen. Die Stationsleitung muss gleichzeitig ihr **Führungsverhalten** (☞ 4.2.1) ändern, um zeitlichen Raum für diese Kontrolltätigkeit zu erlangen.

Öffentlichkeitsarbeit

Die Qualität der Öffentlichkeitsarbeit beispielsweise in Form der Anfertigung und Verteilung von geeignetem **Werbematerial** wird als für den Betrieb zufrieden stellend beurteilt. Es muss allerdings beachtet werden, dass die im Prospektmaterial dargestellte Situation im INSELHAUS nicht im offensichtlichen **Gegensatz** zur betrieblichen Wirklichkeit steht. Denn dann wäre das INSELHAUS unglaubwürdig und die Öffentlichkeitsarbeit wiederum eine Schwachstelle des Betriebes.

Mitarbeiterzufriedenheit

Die Mitarbeiterzufriedenheit wurde in Umfragen unter dem Personal als schlecht beurteilt. Sie stellt wegen ihrer großen Bedeutung eine gefährliche Schwachstelle des INSELHAUSES dar. Natürlich hängt sie auch mit der Führungsschwäche der Stationsleitung im Pflegebereich zusammen, denn diese reagiert oft mit Verärgerung auf die zurückgegebenen Aufträge der Pflegemitarbeiter. Diese Kombination aus Nichtannehmen der Verantwortung der Pflegemitarbeiter und die Überforderung der Stationsleitung mit dann nicht mehr überschaubarer Aufgabenfülle hat die Mitarbeiterunzufriedenheit erzeugt. Sie kann auch nicht kurzfristig wieder beseitigt werden. Es wird somit ein weiteres Alarmsignal gegeben, dass die Empfänger der Informationen der Stärken-Schwächen-Analyse zwingt, Abhilfe zu schaffen.

Kundenzufriedenheit

Die Kundenzufriedenheit wurde ebenfalls in Umfragen unter den Kunden ermittelt und dahingehend bewertet, ob sie eine Stärke oder Schwäche für den Betrieb darstellt. Die Kunden zeigen sich in einer anonymen Umfrage trotz der Personalprobleme als sehr zufrieden mit den Dienstleistungen des INSELHAUSES. Da aber in der momentan vorliegenden »Führungskrise« sich diese Einschätzung der Kunden sehr leicht ins Negative verkehren könnte, ist die hohe Kundenzufriedenheit keine Stärke des Betriebes, sondern nur als zufrieden stellende Situation für das INSELHAUS zu sehen. Nur in einer Situation, in der alle zuvor genannten Eigenschaften des Betriebes mehr in Richtung der Stärken beurteilt würden, wäre auch die momentan hohe Kundenzufriedenheit als klare Stärke des INSELHAUSES zu werten. Dann wäre sie nämlich eine eher **stabile Größe**. Sie könnte das INSELHAUS beispielsweise

relativ immun gegen Abwerbung seitens der Konkurrenz machen und somit die Position des INSELHAUSES weiter stärken.

Technische Ausstattung

Die Bewertung der technischen Ausstattung der Pflegeeinrichtung betrifft beispielsweise die Zuverlässigkeit der hauseigenen EDV-Anlage und deren ausreichende Schnelligkeit, wenn man auf zentral installierte Software-Programme von einem Einzelplatzrechner aus zugreift. In dieser Hinsicht muss die veraltete EDV-Anlage des INSELHAUSES, die einen älteren **Zentralrechner** und eher langsame **Einzelplatzrechner** aufweist, als Schwachstelle betrachtet werden. Nur durch eine **EDV-Neukonzeption** mit schnellerem Zentralrechner, einer moderneren, schnelleren Verkabelungsstruktur der EDV-Komponenten im ganzen INSELHAUS und schnelleren Einzelplatzrechnern wäre das INSELHAUS auch für zukünftig benötigte, immer anspruchsvollerer Software-Programme gewappnet.

■ Punktbewertungsmodell

Will man die Bewertung der Stärken und Schwächen des INSELHAUSES präziser durchführen und genauere Ausprägungen der Stärken und Schwächen als Momentaufnahme festhalten, dann bietet sich die Verknüpfung der Stärken-Schwächen-Analyse mit einem so genannten **Punktbewertungsmodell** an. Dabei werden für die einzelnen Tätigkeitsfelder bzw. Eigenschaften des Betriebes Punktwerte als Bewertung vergeben. Diese ersetzen die in der Abbildung 3.8 verwendete einfache Bewertungsskala (☞ Abb. 3.9). Die Stärken-Schwächen-Analyse mit Bewertung nach Punkten scheint sich im Prinzip nicht sehr von der vorigen Bewertung (☞ Abb. 3.8) zu unterscheiden, denn wir sehen nach wie vor das »**Bewertungsprofil**«, das die verschiedenen Eigenschaften bzw. Tätigkeitsfelder eher als Stärken oder Schwächen ausweist und durch eine Linie zwischen den Bewertungen verbindet. Der Unterschied besteht in der hier durchgeführten

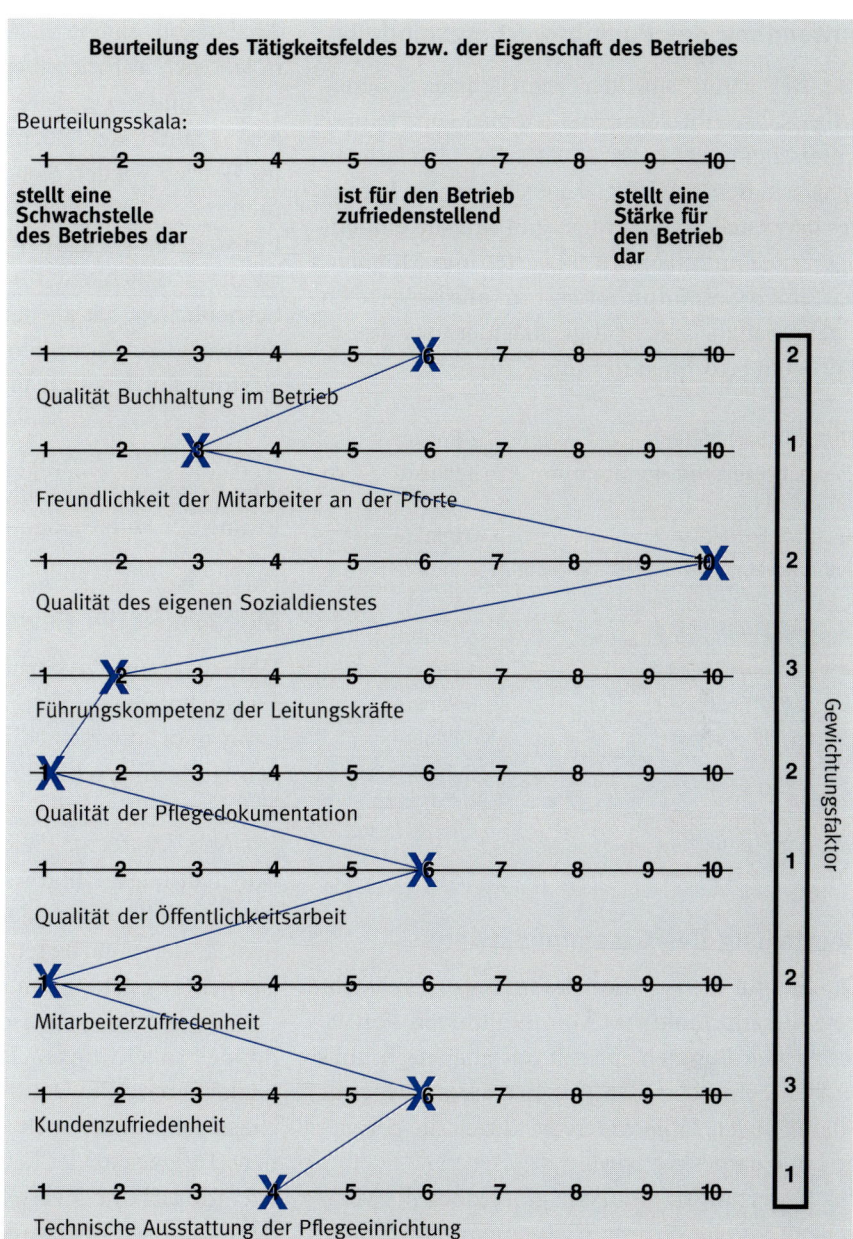

Abb. 3.9: Stärken-Schwächen-Analyse mit Bewertung nach Punkten

Bewertung jedoch darin, dass Punktwerte von 1 bis 10 Punkten in jeder Zeile vergeben werden, und die in den Zeilen befindlichen Eigenschaften bzw. Tätigkeitsfelder des INSELHAUSES mit 1 bis 10 Punkten benotet werden.

Dabei steht der Punktwert 1 für die Bewertung als klare Schwäche, die Benotung mit dem Punktwert 10 für eine klare Stärke für den Betrieb. Die dazwischenliegenden Benotungen wie z. B. der

Punktwert 5 steht für eine zufrieden stellende Ausprägung des Tätigkeitsfeldes bzw. der Eigenschaft. Alle anderen Punktwerte stellen **Benotungen** zwischen den genannten Bewertungen dar. So benoten wir beispielsweise die Freundlichkeit der Mitarbeiter an der Pforte hier mit einem Punktwert von 3, wenn wir ausdrücken wollen, dass diese eher eine Schwachstelle des INSELHAUSES darstellt.

Anwendung des Punktbewertungsmodells

Die Bewertung auf der zehnstelligen »Benotungsskala« gibt somit die Möglichkeit, feinere Unterscheidungen zwischen den bewerteten Eigenschaften bzw. Tätigkeitsfeldern des Betriebes darzustellen. Außerdem gibt uns die eindeutige Zuordnung von Punktwerten die Möglichkeit, einen **Gesamtpunktwert** für alle bewerteten Eigenschaften bzw. Tätigkeitsfelder des INSELHAUSES zu errechnen (☞ Tab. 3.10).

Qualität Buchhaltung	6 Punkte
Freundlichkeit der Pforten-mitarbeiter	3 Punkte
Qualität Sozialdienst	10 Punkte
Führungskompetenz Leitungskräfte	2 Punkte
Qualität Pflegedokumentation	1 Punkt
Qualität Öffentlichkeitsarbeit	6 Punkte
Mitarbeiterzufriedenheit	1 Punkt
Kundenzufriedenheit	6 Punkte
Technische Ausstattung	4 Punkte
Gesamtsumme:	**39 Punkte von 90 Punkten**

Tab. 3.10: Punktbewertungsmodell

Beurteilung des Gesamtpunktwerts

Der hier für die Situation des INSELHAUSES errechnete Gesamtpunktwert von 39 Punkten von 90 möglichen Punkten spiegelt das eher nach links zu den Schwachstellen des Betriebes strebende »Bewertungsprofil« wider, das durch die gezogene Linie dargestellt wird.

Die Bewertung mit Punkten gibt jedoch die Möglichkeit, die Bewertung nach einem bestimmten Zeitraum zu wiederholen und auf genauere Weise Veränderungen in den einzelnen Zeilen und in der Gesamtschau für das INSELHAUS festzustellen. Die Verwendung von Punktwerten gibt auch die Möglichkeit, Ziele für die Verbesserungen in den einzelnen Tätigkeitsfeldern bzw. Eigenschaften des INSELHAUSES zu setzen. Dann allerdings muss man genauer festlegen, in welchem Fall die Bewertung mit Punkten von 1 bis 10 vorzunehmen ist. Nur dann kann man aufgrund derselben **Bewertungsgrundlage** die Stärken-Schwächen-

Analyse zu einem späteren Zeitpunkt wiederholen, sich auf dieselben **Bewertungsstandards** stützen und beispielsweise bei einer unveränderten Qualität der Buchhaltungsdienstleistungen im Betrieb wieder zum selben Punktwert kommen.

Ein weiterer Vorteil der Bewertung mit Punkten ist die Möglichkeit, für die Eigenschaften bzw. betrieblichen Tätigkeiten des INSELHAUSES **Mindestwerte** zu formulieren, unter denen die Bewertung auf keinen Fall liegen sollte. Das Erreichen eines solchen Mindestwertes müsste als ein Alarmzeichen gewertet werden, das umgehend eine eingehendere Problemanalyse und Problemlösung zur Folge haben muss.

Möglichkeit der Gewichtung

Will man nun zusätzlich Tätigkeitsfelder bzw. Eigenschaften in ihrer Bedeutung gewichten, kann man unterschiedliche **Gewichtungsfaktoren** für unterschiedliche Eigenschaften bzw. Tätigkeitsfelder des INSELHAUSES vergeben (☞ Abb. 3.9 rechte Seite). Die Bewertung der Buchhaltungsqualität mit dem Gewichtungsfaktor 2 im Gegensatz zu der Bewertung der Freundlichkeit der Mitarbeiter an der Pforte mit einem Gewichtungsfaktor von 1 soll widerspiegeln, dass die erstgenannte Eigenschaft des INSELHAUSES als doppelt so wichtig erachtet wird wie die Freundlichkeit der Pfortenmitarbeiter. Dementsprechend kann man noch wichtigere Eigenschaften bzw. Tätigkeitsfelder beispielsweise mit dem Gewichtungsfaktor 3 versehen, wie z. B. die besonders wichtige Führungskompetenz der Leitungskräfte. Die Führungskompetenz wurde im Beispiel mit dem Gewichtungsfaktor 3 als dreimal so wichtig erachtet, wie die in der letzten Zeile genannte technische Ausstattung des INSELHAUSES mit einem Gewichtungsfaktor von 1.

Bewertung mit Gewichtungsfaktoren

In einem weiteren Schritt können wir nun die schon durchgeführte Bewertung der willkürlich im Beispiel ausgewählten neun Tätigkeitsfelder bzw. Eigenschaften des Betriebes wiederholen, wobei wir nun die Punktwerte der einzelnen Zeilen mit deren Gewichtungsfaktoren multiplizieren (☞ Tab. 3.11).

Qualität Buchhaltung	6 × 2 = 12 Punkte
Freundlichkeit Pfortenmitarbeiter	3 × 1 = 3 Punkte
Qualität Sozialdienst	10 × 2 = 20 Punkte
Führungskompetenz Leitungskräfte	2 × 3 = 6 Punkte
Qualität Pflegedokumentation	1 × 2 = 2 Punkte
Qualität Öffentlichkeitsarbeit	6 × 1 = 6 Punkte
Mitarbeiterzufriedenheit	1 × 2 = 2 Punkte
Kundenzufriedenheit	6 × 3 = 18 Punkte
Technische Ausstattung	4 × 1 = 4 Punkte
Gesamtsumme	**73 Punkte von 170 Punkten**

Tab. 3.11: Bewertung mit Gewichtungsfaktoren

Beurteilung des neuen Ergebnisses

Hatte das INSELHAUS in der ersten Bewertung seiner Stärken und Schwächen 39 von 90 Punkten, also 43,33 % der höchstens erreichbaren Punkte in der Bewertung erreicht, werden hier bei der zusätzlichen Verwendung von Gewichtungsfaktoren nun 73 Punkte von 170 möglichen Punkten erreicht. Dies entspricht 42,94 % der höchstens erreichbaren Punkte. Dadurch, dass wir nicht so wichtige Eigenschaften bzw. Tätigkeitsfelder mit einer niedrigeren Gewichtung versehen haben und wichtige mit einem größeren Gewichtungsfaktor, hätten wir hier beispielsweise bei der Führungskompetenz der Leitungskräfte maximal 30 Punkte in der Bewertung erreichen können. Da wir leider nur einen niedrigen Punktwert von 2 dem INSELHAUS in dieser »Disziplin« geben konnten, erreichen wir hier nur 2 geteilt durch 30 multipliziert mit 100 = 6,67 % der maximal möglichen Punkte. Nur aufgrund der eher guten Bewertung der stärker gewichteten Qualität der Buchhaltung, der Qualität des Sozialdienstes und der Kundenzufriedenheit erreichen wir in der Bewertung dennoch insgesamt 73 von 170 möglichen Punkten, was dem genannten Prozentsatz von 42,94 entspricht.

Auf und Ab durch Gewichtungsfaktoren

Durch die Verwendung von Gewichtungsfaktoren erreichen wir eine Bewertung der Stärken und Schwächen des INSELHAUSES, die uns in der Bewertung mit geringeren Punktwerten ganz besonders »bestraft«, wenn wir eine Tätigkeit bzw. Eigenschaft als besonders wichtig erachten, aber wenig Punkte in der Bewertung erreichen. Entsprechend werden wir durch einen besonders hohen Punktwert »belohnt«, wenn wir in einer Eigenschaft bzw. Tätigkeit, die hoch gewichtet ist, einen hohen Punktwert erreichen. Somit ermöglicht uns die Gewichtung der einzelnen Eigenschaften bzw. Tätigkeitsfelder, unsere Einrichtung besser in Hinblick auf das von uns Gewollte zu untersuchen und zu bewerten.

Schlechte Bewertungen in einem schwer gewichteten Tätigkeitsfeld bzw. Eigenschaft senden uns auf diese Weise ein noch alarmierenderes Signal und veranlassen uns in noch höherem Maße, an der unbefriedigenden Situation etwas zu verändern. Gute Bewertungen in einem hoch gewichteten Tätigkeitsfeld bzw. einer Eigenschaft zeigen uns wiederum noch deutlicher, dass wir hier eine Stärke im Betrieb vorliegen haben.

■ Auswirkungen auf die Praxis

Die Stärken-Schwächen-Analyse, die Unternehmensanalyse des Betriebes und die Portfolioanalyse geben uns neben anderen Analyseinstrumenten wichtige Informationen für die Führung des Betriebes vom Markt her auf den Markt hin. So sollte es nach unserer Marketing-Konzeption funktionieren. Wie schlagen sich aber nun die gewonnenen Erkenntnisse und Informationen über Märkte, Produkte, den eigenen Betrieb und das betriebliche Umfeld im Betrieb nieder? In welchen Bereichen bewirken diese Informationen Veränderungen, wie haben diese Erkenntnisse Auswirkungen auf betriebliche Entscheidungen?

Eine wichtige Antwort gibt uns das folgende Kapitel. Denn nach dem Erhalt von Informationen über den Betrieb, Produkte und das betriebliche

3

Umfeld können wir nun in Kapitel 3.3 auf sehr langfristiger Basis festlegen, was der Betrieb grundsätzlich in der Zukunft tun soll, um **langfristig** existieren zu können.

Auf einen Blick

▶ Die Stärken-Schwächen-Analyse soll helfen, für den Betrieb bedeutsame Stärken und Schwächen anschaulich darzustellen.

▶ Die Stärken-Schwächen-Analyse ist Ausgangspunkt für die Milderung von kritischen Schwachpunkten und den Ausbau von bedeutsamen Stärken.

▶ Punktbewertungsmodelle ermöglichen eine zahlenmäßige Bewertung der Ergebnisse und Teilergebnisse der Stärken-Schwächen-Analyse und somit eine leichtere Vergleichbarkeit zu verschiedenen Zeitpunkten.

▶ Durch Gewichtung verschiedener betrieblicher Tätigkeitsfelder und Eigenschaften können bedeutsame Eigenschaften herausgehoben und für den Betriebserfolg weniger wichtige Tätigkeitsfelder in den Hintergrund gerückt werden.

3.3 Marketing-Philosophie

Wenn wir Marketing wirklich als Führung der Unternehmung vom Markt her auf den Markt hin verstehen, dürfen die Erkenntnisse, die mit Hilfe der Informations- und Analyseinstrumente gewonnen wurden, nicht spurlos an uns vorbeigehen. Die Unternehmensleitung muss langfristig festlegen, in welchen **Märkten** und mit welchen Produkten das **Unternehmen** tätig sein soll. Im Bereich der so genannten Marketing-Philosophie schlagen sich die Ergebnisse der Informations- und Analyseinstrumente in Verbindung mit den Zielen der Unternehmensleitung beispielsweise in sehr langfristigen »Leitideen« nieder. Diese sollen der Unternehmensführung und der Mitarbeiterschaft sofort und auch noch in einigen Jahren Orientierung geben und deren Handeln

leiten. Eine begeisternde langfristige »**Vision**« für das Unternehmen und langfristige **Richtlinien** für die Tätigkeit des INSELHAUSES bewahren davor, willkürlich den Kurs des Unternehmens zu ändern und für unsere bisherigen und zukünftigen Kunden unberechenbar zu werden. Auch den Mitarbeitern eines Unternehmens geben langfristige Leitideen **Perspektive** und **Halt**.

Es werden zunächst in Kapitel 3.3.1 inhaltliche und methodische Marketing-Leitideen aufgezeigt, die die Denkweise im Unternehmen so leiten sollen, dass eine Führung vom Markt her auf den Markt hin möglich ist. Im Folgenden werden dann verschiedene Leitideen für den Betrieb am Beispiel des INSELHAUSES in Kapitel 3.3.2 skizziert, die für einen sehr langen Zeitraum handlungsleitende Wirkung für den Betrieb entfalten sollen.

3.3.1 Leitideen des Marketings

- **Inhaltliche Leitideen** des Marketings beschreiben in allgemeiner Weise, wie wir die Führung der Unternehmung vom Markt her auf den Markt hin inhaltlich gestalten können, ohne wichtige Trends und langfristige Entwicklungen im betrieblichen Umfeld zu übersehen.
- **Methodischen Leitideen** des Marketings zeigen auf, wie wir unser »Marketing-Handwerkzeug«, z. B. die schon dargestellten Analyse- und Informationsinstrumente, handhaben sollten, um möglichst großen Erfolg bei der Führung der Unternehmung zu haben.

■ Inhaltliche Leitideen

Leitideen ergeben sich z. B. aus der Orientierung
- am Kunden
- am Wettbewerb
- an der Gesellschaft.

Kundenorientierung

Märkte lassen sich immer weniger durch die Leistungsanbieter beherrschen und steuern. Man spricht heutzutage vielmehr von der Abkehr von

»**Anbietermärkten**« hin zu »**Nachfragermärkten**«, bei denen die nachfragenden Kunden sich in einer immer stärkeren Position gegenüber den Leistungsanbietern befinden.

Eine wichtige inhaltliche Leitidee unseres betrieblichen Marketings muss daher die Kundenorientierung sein, die die Unternehmung und seine Mitarbeiter immer wieder daran erinnert, dass den berechtigten Bedürfnissen der Kunden Rechnung zu tragen ist.

Wettbewerbsorientierung

Ein Grundgedanke zieht sich durch das Pflegeversicherungsgesetz: Ein Wettbewerb unter den Anbietern von Pflegeleistungen soll dazu führen, dass die Leistungserbringer miteinander um die Kunden wetteifern. Die Leistungsanbieter sollen versuchen, mit besseren und preisgünstigeren Pflegeleistungen als die der Konkurrenz die Kunden für sich zu gewinnen. Wir sehen also, dass der in anderen Märkten, wie z. B. dem Automobilmarkt herrschende Wettbewerb, auch im Pflegemarkt unwirtschaftliche und schlecht leistende Betriebe verdrängen soll und wirtschaftliche, leistungsfähige und an den Bedürfnissen der Kunden orientierte Leistungserbringer stärken soll. Wir können uns mit unserer Pflegeeinrichtung diesem Wettbewerb nicht verschließen. Wir müssen am Wettbewerb der Leistungsanbieter teilnehmen und versuchen, für den Kunden eine **hohe Qualität** unserer Dienstleistungen zu einem **angemessenen Preis** zu bieten.

Eine wichtige Leitidee für die Führung unserer Unternehmung vom Markt her auf den Markt hin sollte daher die Wettbewerbsorientierung sein.

Gesellschaftsorientierung

Die Pflegeeinrichtung sollte in diesem Zusammenhang nicht nur versuchen, die Wettbewerber zu »übertrumpfen«, den Kunden für sich zu gewinnen und mit qualitativ hochwertigen Pflegedienstleistungen zu versorgen. Sie sollte sich gleichzeitig ihrer gesellschaftlichen **Verantwortung** bewusst sein, z. B. gegenüber allen beteiligten Menschen (beispielsweise Kunden und Mitarbeitern) oder in Bezug auf die Natur.

Wenn wir beispielsweise die gesellschaftliche Entwicklung hin zu einem immer größeren Anteil älterer Menschen ernst nehmen, dann werden wir das sicherlich in der Führung unserer Unternehmung berücksichtigen. Das INSELHAUS ist damit in einer Branche tätig, die in der Zukunft eine immer weiter wachsende Bedeutung gewinnen wird. Wir können aufgrund dieser Gesellschaftsorientierung unseres Marketings daher kaum auf die Idee kommen, dass die durch uns angebotenen Pflegeleistungen eine lukrative Geschäftsidee für den Moment seien und dass wir uns rechtzeitig ein anderes »Standbein« außerhalb der Pflegebranche zulegen sollten. Wir werden vielmehr auch mit Hilfe der Analyse- und Informationsinstrumente langfristige Trends im Bereich des Pflegemarktes zu erkennen versuchen, die uns in der Zukunftsbranche Pflegemarkt hoffentlich einen richtigen Weg weisen werden. Folge der Gesellschaftsorientierung kann somit die Konzentration unseres **langfristiges Engagements** im Pflegemarkt sein, wobei wir in andere Märkte ganz bewusst nicht eindringen wollen.

■ Methodische Leitideen

Methodische Leitideen sind anzustrebende Denkhaltungen, die beim methodischen Vorgehen zu beachten sind, z. B.

- Offenheit für Informationen und Innovationen
- Identifizierung mit dem Kunden
- ganzheitliches Denken.

Offenheit für Informationen und Innovationen

Das Offensein für Informationen und Innovationen ist beispielsweise eine Denkhaltung, die uns hilft, neue, unter Umständen beunruhigende Informationen anzunehmen und in die **betrieblichen Planungen** einzubeziehen. Wenn wir beispielsweise durch eine Patientenumfrage beunruhigende Ergebnisse in Bezug auf die durch die Kunden wahrgenommene Qualität unserer Pfle-

3

geleistungen erhalten, sollten wir diese alarmierenden Informationen nicht schönreden (»es gibt nun einmal immer Patienten, die sich gerne beschweren«), sondern als Anlass zum »**tieferen Nachschürfen**« nehmen, um herauszufinden, ob unsere Dienstleistungsqualität wirklich in gefährlichem Maße leidet und damit unsere Kundenzufriedenheit gefährdet.

Identifizierung mit den Kunden

Die im Folgenden genannte Denkhaltung zeigt ebenfalls den Grad der **Lern- und Dialogfähigkeit** einer Unternehmung auf: Die Fähigkeit zur

Identifizierung mit den Kunden ist eine Denkhaltung, die an die zuvor im Bereich der inhaltlichen Marketing-Leitideen erwähnte **Kundenorientierung** erinnert. In der hier betonten methodischen Hinsicht sollen wir jedoch bei allen angewendeten Marketingmechanismen und -instrumenten versuchen, so weit wie möglich »im Kopf des Kunden zu denken und in dessen Herz zu fühlen«.

Im Bereich der in Kapitel 3.2.2 dargestellten Analyse der Lieferanten des INSELHAUSES sollten wir uns daher kleine Mängel in den Reinigungsdienstleistungen einer Reinigungsfirma konkret aus dem Blickwinkel des Kunden vorstellen und

Abb. 3.12: Leitideen machen nur Sinn, wenn auch die Chance besteht, sie annähernd umzusetzen.

uns fragen, ob wir persönlich als Kunde des INSELHAUSES eine Reinigungsqualität akzeptieren würden, bei der unter dem Waschbecken grundsätzlich der Schmutz nicht abgewischt wird.

Denken in Zusammenhängen

Eine weitere Leitidee, die dem INSELHAUS in methodischer Hinsicht helfen kann, ist die Fähigkeit zum ganzheitlichen Denken und zum Denken in Zusammenhängen. So stellten wir schon in der **Portfolioanalyse** fest, dass die verschiedenen Dienstleistungen, die wir im INSELHAUS anbieten, nicht getrennt voneinander zu sehen sind, sondern dass das INSELHAUS idealerweise unterschiedlich alte Produkte in verschiedenen **Lebensphasen** anbieten sollte (☞ 3.2.1). Eine ausgewogene »Mischung« aus verschieden alten Dienstleistungen zu erschaffen, setzt die genannte Fähigkeit zum ganzheitlichen Denken und zum Denken in Zusammenhängen voraus. Auch den Zusammenhang und das Zusammenwirken der verschiedenen Bausteine des Marketings zu verstehen, erfordert das Denken in Zusammenhängen. Je häufiger wir diese Denkweise üben, desto eher »erspüren« wir im Vorfeld einer Problemlösung wichtige **Zusammenhänge** und können auf diese Weise bessere **Problemlösungen** entwickeln.

Die in Kapitel 3.3.1 dargestellten Denkhaltungen und Leitideen helfen uns nun in einem weiteren Schritt, konkrete Leitideen für das Pflegeunternehmen und ihr Umfeld zu finden.

Auf einen Blick

▶ Die Marketing-Philosophie umfasst visionäre Leitlinien zu der grundsätzlichen Frage, mit welchen Produkten das Unternehmen in welchen Märkten in der Zukunft auftreten will.

▶ Inhaltliche Leitideen stellen dar, in welchem Verhältnis das Unternehmen zu seiner betrieblichen Umwelt steht. Moderne Unternehmen orientieren sich an den Kunden, der Konkurrenz und der Gesellschaft.

▶ Methodische Leitlinien vermitteln Denkhaltungen, die bei der Anwendung der Marketing-Instrumente beachtet werden sollten.

▶ Wichtige methodische Leitlinien sind das Offensein für Innovationen und Informationen, die Fähigkeit zur Identifizierung mit Kunden und die Fähigkeit zu ganzheitlichem Denken und Denken in Zusammenhängen

3.3.2 Leitideen des Betriebes

Die Leitideen sollen das INSELHAUS in den nächsten fünf bis zehn Jahren begleiten, leiten und den Kunden und Mitarbeitern dauerhafte Orientierung geben. Dazu können konkrete Aussagen über die Einrichtung, die Kunden und das engere und weitere Umfeld der Unternehmung getroffen werden.

In der **Umweltanalyse** des INSELHAUSES (☞ 3.2.2) gab es folgende Untersuchungsbereiche:

• das eigene Unternehmen
• die Kunden
• die Konkurrenten
• die Lieferanten
• mögliche neue Produkte, die in der Zukunft vom Kunden nachgefragt werden könnten

Da die Umweltanalyse des Unternehmens einen Rundumblick um das Unternehmen mit der Einrichtung selber im Mittelpunkt gibt, bietet sich eine entsprechende Gliederung der Leitideen an. Zu jeder dieser Blickrichtungen werden im folgenden Leitideen des Betriebes aufgestellt, die in den nächsten fünf bis zehn Jahren für das INSELHAUS leitend sein sollen. Wir beginnen mit dem Unternehmen selber. Es ist dabei ratsam, die Leitideen so **kurz** und **prägnant** wie möglich zu formulieren. Dann haben sie auf Kunden und die Mitarbeiter des Unternehmens die größte Wirkung.

3

■ Selbstverständnis des Unternehmens

Leitidee: Das INSELHAUS nimmt Menschen auf, die für eine begrenzte Zeit oder das ganze Leben stationäre Pflege und Betreuung brauchen.
Diese Leitidee gibt gewissermaßen die **Branche** an, in der das INSELHAUS tätig ist. Selbstverständlich sollten wir diese »Grundmission« der Einrichtung für einen sehr langen Zeitraum beibehalten. Aufgrund der Informations- und Analyseinstrumente wissen wir, dass wir in einem zukunftsträchtigen und tendenziell wachsenden Markt tätig sind.

Leitidee: Im INSELHAUS begegnen wir unseren Kunden vorbehaltlos, respektvoll und kompetent.
Auch hier helfen Informations- und Analyseinstrumente zumindest im Bereich des Sozialdienstes, diese Kompetenz in der betrieblichen Realität voll zu bestätigen. Eine zu große Mitarbeiterunzufriedenheit kann allerdings bewirken, dass die Mitarbeiterschaft nicht voll hinter der genannten Leitlinie steht. Mitarbeiter könnten entgegnen: »Wie sollen wir respektvoll und kompetent gegenüber unseren Kunden auftreten, wenn unsere Stationsleitung genau dieses nicht tut?«
Einerseits kann ein solches Missverhältnis zwischen der Realität im INSELHAUS und der Leitidee Zweifel in Bezug auf die Leitlinie erzeugen und diese in ihrer Wirkung schwächen. Aber unbestritten stellt die genannte Leitlinie eine **Zielvorstellung** dar, deren Erreichen für die erfolgreiche Tätigkeit des INSELHAUSES sehr förderlich wäre. Wir können diese Leitlinie also als ein Ziel sehen, das wir schnellstmöglich erreichen wollen und das dann als Dauerzustand im INSELHAUS wirken soll. Wenn es allerdings Jahre dauern würde, bis das Ziel erreicht wird, dann würden die Mitarbeiter den permanenten **Widerspruch** zwischen Leitidee und Realität sicherlich als unangenehm und hinderlich ansehen. Die Leitlinie würde die Unternehmung permanent schwächen.

Wir müssen daher bei dieser Leitlinie immer wieder mit Informations- und Analyseinstrumenten die Realität im INSELHAUS beobachten und gleichzeitig versuchen, den angestrebten, wünschenswerten Zustand der Vorbehaltlosigkeit, des Respektes und der Kompetenz im INSELHAUS voll umzusetzen. Bei dauerhaftem Nichterreichen dieses Zieles sind hinderliche Faktoren wie z. B. eine inkompetente Pflegedienstleitung auszutauschen.

Leitidee: Die Qualität der Arbeit im INSELHAUS liegt erkennbar über den gesetzlichen Anforderungen.
Auch unser kaufmännisches Rechnungswesen ist ein Informations- und Analyseinstrument. Eine Auswertung der momentanen Personalkostenstruktur gibt uns beispielsweise die Information über das INSELHAUS, dass wir unter den Mitarbeitern einen sehr hohen Anteil an 3-jährig ausgebildeten Pflegekräften wie z. B. Krankenschwestern und examinierten Altenpflegerinnen haben. Dieser hohe Anteil an länger ausgebildeten Pflegekräften hat in vielen **Tarifwerken** zur Folge, dass diese Pflegekräfte ein höheres Gehalt erhalten. Deswegen müssen wir höhere **Leistungsgebühren** in Pflegesatzverhandlungen gegenüber den Kostenträgern durchsetzen als in einer Situation, in der wir kürzer ausgebildetes und somit kostengünstigeres Personal hätten. Wenn das länger ausgebildete Personal auch durch regelmäßige Fort- und Weiterbildung dieses Wissen erhält und sogar ausweitet, dann wird auch die Untersuchung der Qualität der Pflege des INSELHAUSES ergeben, dass wir gegenüber den Kunden überdurchschnittlich gute Pflege leisten. Das INSELHAUS würde dann der genannten Leitlinie sehr nah kommen.
Um uns von Konkurrenten im Pflegemarkt abzusetzen, ist es effektiver, mit der Leitlinie der herausragenden **Pflegequalität** statt mit einer zufrieden stellenden Qualität zu einem sehr günstigen Preis zu werben.
Sehr schwer von Konkurrenten angreifbar wäre unsere Position, wenn wir sogar Spitzenqualität zu sehr günstigen Leistungsgebühren anbieten könnten. Um einer in dieser Weise abgeänderten

Leitlinie gerecht zu werden, könnten uns wiederum unsere Informations- und Analyseinstrumente helfen zu beurteilen, ob diese Strategie möglich wäre.

⌖ Fallbeispiel

Eine verringerte Anzahl von (»teueren«) 3-jährig ausgebildeten Pflegekräften leitet eine größere Anzahl von (»preiswerteren«) 1-jährig ausgebildeten Pflegekräften so an, dass diese kürzer Ausgebildeten vor allem mit der Pflege der Kunden beschäftigt sind. Die 3-jährig Ausgebildeten führen also die Pflege nicht selber durch, sondern leiten die 1-jährig Ausgebildeten in regelmäßigen Abständen an und kontrollieren regelmäßig das Pflegeergebnis. Die Folge könnte sein, dass ein sehr hoher Pflegestandard eingehalten wird und der Kunde das Gefühl hat, dass ihn alles in allem mehr qualifiziertes Pflegepersonal sehr gut versorgt. Das kaufmännische Rechnungswesen muss hierbei durch geeignete Informationen helfen, zu kontrollieren, ob die Kostensituation sich wirklich günstiger im Zeitverlauf bei diesem »Anleitungsmodell« darstellt. Gleichzeitig müssen Analysen der Pflegequalität im Zeitverlauf durchgeführt werden, um zu gewährleisten, dass die Pflegequalität gleich hoch bleibt.

Leitideen müssen mit Hilfe der Informations- und Analyseinstrumente immer wieder kritisch auf ihre Verwirklichung hin überprüft werden. Bei dauerhaftem Nichterreichen muss eingegriffen werden. Hierbei sind solche Maßnahmen zu treffen, die die betriebliche Realität in Richtung der Leitidee verändern. Die Möglichkeit der Absenkung des **Niveaus** der Leitidee, z. B. hin zu einer abgeschwächten Leitidee »Die Qualität der Arbeit im INSELHAUS ist ausreichend hoch«, ist bei Problemen mit dem Erreichen der ursprünglichen Leitidee oftmals die leichter umzusetzende Variante. Allerdings »verwässern« sich dann das **Erscheinungsbild** und die **Ziele** des Betriebes aus dem Blickwinkel der Kunden und Mitarbeiter. Am Ende strebt der Betrieb dann in allen Leitideen nur noch mittelmäßige Ziele an.

■ Umgang mit den Kunden

Leitidee: Das INSELHAUS nimmt seine Kunden unbürokratisch ungeachtet ihrer Nationalität und Religionszugehörigkeit auf.

Diese Leitidee spiegelt die Sicht der **Unternehmensführung** und Mitarbeiterschaft in Bezug auf seine Kunden wider. Jede Person, die das INSELHAUS um Hilfe bittet, soll mit ihren Anfragen und Wünschen als Gegenüber angenommen werden. Wenn die Wünsche und Bedürfnisse geäußert und von den dafür zuständigen Mitarbeitern in Bezug auf ihre Umsetzbarkeit beurteilt worden sind, kann das INSELHAUS ein für den Kunden passendes **Leistungspaket** schnüren oder, falls die benötigten Leistungen nicht selber erbracht werden können, an Kooperationspartner vermittelt werden.

Aufpassen muss das INSELHAUS in Bezug auf die genannte Leitlinie bei den in der Stärken-Schwächen-Analyse gewonnenen Erkenntnissen in Bezug auf die **Freundlichkeit** der Mitarbeiter an der Pforte und bei der technischen Ausstattung der Einrichtung. Wenn Kunden in der Werbebroschüre die oben genannte Leitlinie lesen und dann unfreundlich im INSELHAUS an der Pforte empfangen werden, können die Kunden glauben, dass die übrigen Informationen der **Werbebroschüre** ebenfalls nicht zutreffend sind. Es gilt hier also im Sinne der Wirkung unserer Leitlinien, unfreundliches Pfortenpersonal zurechtzuweisen und bei Nichterfolg umgehend auszutauschen.

Die **technische Ausstattung** des INSELHAUSES hat, wie in der Stärken-Schwächen-Analyse festgestellt wurde, einen Schwachpunkt. Wenn mehr als ein Anrufer versucht, das INSELHAUS anzurufen, dann hört der zweite Anrufer einen Klingelton. Aber die Telefonanlage ist so programmiert, dass der erste Anrufer angenommen wird und der zweite Anrufer »ins Leere läuft«. Der zweite Anrufende wird sich nun vermutlich denken »Hier geht niemand ans Telefon!« und verärgert wieder auflegen. Durch eine nicht passend gewählte Programmierung der Telefonanlage des INSELHAUSES kann der Anrufer den Eindruck bekommen, dass Kunden nicht zuvorkommend vom (Telefon-)

3

Personal behandelt werden. Die oben genannte Leitlinie würde wahrscheinlich von einem Kunden, der in beschriebener Weise »ins Leere« telefoniert, als nicht umgesetzt beurteilt werden. Abhilfe kann in diesem Beispiel das Einrichten einer **Warteschleife** in die Telefonprogrammierung schaffen, bei der in oben genanntem Fall der zweite Anrufer durch eine Ansage wegen der Überlastung der Anlage um etwas Geduld gebeten wird.

Leitidee: Das INSELHAUS bezieht die Angehörigen der Kunden mit in seine Arbeit ein.
In der Umweltanalyse hatten wir im Bereich der Untersuchung der Kunden festgestellt, dass die Maßnahme der Einrichtung eines **Kundenbeirates**, der Verbesserungsvorschläge und Meinungen der Kunden und deren Angehörigen einholt, für das INSELHAUS wichtige Informationen liefert und außerdem die Kundenzufriedenheit und die Zufriedenheit der Angehörigen steigern kann. Bei konsequenter Umsetzung der geschilderten Maßnahme kann die Leitidee »Das INSELHAUS bezieht die Angehörigen der Kunden mit in seine Arbeit ein« Wirklichkeit werden und Mitarbeiter, Kunden und deren Angehörige in der längerfristigen Zukunft leiten und motivieren.

■ Umgang mit den Lieferanten

Leitidee: Das INSELHAUS arbeitet mit verbundenen Dienstleistern partnerschaftlich zusammen, um für die Kunden das Bestmögliche zu leisten.
Auch diese Leitidee soll mindestens für die nächsten fünf bis zehn Jahre Bestand haben und das Denken und Verhalten der Mitarbeiter leiten und auch eine Wirkung auf die Kunden und Lieferanten haben. Den Kunden sollen beispielsweise durch diese Leitlinie versichert werden, dass wir zuverlässige Dienstleister aussuchen, die dem INSELHAUS zuarbeiten. Die genannte Leitlinie verpflichtet uns allerdings auch, mit Informations- und Analyseinstrumenten immer wieder die Qualität der Dienstleister zu überprüfen, zu bewerten und bei dauerhaftem Nichterfüllen der gestellten Aufgabe uns von ihnen zu trennen.

Wenn die in Kapitel 3.2.2 untersuchten Lieferanten von Dienstleistungen nicht ihre z. T. schlechten Leistungen umgehend auf ein Niveau verbessern, das das INSELHAUS für die zufrieden stellende Dienstleistung gegenüber Kunden benötigt, ist eine Trennung unumgänglich. Wir können nicht eine Leitidee nach außen und innen vertreten und gleichzeitig hinnehmen, dass Kunden und Mitarbeiter mit schlechten Dienstleistungen beliefert werden.

■ Umgang mit der Konkurrenz

Leitidee: Das INSELHAUS nimmt den Wettstreit mit anderen Leistungsanbietern an, um für die Kunden immer bessere Leistungen zu erbringen.
In dieser Leitidee bekennen wir uns zum **Wettbewerb**, der auch durch das Pflegeversicherungsgesetz gewollt wird, und bekennen uns dazu, durch den Wettbewerb immer wieder in der Qualität unserer Leistungserbringung mit unseren Konkurrenten verglichen zu werden. Dieser Wettstreit soll dazu führen, unsere Dienstleistungen immer mehr an die berechtigten Erwartungen der Kunden anzunähern, sodass auch zukünftige Kunden sich für unsere Einrichtung entscheiden. Mit unseren Informations- und Analyseinstrumenten können wir die Umsetzung der genannten Leitlinie durch Analysen der Konkurrenz im Vergleich zu unserem eigenen Unternehmen überprüfen und erhalten auf diese Weise den Grad der Umsetzung dieser nach innen gegenüber den Mitarbeitern und nach außen gegenüber den Kunden kommunizierten Leitidee.

■ Neue Dienstleistungen in der Zukunft

Leitidee: Das INSELHAUS leistet seine Dienste gegenüber seinen Kunden auf Basis des aktuellsten wissenschaftlichen Standards.
Das INSELHAUS bekennt sich mit dieser Leitlinie dazu, mit seinen Informations- und Analyseinstrumenten immer nach neuen Erkenntnissen der **Pflegewissenschaft** zu suchen, um die be-

rechtigten Bedürfnisse unserer Kunden auf die bestmöglichste Weise befriedigen zu können. Den Kunden kann mit dieser Leitlinie verdeutlicht werden, dass das INSELHAUS mit seinen Informations- und Analyseinstrumenten systematisch nach neuen, verbesserten Pflegemodellen, Pflegetechniken und Erkenntnissen in anderen wissenschaftlichen Disziplinen sucht, um den Kunden immer besser versorgen und die in Bezug auf ihn individuell festgelegten Pflegeziele verwirklichen zu können.

Die Leitidee verpflichtet die Mitarbeiter zur permanenten Erhaltung und dem Ausbau ihres Wissensstandes und ihrer **pflegerischen Fertigkeiten**. Auch die Leitungskräfte werden durch diese Leitlinie verpflichtet, beispielsweise im Bereich der **Mitarbeiterführung** neue Entwicklungen, die der effektiveren Arbeit im INSELHAUS förderlich sind, zu finden, kritisch zu prüfen und bei Eignung umzusetzen.

Auch im Bereich der **Betriebswirtschaftslehre** müssen die kaufmännischen Mitarbeiter und Führungskräfte gemäß der Leitidee beispielsweise nach neuen Entwicklungen im Controlling und damit verbundenen EDV-Programmen suchen. Dadurch können die kaufmännischen Tätigkeiten immer effektiver umgesetzt, der Verwaltungsapparat verschlankt und die damit gewonnenen finanziellen Handlungsspielräume zugunsten einer besseren Versorgung der Kunden eingesetzt werden.

■ Leitlinienentwicklung

Die hier genannten Leitideen sollen nur einen Auszug aus möglichen betrieblichen Leitideen darstellen und zur eigenen Entwicklung solcher handlungsleitenden langfristigen Leitgedanken anregen, die in den nächsten fünf bis zehn Jahren das Verhalten der Führungskräfte, Mitarbeiter aber auch der Lieferanten und Kunden leiten sollen. In der betrieblichen Praxis hat es sich oft bewährt, die Leitideen nicht von den Mitarbeitern »aus dem Nichts« und quasi »**basisdemokratisch**« entwickeln zu lassen. Es hat sich vielmehr gezeigt, dass es zeitsparender und konfliktver-

meidender ist, den Mitarbeitern eine Vorgabe von Leitideen durch die Unternehmensführung zur Kenntnis zu geben, dass dieser Leitideenentwurf dann intensiv gemeinsam durch Mitarbeiter und Unternehmensführung diskutiert und gegebenenfalls abgeändert und verbessert wird.

Man spricht bei dieser Vorgehensweise von der Anwendung des **Gegenstromprinzips.** Es werden Entwürfe für die Leitideen von der Unternehmensführung an die Mitarbeiterschaft zur kritischen gemeinsamen Überprüfung gegeben, und nach ggf. vereinbarten Abänderungen und gemeinsamen Verbesserungen dann als die gemeinsamen Leitideen des gesamten Betriebes festgeschrieben.

Die oftmals sehr allgemein formulierten Leitideen wirken handlungsleitend bei den im restlichen Kapitel 3 aufgezeigten Marketingkonzepten. Diese kurzfristiger wirkenden Marketingmaßnahmen dürfen nicht den sehr langfristigen Leitideen widersprechen. Wenn die Leitideen gewissermaßen die obersten und langfristig wirkenden Ziele darstellen, dann müssen die im Folgenden genannten, kurzfristigeren Marketingkonzepte als **Unterziele** im Einklang mit den Leitideen als **Oberziele** sein.

3

Auf einen Blick

▶ Leitlinien sind so prägnant und kurz wie möglich zu formulieren.

▶ Zur Aufstellung von Leitlinien hilft eine Vorgehensweise nach dem »Rundumblick« hinsichtlich Selbstverständnis des Unternehmens, Umgang mit den Kunden, Lieferanten, Konkurrenz und möglicher neuer Dienstleistungen in der Zukunft.

▶ Ein Missverhältnis zwischen der angestrebten Leitlinie und der betrieblichen Realität verunsichert und demotiviert Mitarbeiter im Unternehmen.

▶ Die richtige »Entfernung« zwischen angestrebter Vision und der gegenwärtigen Unternehmenssituation »zieht« das Unternehmen am schnellsten in Richtung der angestrebten Leitlinie.

▶ Ob und inwieweit Leitlinien verwirklicht und gelebt werden, ist permanent durch Informations- und Analyseinstrumente zu überprüfen.

▶ Leitlinien sollten nach dem Gegenstromprinzip entwickelt werden, d. h. durch die Geschäftsleitung erarbeitete Entwürfe werden in intensiven Diskussionen mit der Mitarbeiterschaft bestätigt oder abgeändert und dann gemeinsam verabschiedet.

▶ Marketing-Leitlinien stellen betriebliche Oberziele dar, die alle anderen betrieblichen Maßnahmen und Unterziele beeinflussen und leiten.

3.4 Strategische Marketing-Handlungsprogramme

Strategische Marketing-Handlungsprogramme sind ebenfalls langfristig wirkende Maßnahmen der Führung der Unternehmung vom Markt her auf den Markt hin. Im Vergleich zu den in Kapitel 3.3 dargestellten Leitideen stellen sie oftmals in einem kürzeren Zeitraum als fünf bis zehn Jahre verfolgte Maßnahmen dar. Dabei soll nicht ausgeschlossen werden, dass manche Marketing-Handlungsprogramme, wie z. B. die unten beschriebene **Kooperationsstrategie**, im Einzelfall länger unverändert verfolgt werden können. Im Bereich der Automobilindustrie beispielsweise zeigte die Kooperation zwischen MERCEDES-BENZ und dem Car-Audio-Hersteller BECKER eine sehr viel längere Dauer der Kooperation.

Unterschied zum Marketing-»Mix«

Der Unterschied zwischen den strategischen Marketing-Handlungsprogrammen und den erläuterten Marketing-»Mix«-Instrumenten (☞ 3.5) der
- Produkt- und Programmpolitik
- Preis- und Entgeltpolitik
- Distributionspolitik (auf welche Weise man eine Dienstleistung zum Kunden hinbringt)
- Kommunikationspolitik (wie man die Dienstleistungen werblich kommuniziert)

besteht darin, dass die strategischen Marketing-Handlungsprogramme in der Regel eine spezielle Ausprägung von allen vier Marketing-»Mix«-Elementen enthalten.

 Fallbeispiel

Das INSELHAUS kooperiert mit einem Busunternehmen auf der Insel, um die Patienten und Freiwilligen (☞ 3.2.2) einmal wöchentlich zu wechselnden Orten auf der Insel im Rahmen eines Ausflugs zu bringen. Diese Kooperationsstrategie des INSELHAUSES hat zur Folge, dass man sich in allen vier Bereichen des Marketing-»Mix« spezielle Überlegungen machen und diese umsetzen muss:

Produkt- und Programmpolitik

Mit der Einführung der neuen Dienstleistung »wöchentlicher INSELHAUS-Ausflug« haben wir ein neues Produkt in unserem Produktprogramm. Diese neue Dienstleistung wird im Portfolio des Unternehmens INSELHAUS (☞ 3.2.1) eingeordnet und es wird beurteilt, ob das Portfolio insgesamt als ausgeglichen bezeichnet werden kann.

Preis- und Entgeltpolitik

Für diese in Kooperation erbrachte Dienstleistung muss sowohl eine Vergütung mit dem kooperierenden Busunternehmen für die Durchführung des Transportes als auch eine Gebühr vereinbart werden, die die Kunden für diese Dienstleistung bezahlen.

Distributionspolitik (auf welche Weise bringt man eine Dienstleistung zum Kunden)

Wir haben durch die Gewinnung von Freiwilligen die Möglichkeit, eine Gruppe von Begleitpersonen für die wöchentlichen Ausflüge zur Verfügung zu haben. Diese Begleitpersonen ermöglichen es, die Dienstleistung an den Kunden zu bringen.

Kommunikationspolitik (wie kommuniziert man die Dienstleistung gegenüber den Kunden)

Die neu erfundene Dienstleistung hat nach Meinung der Verantwortlichen im INSELHAUS eine sehr positive Wirkung auf die Kunden. Daher wird das INSELHAUS auch in seinen Werbebroschüren und anderen Gelegenheiten damit werben. Transportfähige Kunden werden mit dieser Dienstleistung von den mit der Pflegebedürftigkeit verbundenen körperlichen und psychischen Folgen abgelenkt.

Strategische Handlungsprogramme als »Cocktail«

Strategische Marketing-Handlungsprogramme sind solche Marketing-Maßnahmen, die eine spezielle Ausprägung aller vier Marketing-»Mix«-Elemente aufweisen. Jedes strategische Marketing-Handlungsprogramm »mischt« gewissermaßen einen speziellen »Cocktail« aus den genannten vier Marketing-»Mix«-Elementen und versucht diesen möglichst langfristig erfolgreich durchzuführen. Da wir schon die Kooperationsstrategie als erstes Beispiel für ein Marketing-Handlungsprogramm genannt haben, werden wir sie nun in Kapitel 3.4.1 als erstes strategisches Marketing-Handlungsprogramm aufgreifen und erläutern. Es folgen im Anschluss in Kapitel 3.4.2 die Strategie der Marktsegmentierung und in Kapitel 3.4.3 die Strategie des Kalkulatorischen Ausgleichs.

3.4.1 Strategie der Kooperation

▷ **Kooperation:** Zusammenarbeit von Unternehmungen, die zumindest rechtlich und möglichst auch wirtschaftlich selbstständig sind

Wenn Unternehmungen beispielsweise eine **Fusion** eingehen, dann kann es keine Kooperation zwischen ihnen mehr geben, die Unternehmungen sind dann zu einem Ganzen geworden. Die wirtschaftliche Selbstständigkeit sollte möglichst auch bei einer Kooperation gegeben sein. In der betrieblichen Praxis gibt es jedoch Situationen, in denen ein Kooperationspartner aufgrund seiner Stellung im Markt so mächtig wird, dass er auf den anderen Kooperationspartner starken

wirtschaftlichen Einfluss ausüben kann. Dann geht der Gedanke einer gleichberechtigten Kooperation verloren.

Ziele von Kooperationen sind z. B.
- effizientere Leistungserbringung
- Kostenersparnisse
- Anreicherung des Produktprogramms des Unternehmens durch Dienstleistungen des Kooperationspartners.

■ Strukturmerkmale von Kooperationen

Man kann Kooperationen nach bestimmten Kriterien unterscheiden und auf diese Weise in unterschiedliche Arten der Kooperationen einteilen.

Unterscheidung nach Kooperationsbereichen

Unternehmen können beispielsweise im betrieblichen Bereich der **Marktforschung** zusammenarbeiten, um hier Kosten zu sparen. So kann z. B. das INSELHAUS mit einer Pflegeeinrichtung auf dem Festland kooperieren, die nicht in Konkurrenz mit dem INSELHAUS steht, die jedoch auch Informationen über Kundenbedürfnisse und Altersstrukturen im Bundesland benötigt. Im Rahmen der Kooperation könnte man in diesem Bereich einen gemeinsamen Marktforschungsauftrag an ein Marktforschungsunternehmen erteilen und sich anschließend die Kosten teilen.

Im Bereich der **Forschung** und **Entwicklung** können Unternehmungen ebenfalls kooperieren. Das INSELHAUS könnte beispielsweise neue Pflegeüberleitungsbögen vom stationären Pflegebereich in den Krankenhausbereich und für die entgegengesetzte Richtung vom Krankenhausbereich in die stationäre Pflege in Kooperation mit einem in Kontakt mit dem INSELHAUS stehenden Krankenhaus entwickeln.

Auch im Bereich des **Absatzes von Leistungen** kann eine Kooperation stattfinden. Viele Leistungen ergänzen sich, sodass die Kooperationspartner beschließen könnten, gemeinsam die eigenen Produkte und die des Kooperationspartners an die Kunden abzusetzen. Im Beispiel des INSEL-HAUSES sind die eigenen Pflege- und Unterkunfts-dienstleistungen mit den angebotenen Produkten einer Vertriebsgesellschaft für Kaffeeautomaten, die auch nachts den Patienten oder Angehörigen bei Geldeinwurf frisch gebrühten Kaffee herstellen, nicht in Konkurrenz zu sehen; die Leistungen ergänzen sich vielmehr. Eine Kooperation könnte beinhalten, dass der Kooperationspartner gegen eine prozentuale Beteiligung am Umsatz seine Kaffeeautomaten im INSELHAUS in der Lobby aufstellt und diese bei Gerätestörungen umgehend repariert.

Im betrieblichen Bereich der **Erstellung der Dienstleistung** könnte eine Kooperation derart gestaltet werden, dass die Zusatzdienstleistung »wöchentlicher Ausflug mit Kunden« mit einem Busunternehmen der Insel erbracht wird. In einem Kooperationsvertrag könnten sich das INSELHAUS und das Busunternehmen auf Rechte und Pflichten in der Zusammenarbeit verständigen sowie Preise für die Kunden und ein Umsatzanteil für das kooperierende Busunternehmen festgelegt werden.

Unterscheidung nach Marktebene

In Bezug auf die so genannte Marktebene kann man zwei Arten von Kooperationen unterscheiden: vertikale und horizontale Kooperationen. Bei **vertikalen** Kooperationen arbeiten Unternehmen verschiedener Wirtschaftsstufen zusammen. Beispiel: Ein Hersteller von pflegerischem und medizinischem Verbrauchsmaterial beschließt mit dem im **Wertschöpfungsprozess** nachgelagerten INSELHAUS eine Kooperation derart, dass es dieses für günstige Beschaffungspreise als Alleinlieferanten in Anspruch nimmt. Bei **horizontalen** Kooperationen arbeiten Unternehmen der gleichen Wirtschaftsstufe zusammen, z. B. die stationäre Pflegeeinrichtung INSELHAUS mit einem ambulanten Pflegedienst der Insel.

Unterscheidung nach Bindungsform

Unterschiedliche Kooperationen können danach unterschieden werden, wie fest die Kooperations-partner aneinander gebunden sind. Die Bandbreite reicht von einem lockeren, gelegentlichen **Erfahrungsaustausch** der Kooperationspartner, über **Kooperationsverträge ohne Kapitalbeteiligung** an dem Kooperationspartner beispielsweise in Form einer GmbH bis hin zur **gegenseitigen Kapitalbeteiligung** im Unternehmen des Kooperationspartners. An diesem Punkt ist allerdings die schon angesprochene wirtschaftliche Selbstständigkeit der Kooperationspartner gefährdet, und es handelt sich dann immer weniger um Kooperationen im engeren Sinne.

Unterscheidung nach Fristigkeit

Nach der Fristigkeit der Kooperation kann man auf einen kurzen Zeitraum befristete Kooperationen – beispielsweise zum Zweck der gemeinsamen Öffentlichkeitsarbeit – von mittel- bis langfristigen Kooperationen unterscheiden.

■ Beispiel: Kooperation INSELHAUS mit einem ambulanten Pflegedienst

Wir greifen die im letzten Abschnitt genannte Kooperation zwischen dem INSELHAUS und einem ambulanten Pflegedienst der Insel auf und ordnen sie anhand zusätzlicher Informationen und der oben genannten Kriterien ein.

Unterscheidung nach Kooperationsbereich

Die Kooperationspartner beschließen, im betrieblichen Bereich der **Marktforschung** derart zusammenzuarbeiten, dass ein beauftragtes Marktforschungsinstitut u. a. die Altersstruktur und die Zahlungskraft der Inselbewohner und der Bewohner der Küstenregion untersuchen soll. Sowohl die ambulante Pflegeeinrichtung als auch das INSELHAUS versprechen sich von dieser Untersuchung wichtige Informationen darüber, welche Eigenschaften die Kunden von morgen im Einzugsbereich beider Einrichtungen haben werden. Effektivere Werbemaßnahmen und zielgerechtere Ansprache der möglichen Kunden sollen durch diese Marktuntersuchung ermöglicht werden. Durch die Kooperation in diesem Bereich kann das INSELHAUS die damit verbundenen Marktforschungskosten halbieren.

Im Bereich der **Forschung** und **Entwicklung** wollen die beiden Kooperationspartner ebenfalls zusammenarbeiten und den oben zwischen Krankenhaus und stationärer Pflegeeinrichtung angesprochenen einheitlichen **Pflegeüberleitungsbogen** auch in Bezug auf Patientenüberleitungen zwischen dem ambulanten und stationären Bereich gemeinsam entwickeln. Resultat soll eine zeitsparende und inhaltlich bessere Überleitung der Kunden zwischen dem ambulanten und dem stationären Bereich und in die entgegengesetzte Richtung sein.

Im Bereich des **Absatzes von Leistungen** haben sich die Kooperationspartner entschieden, nicht zusammenzuarbeiten. Grund dafür ist, dass die beiden Unternehmen trotz den genannten Kooperationsfeldern in Bezug auf ihre Kunden immer noch Konkurrenten sind. Sie sind dies in Hinblick auf solche Patienten, die sowohl stationär als auch (mit im Einzelfall höheren Kosten für den Kunden) ambulant versorgt werden könnten. Zugunsten einer konfliktfreien Zusammenarbeit haben sich die Kooperationspartner entschlossen, auf ihren eigenen Vertriebswegen mögliche Kunden anzusprechen und für ihre Einrichtung getrennt zu werben.

Unterscheidung nach Marktebene

Die genannte Kooperation ist eine **horizontale** Kooperation. Es macht keinen Sinn, die ambulante Unterbringung von Kunden der stationären Pflege vorgelagert zu sehen, so als ob grundsätzlich eine ambulante Versorgung vor einer stationären stattfinden muss. Wenn konsequent gemäß der Idee der aktivierenden Pflege gearbeitet wird, dann werden viele Patienten auch von der stationären Unterbringung im Zeitverlauf in ihre häusliche Umgebung zurückkehren können.

Unterscheidung nach Bindungsform

Die Kooperationsbereiche in der Marktforschung und Forschung und Entwicklung mit dem ambulanten Pflegedienst kann man in folgender Reihenfolge nach zunehmender Stärke der Festigkeit der Bindung durch die Kooperation aufführen: Während die Entwicklung des Pflegeüberleitungsbogens ein eher lockerer Erfahrungsaustausch ist mit dem Ziel der Erarbeitung einer einheitlichen Überleitungsdokumentation, stellt der gemeinsam erteilte Marktforschungsauftrag eine vertragliche Kooperation dar, die eine feste finanzielle Bindung der beiden Unternehmen in Bezug auf die Durchführung des **Marktforschungsauftrages** zur Folge hat.

Fristigkeit der Kooperation

Während die gemeinsame Marktforschungsanstrengung eine kurzfristige Zusammenarbeit für die Dauer des vergebenen Marktforschungsauftrages darstellt, wird die gemeinsame Erarbeitung und später bei Bedarf eine Überarbeitung des Überleitungsbogens vermutlich längerfristig bestehen. Es ist jedoch nicht ausgeschlossen, dass die Kooperationspartner in Zukunft erneut gemeinsam Marktforschung betreiben werden und sich beispielsweise bei der Umsetzung der Erkenntnisse des Marktforschungsberichts in die Praxis inhaltlich austauschen werden. Problematisch kann dies, wie oben angedeutet, jedoch dort werden, wo die beiden Einrichtungen um dieselben Kundengruppen werben und diese für sich gewinnen wollen.

Auf die Frage, wie solche gleichartigen Kundengruppen überhaupt erkannt werden können und wie man sie im Rahmen des Marketings effektiv bewerben kann, gibt das nächste hier beispielhaft aufgeführte strategische Marketing-Handlungsprogramm, die **Marktsegmentierung**, Antwort.

Auf einen Blick

▶ Strategische Marketing-Handlungsprogramme, z. B. die Kooperationsstrategie, wirken in der Regel kürzer als die Leitlinien der Marketing-Philosophie.

▶ Strategische Marketing-Handlungsprogramme umfassen spezielle langfristige Mischungen aus den Marketing-Mix-Instrumenten Produkt-, Preis-, Distributions- und Kommunikationspolitik.

▶ Unter Kooperation versteht man die Zusammenarbeit von rechtlich und möglichst auch wirtschaftlich selbstständigen Unternehmen.

▶ Kooperationen können nach Kooperationsbereich, Marktebene, Bindungsform und ihrer Fristigkeit untersucht und eingeteilt werden.

3.4.2 Strategie der Marktsegmentierung

▷ **Marktsegmentierung:** Aufspaltung eines Gesamtmarktes in gleichartige Teilmärkte (»Marktsegmente«) und die Bearbeitung dieser Teilmärkte mit einem speziellen Marketing-»Mix«

Marktsegmentierung hat eine **informationsbezogene** und eine **aktionsbezogene** Seite. Mit den Informations- und Analyseinstrumenten des Betriebes wird der hier vorliegende Pflegemarkt in kleinere Teilmärkte unterteilt, wie z. B. den Markt für »Junge Senioren« unter den Pflegebedürftigen. Dies stellt die informationsbezogene Seite der Marktsegmentierung dar. Dieser Teilmarkt wird im Folgenden mit speziellen Ausprägungen unseres Marketing-»Mix« (Produkt- und Programmpolitik, Preis- und Entgeltpolitik, Distributions- und Kommunikationspolitik) »bearbeitet«. Damit ist die aktionsbezogene Seite der Marktsegmentierung abgedeckt.

■ Marktsegmentierungskriterien

Wie sollen nun verschiedene Marktsegmente gebildet werden? Wie können wir den Markt für unsere Pflege- und Zusatzleistungen so unterteilen, dass in sich gleichartige **Teilmärkte** entstehen, die wir dann mit speziell zusammengestellten Mischungen aus unseren **Marketing-»Mix«-Instrumenten** bearbeiten können? Die folgenden auszugsweise genannten Kriterien bieten Ideen für die Bildung von Marktsegmenten an.

Geographische Variablen

Der Markt des Unternehmens kann nach geographischen Gegebenheiten in verschiedene Marktsegmente unterteilt werden.

⏚ Fallbeispiel

Da das INSELHAUS Kunden aus verschiedenen Teilen der Republik aufnimmt, werden Marktsegmente nach der geographischen Herkunft der Kunden gebildet. So entstehen die Marktsegmente »Küstenbewohner« oder »Süddeutsche«. Das INSELHAUS gestaltet die Zusatzleistung »Mahlzeiten« dann z. B. durch das Angebot badischer Spezialitäten so, dass die Kunden aus dem Marktsegment »Süddeutsche«, wenn sie wollen, die lokalen Mahlzeiten ihrer Heimat bestellen können. Das INSELHAUS verbindet also diese Teilmarktbildung (»Süddeutsche«) mit der Schaffung einer neuen Teildienstleistung (»lokale Spezialitäten«) **(Produkt- und Programmpolitik)** und verlangt für diese einen speziellen Preis **(Preis- und Entgeltpolitik)**. Das INSELHAUS wirbt weiterhin verstärkt mit seinen Dienstleistungen in Süddeutschland **(Kommunikationspolitik)** und beschafft die benötigten Zutaten und Halbfertigprodukte aus bestimmten Regionen in Süddeutschland **(Distributions- bzw. Beschaffungspolitik).** Man sieht, dass das INSELHAUS nach Bildung eines Marktsegmentes aufgrund von geographischen Variablen dieses Segment dann ganz speziell mit Maßnahmen des Marketing-»Mix« bearbeitet, seine Kunden so fester an sich bindet und Neukunden leichter gewinnen kann.

Soziodemografische Variablen

Auch mit Hilfe von so genannten soziodemografischen Variablen kann man spezielle Marktsegmente bilden. Hierunter versteht man Kriterien wie z. B. das Alter von Kunden, deren Einkommenshöhe, Geschlecht und den Bildungsstand der Kunden.

⏚ Fallbeispiel

Das INSELHAUS trägt der enormen Kaufkraft mancher seiner Kunden derart Rechnung, dass ein Marktsegment »Luxuspflege« in Bezug auf solche Kunden gebildet wird, die in ihrem Lebensabend wenig finanzielle Einschränkungen haben.

Solchen Kunden wird das INSELHAUS mit der Zurverfügungstellung einer eigenen Pflegekraft und der Einrichtung besonders luxuriös ausgestatteter Räume gerecht **(Produkt- und Programmpolitik)**. Selbstverständlich verursacht dies für das INSELHAUS erhebliche Kosten, die es an diese Kunden weitergeben muss **(Preispolitik)**. Im Rahmen der **Kommunikationspolitik** muss gepüft werden, wie mögliche Kunden dieses Marktsegmentes z. B. in Magazinen für Hobbys, die sehr kostspielig sind, gezielt angesprochen werden können. Im Bereich der **Distributions- bzw. Beschaffungspolitik** kann das INSELHAUS überlegen, woher es antike Möbel und geschmackvolle Einrichtungsdetails für die Räumlichkeiten für Kunden dieses Marktsegmentes beschaffen kann. Selbstverständlich sind auch diese Investitionen mit Hilfe der in Kapitel 2 skizzierten Kostenträgerrechnung in spezielle Preise für diese Kundengruppe miteinzubeziehen.

Psychische Variablen

Auch nach psychischen Variablen wie z. B. Lebenseinstellungen und Lebensstilen kann man Marktsegmente bilden.

⌕ Fallbeispiel

Das INSELHAUS hat im Rahmen der Analyse- und Informationsinstrumente in einer Kundenbefragung festgestellt, dass es einige mögliche Kunden der Zukunft gibt, die man in ihrer heutigen Situation als »Junge Senioren« bezeichnen kann. Es handelt sich hierbei um ältere Personen, die noch nicht unbedingt pflegebedürftig sind und die eine enorme Kontaktfreude, Unternehmungslust, hohes Interesse an geistiger Herausforderung und vergleichsweise noch hohe Mobilität auszeichnet. Diese »Jungen Senioren« werden, wenn sie pflegebedürftig und damit verbunden zu Kunden des INSELHAUSES werden, durch die Erweiterung seiner Bibliothek an das INSELHAUS als Kunden gebunden.

Auch durch mit Hilfe von geeigneten Begleitpersonen durchgeführte Urlaubsreisen kommt das INSELHAUS den Bedürfnissen dieser »Jungen Senioren« entgegen und erhält oder steigert sogar deren Lebensqualität.

Neben diesen Maßnahmen der **Produkt- und Programmpolitik** muss selbstverständlich für die begleiteten Urlaubsreisen ein mindestens kostendeckender Preis von den Kunden dieses Marktsegmentes verlangen werden **(Preis- und Entgeltpolitik)**. Im Bereich der **Distributions- und Beschaffungspolitik** müsste das INSELHAUS überlegen, wie die Kunden dieses Marktsegmentes an den Urlaubsort gebracht werden und wie es gleichzeitig dort die pflegerische Betreuung gewährleisten könnte. Selbstverständlich sollte es mit dieser neuen Dienstleistung für das Marktsegment »Junge Senioren« im Rahmen der **Kommunikationspolitik** werben, um neue Kunden dieses Marktsegmentes auch in der Zukunft zu gewinnen.

Variablen des Kaufverhaltens

Bei diesem Kriterium zur Bildung von Marktsegmenten handelt es sich um die Unterscheidung, ob die Kunden eher viel oder wenig Dienstleistungen in Anspruch nehmen.

⌕ Fallbeispiel

Es ist in diesem Zusammenhang denkbar, dass es Kundengruppen des INSELHAUSES geben kann, die ambulant in ihrer Häuslichkeit versorgt werden, aber einmal im Jahr an den durch eine Pflegekraft begleiteten Urlaubsreisen des INSELHAUSES teilnehmen und dann wieder in ihre Häuslichkeit zurückkehren. Es wird ein Marktsegment »Urlaubskunden« in Bezug auf diese Kundengruppe gebildet, das nur einmal im Jahr mit einem begrenzten Wunsch auf das INSELHAUS zukommt, seine Dienstleistungen in Anspruch zu nehmen. Für dieses Marktsegment werden ebenfalls spezielle Ausprägungen in den Leistungsentgelten, der Kommunikationspolitik und in der Distributions- und Beschaffungspolitik, z. B. wie man diese Kunden zur Urlaubsreise abholt, maßgeschneidert.

3

■ Varianten der Marktsegmentierung

Konzentriertes versus differenziertes Marketing

Bei der Strategie der Marktsegmentierung kann man zwei grundlegende Varianten unterscheiden: Wohingegen sich beim **konzentrierten** Marketing der Betrieb gezielt auf ein oder wenige Marktsegmente konzentriert, und diese wenigen Segmente bearbeitet, wählt ein Betrieb beim **differenzierten** Marketing eine höhere Anzahl von Marktsegmenten aus und bearbeitet diese mit speziellen Ausprägungen der Marketing-»Mix«-Instrumente.

Das konzentrierte Marketing hat den Nachteil der geringen **Risikostreuung**. Schon das Informations- und Analyseinstrument der Portfolioanalyse regte uns an, nach einer ausgewogenen Mischung aus unterschiedlichen Produkten zu streben. Die Informations- und Analyseinstrumente helfen, immer wieder die momentane betriebliche Situation anhand langfristiger Ziele und im Sinne der langfristigen Sicherung des Überlebens der Einrichtung kritisch zu überprüfen.

Fallbeispiel

> Das INSELHAUS spezialisiert sich auf das Segment der »Luxuspflege« und versorgt ausschließlich diesen Kundenkreis mit einem speziellen Marketing-»Mix«. Vorteil bei dieser Konzentrierung auf nur ein Marktsegment sind enorme Gewinne bei dieser »Hochpreispflege«. Im Produktportfolio wird eine große »Melkkuh« erzeugt, die dem INSELHAUS hohe Gewinne sichert. Nachteil dieser Strategie ist, dass das unternehmerische Risiko allein auf diesem Marktsegment lastet. Wenn ein anderer »Luxuspflege«-Anbieter in diesen Markt mit einem für den Kunden attraktiveren Marketing-»Mix« eindringen würde, dann könnten die Umsätze schnell einbrechen und wir hätten kein anderes »Standbein«, um diesen Umsatzeinbruch abzufedern.

Aktive versus passive Marktsegmentierung

Zwei weitere grundlegende Vorgehensweisen bieten sich bei der Strategie der Marktsegmentierung an: Bei der **aktiven** Marktsegmentierung sprechen wir mit möglichst allen Marketing-»Mix«-Instrumenten die verschiedenen Marktsegmente auf ganz spezielle Weise an. Bei der **passiven** Marktsegmentierung ist es, z. B. aufgrund von finanziellen Einschränkungen, nicht möglich oder nötig, alle Marketing-»Mix«-Instrumente für jedes Marktsegment anders zu gestalten und unterschiedlich einzusetzen.

Fallbeispiel

> Das INSELHAUS beschließt, nicht in verschiedenen Zeitschriften und Magazinen die verschiedenen Marktsegmente mit unterschiedlichen Maßnahmen der Kommunikationspolitik anzusprechen, sondern mit einer flächendeckend im Einzugsgebiet in Tageszeitungen verteilten Werbebroschüre alle Leistungen des INSELHAUSES darzustellen. Die Kunden der verschiedenen Marktsegmente wählen gewissermaßen selber die für sie passende Leistung des INSELHAUSES bei Interesse aus, wobei alle Kunden in derselben Art und Weise (durch Beilegen einer Gesamtwerbebroschüre in die Tageszeitung) im Rahmen der Kommunikationspolitik angesprochen werden.
>
> Ansatz der aktiven Marktsegmentierung: Das INSELHAUS spricht die Kunden verschiedener Marktsegmente in durch sie in Anspruch genommenen Medien mit ganz speziellen Werbebroschüren für z. B. »Junge Senioren« oder »Luxuspflegekunden« an.

■ Erfolgsvoraussetzungen der Marktsegmentierung

Wenn die folgenden Anforderungen an die Marktsegmente gegeben sind, ist es wahrscheinlich, dass der betriebliche Erfolg der Marktsegmentierungsstrategie steigt.

Messbarkeit der Segmentierungsvariablen

Wenn wir beschließen, das Segment der »Jungen Senioren« gezielt anzusprechen und für dieses eine eigene Mischung aus Marketing-»Mix«-Instrumenten zu erdenken, dann müssen wir versuchen, die **Zugehörigkeit** von Kunden zu diesem Segment eindeutig festzulegen. Wir müssen genau wissen, wer von den Kunden im Inselhaus zur Gruppe der »Jungen Senioren« gehört und wer nicht. Daher müssen wir die **Eigenschaft** »Junger Senior« messbar machen, z. B. durch folgende Festlegung:

- Alter zwischen 55 und 70 Jahren
- mindestens leichte Pflegebedürftigkeit
- überdurchschnittlich hohe Kontaktfreude
- Bedürfnis, am liebsten dreimal wöchentlich etwas außerhalb des Inselhauses zu unternehmen
- überdurchschnittlich hohes Interesse an geistiger Herausforderung
- Fähigkeit, selbstständig eine Strecke von 2 km zurückzulegen

Mit dieser Möglichkeit, die Eigenschaft »Junger Senior« skizzenhaft zu messen, fällt es uns schon erheblich leichter, unsere Kunden im Inselhaus diesem Marktsegment zuzuordnen.

Je genauer wir die Mitglieder der Marktsegmente erkennen können, desto zielsicherer können wir sie auch mit der **Kommunikationspolitik** (☞ 3.5.5) ansprechen und sie für uns gewinnen bzw. an uns binden. Je mehr bei den Kriterien, nach denen wir das Marktsegment gebildet haben, der Schwerpunkt auf psychologischen Eigenschaften und Lebensstilen liegt, desto schwieriger wird es jedoch, diese Segmentierungskriterien **messbar** zu machen.

Spezielle Segmentansprache

Die Marktsegmentierung und die damit verbundene Anwendung eines speziellen Marketing-»Mix« auf ein Marktsegment kann nur erfolgreich sein, wenn das Marktsegment auch gezielt angesprochen werden kann.

Wenn beispielsweise die »Jungen Senioren« im Vergleich zu anderen Marktsegmenten in der Bevölkerung der Bundesrepublik keinen erkennbaren Unterschied z. B. in Bezug auf ihr Einkommen, bestimmte Interessenbereiche, bevorzugt gelesene Fachzeitschriften, Wohnort, Bildungsni-

veau, Geschlecht zeigen, dann wird es das Inselhaus schwer haben, diese Kundengruppe zielsicher anzusprechen und als **Neukunden** zu gewinnen.

Segmentierungskriterien und Kaufverhalten

Es reicht nicht aus, Marktsegmente alleine nach sozio-demografischen Kriterien zu bilden. Das Kaufverhalten der Kunden muss auch die Form des Marktsegmentes widerspiegeln. Zwar hatten wir oben als Beispiel für die Bildung des Marktsegmentes »Luxuspflege« das **sozio-demografische** Kriterium »Einkommen« gewählt, doch nahmen wir damit auch an, dass diese Kundengruppe nicht nur relativ viel Einkommen erzielt, sondern dieses auch im Bereich der Pflegedienstleistungen ausgibt. Wir hatten also mit der sozio-demografischen Eigenschaft gleichzeitig ein bestimmtes **Kaufverhalten** verbunden. Wenn also das Marktsegment »Luxuspflege« auch ein hohes Kaufverhalten widerspiegelt, dann ist in Bezug auf dieses Marktsegment eine Marktsegmentierungsstrategie aussichtsreich.

Stabilität der Marktsegmente

Es macht wenig Sinn, geeignete Kriterien zur Bildung von Marktsegmenten auszuwählen, diese auf vorhandene und zukünftige Märkte anzuwenden und darauf aufbauend Erfolg versprechende Marktsegmente zu bilden, wenn kurze Zeit später die gebildeten Marktsegmente gar nicht mehr existieren oder sich verändern. Voraussetzung für den Erfolg der Strategie der Marktsegmentierung ist daher das **längerfristige Bestehen** der Marktsegmente.

Größe der Marktsegmente

Aufgrund der im letzten Punkt angedeuteten zeitintensiven Ermittlung der Marktsegmente und der gezielten Ansprache mit einem bestimmten Marketing-»Mix« muss die Größe der Marktsegmente in einem angemessenen Verhältnis zum zeitlichen und damit finanziellen Aufwand der Segmentbildung und -bearbeitung ste-

3

hen. Nur dann kann die Marktsegmentierung einen **Gewinnbeitrag** zum **Gesamtergebnis** der Einrichtung leisten. Je größer das einheitliche Marktsegment ist, desto eher kann es die Kosten tragen, die mit seiner Entdeckung und Bearbeitung verbunden sind.

Auf einen Blick

▶ Die Strategie der Marktsegmentierung ist ein langfristiges Marketing-Handlungsprogramm.

▶ Bei der Marktsegmentierungsstrategie wird ein Gesamtmarkt in gleichartige Teilmärkte aufgeteilt (informationsbezogene Seite) und diese mit speziellen Ausprägungen des Marketing-»Mix« bearbeitet (aktionsbezogene Seite)

▶ Marktsegmentierungskriterien, wie z. B. geographische, sozio-demografische, psychische Variablen und Kriterien des Kaufverhaltens, geben Anhaltspunkte für die Bildung von Marktsegmenten.

▶ Beim konzentrierten Marketing bearbeitet ein Betrieb weniger Marktsegmente, beim differenzierten Marketing zielt man auf viele Marktsegmente ab.

▶ Bei der aktiven Marktsegmentierung werden möglichst alle gebildeten Marktsegmente mit einem speziellen Marketing-»Mix« angesprochen; bei der passiven Marktsegmentierung ist dieses nicht möglich oder nötig.

▶ Messbarkeit der Segmentierungsvariablen, die das Kaufverhalten widerspiegeln, fördern die Wirksamkeit der Marktsegmentierungsstrategie.

▶ Größe und Stabilität der Marktsegmente sowie die Möglichkeit einer speziellen Segmentansprache sind ebenfalls Erfolgsfaktoren der Marktsegmentierungsstrategie.

3.4.3 Strategie des kalkulatorischen Ausgleichs

▷ **Strategie des kalkulatorischen Ausgleichs:** Die Kombination gewinn- und verlustbringender Dienstleistungen, Produkte, betrieblicher Bereiche oder Absatzgebiete

Der Ausgleich zwischen **gewinn- und verlustbringenden** betrieblichen Bereichen macht die Strategie des kalkulatorischen Ausgleichs aus. »Kalkulatorisch« bedeutet hierbei, dass der Ausgleich zwischen den gewinn- und verlustbringenden Bereichen durchaus gewollt, zumeist sogar genau mit Hilfe der **Kosten- und Leistungsrechnung** (☞ 2.3) betragsmäßig kalkuliert wurde. Im Folgenden werden die grundlegenden Varianten des kalkulatorischen Ausgleichs anhand von Beispielen aus dem Inselhaus erläutert.

Fallbeispiel

Im Bereich des Kaffeeeinzelhandels sind die Angebote einschlägiger Unternehmensketten bekannt, bei denen neben des Kaufs von Kaffee der gleichzeitige Kauf von Haushaltswaren zu einem sehr günstigen Preis möglich ist. Fraglich ist, ob dieser Preis überhaupt die mit der Herstellung und dem Verkauf verbundenen Kosten decken kann. Das ist jedoch oftmals zu verneinen, denn in diesem Bereich des Einzelhandels wird häufig ganz bewusst der Verlust für das Unternehmen im Bereich der Haushaltswaren und -geräte in Kauf genommen, um den profitablen Kaffeeabsatz durch das »unschlagbare Angebot« in die Höhe zu treiben und somit insgesamt mit Kaffee und Haushaltswaren einen Gewinn zu erzielen.

■ Lang- und kurzfristiger kalkulatorischer Ausgleich

Auch bei dem Marketing-Handlungsprogramm des kalkulatorischen Ausgleichs handelt es sich um eine Strategie, die eine besondere Mischung aus den vier Marketing-»Mix«-Elementen enthält, um die Führung der Unternehmung von den Märkten her auf die Märkte hin möglichst erfolgreich zu gestalten. Nehmen wir als Beispiel erstens die wöchentlichen Ausflüge der INSEL-HAUS-Bewohner und zweitens die Hol- und Bringdienste vom Festland im Falle des Ein- bzw. Auszugs von Kunden in das oder aus dem INSEL-HAUS.

☞ Fallbeispiel

Die Hol- und Bringdienstleistung ist so gestaltet, dass hier ein leichter **Betriebsverlust** bei der Leistungserbringung einkalkuliert ist, d. h. wenn der Kunde das günstige Entgelt für die Transportdienstleistung und für die Abwicklung des Ein- bzw. Auszugs zahlt, dann entsteht für das INSELHAUS ein leichter Überschuss der verursachten Kosten über die erlösten Leistungsgebühren. Anders stellt sich die Situation im Bereich der wöchentlich durchgeführten Ausflüge auf der Insel für interessierte transportfähige Kunden des INSELHAUSES dar: Hier überwiegen die Leistungserträge aus Leistungsgebühren in geringem Umfang die durch die Ausflüge verursachten Kosten. Die Folge ist, dass bei jeder Durchführung eines Ausflugs mit den Kunden ein leichter **Betriebsgewinn** für das INSELHAUS erzielt wird.

Die Idee des **kalkulatorischen Ausgleichs** zwischen den Leistungen des wöchentlichen Ausflugs und dem Hol- und Bringdienst besteht nun darin, dass wir die Neukunden mit einer preislich relativ attraktiven Transportdienstleistung »in das INSELHAUS holen« wollen. Später können wir durch die wöchentliche Durchführung der Ausflüge Stück für Stück den bei jedem Ein- oder Auszug verursachten Betriebsverlust wieder ausgleichen. Es handelt sich also um einen kalkulierten Ausgleich zwischen dem **Verlustbringer** Hol- und Bringdienst und dem **Gewinnbringer** Ausflug auf der Insel.

Je nachdem, ob die Pflegeeinrichtung eine insgesamt gewinnorientierte oder nicht-gewinnorientierte Zielsetzung hat, kann die Unternehmensführung die Leistungsgebühren so gestalten, dass insgesamt »nur« Kostendeckung erzielt wird, also eine Dienstleistung die andere

»gerade so ernährt«, oder dass insgesamt ein Gewinn für die Pflegeeinrichtung verwirklicht wird. Das INSELHAUSES will bei der gegenwärtig beobachteten Nachfrage nach Hol- und Bringdiensten und den wöchentlichen Ausflügen einen kleinen Betriebsgewinn erzielen. Es ist der Meinung, dass Neukunden beim Eintritt in das INSELHAUS durch einen attraktiven Hol- und Bringservice an die Einrichtung gebunden werden. Später sollen die wöchentlichen Ausflügen durch ein sehr günstiges, aber immer noch leicht gewinnerzeugendes Entgelt den verlustbringenden Hol- und Bringdienst finanzieren.

Langfristiger Ausgleich

Handelt es sich bei diesem dargestellten Beispiel nun um einen wie in der Überschrift genannten kurz- oder langfristigen kalkulatorischen Ausgleich? Die im Beispiel dargestellte Vorgehensweise des kalkulatorischen Ausgleichs zwischen Ausflügen und Hol- und Bringdiensten ist eindeutig ein langfristiger kalkulatorischer Ausgleich. Denn das Ausgleichen der verlustbringenden Hol- und Bringdienste durch die Gewinn bringende Wirkung der Ausflüge soll über einen langen Zeitraum wirken und die im Falle des IN-SELHAUSES gewünschte eingeschränkte **Gewinnwirkung** soll über einen langen Zeitraum Bestand haben.

Kurzfristiger Ausgleich

Anders ist die Idee bei einem kurzfristigen kalkulatorischen Ausgleich. Hier soll innerhalb einer kurzen Zeitdauer ein Ausgleich zwischen einem Verlust- und Gewinnbringer stattfinden. Danach ist der zeitlich befristete kalkulatorische Ausgleich beendet. Beispiele für diese Art des kalkulatorischen Ausgleichs sind im Handel für kurze Zeit gewährte **Rabatte** und **Sonderangebote**. Mit so genannten »Lockvogel-Angeboten«, die keinen Gewinn oder sogar einen kleinen Betriebsverlust für die Handelsfiliale erwirtschaften, werden die Kunden »angelockt« und kommen in die Filiale. Nach Kauf des »Lockvogels« kaufen die Kunden vielleicht noch andere, mit entsprechendem Gewinnaufschlag versehene Produkte. Insgesamt überwiegen dann häufig die Gewinne aus dem Verkauf von Produkten mit »Normalpreis« die Verluste aus dem Verkauf von Produkten mit »Lockvogelpreis« und es wird insgesamt durch das Handelsunternehmen ein Gewinn erzielt.

◔ Fallbeispiel

In einem »Aktionsmonat« des Jahres werden die Hol- und Bringdienste bei Ein- oder Auszug in bzw. aus dem INSELHAUS kostenlos für Neu- und Altkunden durchgeführt. Nachfrageeinbrüche können so schnell wieder ausgeglichen werden. Die in einem Monat plötzlich aufgetretene Nichtbelegung von Pflegeplätzen verursacht dem INSELHAUS nämlich durch den damit verbundenen Personalüberhang enorme nicht durch Leistungserträge gedeckte Kosten. Bei dem Angebot des kostenlosen Holens und Bringens von Kunden aus bzw. in ihre Häuslichkeit kann bei einer Aktionsdauer von einem Monat höchstens der Verlust von 30 mal dem Verlust pro Hol- oder Bringdienst entstehen. Dieser ist allerdings im Falle des INSELHAUSES immer noch erheblich geringer als die Kosten der Nichtbelegung einiger Pflegebetten für dieselbe Zeitdauer. Der Verlustbringer »Aktionsmonat« visiert nur für eine kurze Zeitdauer zusätzliche Leistungserträge durch Pflege und Unterkunft an.

■ Gleichzeitiger oder zeitlich nachgelagerter kalkulatorischer Ausgleich

Handelt es sich bei den oben dargestellten lang- und kurzfristigen kalkulatorischen Ausgleichen nun um gleichzeitig realisierte Maßnahmen oder um solche Ausgleiche, bei denen erst die Verlustphase ertragen werden muss, um dann zu einem späteren Zeitpunkt eine Gewinnphase zu durchleben?

Gleichzeitiger Ausgleich

Im Fall der langfristig angelegten gleichzeitigen Erbringung von verlustbringenden **Hol- und**

Bringdiensten vom bzw. auf das Festland und des wöchentlichen Angebots von Gewinn bringenden **Ausflügen** für die Kunden handelt es sich eindeutig um einen gleichzeitigen kalkulatorischen Ausgleich zwischen dem Verlust- und Gewinnbringer, denn es werden beim Blick auf das gesamte INSELHAUS in einem längeren Betrachtungszeitraum gleichzeitig die jeweiligen Teilverluste bzw. Teilgewinne durch die gesamte zahlende Kundschaft erzielt. Würde man die Kunden einzeln betrachten, dann findet zuerst der verlustbringende Transport ins INSELHAUS statt und dann zeitlich nachgelagert der Gewinn durch den Ausflug, an dem dieser Kunde zu einem späteren Zeitpunkt teilnehmen kann.

Dasselbe geschieht im Grunde auch bei dem **Aktionsmonat** mit kostenlosen Hol- und Bringdiensten: An jedem Tag mit einem kostenlosen Hol- und Bringdienst wird ein Verlust erzeugt. Falls sich gleichzeitig Neukunden melden und einen Vertrag mit dem INSELHAUS abschließen und auf diese Weise Unterbelegungen beseitigt werden, werden die Teilgewinne und Teilverluste fast gleichzeitig verwirklicht. Es handelt sich also auch bei der Durchführung des Aktionsmonats um einen gleichzeitigen kalkulatorischen Ausgleich, wenn man das Pflegeunternehmen insgesamt betrachtet. Blickt man auf den einzelnen Kunden, dann liegt der kostenlose »Aktionstransport« ins INSELHAUS natürlich zeitlich vor seiner ersten Gewinn bringenden Monatsrechnung für eine Ausflugsdienstleistung.

Zeitlich nachgelagerter Ausgleich

Wie könnte jedoch ein zeitlich deutlich nachgelagerter kalkulatorischer Ausgleich im INSELHAUS aussehen? Genau genommen haben wir in Kapitel 3.2.2 im Bereich der **Kundenanalyse** schon eine Marketing-Maßnahme angesprochen, die einen zeitlich nachgelagerten kalkulatorischen Ausgleich herbeiführen soll. Es handelt sich um die Einrichtung eines **Kundenbeirats** bestehend aus gewählten Kunden und deren Angehörigen. Aufgrund der Tatsache, dass man durch die zeitlich vorgelagerte Durchführung von Sitzungen des Beirates zunächst nur zusätzliche Kosten verursacht, später nach seiner Lieferung von Ideen jedoch drohende Verluste vermeiden bzw. Kosten sparen kann, kann man die Einrichtung eines Kundenbeirats als langfristigen kalkulatorischen Ausgleich betrachten.

⌖ Fallbeispiel

Durch den Kundenbeirat werden in regelmäßigen Gesprächen mit Leitungskräften des INSEL-HAUSES Verbesserungsvorschläge in Bezug auf die momentan durchgeführten Dienstleistungen erfragt, aber auch Ideen für ganz neue Dienstleistungen gewonnen. Dieses Gremium verursacht zunächst nur Kosten. Besonders teuer ist dabei die durch die Leitungskräfte des INSELHAUSES eingebrachte Arbeitszeit. Langfristig hoffen wir jedoch, durch Dienstleistungsverbesserungen unsere Kunden fester an uns zu binden und auf leichtere Art und Weise Neukunden zu gewinnen. Auch hoffen wir, schneller Nachfrageeinbrüche durch Versterben oder Auszug von Kunden durch eine effektivere Neukundengewinnung ausgleichen zu können bzw. das Ausziehen unzufriedener Kunden zu vermeiden. Es besteht auch die Möglichkeit, Dienstleistungen durch Anregungen aus dem Patientenbeirat in Zukunft effizienter zu erbringen und auf diese Weise Kosten bei der Leistungserbringung zu sparen.

Verbindung zu Leitideen

Alle genannten Arten des kalkulatorischen Ausgleichs erfordern in besonderer Weise die in den oben genannten Leitideen des INSELHAUSES geforderte Fähigkeit zum **gesamtheitlichen Denken** und **Denken in Zusammenhängen**. Man könnte auch sagen, das bei den langfristigen Leitideen aufgestellte Ziel der Fähigkeit zum gesamtheitlichen Denken und Denken in Zusammenhängen wurde im Bereich der strategischen Marketing-Handlungsprogramme heruntergebrochen in Form des Entwurfs von konkreten Strategien des kalkulatorischen Ausgleichs.

Auf einen Blick

▶ Unter kalkulatorischem Ausgleich versteht man die gewollte Kombination gewinn- und verlustbringender Dienstleistungen, Produkte, betrieblicher Bereiche oder Absatzgebiete mit dem Ziel, insgesamt des Betriebes zu steigern.

▶ Der kalkulatorische Ausgleich ist ebenfalls ein strategisches Marketing-Handlungsprogramm; daher hat jeder kalkulatorische Ausgleich seine spezielle Marketing-»Mix«-Ausprägung.

▶ Die Strategie des kalkulatorischen Ausgleichs kann auf Dauer oder nur kurzfristig angelegt sein.

▶ Es ist möglich, kurzfristig entstandene Nachfragelücken mit einem kurzfristigen kalkulatorischen Ausgleich zu schließen.

▶ Die Strategie des kalkulatorischen Ausgleichs kann Verlust- und Gewinnbringer gleichzeitig oder zeitlich nachgelagert einsetzen.

3.5 Marketing-»Mix«

Die Informations- und Analyseinstrumente wie z.B. die **Portfolioanalyse**, die **Umweltanalyse** und die **Stärken- Schwächenanalyse** ermöglichen es dem Unternehmen, wichtige Informationen zu erhalten, um zunächst die für das Unternehmen wichtigen sehr langfristigen Leitideen im Rahmen der Marketing-Philosophie aufzustellen.

Die **Leitideen** befruchten allerdings auch die etwas kurzfristiger wirkenden strategischen Marketing-Handlungsprogramme wie z.B. die **Kooperationsstrategie**, die **Marktsegmentierungsstrategie** und den **kalkulatorischen Ausgleich**. Auch diese langfristigen Handlungsprogramme können nur mit Hilfe von Informations- und Analyseinstrumenten, wie z.B. auch der Kosten- und Leistungsrechnung, aufgestellt und verbessert werden. Ergebnis sind solche Marketing-Handlungsprogramme, die eine spezielle »Mi-

3

schung« aus den vier nun eingehender zu betrachteten Marketing-»Mix«-Instrumenten ausweisen.

Die Wirkung dieser vier »**Einzelinstrumente**« ist eher kurzfristiger einzuschätzen als die Wirkung der oben genannten Marketing-Philosophie und der strategischen Marketing-Handlungsprogramme. Manche Marketing-»Mix«-Maßnahmen, z. B. die Produkt- und Programmpolitik, können jedoch auch sehr langfristig Bestand haben. Man denke nur an die im Lebensmitteleinzelhandel seit Jahrzehnten fast unveränderte Erscheinung des Produktes »Kinderschokolade« von FERRERO. Betrachten wir nun die vier Marketing-»Mix«-Instrumente der Produkt- und Programmpolitik, Preis- und Entgeltpolitik, Distributions- bzw. Beschaffungspolitik und die Kommunikationspolitik.

3.5.1 Produkt- und Programmpolitik

Die Produkt- und Programmpolitik stellt den Kern des Marketing-»Mix« und gewissermaßen sogar den Kern des Marketings selber dar. Was würde das INSELHAUS tun, wenn es nicht den Kunden seine Dienstleistungen anbieten könnte. Alle Überlegungen z. B. im Rahmen der Werbung als Teil der Kommunikationspolitik, hätten keine Grundlage. Auch über Preise und Distributionswege könnte man sich keine Gedanken machen, wenn das »Herz«, das Produkt, nicht vorhanden wäre oder nicht vom Kunden angenommen werden würde. Wir werden später noch auf den Begriff der Programmpolitik eingehen, so viel jedoch vorweg: Das Produktprogramm ist mehr als das einzelne Produkt. Es umfasst zusätzlich die **Zusammenstellung der Produkte** zu einem in sich stimmigen Produktprogramm und noch weitere zusammen mit den einzelnen Produkten angebotene **Zusatzleistungen**, z. B. das Angebot von Finanzierungsmodellen für den Kunden, um das Produkt komfortabel bezahlen zu können. Zum besseren Verständnis werden auch hier Produkte gleichgesetzt mit den beispielsweise

im INSELHAUS angebotenen Dienstleistungen. Für das INSELHAUS sind seine **Dienstleistungen** gegenüber den Kunden gewissermaßen seine **Produkte**, die es an die Kunden verkauft, um langfristig den Bestand der Einrichtung zu sichern.

■ Grundbegriffe

Eine begriffliche Klärung ist entscheidend für das Verständnis des restlichen Kapitels:

- **Absatz:** Die an Kunden abgesetzte Menge eines Produktes. Das INSELHAUS setzt beispielsweise eine bestimmte Stundenzahl X der Dienstleistung »Luxuspflege« gegenüber dem Kunden Y ab. Es handelt sich also beim Absatz immer um eine Mengengröße.
- **Umsatz:** Die gegenüber Kunden abgesetzte Menge eines Produktes multipliziert mit dem Preis des Produktes. Im Beispiel unserer Zusatzleistung »Luxuspflege« würde sich beispielsweise ein Umsatz durch die Berechnung der Stundenzahl X = 3 Stunden »Luxuspflege« pro Tag für den Kunden Y multipliziert mit dem Preis pro Stunde (= € 50,–) = 3 Stunden × € 50,– pro Stunde = € 150,– Umsatz bestimmen lassen. Es handelt sich bei dem Umsatz also immer um eine Geldgröße.
- **Variable Kosten:** Die Kosten, die mit jeder zusätzlichen Herstellung einer Einheit eines Produktes entstehen
- **Deckungsbeitrag:** Umsatz eines Produktes abzüglich seiner variablen Kosten

⌖ Fallbeispiel

Wenn wir bei der Erbringung einer Stunde »Luxuspflege« beispielsweise € 50,– erlösen, also € 50,– **Umsatz** machen, und bei dieser Stunde Pflege € 25,– **variable Kosten** (vor allem bestehend aus den Personalkosten des Pflegepersonals) verursacht werden, dann erhalten wir aus dieser Stunde »Luxuspflege« folglich einen **Deckungsbeitrag** von € 50,– (Umsatz) abzüglich € 25,– (variable Kosten) = € 25,–. Wir haben also durch den Verkauf einer Stunde »Luxuspflege« einen Deckungsbeitrag i. H. v. € 25,– erwirtschaftet. Dies bedeutet, dass wir durch

eine Stunde Pflege bei diesem »Produkt«
€ 25,– erwirtschaftet haben, die zur Deckung
der sonstigen, nicht variablen Kosten, wie z.B.
den Abschreibungen auf das Gebäude des In-
SELHAUSES, der Kosten der Pflegedienstleitung,
der Verwaltungskosten, zur Verfügung stehen.
Der Deckungsbeitrag ist nicht gleich dem **Betriebsgewinn**, denn der ist bekanntermaßen die
Differenz zwischen Leistungen und den gesamten Kosten. Der Deckungsbeitrag sagt uns also,
welchen Geldbetrag eine Stunde der Dienstleistung dem Betrieb zur Deckung der restlichen
Kosten zur Verfügung stellt. Der Deckungsbeitrag ist im Grunde eine Rechengröße, die
auf dem Umsatz basiert und um die variablen
Kosten eines Produktes gekürzt wurde.

Produktlebenszyklus

Jedes Produkt, wie z.B. die »Luxuspflege« als
besondere Dienstleistung gegenüber einem besonderen Kundenkreis, hat einen bestimmten
»**Lebensverlauf**«. Das Produkt wird zu einem bestimmten Zeitpunkt erdacht, dann in den Markt
eingeführt und dann wächst der Umsatz mit dem
Produkt. Zu einem bestimmten Zeitpunkt wird
das Produkt nicht mehr den Bedürfnissen der
Kunden gerecht und deshalb nicht mehr in Anspruch genommen. Als Folge dieser Entwicklung
werden wir dieses Produkt wahrscheinlich recht-

zeitig aus unserem Produktprogramm nehmen;
wir lassen es »sterben«.

Dieser »Lebensverlauf« eines Produktes wird
»Produktlebenszyklus« genannt. Man kann seine
verschiedenen Phasen gemäß der Abbildung 3.13
darstellen.

Auf der waagerechten Achse ist als unabhängige
Größe die **Zeit** dargestellt. Auf der senkrechten
Achse sind zwei von der unabhängigen Größe
»Zeit« abhängige Größen dargestellt, nämlich der
Umsatz mit einem Produkt und der **Deckungs-
beitrag** eines Produktes. Im Zeitverlauf ändern
sich also die von der Zeit abhängigen Größen
Umsatz und Deckungsbeitrag von Produkten.

Die Zeitachse ist in zwei Bereiche unterteilt, in den
Entstehungszyklus und den **Marktzyklus**. Der
Entstehungszyklus des »noch nicht geborenen«
Produktes beginnt mit der Produktidee. Es ist
z.B. der Zeitpunkt, an dem man zum ersten Mal
die Idee hatte, den Bedürfnissen vermögenderer
Kunden im Rahmen der »Luxuspflege« gerecht zu
werden, indem man ihnen in einem luxuriösen
Ambiente eine »Privatschwester« zur Verfügung
stellt, allerdings gegen einen angemessenen Preis.

Entstehungszyklus

Betrachten wir zunächst den Entstehungszyklus,
der von der **Produktidee** bis zur **Markteinführung** reicht. Der in der Abbildung 3.13 lie-

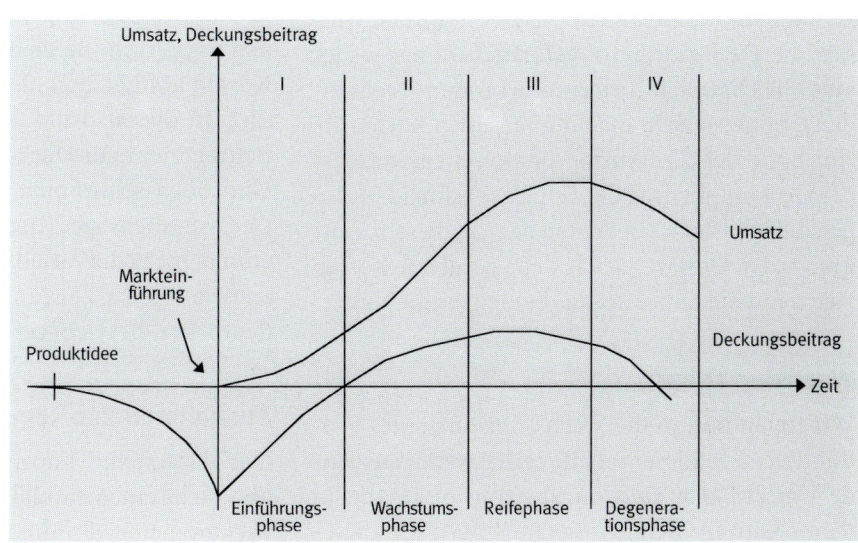

Abb. 3.13: Phasen des
Produktlebenszyklus

gende Umsatz (also abgesetzte Menge multipliziert mit dem Preis, ausgedrückt in €) ist bis zur Markteinführung Null, denn bis dahin verkaufen wir keine Einheit des Produktes »Luxuspflege«.

Seit der Produktidee fielen jedoch durch die planerischen Tätigkeiten (nach welchen Standards soll von welcher Schwester die »Luxuspflege« erbracht werden?) und der Einweisung der Pflegekräfte für die »Luxuspflege« im Vorfeld der ersten Leistungserbringung schon Kosten an. Diese Kosten, die im Vorfeld der ersten Leistungserbringung anfielen, fassen wir hier dennoch als **variable Kosten** auf, obwohl wir noch keine Einheit der »Luxuspflege« verkauft haben. Seit der Produktidee sank also der **Deckungsbeitrag** (Umsatz abzüglich variabler Kosten) immer weiter unter null, er wurde immer negativer, da vom Umsatz = 0 die immer weiter steigenden »**Vorlaufkosten**« der ersten Leistungserbringung abgezogen wurden. Im Zeitpunkt der Markteinführung erreicht der Deckungsbeitrag seinen Tiefstand im negativen Bereich.

Beginn des Marktzyklus

In der Einführungsphase, die mit der Markteinführung beginnt, kommt ab der ersten Leistungserbringung nun ein **positiver Umsatz** zu den jetzt anfallenden wirklich variablen Kosten dazu. Wegen der Formel Deckungsbeitrag = Umsatz abzüglich variabler Kosten kann nun der mit jeder verkauften Stunde »Luxuspflege« steigende Umsatz die **Deckungsbeitragsformel** immer weiter »ins Gleichgewicht bringen«. Von den wachsenden Umsätzen zieht man die variablen Kosten ab. Am Ende der Einführungsphase sehen wir, dass der Deckungsbeitrag die Zeitachse schneidet, also genau Null ist. Das bedeutet, dass zu diesem Zeitpunkt der Umsatz gleich den variablen Kosten war, denn die Differenz aus beiden ergibt Null.

Wachstumsphase

Wir treten nun in die Wachstumsphase des Produktes ein. In dieser schafft es der weiter steigende **Umsatz**, den **Deckungsbeitrag** insgesamt in den positiven Bereich »anzuheben«. In dieser

Phase muss man sich oft mit seinen Produkten gegen die Konkurrenz mit Hilfe verstärkter Werbemaßnahmen behaupten, z. B. könnte das Inselhaus in dieser Phase verstärkt mit Werbebroschüren die »Luxuspflegekunden« von der Qualität seiner Leistung zu überzeugen versuchen. Daher könnten beispielsweise in dieser Phase die **variablen Kosten** ansteigen. Folge wäre ein durch die in dieser Phase erhöhten variablen Kosten nicht so stark ansteigender Deckungsbeitrag trotz – wie in der Abbildung 3.13 sichtbar – noch stärker steigender Umsätze.

Reifephase

Jedes Produkt wird früher oder später zu einem »reifen Produkt«. In dieser Phase steigen die Umsätze nicht mehr so stark an, da die Kunden oftmals weniger des nun »in die Jahre gekommenen Produktes« kaufen; als Folge flacht auch der **Deckungsbeitrag** des Produktes ab.

Degenerationsphase

In der Degenerationsphase liegt das Produkt gewissermaßen »im Sterben«. Sowohl durch immer weniger nachgefragte **Mengen** des Produktes als auch durch beispielsweise von uns herabgesetzte **Preise** für das Produkt (beispielsweise weil die Kunden sonst noch weniger nachfragen würden) sinkt der **Umsatz**. Der aus dem Umsatz errechnete **Deckungsbeitrag** kann hier sogar wieder in den negativen Bereich geraten. Die **variablen Kosten** können hier also größer sein als der Umsatz. In diesem Falle liefert das Produkt keinen Beitrag mehr zur Deckung der restlichen Kosten. Und noch schlimmer: im Falle eines negativen Deckungsbeitrages decken die Umsätze nicht einmal mehr die variablen Kosten. Wir realisieren dann mit jeder Leistungserbringung sogar einen deutlichen **Betriebsverlust**.

Ausnahmen zur Regel

Das dargestellte Konzept des Produktlebenszyklus stellt einen **modellartigen Verlauf** der Entwicklung eines Produktes hinsichtlich des durch ihn verwirklichten Umsatzes und Deckungsbeitrages dar. Es existieren jedoch auch Beispiele wie das Produkt »Nivea« von BEIERSDORF und »Kinderschokolade« von FERRERO, die einen scheinbar nicht endenden Produktlebenszyklus aufweisen. Dennoch gibt der Produktlebenszyklus anschaulich wieder, wie sich die meisten Produkte im Zeitverlauf in Hinblick auf Umsatz und Deckungsbeitrag verhalten. Der **Produktlebenszyklus** gibt uns somit Impulse, rechtzeitig über **Neuproduktideen** nachzudenken, um – entsprechend den Gedanken aus dem Produktportfolio in Kapitel 3.2.1 – ein ausgewogenes Produktprogramm durch die Unternehmung anzubieten und somit die Zukunft des Unternehmens abzusichern.

■ Produktpolitische Strategien

Anhand des Modells des Produktlebenszyklus kann man gut darstellen, wann man versuchen kann, in verschiedenen Phasen mit **produktpolitischen Strategien** aktiv Einfluss auf die Entwicklung des Produktes zu nehmen (☞ Abb. 3.14).
In der Abbildung wird der schon bekannte Produktlebenszyklus vereinfacht dargestellt. Unabhängige Variable ist nach wie vor die Zeit, die von ihr abhängige Variable ist hier jedoch lediglich der **Umsatz** mit einem **Produkt**.

Produktinnovation

Die erste hier zu nennende produktpolitische Strategie ist die Produktinnovation. Ohne sie hätten wir kein Produkt vorliegen, denn die Produktinnovation erschafft erst ein für die Unternehmung neues Produkt. Die Strategie der Produktinnovation kann man in folgende Einzelschritte unterteilen:

Erster Schritt: Ideenfindung

Neuproduktideen können einerseits von außerhalb der Unternehmung liegenden Quellen inspiriert werden, z. B. von

- noch nicht gewonnenen Kunden, die im Vorfeld befragt werden
- Lieferanten
- Konkurrenten
- Forschungsinstituten
- Technologieparks
- Patentanalysen.

Andererseits gibt es auch betriebsinterne Quellen der Ideenfindung, die uns zu Neuproduktideen inspirieren können. Solche sind z. B.

- ein betriebliches Vorschlagswesen
- **»kreative Techniken«** wie das so genannte **Brainstorming**. Im Falle des Brainstorming lassen 6–12 Personen zu einem bestimmten Thema alle Ideen aus sich »heraussprudeln«, die ihnen

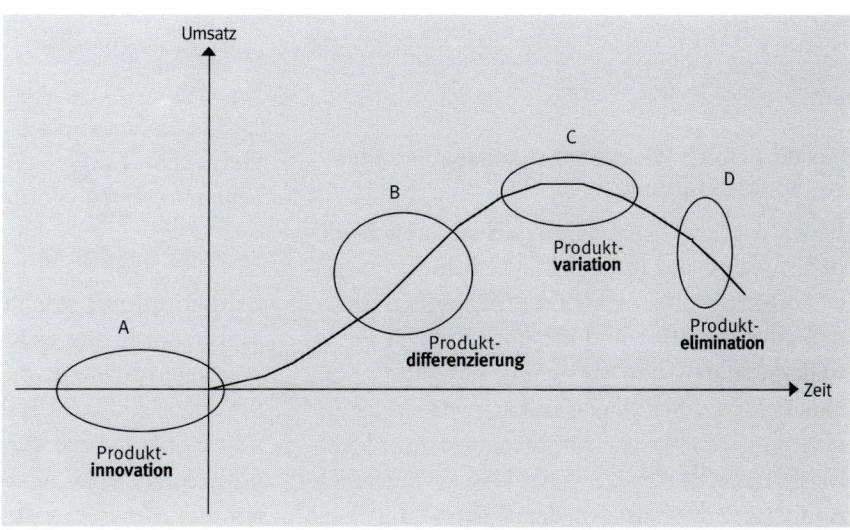

Abb. 3.14: Produktpolitische Strategien innerhalb des Produktlebenszyklus

dazu in den Sinn kommen. Es kommt bei diesen Ideen zunächst mehr auf eine große Menge als auf die Qualität der Ideen an. Es sollen keine Ideen von vornherein ausgefiltert werden.

Zweiter Schritt: Ideenprüfung- und -auswahl

Die beispielsweise durch Brainstorming gefundenen verschiedenen Ideen werden nun auf ihre Eignung als Neuproduktidee geprüft. Dabei können Methoden wie **Punktbewertungsmodelle** eingesetzt werden (☞ Stärken-Schwächen-Analyse 3.2.3). Bei der Ideenprüfung und Ideenauswahl können beispielsweise bestimmte »**Muss-Kriterien**« abgeprüft werden, die die Produktidee auf jeden Fall aufweisen muss, andernfalls wird sie verworfen. Diese »Muss-Kriterien« könnten z. B. aus den Leitideen der Unternehmung abgeleitet werden.

Dritter Schritt: Produktentwicklung

Im Rahmen der Produktentwicklung wird nun aufbauend auf der ausgewählten Produktidee das Produkt in seinen einzelnen **Erscheinungsformen**, also gewissermaßen ein »**Prototyp**« entwickelt, der dem später zu verkaufenden Produkt möglichst ähnlich sein soll. Im Falle der »Luxuspflege« könnten wir diese neue Leistung von der Einrichtung eines »Musterzimmers« bis zum konkreten Durchspielen eines Tagesablaufs aus Sicht eines »Luxuspflegekunden« anhand des Prototypen »testen«. In einer Leistungsbeschreibung kann festgehalten werden, welche Bestandteile das Produkt enthalten soll. Bei der Produktentwicklung, besser schon bei der Ideenfindung und Ideenauswahl, können Mitglieder eines Kundenbeirats helfen (☞ 3.1.2).

Vierter Schritt: Wirtschaftlichkeitsrechnungen vor Markteinführung

Bevor wir mit der Leistungserbringung beginnen, müssen die für die Markteinführung notwendigen (baulichen) **Investitionen** im INSELHAUS durchgeführt und die notwendigen **Personalkapazitäten** zur Verfügung gestellt werden. Noch einen Schritt davor müssen wir jedoch mit Hilfe von betrieblichen Informations- und Analyseinstrumenten wie z. B. der **Kostenträgerrechnung** (☞ 2.3.3) als Teil der Kosten- und Leistungsrechnung sicherstellen, dass die von uns anvisierte Ausgestaltung des Produktes in Verbindung mit dem Preis einen **Erfolgsbeitrag** liefern kann. Im Rahmen der Kostenträgerrechnung könnten wir beispielsweise zum Ergebnis kommen, dass wir den ursprünglich anvisierten Preis pro Leistungsstunde für die »Luxuspflege« noch etwas erhöhen müssen.

Fünfter Schritt: Markteinführung

Bei der Markteinführung selber kann man das Produkt zunächst beispielsweise in einem **Testmarkt** »ausprobieren« und erste Erfahrungen mit Reaktionen von Kunden sammeln. Die dabei gewonnenen Erkenntnisse können uns dann dazu veranlassen, noch kleine Veränderungen im Produkt vorzunehmen. Als Testmarkt im INSELHAUS eignet sich beispielsweise die Möglichkeit, die neue Leistung »Luxuspflege« zunächst nur gegenüber einem einzigen Kunden zu erbringen. Später werden die bei diesem »**Probelauf**« gewonnene Erkenntnisse noch vor dem Anbieten der Leistung gegenüber anderen Kunden (also im Gesamtmarkt) durch Änderungen im Produkt umgesetzt. So könnte beispielsweise der erste »Testkunde« in Bezug auf die »Luxuspflege« uns darauf aufmerksam machen, dass er auf keinen Fall, wie wir es zunächst bei der Produktentwicklung erdachten, seine Mahlzeiten grundsätzlich in seinem Esszimmer einnehmen will, sondern dass er auch gerne mit den anderen Kunden im Speisesaal essen möchte. Ergebnis könnte die Übernahme der »Wahl des Speisens in Gemeinschaft oder eigenem Esszimmer« in die Werbebroschüre des INSELHAUSES für das Produkt »Luxuxpflege« sein. Auf diese Weise kann Kunden die Angst vor dem einsamen Leben im »Elfenbeinturm« genommen werden.

Sechster Schritt: Kontrolle des Markterfolges

Kritisch müssen wir nun nach der tatsächlichen Markteinführung prüfen, ob die zuvor an die **Wirtschaftlichkeit**, den **Umsatz** und die **Qualität** des Produktes gestellten Anforderungen erfüllt wurden. Auch der **Zuspruch** der Kunden ist notwendig. Falls nicht, müssen geeignete Maßnahmen zum Gegensteuern gefunden werden.

Produktdifferenzierung

Wie in der Abbildung 3.14 dargestellt, liegt der Zeitpunkt für Produktinnovationen am Beginn des Produktlebenszyklus. Anders verhält es sich bei der Produktdifferenzierung. Man spricht von der Strategie der Produktdifferenzierung, wenn neben das ursprüngliche Produkt andere **Produktvarianten** hinzutreten. So könnte das Insel-HAUS beispielsweise passend zur »Luxuspflege« ein paralleles Zusatzangebot in Form des Produktes »Luxusreise mit Betreuung« anbieten, ganz ähnlich dem Reiseangebot aus Kapitel 3.4.2, das wir den »Jungen Senioren« im Rahmen der Marktsegmentierungsstrategie machten. Aber warum dieses Zusatzangebot und warum wird es gerade in der Wachstumsphase des Produktlebenszyklus angewendet?

Der Grund ist der in der Wachstumsphase oft auftretende **Wettbewerb** unter **Konkurrenten**. So könnte eine andere stationäre Altenhilfeeinrichtung der Insel Werbeprospekte des INSELHAUSES gelesen haben und versuchen, auf »denselben Zug aufzuspringen« und eine eigene Form der »Luxuspflege« anzubieten. Wir sehen, dass in einer Situation der Wachstumsphase von erfolgreichen Produkten, in der hohe Umsatzsteigerungen und wachsende, positive Deckungsbeiträge »locken«, andere Wettbewerber mit ähnlichen Produkten in den Markt eintreten können. Wir sind dann gezwungen, uns von den Mitwettbewerbern abzuheben. Wir könnten ein **Zusatzleistungspaket** in Form des Produktes »Luxusreise mit Betreuung« anbieten. Das ursprüngliche Produkt »Luxuspflege« wird also durch die neue Reise- und Betreuungsdienstleistung ergänzt. Wir hoffen, mit einem differenzierten Produktprogramm dieses Marktsegment besser in seinen Bedürfnissen zu befriedigen und im Vergleich zu unseren Konkurrenten Neukunden besser an uns zu binden bzw. die bisherigen Kunden zu behalten.

Produktvariation

Im Gegensatz zur Produktdifferenzierung ist die Produktvariation eine produktpolitische Strategie, bei der ein altes Produkt durch ein neues abgelöst wird. Die Produktvariation wird zumeist in der Reifephase eines Produktlebens durchgeführt. Das Produkt entspricht dann oftmals nicht mehr den geforderten **Standards** oder den **Bedürfnissen** der Kunden.

Das an die veränderten Anforderungen angepasste Produkt ist nicht völlig neu, es wurde nur »variiert«. Falls die im Rahmen der »Luxusreise mit Betreuung« bereisten Länder des Zielkontinents Europa zum Zeitpunkt der Reifephase des Produktes nicht mehr so viele Kunden zum Buchen der Reise veranlassen wie noch in der Wachstumsphase, könnte sich das INSELHAUS überlegen, eine Produktvariation durchzuführen. Die »Luxusreise mit Betreuung« führt in Zukunft auch in ausgewählte tropische Länder, in denen die Seuchengefahr, die damit verbundene Impfbelastung und die klimatischen Belastungen möglichst gering sind.

Falls es das INSELHAUS schafft, die in der Reifephase abgeschwächte Umsatzentwicklung so wieder zu beleben, als ob eine neue Wachstumsphase beginnt, spricht man von einem so genannten »**Relaunch**«; es wurde also in diesem Fall geschafft, das ursprüngliche Produkt in variierter Form »wieder starten zu lassen«.

Produktelimination

Wenn jedoch die Produktvariation nicht möglich ist oder misslingt, dann greift in der Degenerationsphase des Produktlebenszykluses die produktpolitische Strategie der Produktelimination. Das Produkt wird in diesem Falle also angesichts eines schrumpfenden Marktes aus dem Produktprogramm herausgenommen.

Doch wann ist der geeignete **Zeitpunkt**, um ein Produkt aus dem Produktprogramm zu nehmen? Wenn das Produkt im Rahmen der Kostenträgerrechnung nicht mehr die gesamten Kosten deckt oder erst wenn der Deckungsbeitrag negativ geworden ist? Unter Umständen ist das Angebot eines Produktes für die Kunden so wichtig, dass sie beim Ausbleiben des Produktes auch andere Produkte des INSELHAUSES nicht mehr nachfragen würden. Dann müssen wir uns genau überlegen,

3

ob wir ein Produkt nicht trotz eines negativ gewordenen Deckungsbeitrags anbieten sollten. Wir sehen an dieser Stelle wieder, dass Informations- und Analyseinstrumente wie beispielsweise die Kostenträgerrechnung uns beim Marketing immer begleiten und wichtige Informationen für Marketingentscheidungen liefern. Das Angebot eines Produktes trotz eines negativen Deckungsbeitrags, um Kunden, die andere Dienstleistungen kaufen, nicht zu verlieren, stellt den schon beschriebenen langfristigen, gleichzeitigen kalkulatorischen Ausgleich dar (☞ 3.4.3).

Eng mit der Produkt- und Programmpolitik verbunden ist die Preis- und Entgeltpolitik, die für die Produkte angemessene Preise und Entgelte festlegt.

Auf einen Blick

▶ Der Marketing-»Mix« umfasst Maßnahmen der Produkt- und Programmpolitik, Preis- und Entgeltpolitik, Distributions- bzw. Beschaffungspolitik und Kommunikationspolitik.

▶ Unter Absatz versteht man die gegenüber Kunden abgesetzte Menge eines Produktes; Umsatz bedeutet die Absatzmenge multipliziert mit dem Preis für eine Einheit des Produktes.

▶ Der Deckungsbeitrag errechnet sich aus dem Umsatz eines Produktes abzüglich seiner variablen Kosten, die wiederum mit der zusätzlichen Herstellung einer Einheit des Produktes anfallen.

▶ In der Regel durchschreiten alle Produkte oder Dienstleistungen einen Produktlebenszyklus, der in den Entstehungszyklus und den Marktzyklus unterteilt wird.

▶ Nach dem Entstehungszyklus, der von der Produktidee bis zur Markteinführung reicht, erstreckt sich der Marktzyklus von der Markteinführung über die Wachstumsphase und Reifephase bis hin zur Degenerationsphase.

▶ Produktinnovation, Produktdifferenzierung, Produktvariation und Produktelimination sind wichtige produktpolitische Strategien während des Produktlebenszykluses.

3.5.2 Preis- und Entgeltpolitik

Einführend wollen wir zunächst betrachten, worin Unterschiede zwischen Preis- und Entgeltpolitik bestehen können.

■ Elemente der Preis- und Entgeltpolitik

Bei den Entgelten kann man unterscheiden zwischen

- nicht-monetären Entgelten.
- monetären Entgelten

Nicht-monetäre Entgelte

Nicht-monetäre Entgelte treten in Erscheinung, wenn mit Hilfe von Geld die **Geschäftsabwicklung** nicht durchgeführt werden kann. Beispiel im INSELHAUS wäre hierfür die kostenlose Verköstigung der ehrenamtlichen Helfer bei den wöchentlichen Ausflügen mit den Kunden. Mit dem nicht-monetären Entgelt »kostenlose Verköstigung« zeigen wir den Freiwilligen regelmäßig unsere Wertschätzung und honorieren auf diese Weise ihren hilfreichen Einsatz.

Monetäre Entgelte

Die monetären Entgelte stellen hingegen die zentrale Rolle im Wirtschaftsleben dar; es wird hier ein Preis in Form eines **Geldbetrages** für eine Einheit eines bestimmten Gutes oder einer Dienstleistung festgelegt.

Minderung monetärer Entgelte

Monetäre Entgelte können gemindert werden durch Rabatte, Boni und Konditionen.
Rabatte sind z. B.

- Barzahlungsrabatt (= Skonto)
- Mengenrabatt (Preisnachlass bei einer hohen Absatzmenge) und
- Funktionsrabatte.

Durch Funktionsträger in der Wirtschaft wie z. B. in Handelsunternehmen wird oftmals die Gewährung eines Funktionsrabattes eingefordert.

So kann z. B. ein Großhändler von pflegerischem Verbrauchsmaterial vom Hersteller eines Produktes, das durch ihn vertrieben wird, einen Funktionsrabatt abverlangen. Grund dafür ist, dass der Großhandel bestimmte Funktionen wahrnimmt, wie z. B. große Produktmengen, die er vom Hersteller kauft, in kleinere Produktmengen herunterzubrechen und diese wiederum Einzelhändlern zugänglich zu machen. Man spricht hierbei von der **Mengentransformationsfunktion**. Auch nimmt der Großhändler die **Raumüberbrückungsfunktion** wahr. Das bedeutet, dass der Großhändler für den Hersteller, der oftmals an nur einem Produktionsort ansässig ist, die Waren geographisch über den Marktraum verteilt, sodass sie über den Einzelhandel letztendlich zum Kunden gelangen. Auch diese Raumüberbrückungsfunktion kann durch einen Funktionsrabatt für den Großhändler und Einzelhändler honoriert werden.

Boni mindern ebenfalls monetäre Entgelte und können am Jahresende für besonders hohe Absatz- bzw. Bezugsmengen gewährt werden.

Konditionen sind z. B. Zahlungsbedingungen, die ein Zahlungsziel in Verbindung mit einem dann gewährten Skonto oder Bonus beinhalten, z. B. »bei Zahlung innerhalb von acht Tagen wird ein Skonto von 2 % des Nettoverkaufspreises gewährt«. Das bei den Rabatten aufgeführte Skonto kann also bei den Konditionen miteinbezogen werden.

Warum »Entgelt«-Begriff statt »Preis«?

Wir haben gesehen, dass die Preise den monetären Entgelten zuzuordnen sind. Da der Entgeltbegriff die Unterscheidung zwischen nicht-monetären und monetären Entgelten erlaubt, ist der Begriff Entgeltpolitik ein umfassenderer und präziserer Begriff als der Begriff der Preispolitik. Dieser ist auf nur monetäre Vergütungen beschränkt. Wir wollen daher den umfassenden Begriff der Entgeltpolitik verwenden, jedoch wissend, dass vor allem monetäre Entgelte, also der Preis, hierbei in der betrieblichen Praxis vorgefunden werden.

■ Verhältnis zwischen Preis und Absatz

Wir wollen nun im Rahmen der Entgeltpolitik prüfen, auf welche Weise die **Absatzmenge** eines Produktes vom Preis des Produktes abhängen kann. Im Kapitel über die Produkt- und Programmpolitik (☞ 3.5.1) haben wir die Behauptung aufgestellt, dass wir in der Degenerationsphase versuchen könnten, durch einen Nachlass im Preis die durch die Kunden nachgefragte Menge einer Dienstleistung zu erhöhen.

Trifft diese Annahme jedoch generell zu, dass bei **Preisnachlässen** die abgesetzte **Menge** steigt? Sicherlich nicht immer, denn bei manchen Produkten will der Konsument sich durch den Kauf eines besonders teuren Produktes aus seinem sozialen Umfeld herausheben, wie z. B. durch den Kauf eines Luxus-PKWs. Hier ist der hohe Preis des Produktes geradezu erwünscht, er macht das »Besondere« des Produktes aus. Vielleicht appellieren wir auch bei unserer »Luxuspflege« im INSELHAUS an diese (oftmals in der Gesellschaft negativ bewertete) Motivation. Vielleicht gibt die »Luxuspflege« im INSELHAUS Kunden aber auch die Möglichkeit, ihr Vermögen nach jahrzehntelangem Sparen für sich selber auszugeben und sich am Lebensabend gewissermaßen auch einmal »zu belohnen«.

Monopolsituation

Die volkswirtschaftliche Lehre der **Mikroökonomie** hat eine Vielzahl von **Modellen** entwickelt, die erklären sollen, welchen Einfluss der Preis eines Produktes auf die abgesetzte Menge dieses Produktes haben kann. Einige dieser Preis-Absatz-Zusammenhänge (auch **Preis-Absatzfunktionen** genannt) sollen in der Abbildung 3.15 skizziert werden.

Im dargestellten Achsenkreuz sind wieder eine unabhängige und eine abhängige betriebswirtschaftliche Größe dargestellt. Wir betrachten hier den Preis auf der senkrechten Achse als die **unabhängige Variable**. Wir »spielen« nun mit verschieden hohen Preisen und beobachten, wie sich die abgesetzte Menge einer Dienstleistung dar-

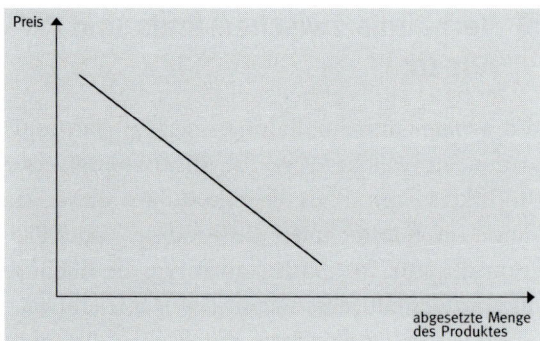

Abb. 3.15: Preis-Absatzfunktion in der Monopolsituation

aufhin verändert. Daher nennt man den in der Abbildung dargestellten Zusammenhang zwischen Preis und Absatz eine Preis-Absatzfunktion. Es wird ein funktionaler Zusammenhang zwischen dem Preis einer Dienstleistung und dessen abgesetzter Menge dargestellt.

Nehmen wir das Beispiel unserer Zusatzleistung »Luxuspflege«. Wir sehen, je höher wir den Preis dafür festsetzen, desto weniger werden wir von diesem Produkt absetzen können. Das klingt plausibel. Je niedriger wir den Preis festlegen, desto größer ist die abgesetzte Menge des Produktes. Auch das entspricht unseren alltäglichen Erfahrungen mit Preisen von Produkten und unserem Kaufverhalten. Stimmt der hier dargestellte Zusammenhang im Fall der »Luxuspflege« jedoch wirklich? Wir deuteten schon an, dass für Bezieher dieser Luxus-Leistung ihr »Reiz« darin bestehen kann, dass sie relativ teuer ist und nicht jeder sie in Anspruch nehmen kann. Andererseits würden sich andere Kunden des INSELHAUSES vermutlich sehr freuen, eine »Privatschwester« und luxuriöse Räumlichkeiten zu einem sehr günstigen Preis zur Verfügung gestellt zu bekommen. Ob der hier dargestellte Zusammenhang in Form einer »**perfekten Gerade**« zutrifft, ist fraglich. Jedoch ist in der Tat zu vermuten, dass bei sinkendem Preis für diese Leistung die abgesetzte Menge steigen wird und das bei einem steigenden Preis die abgesetzte Menge zurückgeht.

Warum spricht man aber bei dieser Preis-Absatzfunktion von einer Monopolsituation? In einer Situation des **Monopols** gibt es nur einen Anbieter der Dienstleistung. Er kann die Preise verändern und dann entscheiden die Kunden, ob und wie viel des Produktes sie bei diesem Preis kaufen. Für die Luxuspflege ist das INSELHAUS momentan im Einzugsgebiet sicherlich ein Monopolist, denn die **Konkurrenten** haben noch keine eigene Form dieser Leistung entwickelt; nur das INSELHAUS biete sie als »Monopolist« an. Der Monopolist INSELHAUS kann den Preis verändern, wie er will, und es werden als Folge unterschiedlich hohe Absatzmengen beobachtet.

Situation vollständiger Konkurrenz

Das genaue Gegenteil der Monopolsituation wird in der Abbildung 3.16 dargestellt.

Wieder haben wir auf der senkrechten Achse die unabhängige Variable, den Preis des Produktes, und auf der waagerechten Achse die daraus resultierende abgesetzte Menge des Produktes. In der Situation der vollständigen Konkurrenz nimmt man an, dass es eine Vielzahl von Anbietern eines Produktes gibt und die Vielzahl der Kunden vollständig über alle **Preise** und **Qualitäten** der verschiedenen Dienstleistungen aller Anbieter informiert sind.

Höherer Preis

Nehmen wir an, die Kunden wären über die Pflege- und Unterkunftdienstleistungen und deren Preise bei allen Anbietern auf der Insel vollständig informiert und diese Dienstleistungen würden sich alle nicht wesentlich unterscheiden.

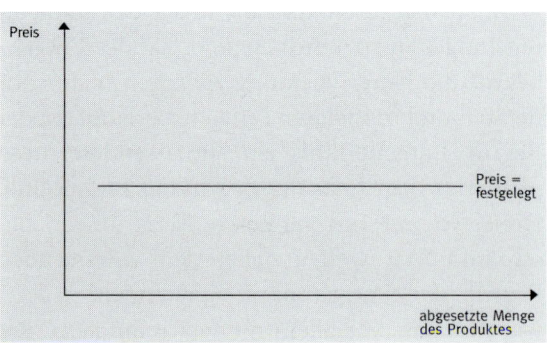

Abb. 3.16: Preis-Absatzfunktion in der Situation der vollständigen Konkurrenz

Wenn in dieser Situation das INSELHAUS seinen Preis für diese Dienstleistungen nur ein wenig höher setzen würde als seine Konkurrenten, dann geht das Gedankenmodell (☞ Abb. 3.16) davon aus, dass sich die Kunden im INSELHAUS dann sofort entscheiden würden, zu einem günstigeren Leistungsanbieter zu wechseln. Die Folge für uns wäre eine **Preis-Absatz-Kombination** im Achsenkreuz, bei der wir einen höheren Preis über dem eingezeichneten Strich verlangen würden, aber durch den Weggang aller Kunden keine einzige Einheit dieser Leistung verkaufen würden.

Gleicher Preis

Wenn wir allerdings den Preis haben, den alle anderen auch verlangen, dann liegt unsere Absatzmenge irgendwo auf der Geraden, je nachdem, wie viele Kunden wir mit unseren Personal- und Raumkapazitäten versorgen können. Wir teilen uns also die insgesamt durch alle Leistungsanbieter angebotene und durch alle Kunden nachgefragte **Leistungsmenge** mit unseren Konkurrenten.

Geringerer Preis

Würden wir allerdings einen Preis anbieten, der unter dem allgemeinen Preis im Markt liegt, dann würden alle Kunden nach diesem Gedankenmodell zu uns wechseln wollen, und wir könnten – entsprechende Personalkapazitäten vorausgesetzt – eine so hohe Menge der Leistung absetzen, dass diese Menge so weit rechts im Diagramm liegen würde, dass sie nicht auf die Buchseite passt. Da die Kunden in diesem Beispiel sofort zum momentan günstigsten Leistungsanbieter wechseln, würde die Konkurrenz alle ihre Kunden an uns verlieren.

Geringer Spielraum

Der Leser wird sicher zustimmen, dass die Annahmen dieser Preis-Absatzfunktion der vollständigen Konkurrenz **unrealistisch** sind. Wer würde schon aus einem vertrauten Zimmer im INSELHAUS sofort ausziehen, wenn irgendein anderer Anbieter auf der Insel mit seinem Preis für Pflege und Unterkunft nur ein wenig unter den einheitlichen Marktpreis liegen würde. Auch die

Informiertheit des Kunden über alle Preise und Dienstleistungsqualitäten im Markt, die das Modell voraussetzt, ist sicher selten gegeben.

Das **Resultat** der Situation der vollständigen Konkurrenz ist, dass sich kein Anbieter traut, mit dem Preis hochzugehen, denn dann würde er alle Kunden verlieren. Wenn er ein wenig mit dem Preis heruntergeht, würde er hingegen alle Kunden für sich gewinnen. Aber da in diesem Gedankenmodell ja nicht nur vollständige Informiertheit für die Kunden, sondern auch für die Leistungsanbieter herrscht, wüssten die Anbieter sofort von der Preisänderung und würden ihrerseits umgehend den Preis nach unten anpassen. Die Folge wäre wieder eine Preis-Absatzfunktion wie die abgebildete Gerade, allerdings mit einer etwas nach unten parallel verschobenen Kurve. Aus diesem Grund kann man sagen, dass der Preis in der Situation der vollständigen Konkurrenz immer ein einziger, durch die Anbieter festgelegter Preis ist, der sich im Zeitverlauf in einer bestimmten Höhe »einpendelt«.

Probleme mit dem Kostenträger

Eine Situation in der betrieblichen Realität ähnelt allerdings der Situation der vollständigen Konkurrenz: Die zwischen den Pflege- und Krankenkassen mit Verbänden der Leistungsanbieter in Gebührenverhandlungen ausgehandelten Leistungsgebühren stellen für den Geltungszeitraum der Gebührenvereinbarung in den Bundesländern in der Tat festgelegte Preise für die Abrechnung der entsprechenden Dienstleistungen dar. Bei einem Über- wie Unterschreiten würde ein Anbieter die geltende Gebührenvereinbarung brechen und mit Sanktionen durch die Kassen bestraft werden. Im schlimmsten Fall dürfte ein solcher Anbieter keine Leistungen dieser Art mehr mit den Kassen als Kostenträger abrechnen. Diese Situation würde in Abbildung 3.16 den Bereichen über der Geraden (Preisüberbietung) und unter der Geraden (Preisunterbietung) entsprechen.

Gutenberg-Preis-Absatzfunktion

Die als letztes Beispiel für Preis-Absatzfunktionen dargestellte Gutenberg-Preis-Absatzfunktion stellt

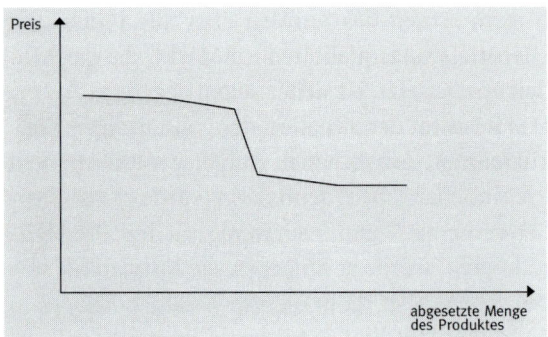

Preis

abgesetzte Menge
des Produktes

Abb. 3.17: Gutenberg-Preis-Absatzfunktion als Mittelweg

gewissermaßen eine **Mischform** aus den beiden oben dargestellten Funktionen dar (☞ Abb. 3.17). Während der Anfang und das Ende dieser nach dem Ökonomen Gutenberg benannten Preis-Absatzfunktion an die Situation der vollständigen Konkurrenz erinnert (es »pendelt« sich ein einheitlicher Preis ein), erscheint der mittlere Teil ähnlich der **Monopolsituation** (verschiedene Preise sind möglich).

Monopolistischer Bereich

Der mittlere Bereich, in dem verschiedene Preise verschiedene Absatzmengen zur Folge haben, wird »monopolistischer Bereich« genannt, denn bei der Preis-Absatzfunktion in der Monopolsituation waren auch verschiedene Preise durch den Leistungsanbieter wählbar. Während in den Bereichen rechts und links vom monopolistischen Bereich der Gutenberg-Preis-Absatzfunktion die Regeln der **vollständigen Konkurrenz** herrschen, kann sich der Leistungsanbieter im **monopolistischen Bereich** wie ein Monopolist verhalten, der verschiedene Preise für seine Leistungen wählen kann. Doch welcher Anbieter kann seine Preise ohne Abwandern der Kunden hoch- und heruntersetzen? Nur der Anbieter, der seine Produkte so gestaltet, dass die Kunden dieses Produkt den Produkten der Konkurrenten vorziehen, kann für dieses »bevorzugte« Produkt verschiedene Preise verlangen. Gleichzeitig braucht er nicht zu befürchten, dass ihn seine Kunden für die Preisveränderung mit der Abwanderung zur Konkurrenz »bestrafen«.

 **Fallbeispiel**

Für seine Pflegedienstleistungen und die Unterkunft bietet das Inselhaus durch strenges **Qualitätsmanagement** Pflegedienstleistungen auf hohem pflegewissenschaftlichen Standard an. Die Pflegedienstleitung kontrolliert in engen Zeitabständen durch **Pflegevisiten** die Einhaltung der ehrgeizigen Standards in Bezug auf Ergebnis und Dokumentation der Pflege. Der Kunde schätzt dieses Engagement und fühlt sich in dieser Situation wohl. Die Unterkunft bietet Einzelzimmer für Alleinstehende an und ist in gutem baulichen Zustand, außerdem ist das Inselhaus geschmackvoll möbliert.

Die Folge ist, dass die Kunden des Inselhauses nicht bei einer kleinen notwendigen **Preiserhöhung** kündigen und ausziehen würden. Die hohe Leistungsqualität bindet die Kunden an das Inselhaus. Auch bei einer Preissenkung würden nicht alle Kunden der Insel und der Küstenregion in das Inselhaus kommen wollen, denn unter Umständen haben sie auch ähnliche Gründe für die Bevorzugung ihrer momentanen Pflegeeinrichtung.

Im dargestellten preislichen **monopolistischen Bereich** kann sich also das Inselhaus wie ein Monopolist verhalten, es kann in einer eingeschränkten preislichen Spanne so tun, als ob es der einzige Leistungsanbieter für Pflege- und Unterkunft-Dienstleistungen wäre. Weicht es allerdings mit seinem Preis für Pflege und Unterkunft zu weit nach **oben** ab, dann verliert es vermutlich in hohem Maße Kunden und gegenüber ihnen abgesetzte Dienstleistungen. Weicht es mit dem Preis sehr stark nach **unten** ab, dann wägen die Kunden seiner Konkurrenten den Preisvorteil mit den Beschwerlichkeiten des Auszugs, der Kündigung und des neuen Vertragsabschlusses ab. Bei einem sehr starken Preisnachlass nach unten bei qualitativ guten Dienstleistungen werden viele Kunden jedoch schließlich in das Inselhaus umziehen wollen. Das Inselhaus erlebt dann einen so großen Ansturm von Neukunden aus anderen Pflegeeinrichtungen, dass es schnell an die Grenzen seiner Aufnahmefähigkeit kommt und die Neukunden ablehnen muss (☞ Abb. 3.17 Kurventeil rechts unten).

Präferenzen der Kunden

Die Gründe für die Bevorzugung einer Dienstleistung bei einem bestimmten Leistungsanbieter werden auch als **Präferenzen** bezeichnet. Der Kunde präferiert (bevorzugt) eine Leistung aus bestimmten Gründen.

Folgende Präferenzen in Bezug auf Dienstleistungen und Produkte sind denkbar:

- **Sachliche Präferenzen:** Hier tut sich der Leistungsanbieter durch Vorteile in seinen Produkten hervor. Beispiel: durch das strenge Qualitätsmanagement im INSELHAUS werden die Pflegeziele schneller und besser als in anderen Pflegeeinrichtungen erreicht. Der Kunde kann schneller wieder in seine Häuslichkeit zurückkehren.
- **Zeitliche Präferenzen:** Im Rahmen der Leistungserbringung bieten sich zeitliche Vorteile für den Kunden. Beispiel: Anfragen durch die Kunden werden sehr schnell und effizient durch das Personal des INSELHAUSES erledigt. Es gibt für den Kunden geringe Verzögerungszeiten.
- **Örtliche Präferenzen:** Räumliche Vorteile werden dem Kunden geboten. Beispiel: Das INSELHAUS liegt an einer für die Kunden als besonders attraktiv empfundenen geographischen Stelle der Insel.
- **Persönliche Präferenzen:** In der Person begründete Vorteile sprechen den Kunden besonders an. Beispiel: Die Kunden schätzen die Freundlichkeit und soziale Kompetenz des im INSELHAUS eingesetzten Personals. Zwischen den freiwilligen Helfern bei den wöchentlichen Ausflügen und den Kunden ist eine lockere, positive und persönliche Beziehung entstanden.

Das Schaffen dieser Arten von Präferenzen kann für einen Leistungsanbieter einen **monopolistischen Bereich** in der dargestellten Preis-Absatzfunktion erzeugen. Die Kunden haben dann in Bezug auf bestimmte Dienstleistungen des INSELHAUSES Präferenzen (Gründe für die Bevorzugung des INSELHAUSES). Als Folge kann es in einem bestimmten Umfang den Preis verändern, ohne dass die Kunden zu einem Konkurrenten wechseln.

Nachteile von Preis-Absatzfunktionen

So sehr uns die dargestellten drei Preis-Absatzfunktionen ein Verständnis für den möglichen Zusammenhang zwischen Preis und Absatzmen-

3

Abb. 3.18: In einem Monopol hat die Konkurrenz keinen Platz mehr.

ge unserer Dienstleistungen geben, so sehr weisen sie jedoch andererseits folgende Nachteile auf:

Einproduktunternehmung: Es steht vor allem bei den ersten beiden Modellen eine Unternehmung im Mittelpunkt, die im Grunde nur ein Produkt anbietet. In der betrieblichen Realität gilt es jedoch, eine ausgewogene Mischung aus mehreren Produkten im Produktprogramm zu haben.

Informationsproblem: Es gibt in der betrieblichen Realität nicht die vor allem in den letzten beiden Modellen angenommene vollständige Informiertheit aller Beteiligten. Auch die Aufgabe, eine Preis-Absatzfunktion für das INSELHAUS für alle nur denkbaren Kombinationen von Preisen und Absatzmengen eines Produktes aufzustellen, würde uns erhebliche Schwierigkeiten bereiten.

Präferenzen als gegeben angenommen: In der Mikroökonomie werden die Präferenzen der Kunden in Bezug auf unsere Leistungen als gegeben angenommen. Jedoch versuchen wir im INSELHAUS permanent, die Präferenzen der Kunden derart zu verändern, dass wir neue Leistungen erfinden und versuchen, neue Präferenzen bei den Kunden in Bezug auf unsere Dienstleistungen zu erschaffen. Die mikroökonomischen Erklärungsmodelle scheitern in der Frage der Präferenzen oftmals an der Tatsache, dass die betriebliche Realität in dieser Hinsicht nicht starr ist, sondern permanent die Veränderung der Präferenzen der Kunden sucht.

■ Preisstrategien

In der Entgeltpolitik sind nicht in erster Linie die Kosten des Produktes für die Festlegung eines Preises entscheidend. Zugegebenermaßen müssen wir die Kosten unserer Produkte mit Hilfe der Kostenträgerrechnung errechnen und kennen, damit wir nicht den Preis unter den Kosten ansetzen. Die Preishöhe ermittelt sich jedoch vielmehr im Spannungsfeld des so genannten »**Magischen Dreiecks**« aus

- Unternehmung
- Konkurrenz
- Kunden.

Die **Unternehmung** ist eines der Kriterien bei der Preisfindung. Dies äußert sich beispielsweise in der Beachtung der betrieblichen Kostensituation bei der Preisfindung. Auch die eigenen Anforderungen an die Qualität der durch uns angebotenen Produkte ist ein betrieblicher Faktor und hat Einfluss auf die Preisgestaltung.

Die **Konkurrenz** ist auch ein Einflussfaktor bei der Preisfestlegung, denn wie wir in den Preis-Absatzfunktionen angedeutet haben, reagiert die Konkurrenz auf unsere Preise und umgekehrt.

Die **Kunden** bzw. Nachfrager stellen die dritte Ecke des Magischen Dreiecks dar. Sie grenzen zusammen mit der Konkurrenz gewissermaßen den Markt für unsere Produkte ab. Nicht die in unserem Unternehmen begründete Kostensituation unserer Produkte ist alleine entscheidend für die Preisfindung, sondern der Markt, bestehend neben der Konkurrenz vor allem aus den Nachfragern. Ein durch das INSELHAUS festgelegter Preis ist an der Bereitschaft der Nachfrager, diesen Preis zu zahlen oder nicht, auszurichten. Ist ein bestimmter Preis bei den Nachfragern nicht durchzusetzen, dann müssen wir den anvisierten Preis an dieser dritten Ecke des »magischen Dreiecks« der Preisfindung anpassen.

Aufbauend auf dieser Grundüberlegung wollen wir nun prüfen, welche Preisstrategien innerhalb der Entgeltpolitik beschritten werden können, um Preise zu bilden, die für den **kurzfristigen** Erfolg bzw. für den **langfristigen** Bestand des INSELHAUSES förderlich sind.

Abschöpfungsstrategie

Bei der Abschöpfungsstrategie tritt der Leistungsanbieter oftmals mit einem sehr hohen Preis für seine Dienstleistung in den Markt ein. Er will zunächst die Erträge solcher Nachfrager »abschöpfen«, die das neue Produkt gleich bei seiner Einführung in Anspruch nehmen wollen und bereit sind, eine hohen Preis zu bezahlen. In der **Konsumgüterindustrie** ist die Einführung des CD-Players ein gutes Beispiel, für den bei Einführung die so genannten »Konsumpioniere« bis zu vergleichsweise € 5.000,– bezahlten. Im Beispiel des INSELHAUSES könnte die »Luxusreise mit Begleitung« eine Leistung sein, mit der wir zunächst eine Abschöpfungsstrategie mit diesem Preis fahren könnten. Nach dem Angebot mit einem zunächst sehr hohen Preis könnten wir zu einem späteren Zeitpunkt mit dem Preis heruntergehen, um auch solche Kunden zu erreichen, die nur einen etwas weniger hohen Preis für diese Dienstleistung zahlen können.

Durchdringungsstrategie

Eine der Abschöpfungsstrategie genau entgegengesetzt wirkende Strategie ist die Durchdringungsstrategie. Hier will man von Anfang an mit einem sehr niedrigen Preis den Markt »durchdringen« und einen hohen Marktanteil für das eigene Produkt erreichen. Dies würde der Schaffung eines »**Sterns**« im Produktportfolio (☞ 3.2.1) entsprechen. Die Situation eines großen Marktanteils hat den Vorteil, dass die Position des eigenen Unternehmens dann relativ sicher im Vergleich zur Situation als »**Fragezeichen**« ist. Die Durchdringungsstrategie versucht nun, diese Situation eines hohen Marktanteils so schnell wie möglich zu erreichen.

Wenn das INSELHAUS beispielsweise seine Transportdienstleistungen von Anfang an sehr günstig anbietet, sogar unter den eigenen Kosten, dann kann durch die folglich höheren Absatzzahlen die **Marktführerschaft** bei dieser Transportdienstleistung erreicht werden. Gemessen am gesamten Markt für Hol- und Bringdienste von und zur Häuslichkeit der Kunden würden wir dann den größten Anteil an diesem Markt besitzen. Je höher die Zahlen der Transporteinsätze wären, desto günstigere Konditionen könnten wir wiederum mit einem Transportunternehmen für die Durchführung dieser Dienste aushandeln. Es können sogar so günstige Konditionen sein, dass der unseren Kunden gegenüber vereinbarte Preis die dann geringeren Kosten decken würde. Wir könnten aber auch durch die mit dem Transportunternehmen vereinbarten günstigeren Konditionen den Preis für die Transportdienstleistung noch weiter senken und auf diese Weise versu-

chen, den Markt noch weiter zu durchdringen. Wir sehen, dass die Durchdringungsstrategie bei bestimmten Produkten die Marktführerschaft und damit verbundene »**Größenvorteile**« ermöglichen kann.

Verbundpreisbildung

Die Preisstrategie der Verbundpreisbildung setzt innerhalb des hier betrachteten Instruments der Entgeltpolitik im Rahmen des Marketing-»Mix« um, was wir schon bei dem langfristigen Marketing-Handlungsprogramm »**kalkulatorischer Ausgleich**« (☞ 3.4.3) angedeutet haben. Handelte es sich beim kalkulatorischen Ausgleich um die gezielte langfristige Schaffung eines Ausgleichs von Gewinn- und Verlustbringern für das Unternehmen, also eine zusammenhängende Produkt-, Preis, Distributions- und Kommunikationsstrategie, geht es bei der Preisstrategie der Verbundpreisbildung nur um die damit verbundene preisliche Ausgestaltung dieses kalkulatorischen Ausgleichs. Im INSELHAUS waren die wöchentlichen Ausflüge mit den Kunden die Gewinnbringer, während wir bei den Hol- und Bringdiensten für ein- bzw. ausziehende Kunden ein Defizit bei für die Kunden attraktiven Preisen einkalkulierten. Die Preise für diese beiden Leistungen müssen daher immer als **Verbundpreise** gesehen werden. Die tatsächlichen Kosten der Leistungserbringung müssen regelmäßig in der Gesamtschau beider verbundener Preise untersucht und überwacht werden.

Preisspaltung

Die Preisspaltung, bei der von einer Basisdienstleistung Zusatzleistungen abgespalten und gesondert vergütet werden, ist bei Kunden oftmals nicht sehr beliebt. Das Gefühl, für viele gewünschte **Teildienstleistungen** immer wieder zusätzlich bezahlen zu müssen, kann den Kunden bei zu umfangreicher Preisspaltung verärgern und seine sachlichen Präferenzen gegenüber unseren Dienstleistungen verkleinern. Beispiel für eine Preisspaltung im INSELHAUS ist die zusätzliche Berechnung der wöchentlichen Ausflüge auf der Insel. Manche Kunden sind der Meinung, dass dieser wöchentliche Ausflug mit der Begleichung der Pflegedienstleistungen, Unterkunft und Verpflegung bereits abgegolten sein sollte. Die hier durchgeführte Preisspaltung macht jedoch Sinn. Bei teureren **Gesamtgebühren** für den Kunden, in denen die Ausflüge dann preislich enthalten wären, würden die Kunden eine gewisse »**Verpflichtung**« fühlen, jede Woche an den Ausflügen teilnehmen zu müssen, unabhängig davon, ob sie von ihrem Gesundheitszustand am Tag des Ausflugs dazu in der Lage wären. Bei einem abgespaltenen Preis kann der Kunde ungezwungen immer dann am Ausflug teilnehmen, wenn ihm danach ist.

Preisdifferenzierung

Bei der Preisdifferenzierung legt der Leistungsanbieter unterschiedliche Preise für gleiche oder unterschiedliche Dienstleistungen und Kundengruppen fest. Fünf Unterscheidungen von Preisdifferenzierungen sollen hier genannt werden:

- Bei der **sachlichen Preisdifferenzierung** werden unterschiedliche Preise für unterschiedliche Produkte festgelegt. Beispiel: »normale Pflegedienstleistung und Unterkunft« im INSELHAUS gegenüber der »Luxuspflege«.
- Bei der **persönlichen Preisdifferenzierung** werden bei bestimmten persönlichen Eigenschaften unterschiedliche Preise festgelegt. So könnte beispielsweise das INSELHAUS einen besonderen Vorzugspreis für solche Kunden festlegen, die schon fünf Jahre der Einrichtung als Kunden die Treue gehalten haben.
- Bei der **zeitlichen Preisdifferenzierung** gelten zu unterschiedlichen Zeitpunkten unterschiedliche Preise für die Kunden. Beispiel: Weil bei der aktuell geplanten Reise für das Marktsegment »Junge Senioren« vier Wochen vor Reisebeginn noch einige Plätze frei sind, wirbt man nun mit leicht herabgesetzten Preisen um Kunden, um das »Nachfrageloch« zu schließen und die Transportkapazitäten besser auszulasten. Es sollte jedoch kein zu großer Preisnachlass gewährt werden, da sonst die

Kunden verärgert werden könnten, die bereits zum höheren Preis gebucht haben.
- Bei der **örtlichen Preisdifferenzierung** gelten unterschiedliche Preise in Bezug auf unterschiedliche Absatzregionen. Beispiel: Würde das INSELHAUS eine Filiale am Mittelmeer eröffnen, könnte es sich an den vor Ort üblichen Preisen im Rahmen des »Magischen Dreiecks« der Preisfindung orientieren und den Preis ggf. an die in der speziellen Mittelmeerregion üblichen höheren Preisspannen anpassen.
- Bei der **Preisdifferenzierung nach Absatzmengen** schließlich können wir die Mengenrabatte und Boni einordnen. Hier könnte beispielsweise ein Nachlass gegenüber solchen Kunden gewährt werden, die bereits zehn betreute Urlaubsreisen beim INSELHAUS in der Vergangenheit gebucht haben.

Auf einen Blick

▶ Es gibt monetäre und nicht-monetäre Entgelte; Preise gehören zu den monetären Entgelten.

▶ Monetäre Entgelte können durch Rabatte, Boni und Konditionen gemindert werden.

▶ Die volkswirtschaftliche Mikroökonomie hat theoretische Modelle entwickelt, die Zusammenhänge zwischen dem Preis eines Produktes und seiner abgesetzten Menge aufzeigen sollen.

▶ Bei der Preis-Absatzfunktion der Monopolsituation kann der Monopolist den Preis frei wählen; je höher der Preis ist, desto weniger Produkteinheiten werden abgesetzt; je niedriger der Produktpreis ist, desto mehr Produkteinheiten werden verkauft.

▶ Bei der Preis-Absatzfunktion in der Situation der vollständigen Konkurrenz haben alle Marktteilnehmer alle Informationen. Weicht ein Anbieter mit seinem Preis nach oben ab, verliert er alle Kunden. Es pendelt sich ein einziger einheitlicher Preis im Markt ein.

▶ Bei der Gutenberg-Preis-Absatzfunktion wird der Kurvenbereich der vollständigen Konkurrenz durch einen monopolistischen Bereich

> unterbrochen, in dem der Produktanbieter wegen der Schaffung von Präferenzen den Preis variieren kann.
>
> ▶ Der Preis eines Produktes wird im Spannungsfeld des »Magischen Dreiecks« aus Unternehmung, Konkurrenten und Kunden bestimmt.

3.5.3 Distributions- bzw. Beschaffungspolitik

Grundfrage der Distributionspolitik ist, wie die erstellten Dienstleistungen dem Kunden am besten zugänglich gemacht werden können. Bei gegenständlichen Konsumgütern, die über den Groß- oder Einzelhandel verkauft werden, ist es möglich, die **Produktion** und den **Vertrieb** (= Distribution) zeitlich und räumlich zu trennen und das Produkt über den Einzel- oder Großhandel nach der Produktion zum Kunden zu bringen. Anders jedoch bei den Pflegedienstleistungen, die das INSELHAUS beispielsweise erbringt. Diese Pflegedienstleistungen können nicht zuerst produziert, dann gelagert, zum Kunden transportiert und schließlich vom Kunden in Anspruch genommen werden. Sie werden vielmehr direkt durch Mitarbeiter des INSELHAUSES beim Kunden gleichzeitig produziert und durch den Kunden »verbraucht«.

Es scheint, dass Fragen der Distributionspolitik bei den in einer Pflegeeinrichtung erbrachten Dienstleistungen nicht sehr viel Bedeutung haben. Wir werden jedoch sehen, dass dennoch interessante Fragen zu der Art und Weise, wie wir unsere Dienstleistung »zum Kunden bringen«, diskutiert werden können. Die Fragen der Distributionspolitik (wie bringen wir die Dienstleistung zum Kunden) können auch in der entgegengesetzten Richtung »vom Kunden weg« gestellt werden. Also nicht nur die Frage, »wie bringen wir unsere Dienstleistung zum Kunden?«, sondern im Rahmen der Beschaffungspolitik auch »wie beschaffen wir das, was wir für die Erbringung unserer Dienstleistungen benötigen?« ist wichtig. Beide Richtungen, nämlich Beschaffungs- und Distributionspolitik in diesem Kapitel zu betrachten, macht daher Sinn.

■ Absatzwege

Eine zentrale Frage der Distributionspolitik besteht in der Wahl eines geeigneten Absatzweges. Folgende Beispiele geben einen Einblick in bei Produkten und Dienstleistungen mögliche **Absatzwege** (☞ Abb. 3.19).

Über Einzelhändler zum Endverbraucher

Wie kann das INSELHAUS als Produzent seiner Pflegedienstleistungen diese »zum Kunden brin-

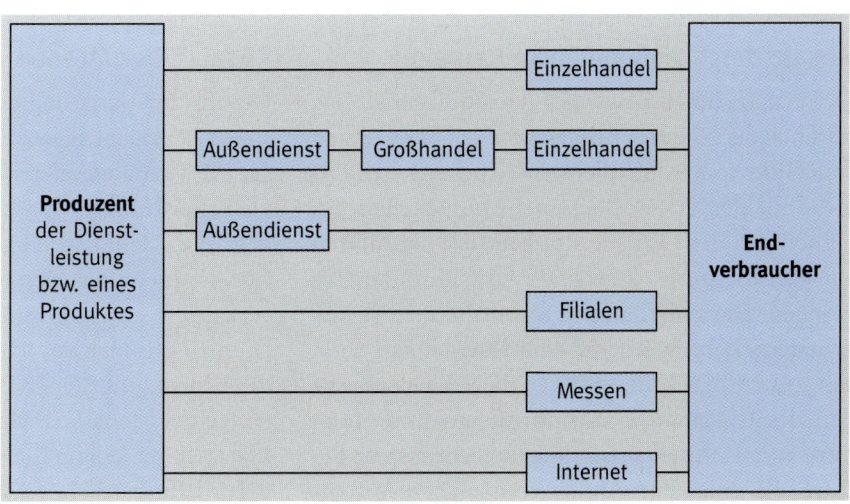

Abb. 3.19: Mögliche Absatzwege für Produkte und Dienstleistungen

gen«? Der dritte in der Abbildung 3.19 aufgezeigte Absatzweg, bei dem der **Produzent** einer Dienstleistung oder eines Produktes über einen **Einzelhändler** das Produkt zum **Endverbraucher** bringt, scheidet im Falle der Pflegedienstleistungen weitgehend aus. Beispiel für diesen Absatzweg wäre vielmehr das Angebot von Reisedienstleistungen in einem Einzelhandelsgeschäft wie z. B. einem Kaufhaus. Dabei erinnern wir uns an die Reisedienstleistungen, die das INSELHAUS selber erbringt. Es wäre daher auch denkbar, die Reisen für »Junge Senioren« und die »begleitete Luxus-Reise« über ein herkömmliches Reisebüro, verstanden als Einzelhandelsgeschäft, an den Kunden zu bringen.

Klassischer Absatzweg

Den zweiten aufgezeigten Absatzweg kann man als den »klassischen Absatzweg« bezeichnen. Auf ihm wurden in der Vergangenheit und werden noch immer viele Produkte der Konsumgüterindustrie vertrieben. **Außendienstmitarbeiter** betreuen die **Großhändler**, die vom Produzenten dessen Produkte abnehmen. Sie informieren den Großhändler beispielsweise über neue Produkte im Produktprogramm des Herstellers. Der Großhandel kauft die Produkte und verkauft sie nachfolgend an den Einzelhandel, von dem schließlich die Endverbraucher die Waren beziehen. Offensichtlich scheidet dieser Absatzweg für das Produktprogramm des INSELHAUSES aus.

Absatz durch Außendienstmitarbeiter

Der erstgenannte Absatzweg der Abbildung 3.19, nämlich der alleinige Absatz der Dienstleistungen mit Hilfe von Außendienstmitarbeitern, scheint zwar auf den ersten Blick nicht unmittelbar geeignet, um die Dienstleistungen der stationären Pflegeeinrichtung INSELHAUS zum Kunden zu bringen. Die Einschaltung von Außendienstmitarbeitern könnte jedoch eine Möglichkeit sein, um zukünftige Kunden über die Dienstleistungen des INSELHAUSES zu informieren und einen Vertrag mit ihnen abzuschließen. Voraussetzung wäre allerdings der Einsatz von solchen Außen-

dienstmitarbeitern, die **fachlich** und **persönlich** in der Lage sind, diese Aufgabe zu erfüllen. In gewisser Weise könnte man die Erbringung von ambulanten Pflegedienstleistungen in der Häuslichkeit von ambulant betreuten Kunden als ein Beispiel für diesen Absatzweg sehen: Der Pflegedienst erbringt die ambulanten Pflegeleistungen durch Pflegekräfte. Diese stellen gewissermaßen die Außendienstmitarbeiter dar. Auch die Pflegedienstleitung, die in die Häuslichkeit des Kunden kommt, um das Erstgespräch zu führen, kann man durchaus in dieser Funktion als Außendienstmitarbeiterin des Pflegedienstes betrachten.

Unternehmenseigene Filialen

Der vierte abgebildete Absatzweg erscheint sowohl für eine ambulante wie auch für eine stationäre Pflegeeinrichtung der Zutreffendste zu sein: Ein an verschiedenen Orten tätiger ambulanter Pflegedienst erbringt beispielsweise mit Hilfe unternehmenseigener Filialen ambulante Pflegeleistungen, wobei Pflegekräfte von der »Filiale« Pflegedienst aus zu den Kunden fahren und sie betreuen. Auch das INSELHAUS kann als eine unternehmenseigene Filiale aufgefasst werden, wobei die Kunden in der Filiale »INSELHAUS« Dienstleistungen u. a. in den Bereichen Unterkunft und Pflege erhalten. Eine besondere Form der Filialenbildung ist das **Franchiseprinzip** (☞ unten).

Absatz über Messen

Der fünfte dargestellte Absatzweg funktioniert sicher bei vielen gegenständlichen Produkten, die auf Messen abgesetzt werden können. Auch bei Dienstleistungen wie z. B. Kosmetikbehandlungen ist es denkbar, dass diese im Rahmen einer Messe gegenüber Messebesuchern erbracht und verkauft werden können. Bei den stationären Dienstleistungen des INSELHAUSES scheidet jedoch die Erbringung seiner Dienstleistungen im Rahmen einer Messe aus. Messen können im Falle des INSELHAUSES lediglich als Ort der **Informationsvermittlung** an Interessenten genutzt werden. Es kann am Messestandort die Grundlage für einen späteren Vertragsabschluss zwischen INSELHAUS und einem Kunden gelegt werden.

Absatz über das Internet

Der sechste Absatzweg hat sich schon bei vielen Produkten der Konsumgüterindustrie bewährt. Der Hersteller einer Ware eröffnet keine kostenintensive Filiale, sondern bietet die durch ihn hergestellten Waren in der virtuellen »Filiale« Internet an. Der Kunde hingegen sucht im Internet mit **Suchprogrammen** nach dem Produkt mit Hilfe von Suchbegriffen und gelangt schliesslich auf die **Homepage** des Produnktanbieters. Dort kann der Kunde das Produkt abgebildet sehen und bekommt seine Besonderheiten erklärt inklusive der Art und Weise, wie er es bestellen kann.

Diese Spielart des Absatzweges kann auch mit dem »Umweg« variiert werden, dass der Hersteller seine Produkte an den **Einzelhandel** übersendet. Der Einzelhandel wiederum stellt ein **Produktsortiment** auf und bietet dieses im Internet den Kunden ohne die Verwendung von eigenen Filialen an. Beispiel für diese Vorgehensweise könnte z.B. der Handel mit Pflegeverbrauchsmitteln wie Einwegspritzen sein. Der Hersteller von Einwegspritzen verkauft einen Teil seiner Produktion an einen Einzelhändler, der sein gesamtes Sortiment ausschließlich im Internet anbietet. Der Kunde, z.B. eine stationäre Pflegeeinrichtung, sucht mit Hilfe von Suchprogrammen nach den europaweit günstigsten Einwegspritzen und gelangt dann auf die Homepage des durch uns beschriebenen Einzelhändlers für Pflegehilfsmittel und Pflegeverbrauchsmittel und bestellt sie anschließend über das Internet. Nachfolgend wird der Einrichtung per Nachnahme das Lieferpaket übersandt. Der Kaufvorgang ist abgeschlossen.

Für den Bereich der ambulanten und stationären Krankenpflege scheint der Absatz der Pflegeleistungen im engeren Sinne über das Internet ungeeignet. Es bedarf immer noch einer körperlich vorhandenen Zwischenstufe zur Erbringung der Pflege beim Kunden, sei es durch »Außendienstmitarbeiter« wie Pflegekräfte oder »Filialen« in Form einer stationären oder ambulanten Pflegeeinrichtung.

■ Kriterien für den richtigen Absatzweg

Wir sehen, dass der Absatzweg über eine eigene Filiale, nämlich das INSELHAUS, am geeignetsten zu sein scheint. Warum jedoch ist dies so? Welche Kriterien bestimmen allgemein den richtigen Absatzweg für ein Unternehmen?

Unternehmensziele für Absatzwegewahl

Wie im Ganzen bisherigen Marketing-Konzept der Führung der Unternehmung von den Märkten her auf die Märkte hin, achteten wir darauf, dass die **obersten Unternehmensziele** alle anderen Bestandteile des Marketings ausrichten sollten. Einzelne Marketing-Maßnahmen sollten verständlicherweise nicht im Widerspruch zu den obersten Zielen der Unternehmung stehen. So auch im Bereich der Distributionspolitik: In der Wahl des geeigneten Absatzweges müssen sich auch die obersten Ziele der Unternehmung (☞ vgl. 3.3) widerspiegeln.

Wenn also die **Identifikation** mit den Kunden eine Leitidee der Unternehmung darstellt, dann müssen wir uns auch fragen, über welchen Absatzweg die Kunden am liebsten die Dienstleistungen des INSELHAUSES erhalten wollen. Auch bei der Frage des Absatzweges müssen wir also versuchen, »im Herzen des Kunden zu fühlen und in seinem Kopf zu denken«. Eine weitere Leitidee des INSELHAUSES war die **Einbeziehung der Angehörigen** der Kunden in unsere Arbeit. Wenn wir es mit dieser Leitidee ernst meinen, dann sollten wir eine unternehmenseigene Filiale für unsere »Luxuspflege«-Kunden besser nicht idyllisch aber sehr abgelegen auf der Insel errichten, dass es für deren Angehörige schwierig wäre, diese Filiale zu erreichen. Wir sehen also, dass auch die **Standortwahl** abhängig von den obersten betrieblichen Zielen ist.

Konkurrenz für Absatzwegewahl

Auch das Verhältnis zur Konkurrenz war Inhalt der Leitideen des INSELHAUSES. Die Leitidee lautete: »Das INSELHAUS nimmt den Wettstreit mit anderen Leistungsanbietern an, um für die Kunden immer bessere Leistungen zu erbringen.« Diese Leitidee könnte uns bei der Wahl des Absatzweges dazu bewegen, eine weitere **Filiale** des INSEL-HAUSES aufzubauen, um unseren Kunden somit mehr Vielfalt in Bezug auf den Standort zu bieten. Wir könnten unseren Kunden in diesem Zusammenhang anbieten, zwischen den Filialen zu wechseln, wenn sie einen **Umgebungswechsel** wünschen und wenn es die Belegungssituation zulässt. Gleichzeitig setzen wir auf diese Weise die erste Hälfte unserer Leitidee um, denn wir wollen uns der Konkurrenz mit attraktiven **Absatzorten** stellen und in Bezug auf den Konkurrenten im Einzugsgebiet einen **Wettbewerbsvorteil** erringen. Wenn ein Konkurrent nur eine Filiale als Absatzweg aufweisen kann, sind wir mit einer Auswahl an Standorten sicher ein attraktiverer Leistungsanbieter.

Kosten- bzw. Nutzenverhältnis für Absatzwegewahl

Angesichts von Kosten- bzw. Nutzen-Überlegungen könnte sich das INSELHAUS überlegen, entweder selber eine zusätzliche Filiale als Absatzweg zu eröffnen oder unser gesamtes Marketing-Konzept an einen Vertragspartner zu verkaufen, der dann mit eigenen finanziellen Mitteln eine (Parallel-)Filiale mit der Bezeichnung »INSELHAUS« als zweiten Absatzort eröffnet. Bei einem solchen **Franchisesystem** hätte die Geschäftsführung des »Mutter«-INSELHAUSES als so genannter **Franchisegeber** umfangreiche Kontroll- und Weisungsbefugnisse, würde aber das finanzielle Risiko der Neueröffnung einer Filiale an den so genannten **Franchisenehmer** weitergeben. Dieser würde somit auf eigene Rechnung und mit eigenem finanziellen Risiko eine Filiale des INSELHAUSES aufbauen und gemäß genau festgelegten Richtlinien betreiben. Der Vorteil für den Franchisenehmer würde in den im **Franchisevertrag** eingeräumten

Gewinnabschöpfungsmöglichkeiten liegen. Auch der Franchisegeber kann aus dieser Absatzwegekonstruktion Kosten- und Nutzenvorteile ziehen (☞ unten).

Unabhängigkeit von fremden Absatzinstitutionen für Absatzwegewahl

Wenn die Geschäftsführung des INSELHAUSES großen Wert auf die Unabhängigkeit von fremden Absatzinstitutionen, wie z. B. Franchisenehmern legt, dann könnte z. B. selbst ein Franchisemodell, das dem (»Ur«)-INSELHAUS je nach Ausgestaltung des Franchisevertrags großen Einfluss auf den Betrieb der neuen Filiale garantieren würde, für das INSELHAUS ein nicht akzeptabler Absatzweg sein. Das INSELHAUS würde sich dann vermutlich eher entscheiden, eine unternehmenseigene Filiale in eigener Verantwortung an einem anderen Absatzort aufzubauen.

■ Marketing-Logistik

Neben den möglichen Absatzwegen an sich und den Kriterien für die Wahl verschiedener Absatzwege kann man noch einen weiteren Bereich der Distributions- und Beschaffungspolitik unterscheiden, nämlich die **Marketing-Logistik**. Hier stehen betriebliche Überlegungen im Bereich der **Lager- und Transportentscheidungen** im Mittelpunkt.

Lagerentscheidungen

Fragen, die sich hier das INSELHAUS als eine stationäre Altenhilfeeinrichtung stellen könnte, sind: Sollen wir ein **Zentrallager** im INSELHAUS für Pflegebetten, medizinisches und pflegerisches Verbrauchsmaterial anlegen oder sollen wir rechtzeitig **bei Bedarf** diese Gegenstände bestellen und uns von Lieferanten ins Haus transportieren lassen? Vorteil der Anlieferung bei Bedarf und der Möglichkeit einer sehr »schlanken« Lagerhaltung wären die verringerten Lagerhaltungskosten, Nachteil allerdings das höhere Risiko eines Engpasses bei Nichtlieferung durch den entsprechenden Zulieferer. Außerdem fallen bei der Alternative der häufigen Lieferung höhere Gesamt-Transportkosten durch häufigere kleinere Lieferungen an.

Bei der angedachten Situation von zwei Filialen des INSELHAUSES könnte die Einrichtung eines gemeinsamen Zentrallagers z. B. den Vorteil bringen, dass man durch eine dann größere Bestellung für zwei Filialen **Beschaffungspreisvorteile** beim Händler durchsetzen und somit in diesem Kostenbereich Einsparungen umsetzen kann.

Transportentscheidungen

Schon bei den Entscheidungen über die Art und Weise, wie die Neukunden des INSELHAUSES zur Einrichtung transportiert werden, und bei den wöchentlichen Ausflügen mit Kunden und Freiwilligen machten wir uns Gedanken über verschiedene Alternativen des Transports, in diesem Falle des Transports der Kunden.

Es stellen sich in diesem Bereich nun Fragen wie die der Vorhaltung eines **eigenen Fuhrparks** im Vergleich zum **Einkauf der Transportdienstleistungen** von einem außenstehenden Transportunternehmen. Auch an dieser Stelle zeigt sich das Zusammenspiel des Marketing-Konzepts insgesamt: Aus der Analyse möglicher Lieferanten, z. B. für Transportdienstleistungen, und der Bewertung unserer eigenen Stärken und Schwächen, z. B. im Bereich des Fuhrparks, werden wir versuchen, anhand der Leitideen und Entscheidungen im Rahmen der strategischen Marketing-Handlungsprogramme auch im Bereich der Beschaffungspolitik zum Wohle des Kunden eine bestmögliche Entscheidung zu treffen.

Im Falle zweier Filialen des INSELHAUSES würden sich weitere Überlegungen im Rahmen der Transportentscheidungen anbieten: Kann ein außenstehendes Transportunternehmen beide Filialen bedienen, z. B. bei **Hol- und Bringdiensten** in bzw. aus dem INSELHAUS? Kann der externe Transportunternehmer eventuell sogar gleichzeitig die wöchentlichen **Ausflüge** für beide Filialen durchführen, allerdings ohne unzumutbare zusätzliche Transport- und Wartezeiten für die

Kunden? Oder müssen wir, um unsere Kunden zufrieden zu stellen, zwei eigene Transportfahrzeuge in jeder Filiale unterhalten? Wir sehen, dass auch Transportentscheidungen schwierige Abwägungen innerhalb der Distributions- und Beschaffungspolitik im Bereich des Marketing-»Mix« darstellen können.

Nehmen wir nun etwas genauer das schon angesprochene **Franchisekonzept** im Vertrieb in den Mittelpunkt. Dieses Konzept kennt man in der Gastronomie beispielsweise bei den MC-DONALD'S-Restaurants. Wir werden sehen, welche Vor- und Nachteile ein solches Absatzwegekonzept in der stationären Altenhilfe am Beispiel des INSELHAUSES haben könnte.

Auf einen Blick

▶ Distributions- bzw. Beschaffungspolitik umfasst die Frage, wie Produkte und Dienstleistungen zum Kunden gebracht werden bzw. wie die Produktionsfaktoren beschafft werden, die wir für ihre Herstellung benötigen.

▶ Mögliche Absatzwege sind die Distribution nur über den Aussendienst, nur über den Einzelhandel, über eigene Filialen, über Messen oder das Internet; der »klassische Absatzweg« bleibt der Aussendienst in Verbindung mit Groß- und Einzelhandel.

▶ Einfluss auf die Absatzwegewahl können Unternehmensziele, Konkurrenz, Kosten- bzw. Nutzenüberlegungen und die gewünschte Unabhängigkeit von fremden Absatzinstitutionen haben.

▶ Die Marketing-Logistik mit ihren Lager- und Transportentscheidungen stellt einen weiteren wichtigen Bereich der Distributions- und Beschaffungspolitik dar.

3.5.4 Exkurs: Dienstleistungs-Franchising

▷ **Franchise:** Das vom **Franchisegeber** gegen ein Entgelt an eine andere Unternehmung (den **Franchisenehmer**) eingeräumte Recht, Produkte oder Dienstleistungen des Franchisegebers in einem bestimmten Absatzgebiet anzubieten

Das Franchisekonzept stellt eine Form des **Direktvertriebs** von Dienstleistungen vom Erbringer bzw. Erfinder der Dienstleistung an die Endverbraucher dar, und zwar nicht in Form der Bildung eigener Filialen, sondern mit Hilfe von Einschaltung finanziell selbstständiger **Franchisenehmer**.

Franchisesysteme kann man als wichtige Innovation im Bereich der Distributionspolitik bezeichnen. Es wird sich im speziellen Markt der ambulanten und stationären Altenpflege zeigen, inwieweit die jetzt schon vorhandenen Franchisekettenbildungen an Grenzen stoßen oder weiter fortgeführt werden.

■ Franchisegeber INSELHAUS

Das INSELHAUS könnte z. B. als Franchise sein gesamtes betriebliches **Know-how** im Bereich der stationären Altenpflege einem Franchisenehmer verkaufen, sodass dieser nicht nur in seiner Filiale den Namen »INSELHAUS« führen darf, sondern dasselbe Firmenemblem verwenden oder bereits im (»Ur«)-INSELHAUS entwickelte **Kosten- und Leistungsrechnungs-Mechanismen** übernehmen kann. Der Franchisevertrag kann so ausgestaltet werden, dass sämtliche, in der Vergangenheit beim Franchisegeber INSELHAUS erarbeiteten und immer wieder verbesserten Mechanismen des Marketings, des Rechnungswesens, der Mitarbeiterführung und der Organisation und Dokumentation der Abläufe gegen eine regelmäßig zu zahlende Franchisegebühr dem Franchisenehmer zur Verfügung gestellt werden.

Dabei erhält der Franchisegeber genau festgelegte **Weisungs- und Kontrollbefugnisse** gegenüber dem Franchisenehmer. So könnte z. B. der Franchisegeber dem Franchisenehmer fristlos den Franchisevertrag kündigen, wenn der Franchisenehmer grob fahrlässig Patienten in deren Pflege vernachlässigen würde. Der Franchisegeber muss vermeiden, dass der in der Vergangenheit erarbeitete gute Ruf der eigenen Einrichtung nicht durch einen nachlässig pflegenden Franchisebetrieb Schaden nimmt.

Daneben werden im Franchisevertrag weitere genaue und intensive **Regelungen** der Leistungen und **Pflichten** der Vertragspartner festgeschrieben. So kann z. B. der Franchisenehmer dazu verpflichtet werden, mit seinem Personal regelmäßig Fortbildungen beim Franchisegeber in Anspruch zu nehmen, um den erwarteten fachlichen Pflegestandard zu halten bzw. zu erweitern.

In der Regel bearbeiten der Franchisegeber und der Franchisenehmer gemeinsam den Markt. Wenn es einen Franchisegeber und viele, an verschiedenen Absatzorten ansässige Franchisenehmer gibt, dann bearbeitet zumeist der Franchisegeber den **überregionalen Markt**, z. B. das Bundesland, und die Franchisenehmer ihre **lokalen Märkte**, die unmittelbaren Einzugsbereiche, um Kunden zu gewinnen.

■ Vorteile für einen Franchisegeber

Der Aufbau eines Filialsystems mit Hilfe des Franchising kann Vor- und Nachteile für Franchisegeber und -nehmer bieten. Entscheidend für den Erfolg ist dabei sicherlich die Qualität eines kundengerechten Dienstleistungsprogramms und einer stimmigen Marketing-Konzeption. Welche Vorteile für einen Franchisegeber wie das INSELHAUS könnten die Entscheidung beispielsweise beeinflussen, ein Franchisesystem aufzubauen?

Schnelle Verbreitung

Nehmen wir an, dass das INSELHAUS eine qualitativ hochwertige, in der betrieblichen Praxis bewährte und von seinen Kunden mehr und mehr nachgefragte, stationäre Altenpflege erbringt, sodass das gesamte Marketingkonzept von Franchisenehmern mit guten **Erfolgsaussichten** übernommen werden kann, um ein »eigenes INSELHAUS« zu eröffnen, sei es durch Neuaufbau oder Umwandlung einer bereits bestehenden Pflegeeinrichtung. Dann besteht die Möglichkeit, das »**Modell INSELHAUS**« bundesweit oder sogar noch weiträumiger auf schnelle Art und Weise mit einem Franchisesystem zu verbreiten. Die Schnelligkeit der Verbreitung der Marktidee »INSELHAUS« hängt allerdings davon ab, wie viele Interessenten die nötigen **Investitionen** erbringen können und ob diese die fachlichen und inhaltlichen Anforderungen des Franchisegebers erfüllen. Durch eine schnelle Verbreitung kann man den eigenen Marktanteil schnell aufbauen und Konkurrenten abschrecken, mit einer ähnlichen Idee in den Markt einzudringen.

Hohe Motivation

Im Franchisevertrag ist zwar oft eine **Franchisegebühr** verankert, die der Franchisenehmer regelmäßig abzuführen hat, und ein **Gewinnanteil** des Franchisegebers am Gewinn des Franchisenehmers festgelegt. Dies bedeutet, je mehr Gewinn der Franchisenehmer in seiner Filiale des INSELHAUSES erzielt, desto mehr kann der Franchisegeber von seinem Gewinn einbehalten. Den restlichen Gewinn, den der Franchisenehmer erwirtschaftet, kann dieser jedoch einbehalten. Dieser verbleibende Gewinn für den Franchisenehmer ist gewissermaßen der »Motor« des Franchisesystems, er treibt die Franchisenehmer an, nach diesem **Restgewinn** zu streben mit ebenfalls positiven finanziellen Folgen für den Franchisegeber.

Kapitalbindung und Kapitaleinsatz

Dadurch, dass der Franchisegeber »lediglich« seine Marktidee, sein Know-how an den Franchisenehmer verkauft, der dann wiederum mit seinem Kapital ein Filialsystem aufbaut, hat der Franchisegeber sowohl geringen **Kapitalbedarf** beim Aufbau des Franchisesystems als auch keine dauerhafte **Kapitalbindung** im nicht ihm gehörenden Filialsystem. Der Franchisegeber wird auf diese Weise beispielsweise nicht mit Gebäude- und Mietkosten belastet.

Absatzrisiko

Wenn der Franchisenehmer Einbrüche in seinen Umsatzahlen z. B. durch Nachfrageeinbrüche hinnehmen muss, erhält der Franchisegeber nach wie vor seine feste Franchisegebühr. Das Risiko eines geringen Absatzes ist somit auf den Franchisenehmer verlagert. Lediglich im Rahmen eines vereinbarten Gewinnanteils des Franchisegebers am Gewinn des Franchisenehmers würde der Franchisegeber im dargestellten Falle eines Umsatzeinbruches Gewinneinbußen erleiden.

■ Nachteile für den Franchisegeber

Welche möglichen Nachteile des Franchisesystems für einen Franchisegeber wie das INSELHAUS könnten die Entscheidung beispielsweise beeinflussen?

Starke Marktstellung

Warum sollten Interessenten sich für das INSELHAUS und dessen Know-how interessieren und dieses im Rahmen eines Franchisevertrages kaufen wollen? Nur wenn das INSELHAUS sich in der stationären Altenhilfe »**einen Namen**« mit qualitativ hochwertigen und innovativen Problemlösungen für seine Kunden gemacht hat, kann es wagen, für den Aufbau seines Franchisesystems, z. B. auf Messen und Kongressen, mit den damit verbundenen Gewinnaussichten zu werben und Partner zu finden. Liegt keine starke Marktstellung für das INSELHAUS vor, sind die enormen Aufwendungen für das Werben um Franchisenehmer vermutlich vergeblich.

Hohe Managementqualifikation

Da im Einzelfall sehr komplexes Know-how vom Franchisegeber an den Franchisenehmer übertragen wird, muss der Franchisegeber mit seinen Führungskräften in dieser Hinsicht **methodische** und **persönliche** Fähigkeiten vorweisen können, und zwar in allen betrieblichen Bereichen, in denen Wissen übertragen werden soll. So müssen beispielsweise Verantwortliche der Bereiche Rechnungswesen, Pflegedienst und hauswirtschaftliche Versorgung ihr Wissen und ihre Erfahrung an ihre »Gegenüber« in den Filialen des Franchisenehmers so vermitteln können, dass diese denselben Erfolg in ihrer Filiale erzielen können, wie es der Franchisegeber selber tut.

Aufwendige Kontrollmaßnahmen

Wenn der Franchisegeber INSELHAUS im Rahmen einer internen Kontrolle der Qualität der Pflegedokumentation bei seinen Franchisenehmern beispielsweise prüfen will, ob die Pflegekräfte gemäß den Rahmenvereinbarungen zur **Qualitätssicherung** der Pflege nach § 80 SGB XI die beim Kunden erbrachten Leistungen in der Pflegedokumentation des Patienten korrekt aufzeichnen, dann erfordert diese Kontrollmaßnahme großen zeitlichen und damit kostenmäßigen Einsatz beim Franchisegeber. Hierbei könnte man überlegen, im Franchisevertrag die Kosten für diese Kontrollmaßnahmen zwischen Franchisegeber und -nehmer aufzuteilen oder ganz dem Franchisenehmer zu belasten, dem die Kontrolle ja im Grunde zugutekommt. Unabhängig von deren Kostenträgerschaft vergrößern diese notwendigen Kontrollmaßnahmen zwangsläufig die **Personalkapazitäten** beim Franchisegeber.

Geringe Flexibilität

Wenn bei einem Franchisesystem mit mehreren Franchisenehmern eine neue Dienstleistung durch die Kunden nachgefragt werden würde, wie z. B. die Bestattung verstorbener Kunden in der Nähe eines INSELHAUSES, und sich der Franchisegeber entscheiden würde, diese Dienstleistung in seinen Filialen anzubieten, dann ist die Umsetzung dieses Produktes in allen Filialen der Franchisenehmer sehr viel umständlicher, als wenn diese Veränderung im **Produktprogramm** einer einzigen stationären Altenhilfeeinrichtung

vorgenommen würde. In einem Franchisesystem muss die Änderung des Produktprogramms hingegen in allen einzelnen Franchiseverträgen mit allen Franchisenehmern abgeändert werden. Es müssten weiterhin qualitativ einheitlich zufrieden stellende Bestattungsinstitute von allen Franchisenehmern gefunden und in gleich lautenden Kooperationen gebunden werden. Auch deren Tätigkeit muss wiederum durch regelmäßige Kontrollen durch den Franchisegeber überprüft werden.

Das Franchisesystem macht in dieser Hinsicht den Franchisegeber in seinen Möglichkeiten **inflexibler**.

■ Vorteile für den Franchisenehmer

Welche Vorteile für einen Franchisenehmer beim INSELHAUS könnten die Entscheidung beispielsweise beeinflussen, ein Franchisesystem aufzubauen?

Wettbewerbsvorteil

Voraussetzung, dass der Franchisenehmer einen Wettbewerbsvorteil erlangt, ist, dass der Franchisegeber ein gutes Produktprogramm entwickelt hat und dieses sich im Rahmen einer guten **Marketingkonzeption** beim Kunden durchsetzen kann. Dann kann der Franchisenehmer von der guten Produktidee und dem Know-how profitieren und sich von seinen Konkurrenten in der Absatzregion herausheben.

Laufende Marketing-Beratung

Der Franchisegeber kann nicht nur **Fortbildungen** für die Pflegekräfte, sondern auch **Management-Training** für die Einrichtungsleiter des Franchisenehmers anbieten. In einer »allein stehenden«, nicht durch Franchisevertrag geleiteten stationären Altenhilfeeinrichtung wären die Leitungskräfte in dieser Hinsicht »auf sich alleine gestellt«. Das Management-Know-how des »Ur«-INSELHAUSES könnte somit oftmals vom Franchisenehmer in Anspruch genommen werden.

Inanspruchnahme von Finanzhilfen

Im Rahmen des Verhältnisses zwischen Franchisegeber und Franchisenehmer können Finanzierungshilfen den **Aufbau** und die **Erweiterung** der Franchisefiliale erleichtern.

Leichter als bei Kapitalgebern wie z. B. Banken wird der Franchisegeber finanzielle Hilfen an den Franchisenehmer geben, denn er glaubt in besonderem Maße an seine eigene Produktidee. Somit hat es der Franchisenehmer vergleichbar leichter, die für Aufbau, Instandhaltung und Erweiterung seiner Franchisefiliale benötigten finanziellen Mittel im Rahmen eines Franchisesystems vom Franchisegeber zu erhalten.

■ Nachteile für den Franchisenehmer

Welche Nachteile des Franchisesystems für einen Franchisenehmer beim INSELHAUS könnten die Entscheidung beispielsweise beeinflussen, den Plan des Aufbaus einer Franchisefiliale zu verwerfen?

Absatzrisiko

Genau wie das Tragen des Absatzrisikos durch den Franchisenehmer beim Franchisegeber als dessen Vorteil genannt wurde, stellt sich das Absatzrisiko natürlich beim Franchisenehmer als Nachteil des Franchisesystems dar. Das Tragen des Absatzrisikos ist allerdings abzuwägen gegen den »Motor des Franchisesystems«, nämlich die im System bestehenden **Gewinnmöglichkeiten**, wenn sich die Leistungen im Vergleich zu den Kosten positiv entwickeln.

Geringe Anpassungsmöglichkeit

Wenn sich das INSELHAUS beispielsweise im Bereich der »Luxuspflege« in einem gewissen Umfang auf eine Kundenschaft mit einem sehr hohen Einkommen festgelegt hat, dann könnten örtlich auftretende **Marktveränderungen**, wie z. B. eine **Rezession** in einem Bundesland, eine Situation schaffen, in der schlagartig weniger

zahlungskräftige Kunden zur Verfügung stehen würden. Den Franchisenehmer würde das finanziell schwer treffen. Der Franchisenehmer wäre nun weiterhin durch den Franchisegeber und dessen Kundenpolitik auf das festgelegte Produktprogramm inklusive der »Luxuspflege« verpflichtet. Wenn der Franchisegeber nicht von seiner einheitlichen Produktpolitik abweicht und den Franchisenehmer weiter auf das Angebot der »Luxuspflege« verpflichtet, dann kann für den Franchisenehmer eine krisenhafte Situation entstehen. In dieser Situation könnte ein nicht durch einen Franchisevertrag gebundener Anbieter von stationärer Altenpflege sehr viel flexibler auf Marktveränderungen reagieren.

Standardisierung des Produktprogramms

Während ein »freier Anbieter« von stationärer Altenhilfe neue Produktideen und **Steuerungsmechanismen** selber entwickeln kann, ist der Franchisenehmer auf die Überlegungen in diesen Bereichen durch den Franchisegeber festgelegt. Andererseits will der Franchisegeber ja von einem in sich stimmigen Marketing-Konzept profitieren. Lässt allerdings die Neuartigkeit und **Wettbewerbsfähigkeit** dieses Know-hows im Zeitverlauf im Vergleich zu den Wettbewerbern nach, dann ist der Franchisnehmer mit einem veralteten Know-how verhaftet und erleidet das mögliche Scheitern des Gesamtkonzeptes zusammen mit dem Franchisegeber.

Distributionsfreiheit

Dieser Aspekt beinhaltet, dass der Franchisenehmer durch die regelmäßige Kontrollen des Franchisegebers die Freiheit verliert, in seiner Filiale nach freiem Ermessen seine Dienstleistungen am Kunden zu erbringen. Kontrollen mit negativem Ergebnis können als Konsequenz Sanktionen bis hin zur **Kündigung** des Franchisevertrages haben. Auch die Tatsache, dass der Franchisenehmer nur in einer ganz bestimmten Absatzregion um Kunden werben kann, schränkt seine Distributionsfreiheit ein.

3

Auf einen Blick

▶ Unter Franchise versteht man das vom Franchisegeber gegen ein Entgelt an einen anderen Betrieb eingeräumte Recht, die Produkte oder Dienstleistungen des Franchisegebers in einem bestimmten Absatzgebiet anzubieten.

▶ Franchisesysteme geben dem Hersteller bzw. Erfinder eines Produktes die Möglichkeit, über nicht unternehmenseigene Filialen das eigene Produkt anzubieten.

▶ Franchisesysteme sind eine innovative Form des Direktvertriebs.

▶ Franchisesysteme bieten beiden Partnern abzuwiegende Vor- und Nachteile; das Angebot eines kundengerechten Dienstleistungsprogramms und eine stimmige Marketing-Konzeption sind für den Erfolg maßgebend.

3.5.5 Kommunikationspolitik

▷ **Kommunikationspolitik:** auf ein Ziel gerichtete Beeinflussung von Zielgruppen mit Hilfe spezieller Kommunikationsmittel

Welche Zielgruppen im Einzelnen beeinflusst werden können, werden wir am Beispiel des INSELHAUSES sehen. Der Einsatz spezieller **Kommunikationsmittel** ist bei der Kommunikationspolitik nötig, sodass man von einem eigenständigen Instrument im Marketing-»Mix« neben der Produkt-, Preis- und Distributionspolitik sprechen kann.

■ Bereiche der Kommunikationspolitik

Drei inhaltliche Bereiche kann man unter der zusammenfassenden Klammer der Kommunikationspolitik grob unterscheiden:
• Werbung
• Verkaufsförderung
• Öffentlichkeitsarbeit

Werbung

Werbung lässt sich in zwei verschiedene »Denkrichtungen« unterteilen und zwar in Bezug auf
• Absatztätigkeit
• Beschaffungstätigkeit in **Absatzwerbung** und **Beschaffungswerbung**.

Absatzwerbung

▷ **Absatzwerbung:** Beeinflussung von Zielgruppen mit Hilfe spezieller Werbemittel, um absatzwirtschaftliche Ziele umzusetzen

Fallbeispiel

Das INSELHAUS nimmt sich vor, den Umsatz in einer INSELHAUS-Filiale im Bereich der Leistungen für Pflege und Unterkunft um 5 % im nächsten Jahr zu steigern. Diese prozentuale Erhöhung wäre dann eines der absatzwirtschaftlichen Ziele. Das INSELHAUS versucht, die Zielgruppen, die die Leistungen in der Zukunft verstärkt nachfragen könnten, mit geeigneten Werbemitteln zu beeinflussen. Folgende **Werbemittel** kämen dabei in Betracht:
Prospekte zeigen das Leistungsspektrum des INSELHAUSES auf.
Kataloge zeigen die Entstehungsgeschichte des INSELHAUSES und geben mehr Raum für Inneneinsichten in die Pflegeeinrichtung.
Werbebriefe an ehemalige Bewohner, in denen das INSELHAUS seine Bereitschaft erklärt, in der Zukunft im Bedarfsfall für den ehemaligen Kunden zur Verfügung zu stehen. So wird Kontakt mit dieser Zielgruppe gehalten. Als Folge des Einsatzes dieses Werbemittels könnten sich die ehemaligen Kunden bei erneutem Bedarf nach stationärer Pflege positiv an das INSELHAUS erinnern und wieder Kunden werden.
Messen, Ausstellungen, Hausmessen: Das INSELHAUS stellt sich regelmäßig auf Pflegemessen dar und wirbt dort um Kunden.
Plakate, Aufschriften, Leuchtreklame: Mit dem Werbemittel »Plakat« ruft sich das INSELHAUS in der Region regelmäßig in das Gedächtnis der Passanten und Autofahrer.
Inserate: Mit einer kurzen Darstellung seiner Leistungen präsentiert sich das INSELHAUS in lokalen Zeitungen.

Werbespots: Ein im Lokalfernsehen geschalteter Werbespot hat ein Gespräch zwischen einer pflegebedürftig gewordener Mutter und ihrem Kind zum Inhalt. In diesem Gespräch wird das INSELHAUS als sicherer Partner in dieser Situation dargestellt. Der Werbespot ist hierbei das **Werbemittel**. Er kann in verschiedenen **Werbemedien (= Werbeträger)** geschaltet werden, so zum Beispiel im Werbeträger Fernsehen oder Hörfunk. Ein Werbemittel kann also durch verschiedene Werbeträger gegenüber der Zielgruppe vermittelt werden.

Product Placement: Beim Product Placement wird ein Produkt oder eine Dienstleistung nicht direkt beworben, sondern »versteckt« bzw. indirekt der Zielgruppe zur Kenntnis gegeben. Durch das »Einstreuen« des Produktes merkt die Zielgruppe nicht gleich, dass es sich um eine Werbemaßnahme handelt. Das INSELHAUS schlägt sich als Drehort im Rahmen einer Folge einer Fernsehserie oder eines Spielfilms, der auf der Insel spielt, vor. Wenn dann der Zuschauer die Fernsehserie bzw. den Spielfilm sieht, bekommt er gleichzeitig einen Einblick in den Arbeitsalltag im INSELHAUS. Dieser Eindruck sollte natürlich ein positiver sein, andernfalls schadet das Product Placement dem Werbevorhaben.

Internetauftritt: Mit dem Werbemittel »Internetseite« stellt sich das INSELHAUS im Medium »Internet« dar.

Beschaffungswerbung

▷ **Beschaffungswerbung:** Beeinflussung von Zielgruppen mit Hilfe spezieller Werbemittel, um beschaffungswirtschaftliche Ziele umzusetzen

☞ Fallbeispiel

Wenn nicht der Absatz der Produkte oder Dienstleistungen der Engpassfaktor in der Unternehmung ist, sondern die Beschaffung von z. B. Personal, dann kann man durch Beschaffungswerbung versuchen, diese Engpässe zu beseitigen. Das INSELHAUS inseriert in Fachzeitschriften für Altenpflege mit Anzeigen, die das gute Arbeitsklima im INSELHAUS und den hohen fachlichen Standard in der Pflegeeinrichtung beschreiben. Zielgruppe dieser Beschaffungswerbung sind Pflegekräfte, die das INSELHAUS für sich gewinnen will. Beschaffungspolitisches Ziel ist in diesem Fall die Personalgewinnung. Die Anzeige ist das Werbemittel, die Fachzeitschrift der Werbeträger (= Werbemedium).

Verkaufsförderung

▷ **Verkaufsförderung (= Sales Promotion):** zeitlich befristeter Einsatz von Verkaufsförderungsinstrumenten mit dem Ziel der Gewinnung von Neukunden oder Bindung alter Kunden

Während die Werbung eine **langfristige** Ausrichtung hat, versucht die Unternehmung im Rahmen der Verkaufsförderung **kurzfristig** beispielsweise mit Hilfe von Außendienstmitarbeitern absatzpolitische Ziele wie z. B. ein Umsatzwachstum zu verwirklichen.

Die Verkaufsförderung geht dabei über die reine **Kommunikationspolitik** hinaus. So können beispielsweise im Rahmen der Verkaufsförderung auch zeitlich befristete neue Dienstleistungen den Kunden mit angeboten werden. Im Beispiel des INSELHAUSES könnte einen Monat lang im Rahmen einer Verkaufsförderungsmaßnahme ein Bus des INSELHAUSES interessierte Personen täglich aus nahe gelegenen Städten abholen und kostenlos um die INSEL fahren, ihnen die Einrichtung und die Landschaft zeigen, um diese für die Einrichtung und seine Dienstleistungen zu interessieren. Wesentlichen Eigenschaften der Verkaufsförderung sind **der zeitlich befristete Einsatz**, der kombinierte **Instrumenteneinsatz** mit Instrumenten der Preis-, Produkt und Distributionspolitik. Außerdem hat die Verkaufsförderung **Aktionscharakter**.

Ziele der Verkaufsförderung sind in Hinblick auf die Kunden die Gewinnung von **Neukunden** und die festere **Bindung** der mit uns schon vertraglich verpflichteten »**Alt**«-**Kunden**. In Hinblick auf die »Zielgruppe« Außendienst (sofern in der Pflegeeinrichtung vorhanden) könnte die Verkaufsförderung die Wirkung der Motivation und Leistungssteigerung haben.

3

Öffentlichkeitsarbeit (Public Relations, PR)

▷ **Öffentlichkeitsarbeit (Public Relations):** Werbung eines Unternehmens um öffentliches Vertrauen und Sympathie für sich oder seine Produkte

Gegenstand der sog. PR kann also das Unternehmen insgesamt oder einzelne Dienstleistungen bzw. Produkte sein.

Fallbeispiel

Die Öffentlichkeit, die man mit der PR positiv beeinflussen will, kann dabei auch eine nur eingeschränkte Öffentlichkeit sein, beispielsweise der dörfliche Bereich, in dem das INSELHAUS liegt. Folgende **PR-Instrumente** können hierbei eingesetzt werden:

Kontaktpflege zu Presse, Rundfunk und Fernsehen: Mitarbeiter des INSELHAUSES oder eine durch das INSELHAUS beauftragte Werbeagentur suchen den Kontakt zu lokalen Zeitungen der Insel und versuchen, regelmäßig in diesen Zeitungen in Form eines redaktionellen Berichtes erwähnt zu werden.

Tag der offenen Tür: Bei einem regelmäßig stattfindenden Tag der offenen Tür werden Angehörige der Kunden und mögliche Neukunden eingeladen, um bei ihnen Sympathie und Vertrauen in Bezug auf das INSELHAUS zu schaffen.

PR-Filme (bei Führungen durch die Einrichtung): Beim Tag der offenen Tür wird den Besuchern ein PR-Film als PR-Instrument aufgezeigt. Dort werden verschiedene Dienstleistungen des INSELHAUSES dargestellt und »Höhepunkte« präsentiert, die das INSELHAUS seinen Kunden bisher geboten hat.

Vorträge: Durch Vorträge kann bei Veranstaltungen von Einrichtungen der örtlichen Erwachsenenbildung zum Thema Altenhilfe ein Referent des INSELHAUSES seine Ansichten zum Thema darstellen und auf diese Weise bei den Zuhörern Sympathie und Vertrauen für das INSELHAUS erringen.

Broschüren, Haus- und Kundenzeitschriften: Mit der Einführung einer Hauszeitschrift für das INSELHAUS wird bei den Kunden und ihren

Angehörigen das Bewusstsein einer Gemeinschaft vertieft. Geburtstage der Kunden werden hier genannt und Berichte über durchgeführte gemeinsame Ausflüge veröffentlicht. Auch mit diesem PR-Instrument wird man Sympathie und Vertrauen gegenüber dem INSELHAUS vertiefen.

Stiftungen und andere Förderungsmaßnahmen für die Gesellschaft: Durch die Einrichtung einer Stiftung für die Hilfe bedrohter Tierarten auf der Insel macht das INSELHAUS deutlich, dass es sich als einen dauerhaften Partner der Bevölkerung auf der Insel sieht. Auf diese Weise wird deutlich, dass das INSELHAUS nicht nur zufälligerweise an seinem Standort tätig ist, sondern dass es auch Verantwortung übernehmen will. Wirkung dieses PR-Instrumentes ist auch hier eine Vergrößerung des Vertrauens und der Sympathie der Öffentlichkeit gegenüber dem INSELHAUS.

■ Planungskreislauf der Absatzwerbung

Betrachten wir im Folgenden genauer die Absatzwerbung in Bezug auf die verschiedenen **Entscheidungsphasen**, die in ihr zu unterscheiden sind:

Das Angebot einer Urlaubsreise mit Begleitung durch Pflegekräfte des INSELHAUSES wird durch die Kunden immer weniger nachgefragt. Spontan könnten wir das »Gefühl« bekommen, wir müssten dafür nun lediglich mehr Absatzwerbung machen. Es ist bei dieser Überlegung im Rahmen der Kommunikationspolitik jedoch sinnvoll, sich alle mit der Absatzwerbung verbundenen Schritte als einen Kreislauf vorzustellen (☞ Abb. 3.20). Bei der Absatzwerbung müssen wir in einem ersten Schritt überlegen, welche **Werbeziele** das INSELHAUS überhaupt erreichen will. Damit verbunden müssen wir uns entscheiden, welche **Zielgruppen** wir mit der Absatzwerbung ansprechen wollen. Die dann auszuwählenden **Werbeobjekte** werden weiter unten beschrieben. Auch muss in einem weiteren Schritt ein ausreichend großes **Werbebudget** als finanzieller Rahmen der Wer-

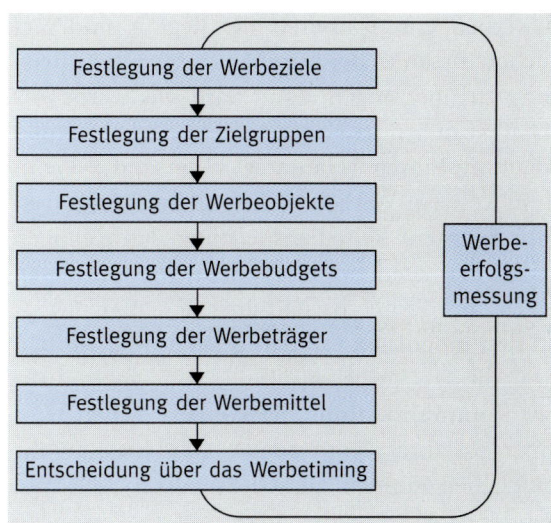

Abb. 3.20: Planungskreislauf der Absatzwerbung

bemaßnahme bereitgestellt werden. Die **Werbe-träger**, die die verschiedenen **Werbemittel** »transportieren« sollen, müssen ebenfalls ausgewählt werden. Schließlich muss im Rahmen des **Werbetimings** bestimmt werden, zu welchem Zeitpunkt die Werbemaßnahme durchgeführt werden soll.

Nach Durchführung der Werbemaßnahme sollte versucht werden, ihren Erfolg zu messen und daraus Konsequenzen für die nächste Werbemaßnahme in der Zukunft zu ziehen. Denn wir wollen für die Zukunft aus der **Werbeerfolgsmessung** lernen und die Absatzwerbung dann möglichst noch wirksamer durchführen. Nun beginnt der Kreislauf wieder von Neuem mit der Festlegung neuer Werbeziele. Während in diesem Abschnitt des Kapitels die Maßnahmen auf der linken Seite der Abbildung kurz beschrieben werden, wird die Werbeerfolgsmessung in einem eigenen Abschnitt weiter unten erläutert.

Betrachten wir die einzelnen Schritte auf der linken Seite des Kreislaufs der Absatzwerbung anhand von Beispielen aus dem INSELHAUS.

Werbeziele

- **Ökonomische Werbeziele**, die beispielsweise Ziele in Bezug auf Umsatz-, Marktanteil- und Gewinnsteigerungen umfassen. So könnte das

INSELHAUS sich beispielsweise vornehmen, den eingebrochenen Umsatz bei der Dienstleistung »Urlaubsreise mit Betreuung« innerhalb des nächsten Jahres wieder um 10 % zu steigern
- **Nicht-ökonomische Werbeziele**, die keine wirtschaftlichen Zielgrößen zum Inhalt haben. Beispiele für nicht-ökonomische Werbeziele sind

Bekanntheitsgrad

Das INSELHAUS könnte versuchen, jeden dritten Erwachsenen auf der Insel darüber zu informieren, dass das INSELHAUS eine stationäre Altenhilfeeinrichtung in der Region ist. Wenn das eigentliche Ziel der Werbemaßnahme jedoch ist, Neukunden zu gewinnen, dann ist das (Unter-)Ziel der Steigerung des Bekanntheitsgrades zwar eine förderliche Bedingung, aber noch keine notwendige, schon gar nicht eine hinreichende Bedingung dafür.

Dienstleistungs- oder Unternehmenseigenschaften

Auch das Vorliegen von Informationen bei Kunden des INSELHAUSES oder außenstehenden Personen über die Eigenschaften der speziellen Dienstleistung »Urlaub mit Betreuung« könnte das Ziel einer Werbemaßnahme des INSELHAUSES sein. Besonders nach der Einführung einer neuen Dienstleistung kann man ein solches Werbeziel zu einem späteren Zeitpunkt aufstellen, um zu prüfen, ob Informationen über die neue Dienstleistung inzwischen bei der Zielgruppe vorhanden sind.

Positive Einstellungen und Imagepflege

Wenn das INSELHAUS als neues Marktsegment die Kunden der »Luxuspflege« gewinnen will, könnte ein Werbeziel sein, bis zum Ende des nächsten Jahres von mindestens 50 % aller eigenen Kunden als ein Dienstleister wahrgenommen zu werden, der im Bereich der »Luxuspflege« ein kompetenter Anbieter ist.

Kognitive Dissonanzen

Oftmals verspüren Kunden nach dem Kauf einer Dienstleistung ein mehr oder weniger leichtes

Unbehagen. Sie überlegen, ob sie von allen Alternativen die Beste gewählt haben. Dieses negative Gefühl bezeichnet man als »**kognitive Dissonanz**«. So könnte sich beispielsweise ein Kunde, der die Urlaubsreise mit Betreuung beim INSELHAUS gebucht hat, fragen, ob nicht ein Angebot aus dem örtlichen Reisebüro besser und preiswerter gewesen wäre. Der Kunde überlegt, ob ihn bei einer »normal« gebuchten Reise über das Reisbüro nicht ein Verwandter hätte begleiten können. Im Rahmen der Kommmunikationspolitik kann das INSELHAUS daraufhin versuchen, den Kunden in seiner bisherigen Entscheidung zu bekräftigen und ihm ein **Zufriedenheitsgefühl** in Bezug auf den Kauf zu verschaffen, z. B. indem es nach Buchung aller Plätze ein Teilnehmertreffen unter den Kunden, die gebucht haben, veranstaltet, und Bilder und Berichte von der gleichen Reise im letzten Jahr zeigt. Damit könnten Zweifel bei den Kunden verringert werden.

Zielgruppen

Nachdem wir als Werbeziel z. B. die Umsatzsteigerung bei der Urlaubsreise mit Betreuung um 10 % festgelegt haben, müssen wir noch einmal genauer die Zielgruppen betrachten: Wen sollen wir nun konkret bewerben, um die 10 %-Steigerung im Umsatz bei der Urlaubsreisedienstleistung zu erreichen? Einleuchtend ist, dass wir die möglichen Kunden, die solch eine Reisedienstleistung in Anspruch nehmen könnten, mit geeigneten Werbemitteln bewerben werden. Aber wen genau wollen wir als Zielgruppe auswählen und möglichst zielgenau bewerben?

Ein- und mehrstufige Kommunikation

Es wird als Zielgruppe eine Personengruppe ausgewählt, die beispielsweise älter als 45 Jahre ist, pflegerisch versorgt werden muss und allein stehend ist. Bei diesem **einstufigen Kommunikationsprozess** ist das INSELHAUS der Sender der Werbebotschaft und der mögliche Kunde der Empfänger. Der Kommunikationsprozess läuft über nur eine Stufe ab. Wenn wir jedoch zusätzlich beispielsweise so genannte **Meinungsführer** bewerben, z. B. Hausärzte der Region, und versuchen diese von der Qualität unserer Dienstleistung zu überzeugen, dann wird die Werbebotschaft vom Sender (INSELHAUS) zusätzlich an den Meinungsführer (Hausarzt) übersandt. Wenn durch unsere Werbebotschaft dieser Meinungsführer unsere Reisedienstleistung dann einigen seiner Patienten empfiehlt, dann wäre in diesen Fällen die Werbebotschaft über diesen »Umweg« an den möglichen Kunden gelangt. Man spricht bei dieser Vorgehensweise von **mehrstufiger Kommunikation**. Die Werbebotschaft wird einerseits direkt vom Sender INSELHAUS an die möglichen Kunden, zusätzlich jedoch auch vom Sender INSELHAUS über eine weitere Person an den möglichen Kunden übermittelt.

Auswahl der Meinungsführer

Bei dieser »zweigleisigen« Vorgehensweise könnte es allerdings schwierig sein, die wichtigen Meinungsführer zu erkennen. Sind für unsere Reisedienstleistung mit Betreuung die Hausärzte die Meinungsführer, die ihre Kunden wiederum beeinflussen und unsere Reisedienstleistung empfehlen können? Oder sind es vielleicht genau die Haus- und Fachärzte unserer Patienten, die regelmäßig ins INSELHAUS kommen, um ihre Patienten im Rahmen einer Visite zu besuchen? Da die Ansprache einer Zielgruppe viel Zeit und Werbekosten in Anspruch nimmt, sollte man mögliche anzusprechende Meinungsführer genau auswählen.

Kommunikationspolitik und Marktsegmentierung

Wir sehen an dieser Stelle der Kommunikationspolitik die Verbindung zur Marktsegmentierung (☞ 3.4.2). War die langfristige Strategie der Marktsegmentierung ein »**Gesamtpaket**« aus allen vier Marketing-»Mix«-Instrumenten (verschiedene Kundensegmente mit maßgeschneiderten Dienstleistungen mit speziellen Preisen, die auf bestimmte Weise zum Kunden gebracht und kommuniziert werden), sehen wir hier die konkrete Umsetzung im Bereich der Kommunikationspolitik. Wir überlegen hier, wie wir ein ganz bestimmtes **Kundensegment** auf die wirksamste Weise bewerben. Wir haben sogar ein neues **Personensegment** in Form der Meinungsführer gebildet, dessen Bewerbung uns ermöglichen soll, »über einen Umweg« noch zielsicher an neue Kunden zu gelangen, denen wir eigentlich unsere Dienstleistung verkaufen wollen.

Werbeobjekte

An dieser Stelle des Planungkreislaufs der Absatzwerbung aus Abbildung 3.26 gilt es nun zu entscheiden, was das Objekt der Werbemaßnahme ist. Was also soll beworben werden?

INSELHAUS als Ganzes

Es erscheint klar, dass in unserem Beispiel die Urlaubsreise mit Betreuung das Werbeobjekt sein wird. Es gibt allerdings noch andere Möglichkeiten, das Werbeobjekt für unser Werbeziel der Umsatzsteigerung um 10 % zu bestimmen. Wir könnten für das INSELHAUS als Ganzes werben und hoffen, dass durch diese Werbung auch wiederum die Urlaubsreise stärker nachgefragt und auf diese Weise das Werbeziel der Umsatzsteigerung im speziellen Bereich der Reisedienstleistung erreicht wird.

Zusammenschlüsse

Eine noch weiter greifende Möglichkeit für die Auswahl des Werbeobjekts könnte sein, sich mit anderen Filialen des INSELHAUSES und ausgewählten (durch Kooperation verbundenen) stationären Pflegeeinrichtungen der INSEL bei der Werbemaßnahme zusammenzuschließen und für die stationären Altenhilfeeinrichtungen »der Insel« zu werben. Unter Umständen könnte als Folge dieser Werbekampagne die Nachfrage nach unseren Urlaubsdienstleistungen, wie beabsichtigt, ebenfalls steigen.

Werbung mit der Dienstleistung

Gerade bei der Einführung einer neuen Dienstleistung wie der Urlaubsdienstleistung erscheint es jedoch sinnvoll, so »direkt« wie möglich mit der Dienstleistung selber als Werbeobjekt zu wer-

ben. Es bleibt dem INSELHAUS allerdings auch unbenommen, mit mehreren Werbeobjekten gleichzeitig zu werben. Hierbei müssen jedoch wiederum höhere Werbekosten insgesamt in Kauf genommen werden.

Werbebudget

Das im letzten Absatz schon angesprochene Werbebudget legt den finanziellen Rahmen fest, in dem sich eine Werbemaßnahme kostenmäßig bewegen soll. In der betrieblichen Realität sind hierfür leider nur sehr ungenaue (Faust-)Regeln verbreitet, die eine Richtschnur für die Größe des Werbebudgets darstellen können:

»All you can afford«-Methode

Diese Regel besagt, man solle im Rahmen des Werbebudgets **alles** an finanziellen Mitteln bereitstellen, was man für die Werbemaßnahme erübrigen kann. Diese Faustregel widerspricht selbstverständlich einer überlegten Planung, denn wenn man in einem Geschäftsjahr »zufälligerweise« nur sehr wenig überschüssige liquide Mittel zur Verfügung hat, soll man nach dieser Regel auch nur wenig einsetzen. Bei einem **Umsatzeinbruch** im Bereich der Urlaubsdienstleistung mindert diese Umsatzminderung die nach dieser Regel für Werbung zur Verfügung stehenden finanziellen Mittel. Die tragische Folge des Handelns nach der »all you can afford«-Methode in dieser Situation wäre, noch weniger Mittel als bisher für Werbung zur Verfügung zu stellen. Die Aussichten auf eine **Umsatzsteigerung** in diesem Dienstleistungsbereich würden als Folge noch weiter sinken. Es entsteht ein »Teufelskreis«. Diese in der Praxis weit verbreitete Methode erscheint also weitgehend ungeeignet.

»percentage of sales«-Methode

Hierbei legt man einen festen **Prozentsatz** des Umsatzes mit einer Dienstleistung oder des Gesamtumsatzes aller Dienstleistungen als das Werbebudget fest. Zwar kommt diese Methode einem planmäßigen Vorgehen etwas näher. Allerdings kann auch hier ein »Teufelskreis« entstehen, bei

3

dem im Falle weiter zurückgehender Umsätze folglich immer weniger finanzielle Mittel als Folge des festen Umsatzprozentsatzes eingesetzt werden können. Die beispielsweise festgelegten 2 % vom Umsatz der Urlaubsdienstleistung als Werbebudget enthalten bei zurückgehenden Umsätzen in diesem Bereich tatsächlich immer geringere Geldbeträge, die in Werbemaßnahmen eingesetzt werden können. Es könnten in diesem rückläufigen Bereich immer weniger Mittel in Werbemaßnahmen zum »ankurbeln« des Umsatzes eingesetzt werden.

Wettbewerbsparitätsmethode

Bei dieser Methode orientiert man sich an bestimmten Prozentsätzen, die in der gleichen Branche (in unserem Fall der stationären Altenhilfe) für Werbemaßnahmen **üblicherweise** ausgegeben werden. Die Logik besteht in der Denkweise »wir machen dasselbe wie die Konkurrenten, dann kann die Werbebudgetbemessung nicht vollkommen falsch sein«. Diese Logik widerspricht allerdings dem Grundgedanken der Absatzwerbung, nämlich sich aus der Konkurrenz herauszuheben und im Markt zu positionieren.

»per unit«-Methode

Der Grundgedanke dieser Methode entspricht eigentlich der Vorgehensweise einer zielgerechten Werbebudgetbestimmung am ehesten: Wir überlegen uns, wie viel Prozent mehr Zielerreichung wir erreichen wollen, z. B. 10 % mehr Umsatz bei der Urlaubsdienstleistung. Dann überlegen wir uns, wie viel € uns genau das im Werbebudget kostet. Wir setzen dann genau so viele € im Rahmen des Werbebudgets ein, um unser Ziel zu erreichen. Das klingt sehr einfach. Aber in der genauen Festlegung dieses Zusammenhangs zwischen dem **Werbeziel** und der **Größe des Werbebudgets** liegt jedoch das Problem. Wir wissen nicht, welche Auswirkung ein € mehr Werbung auf eines der Werbeziele hat. Nur im Zeitverlauf mit Hilfe einer präzisen Nachkalkulation könnten wir Zusammenhänge feststellen, die uns beispielsweise sagen könnten, wie viel Werbebudget-

einsatz bei welcher Leistung welche Umsatzwirkung in einem bestimmten Zeitraum gehabt hat. Aber auch beim Herausfinden dieses Zusammenhangs hätten wir nur eine Regel für den abgelaufenen Zeitraum aufgestellt. Wir würden nicht wissen, ob dieser Zusammenhang auch in der Zukunft gelten würde. Gegenüber den anderen Regeln zur Bestimmung der Größe des Werbebudgets wäre dieser aus einem vergangenen Zeitraum errechnete Zusammenhang zwischen Werbebudgetgröße und der Zielerreichung allerdings zu bevorzugen.

Werbeträger (Werbemedien)

Man unterscheidet im Bereich der Werbemedien
- **Print-Medien**, z. B. Zeitung, Fachzeitschriften
- **Audio-Medien**, z. B. Radio, Lautsprecherdurchsagen
- **audiovisuelle Medien**, z. B. Fernsehen, Kino, stationäres und mobiles Internet, falls das Internet als Medium visuell und mit Ton genutzt wird.

Bei der Auswahl der Werbeträger kann das INSELHAUS nun zwei Arten von Entscheidungen treffen:
- **Intra-Media-Entscheidungen:** Das INSELHAUS entscheidet sich, ein Werbemittel, z. B. eine Anzeige oder einen Werbespot, **entweder** im Werbemedium Print-Medien **oder** in einem anderen z. B. audiovisuellen Medium zu schalten. Es handelt sich also um die Entscheidung zwischen verschiedenen Werbemedien an sich.
- **Inter-Media-Entscheidungen:** Das INSELHAUS überlegt, welche Art von Werbeträger innerhalb eines Werbemediums ausgewählt wird, also beispielsweise die Frage, ob innerhalb der Printmedien der Insel eine Tageszeitung oder eine Fachzeitschrift als Werbemedium gewählt wird.

Entscheidungshilfe Tausenderpreis

Bei den beiden genannten Entscheidungen kann der Tausenderpreis helfen. Er ist ein geldmäßiger Ausdruck davon, wie viel Euro tausend hergestellte Kontakte durch ein Werbemedium kosten. Nehmen wir an, eine halbseitige Anzeige in einer lokalen Tageszeitung auf der Insel kostet € 2.000,– und wir werden mit dieser Anzeige 50.000 Leser erreichen. Der Tausenderpreis errechnet sich dann durch die Formel: **Tausenderpreis = Anzeigenpreis × 1.000/Leser pro Ausgabe.**

Berechnung Tausenderpreis im INSELHAUS

Es ergibt sich also als Tausenderpreis **€ 2.000,– × 1.000/50.000 Leser = € 40,–.** Es kostet das INSELHAUS also € 40,–, um 1.000 Leserkontakte mit Hilfe dieses Mediums zu erreichen. Doch wie sind diese Kontakte zu beurteilen? Der Tausenderpreis gibt uns lediglich einen zahlenmäßigen Hinweis darauf, wie viel Kontakte wir für welchen Preis erhalten, jedoch keinen Hinweis auf die **Qualität** der Kontakte. Denn uns interessiert doch vor allem, wie viele der Leser der Tageszeitung unsere Reisedienstleistung nachfragen könnten, also zu unserer Zielgruppe gehören.

Quantitative Reichweite

Der Tausenderpreis ist somit nur eine **quantitative (mengenmäßige) Kennzahl** der Reichweite eines Werbemediums. Wir erfahren durch ihn nur, wie viel Kontakte wir zu welchem Preis durch einen Werbeträger verwirklichen. Anhand der Formel sehen wir: Bei gleich bleibendem Anzeigenpreis ist der Tausenderpreis je kleiner, desto größer die Anzahl der Leser pro Ausgabe ist.

Qualitative Reichweite

Die in der Formel für den Tausenderpreis aufgeführten Leser pro Ausgabe sind jedoch nicht alle identisch mit unserer Zielgruppe. Viele junge und gesunde Leser lesen auch die Tageszeitung. Mehr Hinweise darauf, wie viele wirkliche Kunden wir mit einem Werbemedium erreichen können, würde uns daher eine qualitative Reichweite des Mediums geben. Diese berücksichtigt nämlich, wie viel Prozent der Leser des Mediums zu unserer Zielgruppe gehören. Nehmen wir an, 10.000 von 50.000 Lesern gehören unserer Zielgruppe an. Wir können nun den Tausenderpreis noch einmal berechnen, setzten allerdings anstelle der Anzahl aller Leser nun lediglich die Leser

aus unserer Zielgruppe ein: **Tausenderpreis (qualitative Reichweite)** = Anzeigenpreis × 1.000/Leser unserer Zielgruppe.

Es ergibt sich somit als Ergebnis Tausenderpreis (qualitative Reichweite) = € 2.000,– × 1.000 bzw. 10.000 Leser aus Zielgruppe = € 200,–. Der Tausenderpreis ist bei dieser Betrachtung also € 200,–. Es kostet das INSELHAUS somit € 200,–, um tausend Kontakte innerhalb unserer Zielgruppe in diesem Werbemedium zu verwirklichen.

Dieser qualitative Tausenderpreis muss nun mit dem in anderen Werbemedien verglichen werden. Dann sollten solche Werbemedien gewählt werden, die die günstigsten qualitativen Reichweiten haben. Nach diesen Überlegungen muss innerhalb des Planungskreislaufs der Absatzwerbung aus Abbildung 3.20 weiter gehend überlegt werden, welche Werbemittel innerhalb der gewählten Werbemedien zum Einsatz kommen können.

Werbemittel

Innerhalb des Werbeträgers Tageszeitung (Print-Werbemedium) hat das INSELHAUS nun beispielsweise die Wahl, seinen **Einrichtungsprospekt** als Beilage in eine Ausgabe der Tageszeitung einzubringen oder wie schon oben angesprochen eine **Anzeige** in der Tageszeitung zu schalten. Dieses sind zwei verschiedene Werbemittel, die mit dem Werbeträger Tageszeitung transportiert werden können. Bei der Gestaltung des Werbemittels ist die darin enthaltene **Werbebotschaft** zentral. Nach welchen Regeln kann diese Werbebotschaft gestaltet werden?

Unterordnung unter die Werbeziele

Die Werbebotschaft muss sich unter die Werbeziele unterordnen. Ein Werbeziel des INSELHAUSES war die Umsatzsteigerung um 10% im Bereich der Urlaubsdienstleistung. Bei der Gestaltung des Werbemittels könnte man sich also angesichts dieses Werbeziels ausschließlich auf die Urlaubsdienstleistung konzentrieren. Man könnte die Reisedienstleistung in den Mittelpunkt der Werbebotschaft stellen und eine Reportage der letztjährigen Reise mit unseren Kunden in der geschalteten Anzeige abdrucken.

Herausstellen des »USP«

Unter dem USP versteht man die »unique selling proposition«, genau die Eigenschaft unserer Dienstleistung, die sie in den Augen des Kunden einzigartig macht. Der einzigartige Vorteil unserer Dienstleistung kann aus Sicht der Kunden die Begleitung von pflegebedürftigen Patienten durch eine Pflegekraft des INSELHAUSES sein. Es wird durch unsere Dienstleistung Pflegebedürftigen ermöglicht, wie jeder gesunde Mensch Urlaub zu machen und sich auf einer Urlaubsreise zu erholen. Dieser herausragende **Produktvorteil**, dieses USP, muss daher bei der Gestaltung des Werbemittels beachtet und in den Mittelpunkt der Werbebotschaft gerückt werden.

Slice of Life-Technik

Bei dieser Gestaltungsart eines Werbemittels wird eine **reale Lebenssituation** dargestellt. Im Beispiel des INSELHAUSES könnten in einem Werbespot für das lokale Fernsehen alltägliche Situationen auf der Urlaubsreise mit Personal des INSELHAUSES nachgestellt werden, sodass sich der Zuschauer in die Urlaubssituation hineinversetzen kann.

Leitbildwerbung

Bei der Leitbildwerbung werden **Idealvorstellungen** z.B. in Bezug auf Lebensführung und menschliche Beziehungen dargestellt, die den Empfänger der Werbebotschaft positiv beeinflussen sollen. Das INSELHAUS könnte beispielsweise das Leitbild eines Pflegebedürftigen aufstellen, der zwar der regelmäßigen pflegerischen Hilfe bedarf, aber ansonsten weitgehend Kontrolle über seinen Alltag hat. Der Kunde könnte sich durch die Darstellung eines selbstbewussten Leitbildes in Form der dargestellten Person, die mit dem INSELHAUS Urlaub macht, so motiviert fühlen, dass er es dem Leitbild gleichtun will und kurzerhand beim INSELHAUS die Urlaubsdienstleistung bucht.

Infotainment

Werbemittel, die nach dem Muster des Infotainments gestaltet werden, zeigen eine Mischung aus **Info**rmation und Unterhaltung (Enter**tainment**) auf, die den Empfänger der Werbebotschaft positiv stimmen und ihn empfänglich für die Werbebotschaft machen soll.

Lifestyle-Orientierung

Die Orientierung der Werbeinhalte an verschiedenen **Lebensstilen** (Lifestyles) ist sehr verbreitet. Die Kunden sollen durch die Darstellung eines bestimmten Lebensstils angesprochen und positiv gestimmt werden. Anknüpfend an die oben beschriebene Leitbildwerbung könnte das INSELHAUS nicht nur den selbstbewussten, pflegebedürftigen Kunden, der mit dem INSELHAUS in den Urlaub geht, in der Urlaubssituation darstellen, sondern seinen ganzen Lebensstil in vielen alltäglichen Situationen beschreiben, in denen er sich trotz Pflegebedürftigkeit selbst hilft, wann immer er kann. Durch eine Gestaltung der Werbebotschaft nach der Lifestyle-Orientierung ist es leichter möglich als bei der Leitbildwerbung, die möglichen Kunden des INSELHAUSES für einen Lebensstil zu begeistern, bei dem der pflegebedürftige Kunde sein Leben weitgehend unter Kontrolle zu haben scheint, inklusive der Durchführung von Urlaubsreisen.

Der Zwang zum Herausheben der eigenen Unternehmung und deren Dienstleistungen aus der Konkurrenzsituation hat und wird in der Zukunft mit Sicherheit für das Entstehen weiterer Spielarten der Gestaltung von Werbemitteln sorgen.

Werbetiming

Wir müssen nun im Rahmen des Werbetimings bestimmen, wann der beste Zeitpunkt für die **Durchführung** der Werbemaßnahme ist.

Pro- und antizyklische Werbung

Man kann den Zeitpunkt der Werbemaßnahme beispielsweise vom Verlauf der **Konjunktur** in der Branche oder dem **Umsatz** des eigenen Un ternehmens abhängig machen. Man spricht von einer prozyklischen Entscheidung über den Werbezeitpunkt, wenn man die Häufigkeit der Werbemaßnahmen zeitlich genau entsprechend dem Verlauf der Konjunktur bzw. des Umsatzes durchführt. Wenn also das INSELHAUS bei einbrechendem Umsatz die Anzahl seiner Werbemaßnahmen verringert und bei steigendem Umsatz verstärkt, würde es prozyklisch handeln. Es könnte auch die Häufigkeit der Zeitpunkte der Durchführung einer Werbemaßnahme entsprechend dem Konjunkturzyklus vergrößern oder verkleinern.

Würde das INSELHAUS hingegen in Zeiten boomender Konjunktur die Intensität seiner Werbemaßnahmen zurücknehmen und bei Nachfrageeinbruch vergrößern, dann würde der Werbezeitpunkt antizyklisch bestimmt werden; man würde also genau entgegen den in der Realität beobachteten Zyklen handeln.

Gleichmäßige Werbestrategie und Pulsationsstrategie

Einen anderen Ansatz verfolgt die gleichmäßige Werbestrategie, die unabhängig von der Umsatzentwicklung eine regelmäßige Durchführung von Werbemaßnahmen mit gleich hohem Werbebudget vorsieht.

Anders verfährt wiederum der Ansatz der Pulsationsstrategie, die zu verschiedenen Werbezeitpunkten »Impulse« setzt mit unterschiedlich hohen Werbebudgets. So könnte das INSELHAUS beispielsweise nach regelmäßigen Werbeaktivitäten mit gleich hohen Werbebudgets zu einem bestimmten Zeitpunkt das Werbebudget gezielt verdoppeln und danach ganz bewusst halbieren. Diese Vorgehensweise könnte das INSELHAUS nach einigen Monaten wiederholen. Die Werbeausgaben würden dann pulsieren; zu unterschiedlichen Zeitpunkten würde das INSELHAUS einen Werbeimpuls setzen.

Welche der dargestellten Methoden des Werbetimings am erfolgreichsten sind, ist als allgemeine Aussage schwer einzuschätzen. Warum dies so ist, soll im nächsten Abschnitt der Werbeerfolgsmessung angesprochen werden.

■ Werbeerfolgsmessung

Untersuchen wir zunächst, was unter einem ökonomischen Werbeerfolg verstanden werden kann, bevor wir den nicht-ökonomischen Werbeerfolg betrachten.

Ökonomischer Werbeerfolg

▷ **Ökonomischer Werbeerfolg:** Der durch eine Werbemaßnahme verursachte Anstieg der ökonomischen Werbezielgrößen

Wenn das Werbeziel wie im oben genannten Beispiel die Steigerung des Umsatzes im Bereich der durch das INSELHAUS angebotenen Urlaubsdienstleistung ist, dann wäre eine **Umsatzsteigerung** von z. B. 5 % pro Jahr in diesem Dienstleistungsbereich der ökonomische Werbeerfolg der durchgeführten Werbemaßnahmen. Er wäre in diesem konkreten Beispiel allerdings hinter dem angestrebten ökonomischen **Werbeziel** von 10 % Umsatzsteigerung pro Jahr zurückgeblieben.

Andere Werte, die den ökonomischen Werbeerfolg darstellen können, sind z. B. Gewinn, Absatz und Marktanteil.

Grenzen der Messung

Bei der Messung des ökonomischen Werbeerfolges ist es allerdings schwierig, die alleinige Wirkung einer durchgeführten Werbemaßnahme auf den ökonomischen Werbeerfolg zu messen.

⌕ Fallbeispiel

In zwei Ausgaben der örtlichen Tageszeitung hat das INSELHAUS als Beilage einen Prospekt zur Urlaubsdienstleistung beigelegt. In dem Jahr, in dem die Werbemaßnahme durchgeführt wurde, beobachten wir eine Umsatzsteigerung in Bezug auf diese Dienstleistung von 5 %. War diese Zunahme des Umsatzes nun alleine auf die Werbemaßnahme in der Tageszeitung zurückzuführen? War einzig und alleine dieses zweimalige Beilegen eines Prospektes für die Urlaubsdienstleistung der Grund für die Umsatzsteigerung? Es kann genau so gut die erfolgreiche

Durchführung der Urlaubsreise mit Begleitung im letzten Jahr und die daraus folgende positive »Mund-zu-Mund-Propaganda« gegenüber den nicht mitgereisten Bewohnern des INSELHAUSES zur regen Nachfrage bei dieser Dienstleistung geführt haben. Auch kann die positive »Mund-zu-Mund-Propaganda« von Mitgereisten aus dem Haus heraus zu möglichen Neukunden der Grund für die verstärkten Anmeldungen in diesem Jahr gewesen sein, sodass der Umsatz sich um 5 % vergrößert hat. Vielleicht war auch zum Teil Grund der Umsatzsteigerung, dass das INSELHAUS einen neuen zugezogenen Hausarzt auf der Insel von der Qualität seiner Dienstleistungen überzeugen konnte, sodass dieser einigen seiner Patienten geraten hat, sich im Rahmen der Urlaubsreise mit einer Pflegekraft des INSELHAUSES zu erholen. Möglicherweise meldeten sich aus diesem Grund dann einige Neukunden bei uns an.

Nutzung eines Testmarktes

Eine Möglichkeit, den ökonomischen Werbeerfolg einzelner Werbemaßnahmen isoliert zu messen, besteht darin, in einem so genannten **Testmarkt** eine Werbemaßnahme durchzuführen und dort den ökonomischen Werbeerfolg zu messen. Der Testmarkt sollte möglichst geographisch getrennt sein von anderen **Absatzregionen**. Dann ist es am wahrscheinlichsten, dass die im Testmarkt veröffentlichten Medien und die dort lebenden Konsumenten andere sind, als in unserem »**Heimatmarkt**«.

So könnten wir z. B. beschließen, eine der Filialen des INSELHAUSES auf einer anderen Insel samt ihres engeren Einzugsgebietes als Testmarkt zu benutzen. Wir könnten dort eine Werbemaßnahme erdenken, wie sie oben im Planungskreislauf der Absatzwerbung beschrieben wurde. Wir würden allerdings die Werbemaßnahme des Beilegens eines Prospektes für unsere Urlaubsdienstleistung nicht im »Heimatmarkt« des »Ur«-INSELHAUS durchführen, sondern zunächst nur im Testmarkt der Filiale auf einer anderen, weit entfernten Insel, um zu sehen, welchen Erfolg sie hat. Wenn wir nun nach Durchführung der Werbe-

maßnahme im Testmarkt der Filiale einen großen ökonomischen Werbeerfolg beobachten, dann könnte uns das Ergebnis dieses Tests dazu veranlassen, diese »erprobte« Werbemaßnahme auch im Markt des »Ur«-INSELHAUS durchzuführen.

Lösung des Problems durch den Testmarkt?

Sind aber durch die Durchführung der Werbemaßnahme im Testmarkt die oben beschriebenen Probleme der ökonomischen Werbeerfolgsmessung gelöst bzw. vermieden worden? Im Testmarkt besteht eine geringe Wahrscheinlichkeit, dass die zufriedenen Teilnehmer des Vorjahres per »Mund-zu-Mund-Propaganda« Bewohner im Testmarkt zum Buchen der Urlaubsdienstleistung in diesem Jahr veranlasst haben. Der in diesem Jahr beobachtete Werbeerfolg im Testmarkt wird also sehr wahrscheinlich nicht von der letztjährigen Urlaubsreise mit dem (»Ur«-)INSELHAUS beeinflusst und somit »verfälscht« worden sein. Wir können also davon ausgehen, dass der ökonomische Werbeerfolg der im Testmarkt beigelegten Prospekte nicht durch diesen »Störfaktor« verursacht wurde.

Störfaktoren auch im Testmarkt?

Im ersten Beispiel zur Werbeerfolgsmessung war es schwierig einzuschätzen, ob der ökonomische Werbeerfolg durch die Beilage in der Tageszeitung oder durch die Vermittlung von Patienten durch einen dem INSELHAUS wohlgesonnenen neuen Hausarzt verursacht wurden. Wenn der Testmarkt getrennt von dem des INSELHAUSES liegt, dann besteht im Testmarkt wenig Gefahr, dass die Empfehlungen dieses Hausarztes die Werbemaßnahme im Testmarkt überlagert und dort für eine Umsatzsteigerung gesorgt hat.

Aber vielleicht sind ähnliche Störfaktoren auch im Testmarkt im Zeitraum der Durchführung der Werbemaßnahme aufgetreten: Auch dort treten Mitarbeiter der Filiale mit Hausärzten in Kontakt und erzählen ihnen von der insgesamt guten Arbeit der Filiale des INSELHAUSES. Es besteht also auch hier die Möglichkeit, dass andere Maßnahmen der Filiale des INSELHAUSES für den Umsatzanstieg verantwortlich sind und nicht alleine die im Testmarkt durchgeführte Werbemaßnahme der Beilage von Prospekten in der Tageszeitung.

Ein vom ursprünglichen Markt relativ isolierter Testmarkt bietet zwar verbesserte Möglichkeiten, den ökonomischen Werbeerfolg einer Werbemaßnahme unabhängig von Ereignissen im ursprünglichen Markt zu messen. Dennoch ist es auch dort relativ schwierig, den ökonomischen Werbeerfolg einer einzelnen Werbemaßnahme exakt zu beziffern.

Nicht-ökonomischer Werbeerfolg

▷ **Nicht-ökonomischer Werbeerfolg:** Der durch eine Werbemaßnahme verursachte Anstieg der nicht-ökonomischen Werbezielgrößen

Wir erinnern uns: Im Abschnitt über Werbeziele wurden als Beispiele für nicht-ökonomische Werbezielgrößen genannt

- die Steigerung des Bekanntheitsgrades
- das Vorhandensein von Information über Dienstleistungs- oder Unternehmenseigenschaften beim Kunden
- die Schaffung positiver Einstellungen gegenüber Dienstleistungen und dem Unternehmen bzw. Schaffung eines bestimmten Image
- die Vermeidung bzw. der Abbau kognitiver Dissonanzen beim Kunden.

Wenn als Werbeziel angestrebt werden würde, den **Bekanntheitsgrad** des INSELHAUSES in der Bevölkerung des Einzugsgebietes um 25 % zu steigern, dann wäre das Erreichen dieses Werbezieles als Werbeerfolg zu werten. In der Realität können wir jedoch den Bekanntheitsgrades leider nur um 10 % steigern. Angesichts des ursprünglich anvisierten Werbeziels von 25 % muss es der Bewertung der Entscheider im INSELHAUS überlassen bleiben, ob eine 10 %-Steigerung des Bekanntheitsgrades dennoch einen Werbeerfolg darstellt. Wie lässt sich aber messen, ob das Ziel der Steigerung des Bekanntheitsgrades des INSELHAUSES um 10 % zu einem bestimmten Anteil durch die Durchführung einer speziellen Werbemaßnahme erreicht wurde? Nehmen wir an, die Werbemaß

nahme des INSELHAUSES bestand in der Schaltung einer Anzeige über eine Woche in einer örtlichen Tageszeitung, die nach Technik der Lifestyle-Orientierung einen selbstbewussten Kunden des INSELHAUSES darstellt, der grundsätzlich einmal jährlich mit dem INSELHAUS in den Urlaub fährt. Ein Versuch, um herauszufinden, ob der eingeschränkte Werbeerfolg in Form der Steigerung des Bekanntheitsgrades des INSELHAUSES um 10 % erreicht und durch die Werbemaßnahme verursacht wurde, ist die Methode der **Befragung** von Konsumenten. Dabei kann man den **Recall-Test** vom **Recognition-Test** unterscheiden.

Recognition-Test als Befragungsmethode

Beim Recognition-Test müssen die **Probanden** (Befragten) eine bestimmte Werbemaßnahme wieder erkennen, die ihnen präsentiert wird (to recognize, engl. = wieder erkennen). Im Beispiel des INSELHAUSES könnte man Probanden, die im Einzugsgebiet des INSELHAUSES wohnen, zunächst befragen, ob sie das INSELHAUS als stationäre Pflegeeinrichtung vor der Werbemaßnahme der Zeitungsannonce schon kannten. In einem zweiten Schritt könnte man sie fragen, ob sie die geschaltete Anzeige in der Tageszeitung wieder erkennen. Wenn ein Proband beide Fragen bejaht, dann wüsste man bei ihm, dass er das INSELHAUS bereits vor der Werbemaßnahme kannte. Die **Kenntnis** des INSELHAUSES wurde folglich durch die wieder erkannte Werbemaßnahme verstärkt.

Recognition-Test bei INSELHAUS-Kunden

Nehmen wir an, bei insgesamt 40 % der Probanden würden wir feststellen, dass sie das INSELHAUS bereits vor der Werbemaßnahme kannten, aber nur 20 % aller Probanden die diesjährige Anzeige wieder erkennen. Nehmen wir weiterhin an, wir hätten vor einem Jahr dieselbe Befragung in Bezug auf eine andere Werbemaßnahme durchgeführt, und damals war das Ergebnis insgesamt ein **Bekanntheitsgrad** des INSELHAUS von 30 % unter den Probanden. Demnach wäre der Bekanntheitsgrad innerhalb eines Jahres um insgesamt 10 % auf 40 % gestiegen. Aber ist der Bekanntheitsgrad durch unsere diesjährige einwöchige Anzeigenak tion in der Tageszeitung gestiegen? Nur 20 % der Probanden erkannten in der diesjährigen Befragung nach der Werbemaßnahme unsere Anzeige wieder. Also ist die Steigerung des Bekanntheitsgrades um 10 % nur zum Teil auf unsere Werbemaßnahme zurückzuführen. Es müssen wohl andere Werbemaßnahmen des INSELHAUSES ebenfalls zur Steigerung des Bekanntheitsgrades geführt haben.

Recall-Test als Befragungsmethode

Beim Recall-Test wird beim Probanden geprüft, ob er sich an eine bestimmte Werbemaßnahme erinnert (to recall, engl. = sich erinnern). Wir müssen also unterscheiden zwischen dem aktiven **Sich-Erinnern** an eine Werbemaßnahme beim Recall-Test und dem eher passiven Wiedererkennen oder Nicht-Wiedererkennen eines dem Befragten vorgelegten Werbemittels beim Recognition-Test im vorigen Abschnitt.

Aided und Unaided Recall-Tests

Aided Recall-Test, d. h. unterstützter Recall-Test, nennt man das Produkt und die Werbemaßnahme, die durchgeführt wurde. Beim Unaided Recall-Test, d. h. nicht unterstützten Recall-Test, erfragt man vom Probanden, welche Produkte einer bestimmten Sorte und damit verbundene Werbemaßnahmen der Proband kennt. Der Proband nennt dann diese, an die er sich erinnert.

⌗ Fallbeispiel

Im INSELHAUS wird beim Aided Recall-Test gefragt, ob der Proband bestimmte Dienstleistungen des INSELHAUSES kennt und ob die Anzeigenkampagne in der Tageszeitung wahrgenommen wurde. Dabei wird nicht wie beim Recognition-Test die Anzeige selber gezeigt und als bekannt oder unbekannt durch den Probanden bezeichnet. Es wird dem Probanden die Dienstleistung und Werbemaßnahme beschrieben und er antwortet im Folgenden, ob die Dienstleistung und die beschriebene Werbemaßnahme bekannt sind. Die Auswertung der Antworten kann wie beim Recognition-Test einen bestimmten Bekanntheitsgrad und einen bestimmten Prozent-

satz der Probanden, die die Werbemaßnahme des INSELHAUSES kennen, ergeben.

Beim Unaided Recall-Test wird der Proband gefragt, welche stationären Pflegeeinrichtungen und welche ihrer Werbemaßnahmen bekannt sind. Der Vorteil bei dieser Art der Befragung ist, dass das INSELHAUS nicht nur Auskunft über seinen Bekanntheitsgrad und den seiner Werbemaßnahme in der Tageszeitung erhält. Es erhält außerdem wertvolle Informationen über den Bekanntheitsgrad seiner Konkurrenten und ihrer Werbemaßnahmen.

Start in den Kreislauf

An dieser Stelle schließt sich der Kreislauf der **Planung** und **Durchführung** der Absatzwerbung im Rahmen der Kommunikationspolitik. Wir planen die Werbeziele der Ansatzwerbung, legen Zielgruppen, Werbeobjekte, Werbebudgets, Werbeträger und Werbemittel fest, entscheiden uns im Rahmen des Werbetimings für einen bestimmten Werbezeitpunkt und führen die Werbemaßnahme durch. Mit allen Einschränkungen der Werbeerfolgsmessung versuchen wir dann, den Werbeerfolg der Werbemaßnahme festzustellen, um daraus für die Planung der nächsten Werbemaßnahme zu lernen. Je nach Werbeerfolg der letzten Anzeigenkampagne in der Tageszeitung kann sich das INSELHAUS entscheiden, dieselbe Werbemaßnahme zu wiederholen oder es kann in anderer Weise den Planungskreislauf der Absatzwerbung ausgestalten und abarbeiten. Der Kreislauf beginnt dann von Neuem.

■ Problembereiche der Absatzwerbung

Verschiedene Werbemaßnahmen, vor allem von Anbietern von Produkten der **Konsumgüterindustrie**, haben in der Vergangenheit Problemfelder der Absatzwerbung aufgezeigt.

Manipulation und Irreführung

Der Begriff der **Manipulation** ist zwar in der Sicht vieler Konsumenten negativ besetzt, aber im Grunde ein wertfreier Begriff.

▷ **Manipulation:** gezielte Beeinflussung eines Menschen, die von diesem nicht durchschaut wird

Die Erziehung eines Kindes umfasst in vielen Situationen auch Manipulationen. Man will Kinder oft positiv beeinflussen, ohne dass diese merken, dass sie beeinflusst werden, wobei die Beeinflussung oftmals zum Wohle des Kindes geschieht. Eine Manipulation ist also zunächst nicht als etwas Negatives zu bewerten.

Manipulation in der Absatzwerbung

Bei der Absatzwerbung versucht das Unternehmen, mögliche Kunden dahingehend zu beeinflussen, dass sie das Produkt oder die Dienstleistung kaufen. Auch hier wird versucht, den Kunden zu beeinflussen, ohne dass dieser die gezielte Beeinflussung bemerkt. Wenn das INSELHAUS seine Urlaubsdienstleistung anhand einer Anzeige bewirbt, in der die begleitete Urlaubsreise vom letzten Jahr beschrieben wird und ein zufriedener Kunde zu Wort kommt und versichert, dass er auf diese Weise wieder das Gefühl hat, ein Stück Normalität in sein Leben zurückbekommen zu haben, dann versucht das INSELHAUS damit auch, die möglichen Kunden zu manipulieren. Zur Beeinflussung der Kunden sind besonders solche **Werbeinhalte** geeignet, die nicht offensichtlich werden lassen, dass das INSELHAUS mit der Werbemaßnahme seine Leistung verkaufen und beispielsweise seinen Marktanteil in diesem Dienstleistungsbereich steigern will. Wir nannten oben schon Methoden, wie z. B. das **Product Placement** (☞ 3.5.5) oder die **life-style-Orientierung** (☞ 3.5.5), die dem Kunden geschickt ein Leitbild beschreibt, das widerspiegelt, wie der Kunde insgeheim sein will.

Gefährliche Spielarten

Ist es nun verwerflich, so zu werben, dass der mögliche Kunde nicht offensichtlich merkt, dass es sich um Werbung handelt? Bei Erwachsenen kann man voraussetzen, dass sie eine Werbemaßnahme als solche erkennen und selbstständig ent-

scheiden, ob sie die Dienstleistung kaufen wollen oder nicht. Gefährlich kann sich die Manipulation mit Werbung allerdings bei Kindern auswirken, die diese **Selbstständigkeit** bei der **Kaufentscheidung** eher nicht haben.

Eine gefährliche Form der Manipulation ist heutzutage glücklicherweise verboten, nämlich das Einspielen von **versteckten Werbebotschaften** in Werbespots. Dabei wurden in der Vergangenheit in bestimmten zeitlichen Abständen für das menschliche Auge nicht bewusst sichtbar positiv anregende Bild- oder Textbotschaften in den Werbefilm hineingeschnitten, von denen der Zuschauer nicht bewusst Kenntnis nahm. Ihm wurde dabei versteckt eine Werbebotschaft übersandt, die ihm ein positives Gefühl bei der Betrachtung des Werbefilms gab. Man hoffte damit auf eine positive Kaufentscheidung beim Kunden.

Neben der Manipulation haben auch versuchte **Irreführungen** mit Hilfe von Werbemaßnahmen die Absatzwerbung vereinzelt in Verruf gebracht. Seit In-Kraft-Treten des **Gesetzes gegen unlauteren Wettbewerb (UWG)** haben Konsumenten einen gewissen Schutz dagegen erhalten. Es wird jedoch immer wieder einzelne Anbieter von Produkten oder Dienstleistungen geben, die die gesetzlichen Grenzen zwischen erlaubter Manipulation und der Irreführung der Konsumenten ausloten werden.

Fallbeispiel

Bei dem so genannten »Schaufenster am Donnerstag« versuchten in den 8oer-Jahren Konsumgüterhersteller, den Eindruck zu erwecken, es werde ein redaktioneller Beitrag des jeweiligen Fernsehsenders gezeigt. Es handelte sich jedoch um einen reinen Werbespot und nicht um einen inhaltlichen Beitrag. Die Irreführung des Zuschauers war durch die Unklarheit über die Quelle der Informationen begründet. Diese kamen nicht von der Redaktion des Fernsehsenders, sondern direkt und versteckt von Seiten der Konsumgüterhersteller, die ihre Produkte im »Gewand« des »Schaufensters am Donnerstag« präsentierten.

Informationsgehalt

Bei der Absatzwerbung stellt sich die Frage, ob sie den Konsumenten wirklich möglichst **objektive Informationen** über Dienstleistungen oder Produkte des Herstellers liefert. Fragen wir uns zunächst, welche Informationen über Dienstleistungen des INSELHAUSES der mögliche Kunde überhaupt erhalten kann.

Arten von Informationen

Informationen im Rahmen der Absatzwerbung kann man unterteilen in:

- **Such-Informationen:** der Konsument hat Wissen über Alternativprodukte oder Alternativdienstleistungen anderer Leistungsanbieter
- **Daten-Informationen:** der Konsument weiß von Eigenschaften der Produkte oder Dienstleistungen

Fallbeispiel

Im INSELHAUSES haben mögliche Kunden Daten-Informationen, wenn sie wissen, was für Eigenschaften seine Urlaubsdienstleistung hat. Sie wissen, was ihnen hier für Teilleistungen für welchen Preis geboten werden. Wenn er auch von alternativen Dienstleistungen anderer stationärer oder ambulanter Anbieter von Pflege weiß, dann sind bei ihm auch zusätzlich Such-Informationen vorhanden.

Wenn ein Konkurrent des INSELHAUSES Absatzwerbung betreiben und dabei seine Pflegedienstleistungen als sehr hochwertig darstellten würde, in Wirklichkeit jedoch mit schlecht ausgebildetem Pflegepersonal qualitativ mangelhafte Pflege erbrächte, dann würden bei den Empfängern der Werbebotschaften dieses Anbieters zunächst Daten-Informationen vorliegen, die hochwertige Dienstleistungseigenschaften beinhalten. Nur durch eigene Erfahrungen könnten diese ursprünglichen Daten-Informationen korrigiert werden. Dieser Konsument könnte andererseits durch Werbemaßnahmen des INSELHAUSES ebenfalls Such-Informationen in Form des Wissens um das INSELHAUS und dessen Leistungen haben. Aber auch in Bezug auf diese wüsste er nicht genau, ob diese Such-Informationen mit der Realität übereinstimmen.

Korrekturwirkung von neutralen Informationen

Im Beispiel können neutrale Informationen korrigierend wirken, die von unabhängiger Seite, wie z. B. **Verbraucherorganisationen** oder Institutionen wie der SIFTUNG WARENTEST, zur Verfügung gestellt werden. Wenn z. B. die Pflegequalität nach einem bestimmten Kriterienkatalog in den stationären Pflegeeinrichtungen der Insel durch einen Test der SIFTUNG WARENTEST geprüft und veröffentlicht werden würde, dann hätten die Konsumenten sowohl mehr Such- als auch realistischere Daten-Informationen über diese Dienstleistungen zur Verfügung und könnten ihre Kaufentscheidung auf einer verbesserten Informationsbasis treffen. Auf diese Weise kann der oft lediglich auf die positiven Eigenschaften eines Produktes oder einer Dienstleistung beschränkte Informationsgehalt der Absatzwerbung zu Gunsten der Konsumenten ergänzt und korrigiert werden, denn so stehen ausführlichere Such- und Daten-Informationen für den Konsumenten zur Verfügung.

Auf einen Blick

- ▶ Unter Kommunikationspolitik versteht man die zielgerichtete Beeinflussung von Zielgruppen mit Hilfe spezieller Kommunikationsmittel.

- ▶ Aktionsbereiche der Kommunikationspolitik sind Werbung, Verkaufsförderung und Öffentlichkeitsarbeit.

- ▶ Absatzwerbung ist ein Planungskreislauf, der sich permanent wiederholt.

- ▶ Der Planungskreislauf der Absatzwerbung umfasst die Festlegung der Werbeziele, der Zielgruppen, der Werbeobjekte, des Werbebudgets, der Werbeträger, der Werbemittel und des Werbetimings.

- ▶ Nach der Messung des Werbeerfolges beginnt der Planungskreislauf der Absatzwerbung aufgrund der durch die Werbeerfolgsmessung gewonnenen Erkenntnisse mit veränderten Maßnahmen von neuem.

- ▶ Problembereiche der Absatzwerbung sind Manipulation, Irreführung und mangelnder oder falscher Informationsinhalt.

3.6 Marketing-Organisation

Alle bisher im Rahmen des Marketings erläuterten Denkansätze erfordern eine organisatorische Umsetzung in einer **Marketing-Organisation**. In diesem Kapitel wird ein kurzer Überblick darüber gegeben, in welchen der bisher genannten Bereiche der Marketing-Konzeption nützliche organisatorische Regelungen in der betrieblichen Praxis denkbar sind.

3.6.1 Maßnahmen im Bereich der Informations- und Analysekonzepte

Betrachten wir zunächst denkbare organisatorische Umsetzungen bei den Analyse- und Informationsinstrumenten der Portfolioanalyse und der Umweltanalyse.

■ Portfolioanalyse

Im Rahmen der Portfolioanalyse wurde das Dienstleistungsprogramm des INSELHAUSES in ein Raster mit zunehmender Marktattraktivität und relativem Marktanteil eingeordnet, um zu sehen, ob das INSELHAUS eine ausgewogene Mischung aus neuen und reiferen Dienstleistungen aufweist. Für die organisatorische Verankerung dieses Analyseinstrumentes sind folgende Fragen zu klären:

- **Wer** führt die Portfolioanalyse durch?
- In welchem **zeitlichen Rhythmus** wird sie erstellt?
- Nach **welcher Ablaufroutine** wird bei der Erstellung vorgegangen?
- Wie werden die Durchführung und die Ergebnisse der Portfolioanalyse **dokumentiert**?

Man kann in der Ablaufroutine für die Erstellung der Portfolioanalyse alle anderen Fragen mit einbeziehen. Eine umfassende Ablaufroutine kann checklistenhaft beschreiben, welcher Mitarbeiter der Organisation zu welchem Zeitpunkt nach welcher Ablaufroutine die Portfolioanalyse durchführt und wie die Ergebnisse dokumentiert werden.

Weiterhin kann eine Ablaufroutine auch den Zeitpunkt und die Art und Weise beschreiben, wann und wie die Ablaufroutine selber in der Zukunft wieder überprüft und überarbeitet werden muss. Jede Ablaufroutine wird früher oder später nicht mehr der betrieblichen Realität entsprechen oder wichtige Veränderungen in der Umwelt nicht enthalten. Die Ablaufroutine zur Erstellung einer effektiven Portfolioanalyse muss daher selber immer wieder kritisch betrachtet und bei Bedarf geändert werden.

Geeignetes Personal

Je detaillierter die Ablaufroutine vorgegeben ist, desto weniger **Fachwissen** muss die durchführende Person besitzen. Dann können selbst Mitarbeiter ohne **kaufmännische Ausbildung** allerdings mit großer Sorgfalt die einzelnen Schritte abarbeiten. Ist eine Ablaufroutine jedoch nur in geringem Umfang oder lückenhaft vorgegeben, muss das Personal im kaufmännischen Bereich besonders im Bereich des Marketings ausgebildet sein. Oftmals wird in größeren Unternehmen für die Durchführung von Informations- und Analyseinstrumenten wie der Portfolioanalyse kaufmännisches Personal in Anspruch genommen und in der Organisationsform einer **Stabsstelle** zusammengefasst, die direkt der Geschäftsführung unterstellt ist. Dieses Stabsstellenpersonal versorgt die Geschäftsführung dann direkt mit den Informationen aus der Portfolioanalyse.

Zeitlicher Rhythmus

Die Informations- und Analyseinstrumente untersuchen das Unternehmen und seine Märkte. Auch auf der Basis dieser Informationen werden **Leitideen** erdacht, die eine steuernde Wirkung auf die Unternehmung haben sollen. Der Zeitpunkt der Prüfung und Überarbeitung der Leitlinien nach z. B. fünf bis zehn Jahren kann daher den Zeitpunkt der erneuten Durchführung einer

Portfolioanalyse bestimmen. Als Regel könnte man also aufstellen, dass immer, wenn Leitlinien zu veralten scheinen und überprüft werden müssen, eine Portfolioanalyse durchgeführt werden muss, um die aktuelle Gewichtung der verschiedenen Dienstleistungen der Unternehmung zu prüfen.

Fallbeispiel

Nach sieben Jahren hat das INSELHAUS den Eindruck, die Leitidee in Bezug auf seine Grundmission muss neu überdacht werden. Die bisherige Leitidee lautete: »Das INSELHAUS nimmt Menschen auf, die für eine begrenzte Zeit oder lebenslang stationäre Pflege und Betreuung brauchen«. Stellen wir nun aufgrund der Durchführung einer Portfolioanalyse für das INSELHAUS fest, dass in den letzten Jahren durch uns entwickelte und verstärkt erbrachte Dienstleistungen wie z. B. betreute Urlaubsreisen und ambulante Pflegeleistungen und die damit verbundenen Umsätze immer mehr den Schwerpunkt vom ursprünglichen »Kerngeschäft« des INSELHAUSES weg verlagern (stationäre Pflege und Betreuung), dann müssen wir auch die genannte Leitlinie, die die Grundmission des INSELHAUSES beschreiben soll, abändern. Wir müssen sie dann so anpassen, dass sie neben dem »Kerngeschäft« der stationären Pflege auch beispielsweise ambulante Pflegeleistungen und die genannte Urlaubsdienstleistung beschreibt.

Informations- und Analyseinstrumente wie die Portfolioanalyse geben allerdings auch Anregungen für die Ausgestaltung langfristiger Marketing-Handlungsprogramme, z. B. **Kooperationen**, und für die Ausgestaltung kurzfristiger wirkender Marketing-»Mix«-Instrumente, z. B. die Entwicklung einer neuen Dienstleistung im Rahmen der **Produktpolitik**. Eine Portfolioanalyse könnte also auch immer dann durchgeführt werden, wenn eine Kooperation in Aussicht steht, bei der das eigene Dienstleistungsprogramm in seiner Gesamtzusammenstellung verändert werden muss.

Fallbeispiel

Ein anderer Leistungsanbieter tritt auf das INSELHAUS zu und bietet eine Kooperation an, bei der das INSELHAUS selber in den Bereich der ambulanten Pflege einsteigen würde. Dabei wird das Know-how des Kooperationspartners dem INSELHAUS zur Verfügung gestellt. Gemäß dem Kooperationsvertrag besteht die Gegenleistung des INSELHAUSES nun darin, dass es den Kooperationspartner in einem bestimmten Umfang mit aus dem INSELHAUS entlassenen, ambulant zu pflegenden Kunden versorgt, vorausgesetzt, dass die Patienten der zukünftigen Versorgung durch den Kooperationspartner zustimmen. Auf diese Weise »teilen« sich der Kooperationspartner und der neue ambulante Pflegebereich des INSELHAUSES die durch das INSELHAUS entlassenen, ambulant zu versorgenden Kunden.
Zum Zeitpunkt des Angebots einer derartigen Kooperation macht es jedoch zunächst Sinn, eine Portfolioanalyse durchzuführen, um zu prüfen, wie die neue Dienstleistung der ambulanten Pflege sich in das aktuelle Portfolio der Dienstleistungen des INSELHAUSES einpassen würde. Bei der Durchführung der Portfolioanalyse stellt das INSELHAUS fest, dass es schon zwei andere Dienstleistungen der Art »Fragezeichen« neben der ambulanten Pflege »am Start hat«. Diese »Fragezeichen« benötigen sehr hohe Anfangsinvestitionen bei ihrer Einführung, beispielsweise in Form von Werbemaßnahmen. Aus der Basis der Ergebnisse der Portfolioanalyse entscheidet sich das INSELHAUS, die beschriebene Kooperation mit dem ambulanten Pflegedienst (noch) nicht zu suchen.

Ablaufroutine

Die Portfolioanalyse ist umso einfacher auch von Nicht-Fachkräften durchzuführen, je genauer ihre Ablaufschritte beschrieben wurden. Nehmen wir z. B. das **Abbilden** der verschiedenen Dienstleistungen mit ihrem derzeitigen Umsatz als Kreisflächen im Portfolio. Es empfiehlt sich, hierbei in der Ablaufroutine festzulegen, nach welchem Maßstab die Größe der Fläche des Umsatzes einer Dienstleistung bestimmt wird.

☞ Fallbeispiel

Wenn die Transportdienstleistung mit einem Jahresumsatz von € 5.000,– als »Fragezeichen« dargestellt werden soll, dann kann man festlegen, dass beim Einzeichnen des Umsatzes 0,1 cm Radius bei der kreisförmigen Darstellung einer Dienstleistung einem Umsatz vom € 1.000,– entspricht. Die Transportdienstleistung der Kunden mit einem Jahresumsatz i. H. v. € 5.000,– wird also mit 0,5 cm Radius dargestellt. Die Festlegung solcher Regeln erleichtert die Vergleichbarkeit verschiedener Portfolioanalysen zu unterschiedlichen Zeitpunkten.

Weiterhin sollte das Zustandekommen von in der Portfolioanalyse verwendeten Größen wie der **Marktattraktivität** in der Ablaufroutine genau beschrieben werden. Wie wird also die Marktattraktivität einheitlich bei jeder Durchführung der Portfolioanalyse bestimmt?

In der Ablaufroutine könnte man als eine ihrer Bestimmungsgrößen das **Marktwachstum** in Prozent im Vergleich zum Vorjahr festlegen. Die zweite Bestimmungsgröße der Marktattraktivität könnte die Anzahl der **Konkurrenten** im Markt der neuen Dienstleistung sein. Denn je mehr Konkurrenten schon in unserem Markt tätig sind, desto unattraktiver ist der Markt.

☞ Fallbeispiel

Die zusammengesetzte Größe »Marktattraktivität« wird im INSELHAUS nach der Regel Marktattraktivität = Marktwachstum in Prozent geteilt durch die Anzahl der Konkurrenten × 100 gebildet. Wenn also der Umsatz mit einer Dienstleistung im Vergleich zum Vorjahr um nur 5 % steigt und sich zwei Konkurrenten insgesamt im Markt befinden, nämlich ein anderer Anbieter und das INSELHAUS, dann lässt sich die Marktattraktivität errechnen mit 5 % geteilt durch 2 multipliziert mit 100 = 2,5. Die Marktattraktivität hat also den Wert von 2,5.

Die Skala für die Achse der Marktattraktivität in der Portfolioanalyse reicht von 0 bis 10 und ist in die drei verschiedenen Bereiche: »hoch«, »mittel« und »gering« unterteilt. Ein Markt-

wachstum im Vergleich zum Vorjahr i. H. v. 100 % und das INSELHAUS als einziger »Konkurrent« im Markt liefert als Ergebnis für die Marktattraktivität den Wert 100 % geteilt durch 1 × 100 = 100. Dies ist der maximal zu erreichende Marktattraktivitätswert. Er entspricht der Stelle 100 auf der Skala im Bereich »hoch«. Diese Einteilung und Bemessung der Skala des Portfolios wird allerdings in einer Ablaufroutine festgeschrieben, sodass bei der Durchführung der Portfolioanalyse im nächsten Jahr dieselben Maßstäbe verwendet werden und nicht wieder neue Überlegungen angestellt werden müssen.

Dokumentation

Die durchgeführte Portfolioanalyse samt der Bewertung der Ergebnisse muss mit einem **Datum** gekennzeichnet werden, sodass man bei der nächsten Durchführung der Ablaufroutine weiß, wann man zum letzten Mal eine Portfolioanalyse mit welchem Ergebnis durchgeführt hat. In der Bewertung einer aktuell aufgestellten Portfolioanalyse ist stets die Entwicklung des Portfolios seit der letzten Durchführung festzustellen und beispielsweise in einem Legendentext zu beurteilen. Da die **Geschäftsführung** oft der Adressat der Portfolioanalysen ist, macht es Sinn, in der Dokumentation auch zu vermerken, dass die Geschäftsführung von der Darstellung der Ergebnisse Kenntnis genommen hat.

Die Dokumentation kann in die umfassende Ablaufroutine zur Durchführung der Portfolioanalyse eingebunden werden, sodass die Einzelschritte der Ablaufroutine vom »Auslösezeitpunkt« der Durchführung über die durchführende Person bis hin zur Dokumentation der Ergebnisse alle Tätigkeiten in Bezug auf die Portfolioanalyse umfasst.

■ Umweltanalyse

Auch die Umweltanalyse kann durch Ablaufroutinen besser in der Marketing-Organisation verankert werden. Die Ablaufroutine enthält dann Antworten u. a. auf die Fragen:

- **Wer** führt die Umweltanalyse durch?

- In welchem **zeitlichen Rhythmus** wird sie erstellt?
- Erfüllt die Ablaufroutine selber noch die an sie **gestellten Anforderungen**?
- Wie werden die Durchführung und die Ergebnisse der Umweltanalyse **dokumentiert**?

Geeignetes Personal

Die Frage, wer die Umweltanalyse durchführen sollte, kann davon abhängen, wer oder was ihr **Untersuchungsgegenstand** ist. Während Konkurrenten und mögliche Ersatzprodukte für bisherige Dienstleistungen durchaus durch eigenes Personal ausgekundschaftet werden können, ist es bei der Untersuchung der Lieferanten und der Kundschaft und damit verbundenen Kundenbefragungen auch sinnvoll, **unternehmensfremde** Personen oder Organisationen zu betrauen. Denn diese können in höherem Maße eine objektive Sicht bewahren. Fällt dem INSELHAUS so manche Unzulänglichkeit seines Handwerksdienstleisters aufgrund der langjährigen Zusammenarbeit gar nicht mehr auf, so könnte eine neutrale, mit der Lieferantenanalyse beauftragte Organisation schnell zu dem Ergebnis kommen, dass dieses Handwerksunternehmen gravierende Qualitätsmängel zu beheben hat.

Auch die Untersuchung der Kunden kann bei einer externen Firma, die Kundenbefragungen durchführt, in besseren Händen sein. Grund dafür ist z. B. die Angst mancher Kunden vor möglichen negativen Folgen für sie selber im Falle einer kritischen Schilderung von Pflegefehlern durch das Personal des INSELHAUSES. Einer unternehmensfremden Firma gegenüber äußern sich die Kunden des INSELHAUSES sehr viel offener über mögliche Pflegefehler oder eine unkorrekte Behandlung durch die Pflegekräfte.

Zeitlicher Rhythmus

Der genaue Zeitpunkt der Umweltanalyse hängt von der speziellen Situation jeder Pflegeeinrichtung ab. Die Lieferanten des Unternehmens sollten nicht nur bei **Alarmzeichen**, z. B. schlechten Leistungen, eingehend auf ihre Leistungsqualität

hin untersucht und mit anderen Anbietern verglichen werden. Gerade aus Gründen möglicher **Kostenersparnis** bzw. der Möglichkeit der **Qualitätssteigerung** für gleich hohe Kosten der Dienstleistung empfiehlt es sich, regelmäßig die Lieferanten des INSELHAUSES zu untersuchen. Hierbei wählt man bevorzugt solche Dienstleister, deren Tätigkeit die Kunden besonders zur Kenntnis nehmen oder deren Kostenbelastung besonders hoch ist. Der Wechsel des Anbieters von Telefondienstleistungen beispielsweise kann aufgrund eines relativ unkomplizierten Anbietervergleichs hohe Kostenersparnisse zur Folge haben.

Ablaufroutine

Die Formulierung der Einzelschritte der Umweltanalyse sollte zum Ergebnis eine möglichst detaillierte Ablaufroutine haben. Dann kann nicht nur eine geringer ausgebildete, relativ kostengünstige Person die Untersuchung oder Teile von ihr ohne viele Rückfragen durchführen. Ein Vorteil einer detaillierten Ablaufroutine ist auch die Möglichkeit, die Analyse z. B. der Qualität der Reinigungstätigkeiten der zuarbeitenden Fremdfirma nach einem bestimmten Zeitraum wie z. B. einem Jahr, identisch zu wiederholen. Dabei können exakt Qualitätsverbesserungen bzw. Qualitätsverschlechterungen festgestellt werden, die nicht aufgrund einer anderen Vorgehensweise bei der Untersuchung verfälscht werden.

Da die Ablaufroutine alle Tätigkeiten im Rahmen der Durchführung der Umweltanalyse umfasst, muss diese Auflistung der Tätigkeiten auch immer wieder daraufhin untersucht werden, ob sie vollständig ist oder ob neue Teilschritte ergänzt bzw. alte verändert werden müssen.

Dokumentation

Bei der Dokumentation der Umweltanalyse werden **Besonderheiten** bei der Durchführung und das **Ergebnis** der Untersuchung in einer bestimmten Form festgehalten.

Die Qualität des Abrechnungszentrums, das für das INSELHAUS die Personalsachbearbeitung durchführt, wird im Rahmen einer Umweltanalyse untersucht. Die Mitarbeiter des Abrechnungszentrums betrachten die Art der Durchführung als Zumutung. Diese Randinformation sollte unbedingt dokumentiert und an die Entscheider zusammen mit dem Rest der Untersuchungsergebnisse weitergeleitet werden.

Derartige positiv oder negativ zu bewertenden Informationen, die am Rande der Umweltanalyse gewonnen werden können, sind oft bei einer möglichen Entscheidung für einen Lieferantenwechsel »das Zünglein an der Waage«.

Bei der Bewertung der Lieferanten des Unternehmens wurde in Kapitel 3.2.2 ein Raster erstellt, das die Lieferanten der Unternehmung in die Rubriken »zu niedrige Qualität der Dienstleistung«, »zufrieden stellende Qualität« und »höhere Qualität als erwartet« einordnet. Die Verwendung und Erläuterung solcher **Bewertungsraster** können auch ein fester Bestandteil der Dokumentation der Ergebnisse der Umweltanalyse sein. Ihre Verwendung würde auch eine organisatorische Maßnahme zur Umsetzung der Umweltanalyse sein. Sie sollte allerdings auch durch konkret formulierte Vorschläge zur Entscheidung für oder gegen das Aufrechterhalten der Geschäftsbeziehung mit den Lieferanten bzw. durch Vorschläge, welche Fristen Lieferanten gestellt werden sollen, ihre Schlechtleistung zu beheben, ergänzt werden.

Auf einen Blick

▶ Informations- und Analyseinstrumente durch ablauforganisatorische Regelungen in den Betrieb einzubinden, zwingt den Betrieb, sie regelmäßig in möglichst einheitlicher Weise durchzuführen.

▶ Bei dem Analyseinstrument der Portfolioanalyse wird in einer Ablaufroutine geregelt, wer sie in welchem zeitlichen Rhythmus mit welcher Dokumentationspflicht durchführt.

▶ Eine betriebliche Ablaufroutine regelt, wer Umweltanalysen zu welchem Zeitpunkt nach welchen Einzelschritten und mit welcher Art der Dokumentation der Durchführung und der Ergebnisse abarbeitet.

3.6.2 Maßnahmen im Bereich der Marketing-Philosophie

Es ist ganz entscheidend für das Zustandekommen von wirksamen Marketing-Leitideen, dass sie von der Mitarbeiterschaft mitentwickelt und getragen werden. Welche organisatorischen Maßnahmen dafür förderlich sein können, wollen wir anhand von zwei Bereichen der Leitlinien andenken.

■ Leitideen für das betriebliche Selbstverständis

Eine Leitidee in diesem Bereich ist: »Das INSELHAUS nimmt Menschen auf, die für eine begrenzte Zeit oder das ganze Leben stationäre Pflege und Betreuung brauchen.« Diese Leitidee gibt die »**Grundmission**« der Einrichtung an. Das INSELHAUS legt sich für einen langen Zeitraum dahingehend fest, Kunden mit Dienstleistungen der stationären Pflege und Betreuung zu versorgen.

Bottom-up und Top-down

Wie kommt man aber zu einer solchen Aussage? Es bieten sich zwei grundsätzliche Vorgehensweisen an:

- Die **Mitarbeiterschaft** erarbeitet und formuliert eine Leitidee »aus dem Nichts«. (»Bottom-up«)
- Die **Geschäftsleitung** gibt zunächst Leitideen vor, die von der Mitarbeiterschaft dann diskutiert, abgeändert und umformuliert werden. Dann nimmt die Geschäftsführung ggf. noch ihrerseits weitere Veränderungen vor und schreibt die Leitlinie dann bis auf weiteres fest. (»**Gegenstromprinzip**« bzw. erst »Top-down« und dann »Bottom-up«)

Im ersten Fall entwickelt die Mitarbeiterschaft ihre Ideen in der hierarchischen Richtung »von unten nach oben«, also hin zu den Vorgesetzten, im zweiten Fall gibt erst die vorgesetzte hierarchische Ebene die Grundidee vor und gibt sie dann eine hierarchische Ebene nach unten zur Diskussion weiter, also »Top-down«. Dann dis-

3

kutiert die Mitarbeiterschaft den Leitideen-Vorschlag und gibt ihn evtl. verändert wieder an die Vorgesetztenebene zurück, also »Bottom-up«. Weil die Leitidee erst von der vorgesetzten Ebene »nach unten« und dann nach Diskussion und Überarbeitung »nach oben« gegeben wurde, handelte man hier nach dem »Gegenstromprinzip«.

Gegenstrom bei Grundmission

Welche Art der Vorgehensweise erscheint bei der genannten Leitlinie nun geeigneter? Da es sich um eine grundlegende Aussage der Einrichtung zu ihrem **Leistungsspektrum** handelt, kann nicht riskiert werden, dass die Mitarbeiterschaft ihre eventuell sehr eigenwilligen Ideen über zu erbringende Dienstleistungen als Leitlinie zuerst vorschlägt. Die Geschäftsleitung müsste bei Nichteignung der »**basisdemokratisch**« entwickelten Ideen viele von ihnen verwerfen oder weitgehend abändern. Die Folge wäre eine Demotivation der Mitarbeiterschaft, deren Leitlinien aus ihrer Sicht dann praktisch abgelehnt wurden.

Es erscheint also zweckmäßiger, bei Leitlinien, die »die Grundmission« der Einrichtung festlegen und deren Inhalt zwangsläufig von der Ge-

schäftsleitung vorgegeben werden muss, nach dem Organisationsmuster »Gegenstromprinzip« zu verfahren, also die Leitliniendiskussion so zu leiten, dass die Geschäftsleitung den Mitarbeitern einen Vorschlag vorgibt, der dann in gewissen **Grenzen** umformuliert und festgeschrieben werden kann.

Die **Festschreibung** der Leitlinien in ein Dokument, das der Mitarbeiterschaft allgemein zugänglich ist, wie z. B. in einem Verkaufsprospekt, ist auch Teil der organisatorischen Regelungen, die die Leitlinien im Unternehmen auf Dauer verankern.

■ Leitideen für neue Dienstleistungen

Eine Leitidee in diesem Bereich ist: »Das INSEL-HAUS leistet seine Dienste gegenüber seinen Kunden auf Basis des aktuellsten wissenschaftlichen Standards.«

Permanente Verbesserung

Diese Leitlinie verpflichtet die Mitarbeiter zur permanenten Erhaltung und Verbesserung ihres **Wissensstandes** und ihrer **pflegerischen Fertig-**

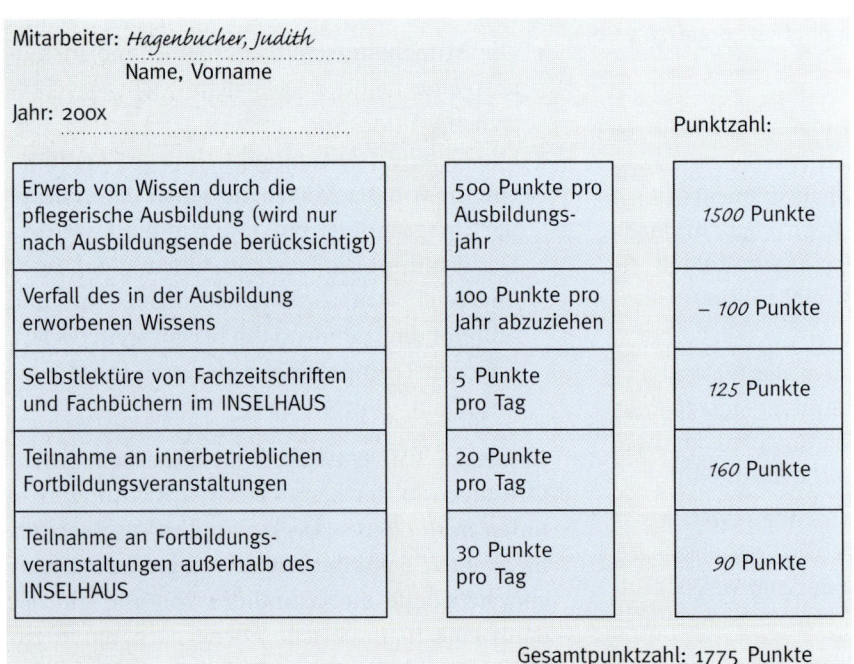

Mitarbeiter: *Hagenbucher, Judith*
                Name, Vorname

Jahr: 200x   Punktzahl:

Erwerb von Wissen durch die pflegerische Ausbildung (wird nur nach Ausbildungsende berücksichtigt)	500 Punkte pro Ausbildungsjahr	*1500* Punkte
Verfall des in der Ausbildung erworbenen Wissens	100 Punkte pro Jahr abzuziehen	*– 100* Punkte
Selbstlektüre von Fachzeitschriften und Fachbüchern im INSELHAUS	5 Punkte pro Tag	*125* Punkte
Teilnahme an innerbetrieblichen Fortbildungsveranstaltungen	20 Punkte pro Tag	*160* Punkte
Teilnahme an Fortbildungsveranstaltungen außerhalb des INSELHAUS	30 Punkte pro Tag	*90* Punkte

Gesamtpunktzahl: 1775 Punkte

Abb. 3.21: Punktbewertungsmodell zur Überwachung des Wissensstandes der pflegerischen Mitarbeiterschaft

keiten. Wie kann man nun mit organisatorischen Maßnahmen die Einhaltung dieser Verpflichtung kontrollieren und unterstützen? Die Einhaltung kann man mit einem **Punktbewertungsmodell** (☞ Abb. 3.21) überwachen, das in regelmäßigen zeitlichen Abständen den Wissensstand der pflegerischen Mitarbeiterschaft widerspiegelt.

🖐 Fallbeispiel

Eine Pflegekraft hat Ende des vorletzten Jahres ihre **Ausbildung** als Krankenschwester abgeschlossen und trat zu Beginn des vergangenen Jahres in das INSELHAUS als Pflegefachkraft ein. Sie startete also durch ihre dreijährige Ausbildung mit einem Punktwert von $3 \times 500 = 1500$ Punkten im dargestellten Punktbewertungsmodell. Durch die Ausbildung erwarb sie umfangreiches Wissen für ihre Pflegetätigkeit. In der zweiten Position des Punktbewertungsmodells wird allerdings widergespiegelt, dass das in der Ausbildung erworbene Wissen immer in gewissem Umfang von selbst verfällt, sei es durch Vergessen oder durch inhaltliche Weiterentwicklung der Pflegewissenschaft. Es werden in diesem Punktbewertungsmodell also in jedem Fall pro abgelaufenem Jahr 100 Punkte vom Wissenstand abgezogen, um den beschriebenen »natürlichen« Wissensverfall zu berücksichtigen. Um der Wissensentwertung entgegenzuwirken, hat die Pflegekraft bei Gelegenheit Fachzeitschriften und Fachbücher im INSELHAUS oder zu Hause gelesen. Durch **Selbstlektüre** an 25 Tagen des vergangenen Jahres ergibt sich beispielsweise bei einer Bewertung eines Tages Selbstlektüre mit 5 Punkten ein Punktwert von $25 \times 5 = 125$ Punkten. Bei diesem Beurteilungsabschnitt ist man zwangsläufig auf die Ehrlichkeit der Pflegemitarbeiter angewiesen. Die Teilnahme an innerbetrieblichen **Fortbildungsveranstaltungen** des INSELHAUSES wird mit 20 Punkten pro Fortbildungstag bewertet. Da die Pflegekraft im vergangenen Jahr an 8 Tagen innerbetrieblicher Fortbildung teilgenommen hat , bekommt sie dafür $8 \times 20 = 160$ Punkte »gutgeschrieben«. Außerhalb des INSELHAUSES wurden auch im vergangenen Jahr interessante Fortbildungsveranstaltungen angeboten. Sie nahm an einer

dreitägigen Fortbildungsveranstaltung außer Hause teil und bekommt im Punktbewertungsmodell des INSELHAUSES somit $3 \times 30 = 90$ Punkte gutgeschrieben.
Ausgehend von den 1500 Punkten, mit dem die Pflegekraft nach Ende ihrer Ausbildung »in den Beruf startete«, bekam sie im letzten Jahr 100 Punkte in jedem Fall von diesem »Wissenskonto« abgezogen, um den »natürlichen Wissensverfall« widerzuspiegeln. Nach Hinzuaddieren der Punkte für die Selbstlektüre von Fachzeitschriften und Fachbüchern und für die Teilnahme an betrieblichen und außerbetrieblichen Fortbildungsveranstaltungen ergibt sich ein Gesamtpunktwert von $1500 - 100 + 125 + 160 + 90 = 1775$ Punkten. Zum Ende des vergangenen Jahres war also der Wissensstand, berechnet durch die genannten Bestimmungsgrößen, um 275 Punkte größer als zum Ende der Ausbildung am Anfang des vergangenen Jahres. Durch die organisatorische Maßnahme der Einführung eines Punktbewertungsmodells zur Darstellung der Entwicklung der Fortbildungsbemühungen der Mitarbeiter haben wir also bei der Pflegekraft eine deutliche Vergrößerung des Wissensstandes festgestellt.

Zielvereinbarungen treffen

Bei Mitarbeitern, die im vergangenen Jahr überhaupt keine Fortbildungsbemühungen angestrengt haben, wird ein **Wissensverfall** zum Ende des Jahres im Vergleich zum Jahresbeginn festgestellt. Wer keine Anstrengungen im Bereich der Fort- und Weiterbildung unternimmt, dessen Fachwissen verfällt zum Schaden der Kunden, die auf neuestem pflegerischen Niveau versorgt werden wollen. Die Vorgesetzten der Pflegekräfte sollten daher ein Instrument wie das dargestellte Punktbewertungsmodell dazu benutzen, um durch gemeinsame **Zielvereinbarung** einen jedes Jahr steigenden Gesamtpunktwert des Wissensstandes anzustreben. Nach Ablauf des Jahres sollten die Vorgesetzten gemeinsam mit den Pflegekräften prüfen, ob das angestrebte Ziel der Erweiterung des Wissensstandes in Form eines insgesamt erhöhten Gesamtpunktwertes erreicht wurde. Bei

3

Nichterreichen sind die Gründe dafür zu ermitteln und erneut Zielvereinbarungen für das kommende Jahr zu treffen. Bei konsequenter Anwendung der beschriebenen organisatorischen Maßnahme kann das INSELHAUS somit sichergehen, dass die Leitlinie »Das INSELHAUS leistet seine Dienste gegenüber seinen Kunden auf Basis des aktuellsten wissenschaftlichen Standards« eingehalten wird.

Auf einen Blick

▶ Die Entwicklung von Leitlinien, die die »Grundmission« der Unternehmung wiedergeben, wird nach dem Gegenstromprinzip geregelt.

▶ Leitlinien müssen nach ihrer Erstellung in ein Dokument münden, das der Mitarbeiterschaft frei zugänglich ist.

▶ Die Gültigkeit von Leitlinien, die die permanente Einhaltung und Verbesserung des Wissensstandes von Pflegekräften und Verwaltungskräften fordern, wird mit Punktbewertungsmodellen überwacht.

▶ Der natürliche Wissensverfall im Zeitverlauf kann in einem Punktbewertungsmodell realistisch durch einen jährlichen automatischen Punktabzug abgebildet werden.

3.6.3 Maßnahmen im Bereich der strategischen Marketing-Handlungsprogramme

Bei der organisatorischen Umsetzung der strategischen Marketing-Handlungsprogramme sollen Beispiele aus den Bereichen Kooperationsstrategie und dem kalkulatorischen Ausgleich gegeben werden.

■ Regelungen für eine Kooperationsstrategie

Die Kooperationspartner INSELHAUS und ein Anbieter ambulanter Pflegedienstleistungen haben gemeinsam einen **Pflegeüberleitungsbogen**

(☞ 3.4.1) entwickelt. Es müssen allerdings noch organisatorische Regelungen zwischen den Kooperationspartnern gefunden werden, wie die Pflegeüberleitung auf Basis des neu entwickelten Überleitungsbogens konkret abgewickelt wird. Beispiele für organisatorische Regelungen zwischen Kooperationspartnern:

- Frist für die **Benachrichtigung** des Kooperationspartners: Der Kooperationspartner ist mindestens drei Werktage vor dem geplanten Zeitpunkt des Wechsels der Unterbringung über den geplanten Wechsel schriftlich zu informieren. Ausnahmen sind detailliert schriftlich zu begründen.
- Frist für die **Übersendung** des Pflegeüberleitungsbogens: Der einheitliche Pflegeüberleitungsbogen ist vollständig ausgefüllt mindestens zwei Werktage vor dem Wechsel der Unterbringung an den Kooperationspartner zu übersenden. Ausnahmen sind detailliert schriftlich zu begründen.
- Verpflichtung der **persönlichen Anamnese** durch die Pflegedienstleitung: Die Pflegedienstleitung des Kooperationspartners, der den Kunden empfängt, muss persönlich den Kunden in der ihn abgebenden Einrichtung besuchen und eine Anamnese durchführen.
- Verpflichtung zur Veranlassung der Ausstellung von **ärztlichen Verordnungen**: Die den Kunden abgebende Einrichtung leitet in die Wege, dass rechtzeitig ärztliche Verordnungen für den Kunden ausgestellt werden. Es bleibt dem zuständigen Arzt selbstverständlich freigestellt, Leistungen nicht zu verordnen, wenn er dafür keine Notwendigkeit sieht.

Wir sehen, dass die Kooperationspartner mit der Entwicklung eines einheitlichen Pflegeüberleitungsbogens alleine noch nicht die mit dem Wechsel von ambulanter zu stationärer Versorgung im INSELHAUS und umgekehrt verbundenen Detailfragen geregelt haben. Die häufig sehr kurzfristige Entlassung eines Patienten aus der stationären Unterbringung in die häuslicher Umgebung kann durch die Vereinbarung von Fristen geregelt werden, die aufzeigen, wie viele Tage vor der Entlassung des Kunden der Kooperationspartner informiert werden muss. Der ambulante Pflegedienst kann dann für die Rückkehr des Patienten in seine häusliche Umgebung notwendige Maßnahmen, wie z. B. den Einkauf von Lebensmitteln und die Reinigung der Wohnung gegen Entgelt, veranlassen.

■ Regelungen für einen kalkulatorischen Ausgleich

Welche organisatorischen Regelungen sind denkbar, um die Tätigkeit des **Kundenbeirats** (☞ 3.4.3) möglichst effektiv zu gestalten?

Satzung für den Kundenbeirat

Es wird eine Satzung des Kundenbeirats von der Geschäftsführung erarbeitet und in schriftlicher Form seinen Mitgliedern zur Kenntnis gegeben. Die Mitglieder des Kundenbeirats verpflichten sich zur **Achtung** dieser Satzung. In dieser Satzung kann beispielsweise die Möglichkeit der umgehenden **Abberufung** von Beiratsmitgliedern ohne Angabe eines Grundes durch die Geschäftsführung festgeschrieben sein. Auf diese Weise können dann Beiratsmitglieder, bei denen sich herausstellt, dass sie der Gewinnung von Neuproduktideen nicht förderlich sind und z. B. die kreative Atmosphäre des Beirats stören, schnell durch andere Personen abgelöst werden.

Motivation der Beiratsmitglieder

Es könnte die **Verlosung** von Dienstleistungen oder Produkten, die die Beiratsmitglieder schätzen, organisatorisch geregelt werden. So könnte z. B. festgelegt werden, dass jedes Jahr eine der begleiteten Reisedienstleistungen oder eine »normale« Urlaubsreise unter den Beiratsmitgliedern verlost und dem Gewinner ein bestimmtes »Taschengeld« für die Reise zur Verfügung gestellt wird. Diese organisatorische Regelung innerhalb des kalkulatorischen Ausgleichs würde natürlich einerseits die anfänglichen Kosten des Kundenbeirats erhöhen, die Motivation aber, gute Produktideen für das INSELHAUS zu erdenken, bei den Beiratsmitgliedern noch weiter erhöhen. Gewis-

sermaßen wird mit der Verlosung unter den Beiratsmitgliedern noch ein weiter, zeitlich nachgelagerter kalkulatorischen Ausgleich erzeugt.

Struktur der Mitglieder des Kundenbeirats

Eine weitere organisatorische Regelung könnte sein, **Kriterien** festzuschreiben, nach denen Mitglieder des Kundenbeirats ausgesucht werden. Beispielsweise ist nicht nur die Personengruppe der vorhandenen Kunden ein Eckpfeiler des Kundenbeirats, sondern auch Personen, die noch nicht Leistungen vom INSELHAUS beziehen, z. B. Angehörige von Kunden oder Personen von pflegewissenschaftlich forschenden Organisationen wie Universitäten und Fachhochschulen.

Auf diese Weise würde sich das INSELHAUS immer wieder daran erinnern, welche Personen für die Gewinnung von Neuproduktideen im Rahmen eines Kundenbeirats förderlich sein können. Beiratsmitglieder aus Universitäten, die einen pflegewissenschaftlichen Studiengang anbieten, könnten beispielsweise Teilnehmern des Kundenbeirats gezielt Fragen stellen, aus deren Antworten hervorgeht, welche Dienstleistungen diese Personen brauchen und wie sie das bisherige Dienstleistungsangebot einschätzen. Anhand einer solchen Beschreibung der **Struktur** des Kundenbeirats kann in regelmäßigen Abständen kritisch überprüft werden, ob der Kundenbeirat den seiner Sollstruktur gestellten Anforderungen gerecht wird.

Regelmäßiges Abschätzen der Wirtschaftlichkeit

Wenn der Kundenbeirat einen zeitlich nachgelagerten langfristigen kalkulatorischen Ausgleich für das INSELHAUS bewirken soll, dann müssen organisatorische Regelungen gefunden werden, die feststellen können, ob dieser kalkulatorische Ausgleich funktioniert. Ein Teil dieser Abschätzung ist die Berechnung des **Verlustbeitrags** durch den Kundenbeirat.

Beispielsweise wird eine **Kostenstelle** mit der Bezeichnung »Kundenbeirat« in der Kosten- und Leistungsrechnung des INSELHAUSES eingerichtet, bei der alle mit dem Kundenbeirat verbundenen

Kosten neben den entsprechenden Leistungen dargestellt werden. Einen wesentlichen Kostenfaktor werden hier sicherlich die Personalkosten der bei den Sitzungen des Kundenbeirats teilnehmenden Mitarbeitern des INSELHAUSES ausmachen. Aus der Kostenstelle erhalten wir dann ein **Rohdefizit**, das der Kundenbeirat zunächst verursacht.

Wie aber können wir auch zahlenmäßig greifbar machen, welchen Gewinn der Kundenbeirat beisteuert? Um überhaupt zu merken, ob eine Produktidee aus dem Kreis des Kundenbeirats stammt, muss z. B. in der Satzung geregelt sein, auf welche Weise seine Sitzungen protokolliert werden, z. B. durch einen gewählten Schriftführer. Anhand der **Protokolle** kann geprüft werden, welche Produktideen des Kundenbeirats tatsächlich Dienstleistungen des INSELHAUSES wurden. So können wir dann grob abschätzen, wie viel Verlustanteil der Kostenstelle »Kundenbeirat« diese Produktidee das INSELHAUS gekostet hat. Im Rahmen der Kostenträgerrechnung können wir dann prüfen, ob die im Kundenbeirat erdachte Dienstleistung schon ein Gewinnbringer beispielsweise in Form einer »Melkkuh« ist oder noch finanzielle Mittel des INSELHAUSES beispielsweise im Stadium des »Fragezeichens« oder »Sterns« benötigt. Falls man einen derartigen kalkulatorischen Ausgleich anstrebt, muss auch eine **Ablaufroutine** aufgestellt werden, die zu bestimmten Zeiten nach einem festen Ablauf prüft, ob der angestrebte kalkulatorische Ausgleich funktioniert oder nicht. So können zunächst scheinbar unwichtige organisatorische Details wie die Regelung der Protokollerstellung für den Kundenbeirat entscheidend für den Erfolg eines langfristigen Marketing-Handlungsprogramms wie dem kalkulatorischen Ausgleich sein.

Auf einen Blick

▶ Kooperationsstrategien im Bereich der Pflegeüberleitungen werden organisatorisch abgesichert, in dem man Fristen für die Benachrichtigung des Kooperationspartners schriftlich vereinbart.

▶ Auch die rechtzeitige Übersendung wichtiger Dokumente, die persönliche Durchführung wichtiger Tätigkeiten durch Leitungspersonen und die Ausstellung ärztlicher Verordnungen durch den Kooperationspartner werden organisatorisch festgelegt.

▶ Sinnvolle organisatorische Regelungen bei Einrichtung eines Kundenbeirats sind die Aufstellung einer Satzung, die geschickte Motivation und Auswahl seiner Mitglieder und seine regelmäßige Überprüfung in Kosten- bzw. Nutzenhinsicht.

3.6.4 Maßnahmen im Bereich der Marketing-»Mix«-Instrumente

Im Rahmen der Marketing-»Mix«-Instrumente sollen beispielhaft organisatorische Maßnahmen der Distributions- bzw. Beschaffungspolitik und der Kommunikationspolitik betrachtet werden.

■ Beispiele in der Distributions- bzw. Beschaffungspolitik

In Kapitel 3.5.4 deuteten wir schon bei den **Franchisesystemen** der Distributionspolitik an, dass in diesem Bereich in vertraglichen Regelungen umfangreiche schriftliche organisatorische Festlegungen zu treffen sind.

• Ablaufroutinen, nach denen der Franchisegeber INSELHAUS die **Qualität der Pflegedokumentation** in Filialen der Franchisenehmer überprüft: So könnte in einer Ablaufroutine geregelt sein, dass in der Pflegedokumentation des Kunden der Kreislauf aus Bestandsaufnahme des gegenwärtigen Zustands, Festlegung des Pflegeziels, Auswahl pflegerischer Maßnahmen, Vergleich des Ist-Zustands mit dem Pflegeziel und die nachfolgend veränderte Festlegung der Pflegemaßnahmen dokumentiert werden muss. Der Franchisenehmer weiß dann schon im Vorfeld der Prüfung durch den Franchisegeber, was Gegenstand der Prüfung sein wird und kann auf ein erfolgreiches Prüfergebnis hinarbeiten.

- Ablaufroutinen, nach denen der Franchisenehmer Maßnahmen der **Absatzwerbung** durchführt: Hier kann die verpflichtende Anwendung eines Werbehandbuches des Franchisegebers durch den Franchisenehmer vereinbart werden, in dem zu verwendende Logogramme, Prospektmaterialien und Werbeslogans des INSELHAUSES verpflichtend festgeschrieben sind.
- Ablaufroutinen, nach denen der Franchisenehmer in seiner Filiale **Kundenbeschwerden** entgegennimmt und an den Franchisegeber weiterleitet: Um sicherzugehen, dass der Franchisenehmer die Kundenorientierung ernst nimmt, kann in Ablaufroutinen die Vorgehensweise beim Beschwerdemanagement geregelt werden. So können beispielsweise die Beschwerdeformulare vorgeschrieben und ein zentral in der INSELHAUS-Filiale anzubringendes Behältnis, in das die Beschwerdeformulare von Patienten oder deren Angehörigen eingeworfen werden, eingefordert werden. Es kann z. B. auch vereinbart werden, dass die INSELHAUS-Filiale alle Beschwerden an das »Ur«-INSELHAUS weiterleiten muss. Auf diese Weise wird erreicht, dass frühzeitig massive Kundenbeschwerden durch das »Ur«-INSELHAUS zur Kenntnis genommen und frühzeitig gegensteuernde Maßnahmen von der INSELHAUS-Filiale gefordert werden können.

■ Beispiele in der Kommunikationspolitik

Ähnlich der Einrichtung eines Kundenbeirats (☞ 3.6.3) kann im Bereich der Kommunikationspolitik ein Gremium eingerichtet werden, das die einzelnen Schritte im Planungskreislauf der Absatzwerbung bespricht und umsetzt bzw. umsetzen lässt. Dieses Gremium könnte im INSELHAUS beispielsweise »**Werbekreis**« genannt werden und aus Mitarbeitern des Pflegebereiches und der Verwaltung bestehen. Es könnte beispielsweise durch einen externen Berater aus der Werbebranche koordiniert werden.

Werbekreis

Der unternehmensfremde Werbeberater hat eine verhältnismäßig **objektive Sicht** auf die Situation und Werbemaßnahmen des INSELHAUSES. Er kann unvoreingenommen den Mitgliedern des »Werbekreises« mitteilen, wenn aus seiner Erfahrung bei einer bestimmten Werbemaßnahme eine falsche Richtung eingeschlagen wird.

Durch die personelle Einbindung des Verwaltungs- und Pflegebereiches in den »Werbekreis« werden die beteiligten Personen das Gefühl haben, dass alle Maßnahmen der Absatzwerbung durch sie mit erdacht wurden. Sie werden somit in hohem Maße hinter den Werbemaßnahmen stehen und diese positive Einstellung auch der restlichen Mitarbeiterschaft des INSELHAUSES vermitteln. Sie können somit als **Multiplikatoren** wirken, die bei jedem Kontakt mit anderen Mitarbeitern und auch gegenüber Personen, die nicht beim INSELHAUS angestellt sind, für die Ideen des INSELHAUSES werben und ihre positive Einstellung gegenüber dem INSELHAUS weitergeben.

Werbehandbuch

Durch das regelmäßige Treffen der Mitglieder des »Werbekreises« können seine Arbeitsergebnisse in Form eines Werbehandbuches zusammengefasst werden. Erarbeitete **Standards** wie z. B. einheitliche Grußkarten für Kundengeburtstage und Weihnachtsgrüße, einheitliches Prospektmaterial für die verschiedenen Dienstleistungen, gemeinsam erarbeitete, einheitliche Logogramme für Dienstkleidung, Autobeschriftungen und Briefköpfe können hier mit Maßen, Farben und Formen festgelegt und auf diese Weise auch zu einem späteren Zeitpunkt in gleicher Weise nachgefertigt werden. Das Werbehandbuch sollte auch **Ablaufroutinen** enthalten, nach welchem zeitlichen Rhythmus überprüft wird, ob die Vorlagen in der betrieblichen Praxis lückenlos angewendet werden. Nichts wäre demotivierender für die Arbeit des »Werbekreises« als die nicht einheitliche Anwendung des Werbehandbuchs und wenn z. B. Mitarbeiter ihre eigenen Prospekte entwerfen

3

oder eigene Logogramme auf Werbemitteln aufbringen würden. Die Mitglieder des »Werbekreises« würden dann sicher schnell das Interesse an der Mitarbeit in diesem Gremium verlieren und die eingesetzte kostbare Zeit lieber in ihrer eigentlichen Tätigkeit im INSELHAUS einsetzen. Die Geschäftsleitung muss daher regelmäßig veranlassen, dass die Einhaltung der Standards aus dem Werbehandbuch in der Mitarbeiterschaft durchgesetzt wird.

Auf einen Blick

▶ Aktuelle Ablaufroutinen, nach denen der Franchisegeber den Franchisenehmer in Hinsicht auf seine Dienstleistungsqualität überprüft, werden schon vor der Prüfung an den Franchisenehmer übersandt.

▶ Franchisegeber können die Beachtung der Maßgaben eines eigenen Marketing-Handbuches dem Franchisenehmer auferlegen; auf diese Weise können leicht die Maßnahmen der Absatzwerbung »gleichgeschaltet« werden.

▶ Der Franchisegeber kann das Beschwerdemanagement so vereinheitlichen, dass der Franchisenehmer seine Beschwerdeformulare benutzen und sämtliche Beschwerden an ihn weiterleiten muss.

▶ Die Einrichtung eines »Werbekreises« bestehend aus Mitarbeitern der Verwaltung, des Pflegebereiches und einem externen Werbeberater kann Multiplikatoreneffekte bewirken und verhilft den Betreibern der Kommunikationspolitik zu einer objektiveren Sicht.

4 Mitarbeiterführung

Formulierte Ziele einer Unternehmung wie beispielsweise die in Kapitel 3.3 angesprochenen Leitideen der Marketing-Philosophie können nur durch ihre Mitarbeiterschaft umgesetzt werden. Das Verhalten von Mitarbeitern wird

- **unpersönlich** durch formale organisatorische Regelungen beschrieben und gesteuert (»die Struktur der Organisation bestimmt deren Verhalten«)
- **persönlich** durch Vorgesetzte und deren Führungsverhalten beeinflusst.

Ausgehend vom personenbezogenen Verständnis von »Führung« wollen wir im folgenden Kapitel die Mitarbeiterführung von verschiedenen Blickwinkeln betrachten:

Im Mittelpunkt von Kapitel 4.1 stehen die **Grundlagen** der Mitarbeiterführung. Welche Formen der Mitarbeiterführung kann man in der betrieblichen Praxis vorfinden? Führungskräfte entwickeln bei der Führung bestimmte regelmäßige Verhaltensweisen. Diese bezeichnet man als **Führungsstil**. Wir werden daher in Kapitel 4.2 verschiedene Arten von Führungsstilen in eine Systematik einordnen, betrachten und beurteilen.

In Kapitel 4.3 werden wir untersuchen, welche Faktoren bei der Mitarbeiterführung förderlich sind. Aus diesen **Erfolgsfaktoren** wurden in der Vergangenheit verschiedene so genannte **Führungstheorien** entwickelt. Diese Führungstheorien versuchen, einen Zusammenhang zwischen dem Führungserfolg und den wichtigsten Einflussfaktoren auf den Führungsprozess, wie z. B. den Führungskräften, Geführten und der vorliegenden Situation, herzustellen.

Um in der betrieblichen Praxis Handlungsanweisungen an die Führungskräfte geben zu können, die den Führungsprozess im Ergebnis so erfolgreich wie möglich gestalten, wurden zahlreiche sog. **Führungsmodelle** und **Führungstechniken** entwickelt. Sie werden in Beispielen in Kapitel 4.4 dargestellt.

In Kapitel 4.5 steht der angestrebte **Führungserfolg** im Mittelpunkt. Wir werden versuchen, herauszuarbeiten, worin dieser Führungserfolg besteht und wie man ihn messen kann.

In Kapitel 4.6 werden wir prüfen, ob die Mitarbeiterführung bestimmte ethische (moralische) **Wertvorstellungen** beachten sollte. Neben der Klärung des Begriffs der Ethik werden wir dabei untersuchen, wie eine Ethik der Führung in die betriebliche Praxis umgesetzt werden kann.

4.1 Grundfragen der Mitarbeiterführung

Voraussetzung für das Verständnis von Mitarbeiterführung ist zunächst die Klärung ihrer **Funktionen** in einem Betrieb in Kapitel 4.1.1. Je nachdem, welches Menschenbild die Führungsperson in Bezug auf die Mitarbeiterschaft »im Hinterkopf hat«, wird sie sich unterschiedlich den Geführten gegenüber verhalten. Wenn eine Führungsperson des Pflegekonzerns DIAKONIE PFLEGE beispielsweise der Überzeugung ist, die Mitarbeiterschaft sei grundsätzlich dumm und träge, dann wird sich dieses zugrunde liegende Menschenbild auch im Führungsverhalten äußern. Wir werden daher auch in Kapitel 4.1.2 untersuchen, welche Zusammenhänge **Menschenbilder** und **Mitarbeiterführung** haben können.

Entscheidend für das Erreichen der den Mitarbeitern gestellten Ziele ist ihre **Motivation**. Wir werden daher abschließend in Kapitel 4.1.3 unseren Blick auf solche Theorien richten, die versuchen zu erklären, wie diese Mitarbeitermotivation zustande kommt.

4.1.1 Funktionen der Mitarbeiterführung

▷ **Mitarbeiterführung:** gezielte Steuerung des Verhaltens von Mitarbeitern

Die Mitarbeiterführung soll das Verhalten der Mitarbeiterschaft so beeinflussen, dass die Ziele der Unternehmung erfüllt werden. Hierbei kann man zwei grundlegende Funktionen der Mitarbeiterführung unterscheiden:

- Lokomotionsfunktion
- Kohäsionsfunktion

■ Lokomotionsfunktion

Unter der **Lokomotionsfunktion** der Mitarbeiterführung versteht man die Forderung an die Mitarbeiter,

- Ziele zu erreichen
- Leistungen zu erfüllen.

Die Führungskraft »zieht« die Mitarbeiter also gewissermaßen durch ihre Führung ähnlich einer Lokomotive in Richtung der Ziele und fordert bestimmte Leistungen von ihnen ein. Dabei gilt es selbstverständlich, **realistische Ziele** mit der Mitarbeiterschaft zu vereinbaren. Fordert der Abteilungsleiter Rechnungswesen von den Mitarbeitern des Buchhaltungsbereichs des Konzerns DIAKONIE PFLEGE beispielsweise als Ziel für die Ablieferung der Jahresabschlusszahlen den fünften Werktag eines neuen Wirtschaftsjahres ein, riskiert er, dass er »als Lokomotive den Waggons davonfährt«, denn ein solcher Zielwert ist allenfalls in international tätigen Konzernen mit entsprechenden Personalkapazitäten und eingespielten EDV-technischen Abläufen erreichbar.

■ Kohäsionsfunktion

Die zweite grundlegende Funktion der Führung ist die so genannte **Kohäsionsfunktion**. Hierunter versteht man die Betonung der sozio-emotionalen Beziehungen zwischen der Führungskraft und den Geführten.[1] Der Begriff »Kohäsion« kommt aus dem Lateinischen und bedeutet soviel wie »Zusammenhaften«. Das Erreichen der Unternehmensziele hängt nicht nur von dem bei der Lokomotionsfunktion beschriebenen Einfordern der Leistung und Zielerreichung ab, sondern auch von dem **Engagement** der Mitarbeiterschaft. Die Führungskräfte müssen daher auch das **Zusammenhalten** und **Zusammenarbeiten** der ihnen zugeordneten Mitarbeiter untereinander und mit der Führungskraft selber positiv beeinflussen. Die Führungskraft sieht

---

[1] vgl. Gaugler, E. (1987): Information als Führungsaufgabe. In: Kieser, A.; Reber, G.; Wunderer, R. (Hrsg.): Handwörterbuch der Führung, Stuttgart, Sp. 1127–1137.

sich hierbei oftmals mit der Schwierigkeit konfrontiert, zwischen den Zielen der Unternehmung und den Zielen der einzelnen Mitarbeiter zu vermitteln.

⌖ Fallbeispiel

Eine Mitarbeiterin im Bereich der Buchhaltung ist der Meinung, sie sei um ein Vielfaches fachlich kompetenter als ein mit ihr zusammenarbeitender Kollege. Insgeheim ist sie der Meinung, sie müsse daher auch deutlich mehr verdienen als ihr Kollege. Ihr Ziel ist es daher beispielsweise nicht unbedingt, mitzuhelfen, nach Jahresende den Jahresabschluss für ihre Organisationseinheit so schnell wie möglich innerhalb der gesetzten Fristen abzuschließen. Ihr persönliches Ziel ist es vielmehr, durch gezieltes Weitergeben von schwierigen Teiltätigkeiten an den missliebigen Kollegen diesen »auflaufen zu lassen« und sein Scheitern dem gemeinsamen Vorgesetzten zur Kenntnis zu geben. Das Ziel der Mitarbeiterin ist es somit, den Qualitätsunterschied zwischen ihrer und seiner Arbeitsleistung dem Abteilungsleiter deutlich zu machen und die Chancen auf ein höheres Gehalt zu vergrößern.

Rahmenbedingungen und betriebliche Ziele verdeutlichen

Was könnte nun der Vorgesetzte in dieser Situation tun? Er könnte beispielsweise der überehrgeizigen Buchhaltungsmitarbeiterin zunächst klarmachen, dass eine Leistungszulage oder Höhergruppierung wegen des im Beispiel des Konzerns DIAKONIE PFLEGE greifenden kirchlichen Vergütungsrechtes nicht möglich ist und dass Anstrengungen, ihre Buchhaltungstätigkeiten mit einer höheren Vergütung als der im kirchlichen Arbeitsrecht festgelegten zu versehen somit sinnlos sind. Außerdem kann der Vorgesetzte deutlich machen, dass das selbstbezogene Denken der Mitarbeiterin dem betrieblichen Ziel der möglichst raschen Erstellung des Jahresabschlusses und einer produktiven Arbeitsatmosphäre Schaden zufügt.

4

Ziele vermitteln

Es kann im Folgenden zusätzlich Sinn machen zu versuchen, die zwischen den Mitarbeitern entstandenen Spannungen in einem gemeinsamen Gespräch zwischen dem Vorgesetzten und den beiden Geführten auszuräumen. Dieser Versuch, das Arbeitsklima zwischen den Geführten wieder zu verbessern und die persönlichen Ziele mit denen des Konzerns in Einklang zu bringen, zeigt ebenfalls die Kohäsionsfunktion der Führungstätigkeit auf.

Auf einen Blick

▶ Mitarbeiterführung hat die Funktion, Leistung und Zielerreichung einzufordern und das Mitarbeiterengagement durch sozio-emotionale Einwirkung zu fördern.

▶ Die Führungskraft setzt realistische Ziele an.

▶ Die Führungskraft vermittelt zwischen Zielen der Unternehmung und Zielen des einzelnen Mitarbeiters.

4.1.2 Menschenbilder und Mitarbeiterführung

Führungspersonen haben immer bestimmte Annahmen über die Mitarbeiter, ob sie sich dessen bewusst sind oder nicht. Es handelt sich dabei oftmals um Annahmen über Eigenschaften, Bedürfnisse, Motivationen, Erwartungen, typische Verhaltensweisen und Einstellungen der zugeordneten Mitarbeiter.

In der Führungsliteratur finden sich eine Vielzahl von **Typologien** von Menschen. Diese vereinfachten Menschenbilder (Typen) unterstellen das Vorhandensein von wenigen bestimmten gleichen Arten von Menschen. Betrachten wir zunächst die sehr einfache, nur zwei Typen unterscheidende Aufstellung von Menschenbildern nach D. McGregor und darauf folgend die Typologie nach E. H. Schein.

■ Theorie X und Theorie Y von McGregor

Laut der Typologie von McGregor existieren nur zwei **Menschentypen**, nämlich der Menschentyp nach der Theorie X und der Menschentyp nach der Theorie Y (☞ Tab. 4.1).

Theorie X	Theorie Y
• Der Mensch hat eine angeborene Abscheu vor der Arbeit und versucht, sie so weit wie möglich zu vermeiden. • Die meisten Menschen müssen kontrolliert, geführt und mit Strafandrohung gezwungen werden, einen produktiven Beitrag zur Erreichung der Organisationsziele zu leisten. • Der Mensch möchte gerne geführt werden, er möchte Verantwortung vermeiden, hat wenig Ehrgeiz und wünscht vor allem Sicherheit.	• Der Mensch hat keine angeborene Abneigung gegen Arbeit, im Gegenteil, Arbeit kann eine wichtige Quelle der Zufriedenheit sein. • Wenn sich der Mensch mit den Zielen der Organisation identifiziert, sind externe Kontrollen unnötig; er wird Selbstkontrolle und eigene Initiative entwickeln. • Die wichtigsten Arbeitsanreize sind die Befriedigung von Ich-Bedürfnissen und das Streben nach Selbstverwirklichung. • Der Mensch sucht bei entsprechender Anleitung eigene Verantwortung. Einfallsreichtum und Kreativität sind weit verbreitete Eigenschaften in der arbeitenden Bevölkerung; sie werden jedoch in industriellen Organisationen kaum aktiviert.

Tab. 4.1: Die wichtigsten Annahmen der Theorien X und Y[2]

---

[2] vgl. McGregor, D. (1960/1973): The human side of enterprise. New York; deutsch: Der Mensch im Unternehmen, 3. Aufl., Düsseldorf.

Man sieht deutlich, dass McGregor mit sehr gegensätzlichen idealtypischen Vorstellungen von Menschen bei den beiden Theorien X und Y arbeitet. Er entwickelt zwei Typen von Menschen, wobei das Menschenbild vom Typ X einen arbeitsscheuen, **unselbstständigen** Menschen darstellt, der unter Strafandrohung zur Erreichung der Organisationsziele gezwungen werden muss. Ganz anders der Menschentyp nach der Theorie Y, dem Arbeit eine wichtige Quelle der Zufriedenheit ist, der **Selbstkontrolle** und eigene **Initiative** entwickelt und für den die wichtigsten Arbeitsanreize Ich-Bedürfnisse, z.B. Wunsch nach Wertschätzung durch Andere, und das Streben nach Selbstverwirklichung sind.

Kreativität in industriellen Organisationen

Im letzten Abschnitt des Menschentyps nach der Theorie Y wird angemerkt, dass Einfallsreichtum und Kreativität in industriellen Organisationen kaum aktiviert werden. Hierzu ist einschränkend zu bemerken, dass sich seit dem Zeitpunkt der Entwicklung dieser Theorie im Jahr 1960 auch in der industriellen Fertigung einiges getan hat, um Einfallsreichtum und Kreativität beispielsweise im Rahmen des **betrieblichen Vorschlagswesens** zu fördern. Im Konzern DIAKONIE PFLEGE, in dem die Arbeitsbereiche u. a. die ambulante und stationäre Pflege sind, kann man vermuten, dass in noch höherem Maße als in industriellen Organisationen durch die Arbeit in dieser speziellen menschenbezogenen »Pflegebranche« der Einfallsreichtum und die Kreativität von Mitarbeitern gefördert werden.

Eingeschränkte Sichtweise

Wir sehen, dass in der Typologie von McGregor Eigenschaften, Bedürfnisse, Motivationen, Erwartungen, Verhaltensweisen und Einstellungen von Geführten dargestellt werden. Diesen beiden sehr gegensätzlichen Menschenbildern nach dem Typ X und Y kann man sicherlich zwar auch in der DIAKONIE PFLEGE den einen oder anderen Mitarbeiter zuordnen. Problematisch erscheint aber bei der Theorie von McGregor die sehr vereinfachende Beschränkung auf nur die beiden dargestellten extremen Typen. Auch wird in dieser Theorie keine Aussage getroffen, inwiefern diese Menschenbilder in Organisationen anzutreffen sind, z.B. gibt es mehr Mitarbeiter vom Typ X als vom Typ Y, in welchen Branchen ist welches Verhältnis X zu Y zu finden?

■ Typologie nach Schein

E. H. Schein zeigt im Gegensatz zu McGregor vier Menschenbilder auf und beschreibt zusätzlich die jeweils aus dem Menschenbild resultierenden organisatorischen Konsequenzen (☞ Tab. 4.2).

Motivieren und kontrollieren

Der Typ des **rational-ökonomisch** denkenden Menschen entspricht dem uns bereits bekannten Menschenbild der Theorie X nach McGregor. Klassische Management-Funktionen wie Planen, Organisieren, Motivieren und Kontrollieren stehen hier im Mittelpunkt der Führungstätigkeit. Aufgrund des dargestellten Menschenbildes muss die Organisation des Betriebes das z. T. irrationale Verhalten der Mitarbeiter kontrollieren und auflösen. Neu ist bei dieser Typologie nach Schein also lediglich der Hinweis auf bei diesem Menschenbild förderliche organisatorische Maßnahmen. Im Konzern DIAKONIE PFLEGE könnte die Führungskraft im Bereich Buchhaltung daher beispielsweise regelmäßig Stichproben durchführen, ob bewilligte, aber noch nicht ausgezahlte Zuschüsse zeitnah zunächst als Forderungen eingebucht werden, damit man diese »offenen Posten« nicht mehr vergessen kann. Grund dafür wäre der feste Glaube an die Annahmen der Theorie X, dass nämlich Buchhalter so weit wie möglich versuchen, Arbeit zu vermeiden.

Unterstützen und fördern

Wir finden auch einen Menschentyp wieder, der bereits in der Theorie Y von McGregor beschrieben wurde. Da dieser Menschentyp die Arbeit als **Mittel zur Selbstverwirklichung** sieht, sind die organisatorischen Konsequenzen hier in der drit-

4

Menschenbild:	Organisatorische Konsequenzen:
Sozialer Mensch:	
• ist in erster Linie durch soziale Bedürfnisse motiviert • als Folge der Sinnentleerung der Arbeit wird in sozialen Beziehungen am Arbeitsplatz Ersatzbefriedigung gesucht • wird stärker durch soziale Normen seiner Arbeitsgruppe als durch Anreize und Kontrollen des Vorgesetzten gelenkt	• Klassische Management-Funktionen: Planen, Organisieren, Motivieren, Kontrollieren; Organisation und deren Effizienz stehen im Mittelpunkt • Organisation hat die Aufgabe, irrationales Verhalten zu neutralisieren und zu kontrollieren
Rational-ökonomisch denkender Mensch:	
• ist in erster Linie durch monetäre Anreize motiviert • ist passiv und wird von der Organisation manipuliert motiviert und kontrolliert • sein Handeln ist rational • Annahmen der Theorie X treffen zu	• Aufbau und Förderung von Gruppen • soziale Anerkennung der Mitarbeiter durch Manager und die Gruppe • Bedürfnisse nach Anerkennung, Zugehörigkeitsgefühl und Identität müssen befriedigt werden • Gruppenanreizsysteme treten an die Stelle von individuellen Anreizen
Nach Selbstverwirklichung strebender Mensch (self-actualizing man):	
• Menschliche Bedürfnisse lassen sich in einer Hierachie anordnen • der Mensch strebt nach Autonomie und bevorzugt Selbstmotivation und Selbstkontrolle • es gibt keinen zwangsläufigen Konflikt zwischen Selbstverwirklichung und organisatorischer Zielerreichung • Annahmen der Theorie Y treffen zu	• Manager sind Unterstützer und Förderer (nicht Motivierer und Kontrolleure) • Delegation von Entscheidungen • Übergang von Amts-Autorität zu Fach-Autorität; Mitbestimmung am Arbeitsplatz
Komplexer Mensch:	
• ist äußerst wandlungsfähig • Dringlichkeit der Bedürfnisse unterliegt Wandel • der Mensch ist lernfähig, erwirbt neue Motive • in unterschiedlichen Systemen werden unterschiedliche Motive bedeutsam	• Manager sind Diagnostiker von Situationen • sie müssen Unterschiede erkennen und Verhalten situationsgemäß variieren können • es gibt keine generell richtige Organisation

Tab. 4.2: Organisatorische Konsequenzen unterschiedlicher Menschenbilder nach E. H. Schein[3]

ten Zeile des Kastens der Einsatz von Führungskräften, die unterstützen und fördern anstelle zu motivieren und zu kontrollieren. Führungskräfte delegieren hier Entscheidungen hin zu den Mitarbeitern und besitzen Autorität nicht aufgrund der ihnen verliehenen Vorgesetztenposition (»das machen wir so, ich bin schließlich der Abteilungsleiter«), sondern aufgrund fachlicher Kompetenz. Organisatorische Konsequenz ist beim Vorliegen dieses Menschentyps auch die Einführung von Mechanismen der Mitbestimmung. In der DIAKONIE PFLEGE könnte der Abteilungsleiter Rechnungswesen beispielsweise die Aufgabe

des Aufbaus einer Liquiditätsplanung an fachlich kompetente Mitarbeiter delegieren, wobei er z. B. lediglich die Zeitpunkte angibt, zu denen er informiert werden will, ob die vorhandene Liquidität ausreicht, um notwendige Ausgaben zu tätigen und Löhne und Gehälter überweisen zu können. Mit seinem Fachwissen kann er dann einen durch die Mitarbeiter erstellten Entwurf für die Struktur der Liquiditätsplanung beurteilen und Verbesserungsvorschläge machen.

Anerkennen und begleiten

Es gibt einen für uns neuen Menschentyp, der noch nicht bei der Typologie nach McGregor vorkam. Der hier beschriebene »**Soziale Mensch**«

---

[3] vgl. Schein, E. H. (1980): Organisationspsychologie. Wiesbaden.

ist vor allem durch seine sozialen Bedürfnisse motiviert. Es wird hier angenommen, dass seine Arbeit sinnentleert ist; daher sucht er **Ersatzbefriedigung** in der Arbeitsgruppe, der er am Arbeitsplatz angehört. Konsequenz in der Arbeitsorganisation ist hier, dass die Führungskräfte Mitarbeiter in Arbeitsgruppen zusammenfassen und diese Arbeitsgruppen im Folgenden in ihrer Entwicklung begleiten und fördern. Es sind weiterhin organisatorische Maßnahmen zu treffen, die Anerkennung in der Gruppe und durch den Vorgesetzten ermöglichen. Außerdem ist die **Zugehörigkeit** des Einzelnen zur Gruppe und gleichzeitig die Identität des Einzelnen zu stärken. Anreizsysteme, die positive Arbeitsergebnisse der Gruppe fördern, sollten hier ebenfalls organisatorisch installiert werden.

Dreiteilige Vergütungsstruktur

In der DIAKONIE PFLEGE könnte beispielsweise im ambulanten Leistungsbereich des Pflegekonzerns eine **Vergütungsregelung** mit der Mitarbeiterschaft getroffen werden, nach der sich das Gehalt einer Pflegekraft aus drei unterschiedlich gewichteten Faktoren errechnet:

- Vergütungsteil, der von den **Erträgen** abhängt, die eine Pflegegruppe insgesamt in einem bestimmten Zeitraum, wie z. B. einem Halbjahr, durchschnittlich für den Pflegedienst erwirtschaftet hat. Je mehr Erträge also die Pflegegruppe für das Unternehmen einbringt, desto mehr Gehalt erhält jedes Gruppenmitglied.
- Vergütungsteil, der von der **Beurteilung der Gruppe** durch die Kunden abhängig ist. Je besser die Kunden die Pflegegruppe als Ganzes beurteilen, desto höher ist dieser Vergütungsteil für alle Gruppenmitglieder.
- Vergütungsteil, der davon abhängig ist, inwieweit die Anforderungen an die **Pflegequalität** durch die Gruppe erreicht wurden.

Beim dritten Vergütungsteil könnte beispielsweise durch Stichproben der Pflegedienstleitung ermittelt werden, ob sich der kreislaufförmige Pflegeprozess in der Pflegedokumentation einer Pflegegruppe tatsächlich widerspiegelt. In dem

Maße, wie dies nicht der Fall ist, könnten Abschläge vom Lohn vollzogen werden. Bei vollständigem Erreichen eines gesetzten Zielwerts könnten wiederum Zuschläge zum Gehalt für die gesamte Pflegegruppe addiert werden.

Pflegegruppen als organisatorische Maßnahme

Die dargestellte dreiteilige Vergütungsstruktur hat zum Ziel, einerseits die Erträge des Pflegedienstes im Konzern DIAKONIE PFLEGE zu steigern und andererseits die **Kundenzufriedenheit** und die **Pflegequalität** zu vergrößern. Die Zahlung von höheren Vergütungen bei guten Leistungsergebnissen und guter Beurteilung der Gruppe durch die Kunden scheint zunächst vor allem für den rational-ökonomischen Menschen geeignet zu sein, der in erster Linie durch monetäre Anreize bewegt werden kann. Warum also führen wir dieses Beispiel hier als organisatorische Konsequenz für den in der Abbildung genannten Sozialen Menschen auf?

Der Grund ist, dass die »Belohnung« der gesamten Gruppe mit Geld für eine hohe Zielerreichung auch eine organisatorische Maßnahme ist, die für den sozialen Menschen als **Gruppenanreizsystem** zu werten ist. Zugegebenermaßen, die beschriebenen »Sozialen Menschen« streben vor allem nach Gruppenzugehörigkeit und Wertschätzung in der Gruppe. Wenn aber die Bildung von Pflegegruppen diesem Bedürfnis entgegenkommt und zusätzlich die Belohnung der gesamten Gruppe in Geld für die Zielerreichung verknüpft wird, dann ist dies förderlich für die Festigung der Gruppe und auch für die Ziele der Unternehmung, der vor allem an hohen Erträgen und Verwirklichung einer hohen Pflegequalität gelegen ist. Die hohe Pflegequalität äußert sich wiederum in hoher **Kundenzufriedenheit**.

Gruppenanreizsystem bei hoher Pflegequalität

Der **erste Vergütungsteil** belohnt also die Pflegegruppe der »Sozialen Menschen« als Ganzes, wenn sie viele Erträge erwirtschaftet. Denn viele Erträge sind auch förderlich für den Pflegedienst in wirtschaftlicher Hinsicht. Ein Teil des zusätzlichen Ertrags wird allerdings an die Gruppe als

4

Ganzes in Form einer finanziellen »Belohnung« weitergeleitet. Hier zeigt sich diese Regelung als klassisches Gruppenanreizmodell, das die Mitarbeiter als Gruppe insgesamt wirtschaftlich belohnt, wenn die Gruppe auch wirtschaftlich erfolgreich gearbeitet hat.

Der **zweite Vergütungsteil** verhindert nun, dass die Pflegegruppe auf Kosten der Pflegequalität zu schnell pflegt, um viele Erträge für die Gruppe zu erwirtschaften, denn dieser Vergütungsteil belohnt die Pflegegruppe, wenn auch die Kunden mit ihrer Pflegetätigkeit zufrieden sind. Auch bei diesem Gruppenanreizsystem wird die Gruppe als Ganzes im Falle hoher Kundenzufriedenheit belohnt, und nicht Einzelne unterschiedlich.

Der **dritte Vergütungsteil** versucht schließlich, die Pflegequalität objektiver darzustellen als es bei der Äußerung der Zufriedenheit durch die Kunden deutlich wird. Beispielsweise werden hier Stichproben aus den Pflegedokumentationen bei den Patienten gezogen. Deren Qualität wird im Folgenden mit einem Punktbewertungsmodell ausgewertet (☞ 3.2.3), und bei guter Pflegedokumentation in der Stichprobe wird ein höherer Gehaltsanteil für die gesamte Gruppe berechnet als im Falle einer nur durchschnittlichen Qualität der Pflegedokumentation. Folge ist, dass die Pflegekräfte versuchen werden, selber gut zu dokumentieren und auch die anderen Gruppenmitglieder dazu anzuhalten, wenn ihnen fehlerhafte Dokumentationen auffallen.

Bei dem hier dargestellten Gruppenanreizsystem wird die treibende Kraft für die Erbringung qualitativ hochwertiger, durch den Kunden akzeptierter Pflege, der auch ausreichende Erträge gegenüberstehen, zunächst die höhere Vergütung für die Gruppe und somit auch für die einzelne Pflegekraft sein. Die Herausforderung für die Führungskraft besteht nun darin, die **Motivation** der Gruppenmitglieder weg von der höheren Vergütung hin zur Motivation durch qualitativ hochwertige Arbeit in der Gruppe zum Wohle des Kunden zu lenken. In je höherem Maße sich in der Pflegegruppe Menschen vom Typ »Sozialer Mensch« befinden, desto leichter wird diese Aufgabe der Führungskraft fallen.

Unterscheiden und erkennen

Ein dargestellter Menschentyp ist nicht so stabil in seinem Verhalten und seinen Bedürfnissen wie seine drei Vorgänger des Modells nach Schein. Im Zeitverlauf können sich bei diesem »**Komplexen Menschen**« die Inhalte seiner Motive und deren Wichtigkeit verändern. Auch können ihm in verschiedenen Situationen unterschiedliche Motive unterschiedlich wichtig sein. Organisatorische Konsequenz bei diesem Menschentyp ist, dass Führungskräfte eingesetzt werden sollten, die ein »Fingerspitzengefühl« dafür entwickeln, wann ein Mitarbeiter in welcher Situation welche Bedürfnisse in welcher Rangfolge der Wichtigkeit entwickelt.

»Komplexe« Mitarbeiterin

Eine Mitarbeiterin im Abrechnungszentrum des Konzerns DIAKONIE PFLEGE, in dem die Leistungen der ambulanten Pflegedienste abgerechnet werden, war in der Vergangenheit nur mäßig interessiert, ihr Wissen im Bereich EDV zu erweitern. Ihre fachliche Stärke lag vielmehr im Bereich der Buchhaltung. Dieses hatte ihr Vorgesetzter beobachtet und verlagerte daher im Folgenden immer mehr ihren Tätigkeitsschwerpunkt hin zu Buchhaltungsaufgaben. Es wird nun im Konzern ein neues Betriebssystem in der EDV eingeführt. Weil die Mitarbeiterin ohne eine entsprechende Schulung ihre wenigen EDV-Anwendungsprogramme nicht mehr bedienen könnte, nimmt sie »gezwungenermaßen« an einer entsprechenden Fortbildung teil. Nach der Fortbildung spürt der Vorgesetzte der Mitarbeiterin eine Veränderung an ihr. Offensichtlich konnte das Schulungsunternehmen ihr die Angst vor der EDV nehmen.

Neue Motivation

Durch das Erlebnis, dass sie nun das scheinbar Unmögliche gemeistert hat und zusätzlich sogar noch Spaß bei der EDV-Schulung empfand, ändern sich nun plötzlich die Motive der Mitarbeiterin. Sie will es nun sich und der Kollegenschaft beweisen, dass sie zu noch mehr fähig ist. Sie nimmt sich vor, bei der nächsten sich bietenden Möglichkeit zu versuchen, ihr Tätigkeitsfeld in den Bereich der EDV zu verschieben. Diese Bereitschaft erspürt ihr Vorgesetzter und fragt sie dann auch konkret, ob sie sich in der Zukunft eine Verlagerung ihres Aufgabenschwerpunktes hin zum Bereich EDV vorstellen könnte. Sie bejaht dies; die beiden verbleiben in diesem Sinne.

Neue Position

Der Vorgesetzte hatte hierbei allerdings schon »im Hinterkopf«, dass ein großes EDV-Projekt in der Organisation in sechs Monaten beginnen wird, in dem die gesamte EDV-Anlage der Konzernzentrale erneuert werden soll. Je konkreter sich nun die Projektplanung in den nächsten Wochen gestaltet, desto mehr merkt der Vorgesetzte in Gesprächen mit dem Projektleiter, dass zusammen mit der Einführung der neuen EDV-Struktur jetzt die Funktionen eines EDV-Administrators erfüllt werden müssen, den es momentan noch nicht gibt. Die beiden schätzen, dass zur Administrierung des neuen EDV-Systems zusätzliche Personalkapazität in Höhe von etwa einem halben Volldeputat benötigt wird. Der Vorgesetzte der Mitarbeiterin fasst nun den Plan, der Mitarbeiterin, die ihr Interesse an der EDV unlängst entdeckte, anzubieten, diese Funktion mit einer Hälfte ihres Volldeputats zu übernehmen und dafür andere bisherige Teilaufgaben von ihr an andere Mitarbeiter im selben Umfang abzugeben. Man einigt sich und setzt diesen Plan in die Realität um.

Flexible Reaktion

Es ist also möglich, dass die »komplexe Mitarbeiterin« ihre Motive weg vom Feld des Rechnungswesens hin zum Bereich EDV veränderte, auch in einem relativ kurzen Zeitraum. Sie zeigte dabei auch, dass sie lernfähig ist. Auch der Vorgesetzte verhielt sich in Abhängigkeit der Situation unterschiedlich. Während er zunächst die Mitarbeiterin bestärkte, sich in die Richtung ihrer bisherigen »Stärke« Rechnungswesen zu entwickeln, erspürte er später in gleicher Weise das neue Interesse der Mitarbeiterin am Bereich EDV und

ermutigte sie dann, in diesem Bereich zu lernen und sich zu entwickeln. Die Buchhaltungsmitarbeiterin gibt ein gutes Beispiel für den »Komplexen Menschen« nach E. H. Schein. Es war in der beschriebenen Situation förderlich, ihr einen Vorgesetzten gegenüberzustellen, der in hohem Maße die Fähigkeit besaß, Veränderungen bei ihr in unterschiedlichen Situationen zu erkennen und sein Verhalten dementsprechend auszurichten.

■ Menschenbilder und Führungsbeziehungen

Was war das Ziel der zwei Typologien nach Schein und McGregor, die unterschiedliche Menschenbilder darstellten? Die Typologien sollten einerseits der Führungskraft ein Bild der zu führenden Menschen mit ihren wesentlichen Wünschen, Erwartungen und Bedürfnissen vermitteln. Darauf aufbauend kann die Führungskraft das Verhalten dieser Menschen besser einschätzen und erklären.

Andererseits könnte man nun versuchen, genauer festzustellen, welches Führungsverhalten bei welchen Menschentypen mehr und welches weniger erfolgreich ist. Voraussetzung dafür wäre jedoch, dass man die in der Unternehmung beschäftigten Menschentypen eindeutig feststellen kann. Dies ist jedoch nicht möglich. Wie sollte man auch zweifelsfrei »messen«, ob ein Mitarbeiter ein »Sozialer Mensch« oder ein »Komplexer Mensch« ist? Erschwerend kommt hinzu, dass die aufgezeigten Menschenbilder **Idealvorstellungen** sind. Sie sind Gedankenkonstrukte, die in »reiner Form« bestimmte Ideen über jeweils verschiedene Menschentypen darstellen. In der betrieblichen Realität könnte man sich ja auch im konkreten Beispiel eines Mitarbeiters vorstellen, dass er vorwiegend ein »Sozialer Mensch« ist, dass aber auch in finanzieller Hinsicht gewisse Anteile des »rational-ökonomisch denkenden Menschen« und Anteile des »Komplexen Menschen« bei ihm vorhanden sind. Es ist außerdem wahrscheinlich, dass in Abhängigkeit von verschiedenen **betrieblichen Rahmenbedingungen** der Zusammenhang zwischen einem bestimmten Menschenbild und dem Verhalten der Führungskraft sich ganz unterschiedlich darstellen kann. Dies alles hat zur Folge, dass in der Tat bisher noch keine eindeutigen Zusammenhänge zwischen Menschenbildern und Führungsbeziehungen (dem Verhalten von Führungskräften und Geführten) beobachtet werden konnten.

Auf einen Blick

▶ Typologien sind Vorstellungen von Menschen, die im Arbeitsprozess ähnliche Eigenschaften, Bedürfnisse und Verhaltensweisen aufweisen.

▶ Typologien sollen helfen, gegenüber bestimmten Mitarbeitern ein effizientes Führungsverhalten zu entwickeln.

▶ Neben dem unselbstständigen und im Gegensatz dazu dem initiativen Menschen bei McGregor beschreibt Schein zusätzlich den »Sozialen« und den »Komplexen« Menschen.

▶ Menschen entsprechen nie vollständig einer Typologie. Daher gibt es keinen eindeutigen Zusammenhang zwischen Menschenbildern und Führungsbeziehungen.

4.1.3 Motivationstheorie als Grundlage der Mitarbeiterführung

Ob ein Mitarbeiter eine ihm gestellte Aufgabe erfüllen kann, hängt neben seinen fachlichen Fähigkeiten auch wesentlich von seinem Willen ab, dies zu tun. Das Wort »movere« kommt aus dem Lateinischen und bedeutet soviel wie »in Bewegung setzen«. Der daraus abgeleitete Begriff »Motivation« kann in diesem Zusammenhang also verstanden werden als Wille, sich in Bewegung zu setzen und eine Leistung zu erbringen. Die Wissenschaft hat verschiedene Motivationstheorien entwickelt. Diese stellen die Wichtigkeit der Motivation von Mitarbeitern heraus und untersuchen, wie sich Mitarbeiter selber in **Bewegung** setzen oder in Bewegung setzen lassen.

■ Die Bedürfnistheorie von Maslow

Die im Folgenden dargestellte Motivationstheorie nach A. H. Maslow ist ein sehr bekannt gewordenes Gedankengebäude, das zu erklären versucht, wodurch Motivation von Menschen zustande kommt. Im Mittelpunkt stehen verschiedene Bedürfnisse, die Menschen besitzen können und die deren Verhalten beeinflussen.

Der Psychologe Abraham H. Maslow stellte in den 40er- und 50er-Jahren des 20. Jahrhunderts eine Theorie der **Arbeitsmotivation** auf, die nicht nur in der betriebswirtschaftlichen Praxis große Beachtung gefunden hat. Maslow unterscheidet fünf grundsätzliche Bedürfnisse, die dem Menschen innewohnen können und die sein Verhalten beeinflussen (☞ Abb. 4.3).

Die fünf dargestellten Motive sind als aufeinander aufbauende »**Stockwerke**« **einer Pyramide** angeordnet. Dies soll verdeutlichen, dass die Motive aufeinander »aufbauen«; es gibt nach dieser Theorie also grundlegende Bedürfnisse, die der Mensch zuerst befriedigen will und weitergehende Bedürfnisse, die »auf den unteren« aufbauen und erst dann befriedigt werden wollen, wenn das »darunter« liegende Bedürfnis bereits befriedigt worden ist.

Fundamentale physiologische Bedürfnisse

Hier handelt es sich um grundlegende menschlich Bedürfnisse wie beispielsweise Hunger oder

Abb. 4.3: Bedürfnishierachie nach Maslow[4]

---

[4] vgl. Maslow, A. H. (1973): Psychologie des Seins. Ein Entwurf. München.

Durst. Wenn diese Art von Bedürfnis nicht befriedigt wird, haben die weiter oben in der Pyramide stehenden Bedürfnisse keinen Einfluss auf das Verhalten. Der Mensch wird solange sein Verhalten auf die Befriedigung dieser fundamentalen physiologischen Bedürfnisse ausrichten, bis er dieses Ziel erreicht hat.

Sicherheitsbedürfnisse

Unter Sicherheitsbedürfnissen fasst Maslow solche Bedürfnisse zusammen, die dem Menschen Sicherheit geben. So strebt er nach Befriedigung der fundamentalen physiologischen Bedürfnisse wie dem Stillen von Hunger oder Durst nun nach beispielsweise Schutz vor Bedrohungen, nach Geborgenheit, Freiheit von Angst und nach Stabilität. Ebenfalls zu dieser Gruppe von Sicherheitsbedürfnissen gehören nach Maslow das Bedürfnis nach Struktur, Orientierung und Ordnung.

 Fallbeispiel

In einer Einrichtung der DIAKONIE PFLEGE arbeitet eine Pflegekraft. Ihre Hauptmotivation, ihre Arbeitskraft einzubringen, ist, dass sie für ihre Familie mit drei Kindern einen dringend benötigten finanziellen Beitrag mit ihrer Halbtagsbeschäftigung leisten muss. Grund dafür ist, dass ihr Ehemann arbeitslos geworden ist. Um die Leistungen des Arbeitsamtes durch ein zusätzliches Einkommen zu ergänzen, steigt die Pflegekraft mit einem halben Deputat in ihren gelernten Beruf wieder ein. Das Bedürfnis nach finanzieller Sicherheit ist somit die Hauptmotivation für ihre Berufstätigkeit.

Soziale Bedürfnisse

Unter sozialen Bedürfnissen versteht Maslow das Bedürfnis des Menschen nach **Zugehörigkeit** und **Zuneigung**. Wenn der Mensch auf dieser Stufe der Bedürfnispyramide angekommen ist, sucht er auf diesem »Stockwerk« Kommunikation und Freundschaftsbeziehungen. Diese Motive leiten nun sein Verhalten.

Fallbeispiel

In der DIAKONIE PFLEGE arbeitet eine Reinigungskraft. Sie hat die Aufgabe, Büros in der Konzernzentrale zu reinigen. Eigentlich soll sie diese Aufgabe zu späterer Stunde erledigen, wenn möglichst keine Mitarbeiter mehr im Haus sind. Da sie jedoch in ihrem Privatleben fast keine sozialen Kontakte hat, sehnt sie sich nach Zugehörigkeit und Kommunikation. Aus diesem Grund versucht sie, immer etwas früher ihre Arbeit in der Konzernzentrale zu beginnen, um noch jemanden anzutreffen. Jedes Mal, wenn ein Mitarbeiter dort länger arbeitet, ergreift sie die Gelegenheit und fängt an, das Büro der noch anwesenden Mitarbeiter zu reinigen, um mit jemandem ins Gespräch zu kommen. Dieses soziale Bedürfnis ist für sie der wichtigste Grund, warum sie jeden Tag ihre Arbeit antritt. Unglücklicherweise wollen die Mitarbeiter, die sie antrifft, ganz bewusst zu späterer Sunde ungestört Dinge erledigen, zu denen sie in der normalen Geschäftzeit nicht kamen. Die Reinigungskraft findet daher oftmals keine offenen Ohren, wenn sie ein Gespräch beginnt.

Ich-Bedürfnisse

Ich-Bedürfnisse bauen auf den zuvor genannten sozialen Bedürfnissen auf. Nachdem sich ein Mensch einer Gruppe zugehörig fühlt, mit der Gruppe im Gespräch ist und Freundschaftsbeziehungen gefunden hat, hat er nun im Rahmen der Ich-Bedürfnisse oftmals den Wunsch, von den anderen Gruppenmitgliedern **Wertschätzung** entgegengebracht zu bekommen, beispielsweise in Form von Würdigung ihrer Arbeitsleistung und Ansehen durch die Anderen. Ich-Bedürfnisse können sich aber auch äußern in dem Wunsch nach Wertschätzung durch sich selbst. Wenn ein Mensch Selbstvertrauen besitzt, könnte beispielsweise diese Seite der Ich-Bedürfnisse befriedigt sein.

Mangelmotive versus Wachstumsmotive

Die bisher genannten vier Motive entstanden aus einem vom Menschen empfundenen Mangel

4

heraus. Der Mensch fühlt auf den ersten vier »Stockwerken« der Pyramide ein Defizit, das er auszugleichen versucht. Auf der ersten Ebene waren es grundlegende Bedürfnisse wie Hunger und Durst. Der empfundene Mangel beeinflusste das Verhalten des Menschen; er versuchte, den Mangel zu beheben. Kennzeichnend bei diesen durch Defizite begründeten Bedürfnissen ist, dass, falls das Defizit beseitigt ist, das jeweilige Bedürfnis nicht mehr das Verhalten steuert.

⌗ Fallbeispiel

Die Reinigungskraft geht nicht zur Arbeit, weil sie Hunger oder Durst empfindet. Da auf dieser Betrachtungsstufe kein Mangel empfunden wird, leiten auch Hunger oder Durst nicht ihr Verhalten auf dem Weg zum Arbeitsplatz. Auch im Bereich der Sicherheitsbedürfnisse empfindet die Reinigungskraft keinen Mangel. Folglich ist auch kein empfundener Mangel an z. B. Sicherheit oder Stabilität der Grund dafür, dass sie zur Arbeit geht. Auf der dritten Bedürfnisebene der sozialen Bedürfnisse jedoch empfindet sie einen Mangel an Zugehörigkeit und Zuneigung. Sie versucht ihn im Gespräch am Arbeitsplatz zu beseitigen. Alleine diese dritte Bedürfnisebene bestimmt ihr Verhalten, wohingegen die Bedürfnisse der ersten und zweiten Stufe bereits befriedigt wurden und somit nicht mehr ihr Verhalten beeinflussen.

Das im Folgenden genannte Bedürfnis nach Selbstverwirklichung entsteht hingegen nicht aufgrund eines empfundenen Mangels, sondern aufgrund des Wunsches nach Wachstum. In der Abbildung 5.3 sind die bisher genannten Bedürfnisse aus diesem Grund als »Mangelmotive« zusammengefasst, das im Folgenden genannte Motiv (= Bedürfnis) wird als »**Wachstumsmotiv**« bezeichnet.

Bedürfnis nach Selbstverwirklichung

Unter dem Bedürfnis nach Selbstverwirklichung versteht Maslow »das Streben, mehr und mehr das zu werden, was man werden kann.« Beim

Streben nach Selbstverwirklichung unternimmt der Mensch »eine (...) Anstrengung (...), in der die Kräfte eines Menschen sich in einer besonders wirkungsvollen und immens genussreichen Weise vereinen und in der er integrierter und weniger gespalten ist, offener für die Erfahrung, (...) vollkommen expressiv oder spontan, voll funktionierend, kreativer, humorvoller, (...) unabhängiger von den niedrigeren Bedürfnissen (...).«[5]

⌗ Fallbeispiel

Ein Buchhalter arbeitet in der Konzernzentrale im Bereich Rechnungswesen. Seine Hauptmotivation, die ihm gestellten Aufgaben zu erbringen, ist die Freude an der Arbeit als Buchhalter. Er findet es spannend und faszinierend, Differenzen in Buchhaltungskonten aufzudecken, wenn er sie in Ausdrucken der Salden der Konten entdeckt. Auch nimmt er an so vielen Fortbildungsveranstaltungen wie möglich teil, um sein Fachwissen zu vertiefen. Diese Gelegenheit, zu lernen und dieses Wissen in seiner Arbeitspraxis umzusetzen, ist eine wichtige Motivation für ihn, bei der DIAKONIE PFLEGE zu arbeiten. Er weiß, dass er in seinem Arbeitsfeld der fähigste Buchhalter ist. Die Wertschätzung der anderen ist ihm durch sein fachliches Wissen und seine sympathische, ausgeglichene Art gewiss, obwohl er nicht viel Wert auf die Wertschätzung der Mitarbeiterschaft legt.

Bei diesem Buchhalter können wir nicht beobachten, dass er nach Ich-Bedürfnissen wie Wertschätzung durch die Gruppe strebt. Wenn wir uns allerdings ansehen, was es für Maslow bedeutet, nach Selbstverwirklichung zu streben, und wir uns erinnern, dass er jede Fortbildung wahrnimmt, die ihm ermöglicht wird, dann scheint es wahrscheinlich, dass der Buchhalter nach Selbstverwirklichung im Sinne Maslows strebt. Er will immer weiter in seiner Persönlichkeit und seinen fachlichen Fähigkeiten wachsen.

---

[5] ebd., S. 108.

Je weiter er dabei gelangt, desto wohler fühlt er sich.

Bei diesem nach Wachstum gerichteten Bedürfnis nimmt im Gegensatz zu den erstgenannten vier Bedürfnisebenen die motivierende Wirkung umso mehr zu, je mehr das Bedürfnis befriedigt wird. Der Buchhalter wird vermutlich steigenden Genuss beim Wachsen seiner Persönlichkeit und seiner Fertigkeiten empfinden, je mehr er dieses Bedürfnis befriedigt.

■ Maslows Theorie in der Kritik

Maslows Theorie gab in hohem Maße Anregungen für die betriebswirtschaftliche Praxis, das Verhalten der Mitarbeiter zu verstehen und das Führungsverhalten darauf auszurichten. Kritisch bleibt jedoch bei seiner Theorie anzumerken, dass

- das Gedankenkonstrukt der Selbstverwirklichung **unklar, mehrdeutig** und somit **nicht überprüfbar** ist.[6] Man kann also nicht zweifelsfrei feststellen, ob jemand wie der beschriebene Buchhalter überhaupt nach Selbstverwirklichung strebt. Auch wenn man annimmt, dass er dieses tut, ist nicht eindeutig feststellbar, inwieweit er diesem Ziel nah oder fern ist.
- eine eindeutig »messbare« **Abgrenzung** der verschiedenen vier Bedürfnisse nicht möglich ist. Man kann nicht eindeutig feststellen, ob ein Bedürfnis bereits befriedigt ist oder ob das darauf folgende Bedürfnis als Mangel oder als Wunsch nach Wachstum bereits begonnen hat, zu wirken. Auch kann nicht bestätigt werden, dass die ersten vier Bedürfnisse ausschließlich »Mangelmotive« sind, und keinerlei Anteil von »Wachstumsmotiven« enthalten sind. Kann es ausgeschlossen werden, dass die Reinigungskraft bei der Befriedigung ihres Bedürfnisses nach Zuneigung und Zugehörigkeit in irgendeiner Weise auch nach Wachstum strebt? Empfindet sie bei der Befriedigung dieses Bedürfnisses nur Mangel?

- in **wissenschaftlichen Untersuchungen** die hierarchische Abfolge der Bedürfnisse nicht bestätigt werden kann.[7]

Offensichtlich können vielmehr verschiedene Bedürfnisebenen gleichzeitig auf das Verhalten eines Menschen wirken. So beeinflusst das Verhalten bei der »Pflegekraft wider Willen« nach der Theorie von Maslow ausschließlich das Bedürfnis nach **Sicherheit**. Es kann jedoch nicht ausgeschlossen werden, dass sie zwar vor allem nach finanzieller Sicherheit strebt, gleichzeitig aber auch nach Zuneigung und **Zugehörigkeit** in ihrem Pflegeteam. Warum sollte sie nicht ebenfalls gleichzeitig zu einem gewissen Anteil nach **Ich-Bedürfnissen** wie Würdigung ihrer Pflegetätigkeit durch die Patienten streben? Schließlich ist durchaus denkbar, dass sie den ihr durch den Arbeitgeber ermöglichten Rahmen der Fortbildungsmöglichkeiten ausnutzt und Freude am Lernen empfindet. Sie kann also durchaus auch gleichzeitig nach **Selbstverwirklichung** streben.

Wir sind immer noch auf der Suche nach Gesetzmäßigkeiten bzw. Regeln, die es Führungskräften erleichtern, das Verhalten der Mitarbeiter so zu beeinflussen, dass die Ziele der Unternehmung besser erreicht werden. Der im folgenden Kapitel 4.2 dargestellte Ansatz versucht, bei Führungspersonen langfristig beobachtbare Gesetzmäßigkeiten, so genannte Führungsstile, festzustellen, und daraus Schlüsse für eine möglichst effektive Mitarbeiterführung zu ziehen.

Auf einen Blick
▶ Fachliche Fähigkeiten und die Motivation des Mitarbeiters sind Voraussetzungen für die Erreichung von Leistungszielen.

▶ Nach Maslow beeinflussen fünf hierarchisch angeordnete Bedürfnisse das Verhalten des

---

[6] vgl. Neuberger, O. (1974): Theorien der Arbeitszufriedenheit, Stuttgart u. a., S. 101.

[7] vgl. D. T. Hall/K. E. Nougaim (1968): An examination of Maslow's need hierachy in an organizational setting. In: Organizational Behaviour and Human performance, 3, S. 12–35. und E. E. Lawler/J. L. Suttle (1973) Expectancy theory and job behaviour. In: Organizational behaviour and Human performance, 9, S. 482–503.

Menschen. Erst, wenn ein Bedürfnis befriedigt wird, kann ein Neues entstehen.

▶ Aus Motivationstheorien lassen sich keine eindeutigen Regeln für eine zielorientierte Mitarbeiterführung ableiten.

4.2 Führungsstile

In diesem Kapitel wird zunächst der Begriff des **Führungsstils** von dem des **Führungsverhaltens** abgegrenzt und ein historischer Überblick über die Entwicklung von Führungsstilen seit dem 19. Jahrhundert in Kapitel 4.2.1 gegeben.
Weiterhin werden in Kapitel 4.2.2 zwei Raster dargestellt, die idealtypische Führungsstile in **ein- und zweidimensionale** Unterscheidungsraster einordnen.
Bei der realtypischen Darstellung von Führungsstilen in Kapitel 4.2.3 wird dann der in der betrieblichen Praxis bekannte autoritäre, demokratische und laissez-faire Führungsstil unterschieden; abschließend wird das **Führungsstil-Konzept** insgesamt in Kapitel 4.2.4 beurteilt.

4.2.1 Historische Entwicklung

▷ **Führungsverhalten:** in der betrieblichen Realität beobachtbare Verhaltensweisen einer Führungsperson in einer bestimmten Situation, mit denen sie das Verhalten und die Einstellungen der Mitarbeiter so beeinflussen will, dass die Unternehmensziele erreicht werden
Führungsstil: regelmäßig wiederkehrendes Verhaltensmuster einer Führungsperson gegenüber ihren Mitarbeitern, das langfristig verhältnismäßig unverändert und situationsunabhängig ist

Die Begriffe des Führungsstils und des Führungsverhaltens sind voneinander abzugrenzen, weil sie nicht dasselbe meinen. Während das Füh-

rungsverhalten also eine momentan beobachtbare Größe in bestimmten betrieblichen Situationen ist, stellt der theoretische Begriff des Führungsstils eher eine **Grundhaltung** und **Grundausrichtung** der Führungskraft in ihrem Verhalten dar.

■ Betrieblicher Führungsstil

Man kann noch darüber hinausgehend von einem betrieblichen Führungsstil sprechen, wenn betriebsübergreifend eine bestimmte **Verhaltensausrichtung** aller Führungskräfte in einem Unternehmen verbreitet ist oder wenn ein bestimmtes **Verhaltensmuster** der Führungskräfte für den ganzen Betrieb vorgeschrieben wird.

Fallbeispiel

Der Leiter der Verwaltungsabteilung der DIAKONIE PFLEGE, in der die fachlich versierte Mitarbeiterin einen anderen Mitarbeiter mit schwierigen Geschäftsvorfällen regelmäßig »auflaufen« lässt (☞ 4.1.1), bekommt als Problem fehlgelaufene Geschäftsvorfälle zur Kenntnis. In solchen Situationen reagiert er enttäuscht in Bezug auf den für den Geschäftsvorfall verantwortlichen, »aufgelaufenen« Mitarbeiter und nimmt sich der Problemlösung nachfolgend selber an, anstelle das Problem an den verantwortlichen Mitarbeiter mit einer Lösungshilfe wieder zurückzugeben. Dieses wiederkehrende Verhalten in der beschriebenen Situation stellt sein Führungsverhalten dar. Es hat zur Folge, dass der »aufgelaufene« Mitarbeiter im Zeitverlauf immer unsicherer wird und immer schlechtere Leistungen zeigt.
Für den Verwaltungsleiter hat die Erfüllung der Ziele der Unternehmung allgemein und insbesondere die Aufgabenerfüllung seiner Verwaltungsabteilung allererste Priorität. Die atmosphärisch ungute Stimmung in seiner Abteilung stellt für ihn kein zu beseitigendes Problem dar. Diese grundsätzliche Einstellung gegenüber seinen Mitarbeitern ist stabil und beschreibt seinen (Schaden verursachenden) Führungsstil.

■ Vom Patriachen zum Kooperationspartner

In der ersten Hälfte des 19. Jahrhunderts herrschte vor allem in kleinen und mittelgroßen Betrieben der so genannte »**patriarchale**« **Führungsstil** vor. Viele Betriebe waren in Familienbesitz und der Unternehmer herrschte ohne Einschränkungen über seine »Familienmitglieder«. Der Unternehmer musste keine seiner Entscheidungen begründen, dennoch war der Führungsstil beeinflusst durch sein soziales **Verantwortungsbewusstsein** gegenüber der Mitarbeiterschaft.

Patriarchaler Führungsstil

Der patriarchale Führungsstil kann in zwei verschiedene Erscheinungsformen unterteilt werden:
* **paternalistischer** (pater, lateinisch = Vater) Führungsstil: der Unternehmer sah sich veranlasst, den als unselbstständig angesehenen Mitarbeitern seine Fürsorge im privaten und betrieblichen Bereich zukommen zu lassen.
* **protektoraler** Führungsstil: der Unternehmer glaubte an die Möglichkeit des selbstständigeren Arbeitens der Mitarbeiter. Er sah sich als Förderer und Schutzherr der Mitarbeiter.[8]

Liberal-feudaler Führungsstil

Der »liberal-feudale« Führungsstil tauchte im weiteren Verlauf des 19. Jahrhunderts auf. Seine Grundannahme war, dass der Staat und Einrichtungen, die außerhalb des Betriebes stehen, die Tätigkeit und insbesondere die Führung des Betriebes nicht beeinflussen sollten. Die oberste Führungskraft des Betriebes herrschte ohne Einschränkungen über das Unternehmen und seine Mitarbeiterschaft, sie war der »**Herr im Hause**«. Für die Arbeitsleistung erhielten die Mitarbeiter einen frei mit dem Unternehmer vereinbarten Lohn, dafür verpflichteten sie sich zur Erfüllung der an sie gestellten Aufgaben und zu bedingungslosem **Gehorsam**. Im Gegensatz zum patriarchalischen Führungsstil verspürte beim liberal-feudalen Führungsstil der Unternehmer keine Verpflichtung zu weiteren Maßnahmen der Mitarbeiterfürsorge und sozialen Verantwortung.

Kooperativer Führungsstil

Nach Beginn des 20. Jahrhunderts trat immer mehr ein neuer Führungsstil hervor, und zwar der »kooperative« Führungsstil. Hier arbeiteten die Mitarbeiter nun immer selbstständiger und mit mehr **Eigenverantwortung**. Sie werden hier von der Führungskraft als ein Partner im Betrieb gesehen. Zwei Ausformungen des kooperativen Führungsstils kann man unterscheiden:
* den zuerst beobachteten **konsultativen Führungsstil**: ausgesuchte Vertreter der Mitarbeiterschaft berieten den Unternehmer.
* nachfolgend den **partizipativen Führungsstil**, der vor allem nach dem zweiten Weltkrieg Verbreitung fand: die Mitarbeitervertreter erhielten zu den Beratungsfunktionen hinzu echte Mitwirkungs- und Mitbestimmungsrechte.[9]

Auf einen Blick

▶ Der Führungsstil spiegelt die langfristige Grundhaltung der Führungskraft in ihrem Verhalten gegenüber den Mitarbeitern wider.

▶ Führungsverhalten beschreibt momentane Verhaltensweisen der Führungskraft in bestimmten Situationen, mit denen sie die Funktionen der Mitarbeiterführung zu erfüllen versucht.

▶ Unmündigkeit und Gehorsamspflicht der Mitarbeiter wurden im 20. Jahrhundert abgelöst durch Eigenverantwortung und Mitbestimmung.

4

---

[8] vgl. Gaugler, E./Bartscher, S. (1991): Führung, unveröffentlichtes Skript, Universität Mannheim, S. 17.

[9] ebd.

4.2.2 Idealtypische Darstellung von Führungsstilen

In diesem Abschnitt wollen wir nun betrachten, welche Idealformen von Führungsstilen die Führungsforschung entwickelt hat. Ganz ähnlich den verschiedenen Menschenbildern in Kapitel 4.1.2 werden bei den idealtypischen Darstellungsweisen von Führungsstilen ebenfalls **Typologien** von Führungsstilen aufgestellt, bei denen bestimmte Merkmale von Führungsstilen variieren. Diese Idealtypen von Führungsstilen sollen eine **Systematisierung** der betrieblichen Wirklichkeit in Grundmuster ermöglichen, also alle grundlegenden Führungsstile aufzeigen, die theoretisch denkbar wären. Idealtypische Darstellungen von Führungsstilen sollen daher nicht exakt die betriebliche Wirklichkeit wiedergeben, genauso wenig wie die Menschen des Typs X und Y in Kapitel 4.1.2 die gesamte Menschheit widerspiegeln sollen.

■ Eindimensionale Darstellung von Führungsstilen

Bei eindimensionalen Darstellungen von Führungsstilen wird nur ein einziges **Verhaltensmerkmal** der Führungskraft (also nur eine »Dimension«) verändert. Daraus werden verschiedene idealtypische Führungsstile gebildet und dargestellt. Als Beispiel für diese Vorgehensweise stellen wir hier die eindimensionale Betrachtung von Führungsstilen durch Tannenbaum/Schmidt dar (☞ Abb. 4.4).

Entscheidungsspielräume

Bei der dargestellten Typologie von Führungsstilen nach Tannenbaum/Schmidt wird eine Verhaltensweise der Führungskraft (eine Dimension) verändert und zwar der **Entscheidungsspielraum**, den die Führungskraft bei sich ansiedelt. Er

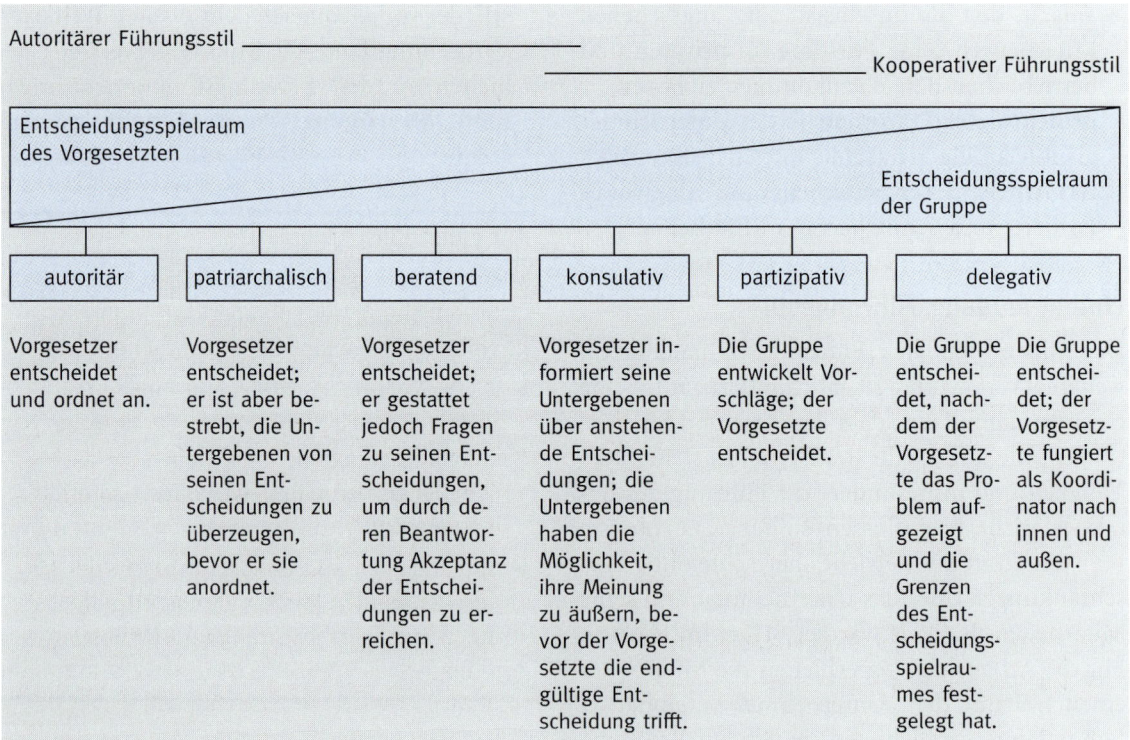

Abb. 4.4: Eindimensionale Darstellung von Führungsstilen nach Tannenbaum/Schmidt[10]

---

[10] vgl. Tannenbaum, R./Schmidt, W. H. (1958): How to choose a leadership pattern. In: HBR March/April, S. 96.

reicht von einem Entscheidungsspielraum von 100% aufseiten der Führungskraft und gleichzeitig 0% Entscheidungsspielraum bei den Mitarbeitern auf der linken Seite des abgebildeten Kastens und nimmt immer mehr in Richtung der rechten Seite des Kastens ab bis hin zu 0% Entscheidungsspielraum für den Vorgesetzten und gleichzeitig 100% Entscheidungsspielraum für die Mitarbeiter. Auf der rechten Seite des Spektrums werden also alle Entscheidungen hin zu den Mitarbeitern delegiert. Ausgehend von dem Verhalten der Führungskraft, in einem bestimmten Maße Entscheidungsspielraum an die Mitarbeiter abzugeben, leiten Tannenbaum und Schmidt sieben **Verhaltensklassen** ab, wobei die extremste Ausformung auf der linken Seite der autoritäre Führungsstil ist, bei dem der Vorgesetzte alleine entscheidet und anordnet. Er behält den vollen Entscheidungsspielraum bei sich. Die andere Extremform auf der rechten Seite ist der kooperative Führungsstil, bei dem die Gruppe entscheidet und der Vorgesetzte lediglich als Koordinator nach innen und nach außen auftritt.

Passender Führungsstil

Welcher der dargestellten Führungsstile ist nun der »Beste«? Tannenbaum/Schmidt bezeichnen nicht einen der dargestellten Führungsstile als den »Richtigen«, sondern geben den Ratschlag, den Führungsstil zu wählen, der in der jeweiligen betrieblichen Situation am besten »passt«. Es müssen also die **Eigenschaften** der Vorgesetzten, der Mitarbeiterschaft und der jeweiligen Situation berücksichtigt und dann der passende Führungsstil gewählt werden. Die Führungskraft muss dann jeweils angesichts der beobachteten Situation ihr Führungsverhalten anpassen.

■ Zweidimensionale Darstellung von Führungsstilen

Im folgenden zweiten Beispiel für eine idealtypische Darstellung von Führungsstilen von Blake/Mouton werden zwei Verhaltensweisen der Führungskraft, also zwei Dimensionen variiert

und aus deren Kombination verschiedene Führungsstile abgeleitet (☞ Abb. 4.5).

Mitarbeiterorientierung

Das dargestellte Gitter stellt auf der linken senkrechten Achse alle **Kombinationen** aus der ersten hier verwendeten Dimension des Führungsverhaltens, nämlich der Mitarbeiterorientierung, dar. Legt die Führungskraft in ihrem Verhalten in hohem Maße Wert auf Mitarbeiterorientierung, dann befinden wir uns auf dem oberen Ende dieser ersten »Dimension« auf der linken Seite. Legt die Führungskraft keinen Wert auf Mitarbeiterorientierung, dann ist die Betonung des Menschen in der Führungstätigkeit sehr gering. Wir befinden uns dann bei dieser Dimension in der Position 1 auf der linken Skala.

Aufgabenorientierung

Die zweite Verhaltensdimension der Führungskraft ist ihre Aufgabenorientierung. Legt der Vorgesetzte also in hohem Maße Wert auf die Erfüllung der betrieblichen Aufgaben, dann ist die Betonung der »**Produktion**« von Arbeitsleistung im Betrieb sehr hoch und wir befinden uns auf der Stelle 9 auf der waagerechten Skala bzw. Dimension. Legt die Führungskraft hingegen geringen Wert auf die Aufgabenorientierung, dann ist die Betonung der Produktion niedrig und wir befinden uns in dieser Dimension auf einem kleinen Wert links auf der waagerechten Skala.

Kombinierte Führungsstile

Verbinden wir nun die beiden Dimensionen miteinander und betrachten verschiedene Kombinationen der Aufgaben- und Mitarbeiterorientierung, dann erhalten wir im Falle einer jeweils 9-stufigen Skala auf der senkrechten und waagerechten Achse insgesamt 81 Kombinationen aus unterschiedlicher Betonung der Produktion und der Betonung der Menschen bei der Führungstätigkeit. Wir erhalten also 81 verschiedene Felder, die jeweils für einen bestimmten Führungsstil stehen. Blake/Mouton typologisieren von diesen 81 Kom-

4

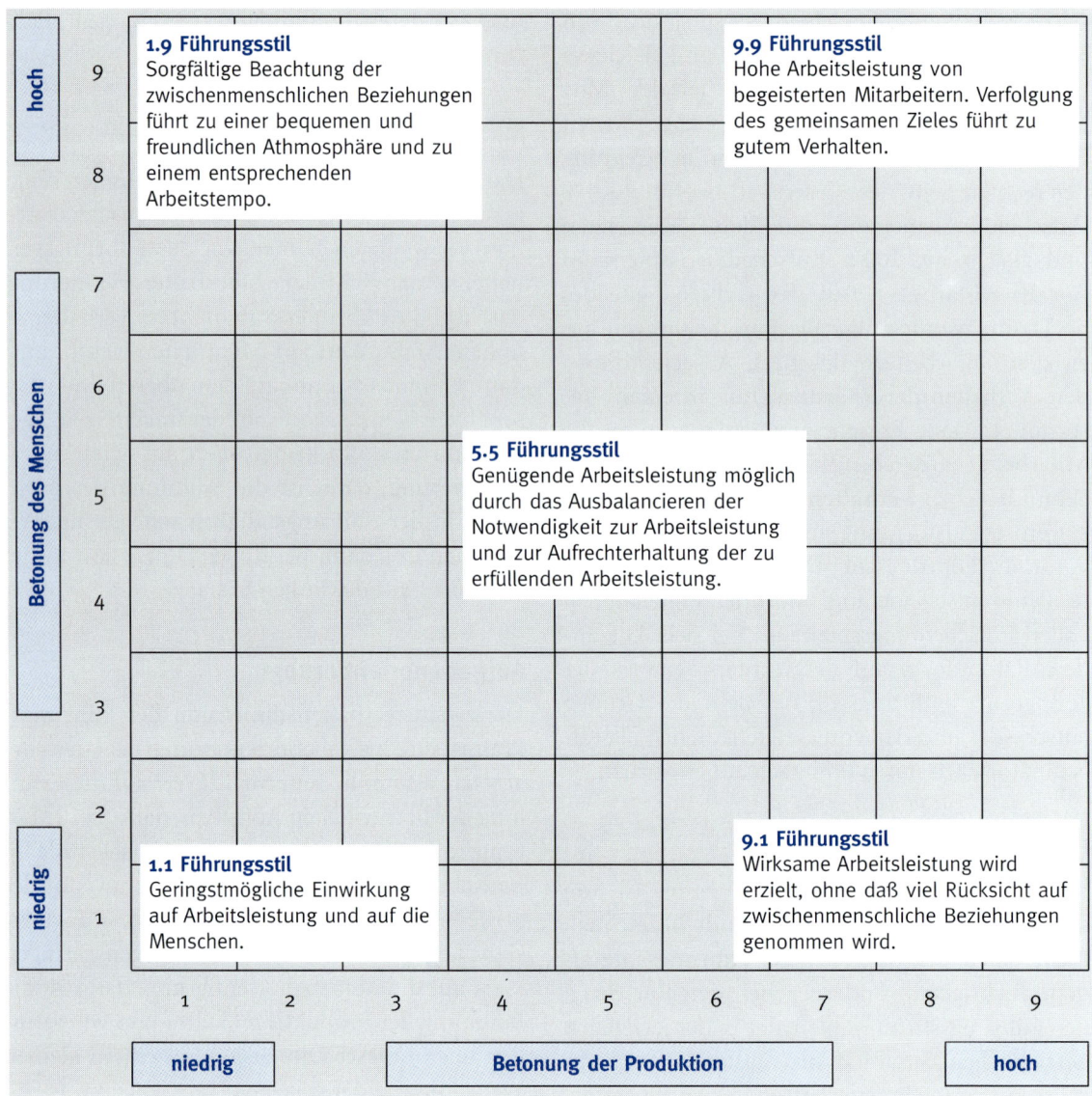

Abb. 4.5: Zweidimensionale Darstellung von Führungsstilen nach Blake/Mouton[11]

binationen jedoch nur fünf verschiedene Grund-Führungsstile, die nun beschrieben werden:

Wirksame Arbeitsleistung

Betrachten wir die **Kombination 9.1**, also einerseits einen Wert von 9 in der aufgabenbezogenen

Dimension der Betonung der Produktion und andererseits einen Wert von 1 bei der mitarbeiterbezogenen Dimension der Betonung der Menschen. Das rechts unten liegende Feld 9.1 erinnert uns an den Verwaltungsleiter der DIAKONIE PFLEGE, der in seiner Verwaltungsabteilung in Kapitel 4.2.1 genau diesen Führungsstil praktizierte. Er ist in der Abbildung beschrieben: Wirksame Arbeitsleistung wird bei diesem Führungsstil erzielt, allerdings ohne dass viel Rücksicht auf zwischenmenschliche Beziehungen genommen

---

[11] vgl. Blake, R. R./Mouton, J. S./Lux, E. (1987): Verhaltensgitter der Führung (Managerial Grid). In : Kieser, A.; Reber, G.; Wunderer, R. (Hrsg.): Handwörterbuch der Führung , Stuttgart, Sp. 2015–2028.

wird. Blake/Mouton beurteilen diesen Führungsstil als zu negativ.

Fehlende Führungsaufgaben

Ein andere prägnante extreme Ausformung der 81 möglichen Führungsstile nach dieser Systematik ist der **Führungsstil im Feld 1.1**. Bei diesem Führungsstil befinden wir uns auf den jeweils niedrigsten Stellen der beiden Achsen. Die Führungskraft praktiziert bei diesem Führungsstil die geringstmögliche Einwirkung auf die Arbeitsleistung und auf den Menschen. Die Führungskraft scheint sich bei diesem Führungsstil in keiner Weise durch Aufgaben- oder Mitarbeiterorientierung bemerkbar zu machen. Blake/Mouton beurteilen diesen Führungsstil als unmöglich. Denn wenn sich eine Führungskraft in dieser Weise verhält, nimmt sie keine Führungsaufgaben wahr.

Gutes Verhalten

Betrachten wir nun eine andere Kombination mit den **Ausprägungen 9.9** in beiden Dimensionen. Dieser Führungsstil wird von Blake/Mouton als Einziger als sinnvoll erachtet. Bei ihm erhält der Betrieb durch dieses Führungsverhalten der hohen Betonung der Produktion und der hohen Betonung der Menschen eine hohe Arbeitsleistung von begeisterten Mitarbeitern. Nach Blake/Mouton führe die Verfolgung des gemeinsamen Zieles zu gutem Verhalten.

Mittlere Stärke

Der **Führungsstil 5.5** betont die Produktion in mittlerer Stärke, genauso wird der Mensch bei der Führungstätigkeit nur in mittlerer Stärke betont. Das Motto der Führungskraft scheint also zu sein: genügende Arbeitsleistung soll ermöglicht werden durch das Ausbalancieren der Notwendigkeit zur **Arbeitsleistung** und zur Aufrechterhaltung der zu erfüllenden **Arbeitsleistung**. Blake/Mouton beurteilen diesen Führungsstil als unpraktisch.

Freundliche Atmosphäre

Die letzte noch nicht betrachtete Typologisierung ist der **Führungsstil 1.9**. Geringe Betonung der Produktion und eine hohe Betonung des Menschen zeichnen ihn aus. Mit einem Augenzwinkern könnte man solch eine Führungskraft als »Mutter der Kompanie« bezeichnen. Wie durch Blake/Mouton in der Abbildung formuliert, werden bei diesem Führungsstil sorgfältig die zwischenmenschlichen Beziehungen beachtet, was zu einer angenehmen und freundlichen Atmosphäre führt und zu einem entsprechenden Arbeitstempo. Blake/Mouton beurteilen diesen Führungsstil als idealistisch.

Einflüsse auf den Führungsstil

Blake/Mouton stellen den Führungsstil 9.9 als den einzig **Optimalen** heraus. Er würde hohe Arbeitsleistung von begeisterten Mitarbeitern zum Ergebnis haben. Es kann allerdings bezweifelt werden, dass zwischen einem bestimmten Führungsstil und den damit verbundenen Folgen, z. B. Arbeitszufriedenheit und Produktivität, ein eindeutiger, allgemein gültiger Zusammenhang bestehen kann. Es ist wahrscheinlich, dass vielmehr bestimmte Eigenschaften des Betriebes, Besonderheiten der Mitarbeiterschaft, organisatorische Regelungen, persönliche Eigenschaften von Führungskraft und den Mitarbeitern berücksichtigt werden müssen und unterschiedlichen **Einfluss** auf die **Wirksamkeit** der dargestellten Führungsstile haben können.

Wenn beispielsweise eine Mitarbeitergruppe im Verwaltungsbereich der Diakonie Pflege fachlich enorm versiert und hochmotiviert wäre, in der Gruppe man selber darauf achten würde, dass eine angenehme und produktive Arbeitsatmosphäre herrschen würde, dann könnte sich die Führungskraft weitgehend aus der Aufgaben- und Mitarbeiterorientierung zurücknehmen. Die Führungskraft müsste jedoch die Ziele der Verwaltungstätigkeit genau formulieren. Falls die Mitarbeiter nicht dazu in der Lage wären, müsste die Verwaltungskraft zusätzlich den einzelnen Mitarbeitern Funktionen zuweisen. Nur wenn die Mitarbeitergruppe weitgehend autonom die ihnen gestellten Aufgaben auf Basis formulierter Ziele eigenverantwortlich löst, kann sich die Füh-

4

rungskraft u. U. weit in den linken unteren Bereich des dargestellten Rasters in seinem Führungsstil zurücknehmen.

Auf einen Blick

▶ Idealtypische Darstellungen von Führungsstilen wollen nicht exakt die betriebliche Wirklichkeit wiedergeben.

▶ Bei Tannenbaum/Schmidt führt lediglich eine Veränderung des Entscheidungsspielraums der Führungskraft zu einem neuen Führungsstil.

▶ Bei Blake/Mouton bewegen sich die Führungsstile zwischen Ausprägungen unterschiedlich hoher Mitarbeiter- und Aufgabenorientierung.

▶ Ein- und derselbe Führungsstil kann bei unterschiedlichen Arbeitsbedingungen, z. B. organisatorischen Regeln, zu einem unterschiedlichen Ergebnis führen.

4.2.3 Realtypische Darstellung von Führungsstilen

Eine ganz andere Vorgehensweise als die idealtypische zeigt die realtypische Darstellung von Führungsstilen. Hier werden tatsächlich in der Realität beobachtbare Führungsstile in Hinblick auf ihre Auswirkungen in der betrieblichen Praxis untersucht.

■ Laborexperiment nach K. Lewin

Zu diesem Zweck führte K. Lewin in den 1930ern **Laborexperimente** durch, bei denen er Kinder in Gruppen mit Freizeitaktivitäten beschäftigte. Erwachsene leiteten diese Gruppen nach drei unterschiedlichen Führungsstilen. Unterschiedliche Führungsstile hatten im Experiment unterschiedliches Verhalten der Gruppenmitglieder zur Folge.

Autoritärer Führungsstil

Den autoritären Führungsstil kennen wir bereits aus der idealtypischen eindimensionalen Dar-

stellung von Führungsstilen nach Tannenbaum/Schmidt (☞ 4.2.2). Bei diesem auch in der Praxis vorzufindenden Führungsstil behält der Führer die gesamte **Entscheidungskompetenz** bei sich. Beim realtypischen Führungsstil-Ansatz nach Lewin wird dieser Führungsstil nun in einer realen Situation »getestet« und die Ergebnisse bewertet.

Demokratischer Führungsstil

Der demokratische Führungsstil entspricht dem kooperativen Führungsstil, den wir ebenfalls in der idealtypischen eindimensionalen Darstellung von Führungsstilen nach Tannenbaum/Schmidt kennen gelernt haben. Während bei Tannenbaum/Schmidt der demokratische Führungsstil eine vollständige **Delegation** von Aufgaben hin zu den Mitarbeitern meinte, ermutigt die Führungskraft im Experiment nach Lewin jedoch die Gruppenmitglieder zur Diskussion innerhalb der Gruppe und zur **Gruppenentscheidung**. Der Führer versucht bei diesem Verständnis von demokratischem Führungsstil, aktiv am Gruppenprozess teilzuhaben.

Laissez-faire Führungsstil

Anders als der demokratische äußert sich der laissez-faire Führungsstil. In ihm wird den Gruppenmitgliedern völlige **Entscheidungsfreiheit** gegeben. Der Führer spielt hier eine völlig passive Rolle, er hält sich aus dem Gruppenprozess völlig heraus.

■ Verhaltensweisen bei unterschiedlichen Führungsstilen

Die Anwendung unterschiedlicher Führungsstile hatte im Experiment unterschiedliche Verhaltensweisen der Gruppenmitglieder zur Folge. Ein **demokratischer Führungsstil** hatte beispielsweise ein höheres Interesse der Kinder an der Erfüllung der gestellten Aufgabe zur Folge als bei dem autoritären oder laissez-faire Führungsstil. Auch das Zusammengehörigkeitsgefühl in der

Abb. 4.6: Hier liegt eindeutig ein Missverständnis vor.

Gruppe war im Experiment beim demokratischen Führungsstil größer als bei den anderen. Lewin kam also zum Ergebnis, dass der demokratische Führungsstil in Bezug auf die Arbeitsleistung einer Gruppe und in Bezug auf die allgemeine **Zufriedenheit** der Gruppenmitglieder grundsätzlich dem autoritären und laissez-faire Führungsstil überlegen sei.

In unzulässiger Art und Weise wurde ausgehend von den beschriebenen Experimenten und ihren Ergebnissen die allgemeine Schlussfolgerung gezogen, dass die geschilderten Ergebnisse allgemeine Gültigkeit haben. Insbesondere in Bereichen der **Wirtschaft** und **Verwaltung** wurden im Folgenden die Ergebnisse der Lewin'schen Untersuchung unreflektiert übernommen.[12]

Einige nachfolgende Untersuchungen kamen nicht zum Ergebnis, dass ein bestimmter Führungsstil sich bezüglich besonderer Erfolgswirksamkeit heraushebt.[13]

> **Auf einen Blick**
> ▶ Bei realtypischen Darstellung von Führungsstilen werden in der Praxis ausgeübte Verhaltensweisen von Führungspersonen auf ihre Wirkungen hin untersucht.
> ▶ Ergebnisse von Experimenten erheben keinen Anspruch auf Allgemeingültigkeit.

4.2.4 Führungsstil-Konzepte in der Kritik

Die dargestellten Versuche, die in der **betrieblichen Realität** und somit auch in der Diakonie Pflege beobachtbaren Führungsstile in eine Typologie einzuordnen, hat uns aufgezeigt, wie wir täglich **Führungsverhalten** in eine übersichtliche, untersuchbare Ordnung bringen können. Wir könnten nun in der Diakonie Pflege eine Bestandsaufnahme machen, welche völlig verschiedenen Führungsstile »unter einem Dach« praktiziert werden und wie sie sich gegenseitig blockieren. Das dargestellte **methodische Vorgehen** kann jedoch vermutlich nicht alle in einem Pfle-

---

[12] vgl. Gaugler, E./Bartscher, S., a. a. O., S. 26.
[13] vgl. Neuberger, O. (1990): Führen und geführt werden. 3., völlig überarbeitete Auflage von »Führung«. Stuttgart, S. 146.

4

gekonzern wie der DIAKONIE PFLEGE angewendeten Führungsstile abbilden. Zu verschieden sind die Persönlichkeitsmerkmale der Führungskräfte, ihrer Mitarbeiter und auch die betrieblichen situationsbedingten Gegebenheiten. Denn diese oftmals entscheidenden Einflussfaktoren werden beim Führungsstil-Konzept außen vor gelassen. Würden beispielsweise bei dem Verwaltungsleiter in seiner Verwaltungsabteilung der DIAKONIE PFLEGE im Zeitverlauf andere Mitarbeiter mit anderen Persönlichkeiten, anderen fachlichen Fertigkeiten und daraus resultierend anderen verursachten Problemen Zugang finden, dann würde sich vermutlich der zuvor stabile Führungsstil des beschriebenen Verwaltungsleiters auch verändern. Es erscheint daher im Beispiel DIAKONIE PFLEGE sowie in Unternehmen allgemein unwahrscheinlich, dass man die sich praktisch kontinuierlich verändernden Grundhaltungen der Führungspersonen in ein Raster einordnen kann.

4.3 Führungstheorien

▷ **Führungstheorien:** Versuch, das Phänomen der Mitarbeiterführung aus unterschiedlichen Blickwinkeln zu erklären und zu einem gewissen Grad Empfehlungen für die Gestaltung der Führung zu geben

Die im Folgenden dargestellten Führungstheorien gehen in der Erklärung des Führungsverhaltens noch einen Schritt weiter als die bisher dargestellten Erklärungskonzepte.

Der im Folgenden in Kapitel 4.3.1 beschriebene **eigenschaftstheoretische Erklärungsansatz** sieht in den Eigenschaften des Führers den Grund, ob Führung Erfolg hat oder misslingt.

Darauf folgend werden wir in 4.3.2 eine **situationsorientierte Führungstheorie** betrachten, die nicht in den Eigenschaften des Führers den Erfolgsfaktor bei der Mitarbeiterführung sucht, sondern in den förderlichen oder schädlichen Situationen, in die der Führungsprozess eingebettet ist. Die kritische Würdigung in Kapitel 4.3.3 schließt diesen Themenbereich ab.

4.3.1 Eigenschaftstheoretische Ansätze

Die Eigenschaftstheorie der Führung wird auch **Persönlichkeitstheorie der Führung** genannt, denn sie sucht in bestimmten herausragenden Eigenschaften des Führers den Grund, warum Führung erfolgreich sein kann oder misslingt.

Hierbei stehen alleine angeborene oder durch den Führer erworbene **persönliche Eigenschaften** im Mittelpunkt, weitgehend außen vor bleiben Einflussgrößen, die die betriebliche Situation beschreiben, wie z. B. Eigenschaften der Arbeitsgruppe oder Eigenschaften der zu erledigenden Aufgaben.

■ Führereigenschaften

Nach dem eigenschaftstheoretischen Ansatz der Führung haben also Führereigenschaften eine direkte Wirkung auf den **Führungserfolg**. Aufbauend auf dieser Idee wurden in der Vergangenheit zahlreiche empirische Untersuchungen in der betrieblichen Praxis angestellt, um herauszufinden, welche Eigenschaften angeblich einen »Führer« ausmachen.

Unter den persönlichen Eigenschaften, die in besonderem Maße einen erfolgreichen Führer ausmachen sollen, sind z. B.

- Körpergröße
- Alter
- Aktivität
- Erziehung
- Intelligenz
- Aufstiegswille
- Selbstvertrauen
- Kontaktfähigkeit.

In verschiedenen Studien konnte jedoch kein eindeutiger oder zumindest starker Zusammenhang zwischen Persönlichkeitseigenschaften eines Führers wie den genannten und einer erfolgreichen Führung festgestellt werden.[14]

---

[14] ebd., S. 64.

■ Kritik am eigenschaftsorientierten Ansatz

So sehr es helfen kann, sich konkret vorzustellen, dass der Führungserfolg bzw. Misserfolg von bestimmten Vorgesetzten in der DIAKONIE PFLEGE durch spezielle persönliche Eigenschaften verursacht wird, werden die Annahmen der eigenschaftsorientierten Führungstheorie dennoch kritisiert.

Situation in der Arbeitsgruppe

Die Eigenschaftstheorie der Führung verbindet unmittelbar die Eigenschaften des Führers mit dessen Führungserfolg. Die Theorie lässt damit jedoch außen vor, wie die **Persönlickeitseigenschaften** des Führers in welche **Führungsverhaltensweisen** umgesetzt werden. Wenn beispielsweise alleine die persönlichen Eigenschaften des Verwaltungsleiters der DIAKONIE PFLEGE für seinen Führungserfolg bzw. -misserfolg entscheidend wären, dann würde damit indirekt behauptet, dass sich aus seinen persönlichen Eigenschaften unmittelbar sein Verhalten als Führungskraft ergibt. Auch wird beim eigenschaftstheoretischen Ansatz die Zusammensetzung der Arbeitsgruppe und andere Bedingungen der Arbeitssituation nicht betrachtet. Es erscheint aber durchaus von Bedeutung für seinen Führungserfolg in der DIAKONIE PFLEGE, ob in seiner Abteilung Machtkämpfe einen Mitarbeiter gezielt auflaufen lassen und somit den Führungserfolg gefährden oder ob diese Situation in der Arbeitsgruppe nicht vorliegt.[15]

Führer und Geführter

Ein weiterer Kritikpunkt an der Persönlichkeitstheorie der Führung ist die Tatsache, dass oftmals in der betrieblichen Realität nicht eindeutig klar ist, wer Führer und wer Geführter ist. Denn in der DIAKONIE PFLEGE ist der Verwaltungsleiter zwar der Vorgesetzte seiner Mitarbeitergruppe, er selber ist jedoch Geführter in Bezug auf seinen eigenen Vorgesetzten, den Geschäftsführer des Konzerns. Der Verwaltungsleiter ist also sowohl Geführter als auch Führer in einer Person. Die eigenschaftsorientierte Führungstheorie gibt für diese häufig vorgefundene Situation allerdings kein **Erklärungsmuster** für das Verhalten einer solchen Führungsperson und vermag auch keine **Handlungsempfehlungen** für einen Vorgesetzten wie den Verwaltungsleiter zu geben.

Führung erlernen

Kritisch am eigenschaftstheoretischen Ansatz ist ebenfalls anzumerken, dass manche Verhaltensweisen durch Führungskräfte erst in der **Führungstätigkeit** erlernt werden und somit nicht zuvor schon in ihrer Persönlichkeit verankert waren. Für diese Tatsache gibt die Persönlichkeitstheorie keine Erklärung.[16]

Betriebliche Situation

Der wesentliche Kritikpunkt bleibt das Außenvorlassen der betrieblichen Situation, in der der Führer handelt. Nimmt man die Persönlichkeitseigenschaften des Führers in den Mittelpunkt der Erklärung von Führungserfolg, dann bleiben wichtige **Situationsmerkmale** wie z. B. eine hoch qualifizierte Mitarbeitergruppe völlig aus der Betrachtung ausgeschlossen.[17] Es erscheint einsichtig, dass es einen Einfluss auf den Führungserfolg haben kann, ob der Verwaltungsleiter in seinem Verwaltungsteam einen nach Selbstverwirklichung strebenden Mitarbeiter wie den bei Maslows Bedürfnispyramide als Stütze und Ideenlieferanten hat oder nicht.

> **Auf einen Blick**
> ▶ Nach dem eigenschaftstheoretischen Ansatz sind allein die persönlichen Eigenschaften des Führers die Ursache für erfolgreiche oder misslingende Mitarbeiterführung.

[15] ebd., S. 63.

[16] vgl. Wunderer, R./Grunwald, W. (1980): Führungslehre. Band I und Band II: Grundlagen der Führung, Berlin, New York, S. 128.
[17] vgl. Staehle, W. H. (1989): Management. Eine verhaltenswissenschaftliche Perspektive. 4., neubearbeitete und erweiterte Auflage, München, S. 308.

▶ Die Situation der Arbeitsgruppe, betriebliche Arbeitsbedingungen und die Tatsache, dass Führer und Geführter in der heutigen Praxis oft einen Rollenwechsel vollziehen müssen, werden beim eigenschaftstheoretischen Ansatz nicht berücksichtigt.

4.3.2 Situationsorientierte Ansätze

Eine andere Zielsetzung als die Persönlichkeitstheorie der Führung verfolgt der situationstheoretische Führungsansatz. Er wurde aufgrund der bereits genannten Kritikpunkte an der Eigenschaftstheorie der Führung gebildet.

■ Situative Einflüsse auf den Führungsprozess

Da man durch Studien feststellte, dass bei Führungsprozessen neben dem Verhalten des Führers auch die betrieblichen Situationen, in denen Führung stattfindet, auf den Führungserfolg Einfluss haben können, untersuchte man nun genauer, welche Situationsmerkmale den Führungsprozess beeinflussen können.

Aufgabenstruktur

Schon im Beispiel des »aufgelaufenen« Verwaltungsmitarbeiters sahen wir, wie das Zuspielen von schwierigen Aufgaben hin zu Mitarbeitern, die für die Aufgabe nicht qualifiziert sind, das Arbeitsergebnis und den **Führungserfolg** schmälern können (☞ Beispiel 4.1.1). In einer Situation in der DIAKONIE PFLEGE, in der also die Gruppe die ihr vom Vorgesetzten zugewiesenen Arbeitsaufgaben so unter den Gruppenmitgliedern selber verteilt, dass die Arbeitsaufgaben möglichst gut und schnell gelöst werden, wird der Führungserfolg größer sein als in der zuvor beschriebenen Situation, in der die persönlichen Ziele einzelner Gruppenmitglieder gezielt zu einer **Blockierung** der Gruppentätigkeit führen.

Die zuletzt genannte beispielhafte **betriebliche Situation** der Zuteilung von nicht bewältigbaren Arbeitsaufgaben innerhalb der Arbeitsgruppe hat somit direkten negativen Einfluss auf den Führungserfolg.

Gruppenklima

In der oben beschriebenen Situation kann vermutet werden, dass ein schlechtes Gruppenklima in der Verwaltungsabteilung herrschen wird. Der Mitarbeiter, dem immer schwer lösbare Aufgaben zugeschoben werden, wird zu einem schlechten Gruppenklima beitragen. Genauso verhält es sich mit den anderen Gruppenmitgliedern, die die aggressiven Ziele der nach Höhergruppierung strebenden Mitarbeiterin erkennen, sich aber nicht trauen, etwas daran zu ändern.

Wir können uns vorstellen, dass in dieser Verwaltungsabteilung der DIAKONIE PFLEGE der Führungserfolg mit dem Gruppenklima zusammenhängt. Der Verwaltungsleiter könnte nun »tiefer graben« und den Grund des schlechten Arbeitsklimas herausfinden. Er hätte dann die Möglichkeit, die für die nach Höhergruppierung strebende Mitarbeiterin wichtige Vergütungsproblematik anzusprechen und beispielsweise eine **Stellenbewertung** durch die im kirchlichen Bereich zuständige **Stellenbewertungskommission** durchführen zu lassen. Diese Kommission würde dann eine Höhergruppierung befürworten oder auch nicht. In jedem Fall würde auf diese Weise das schwierige Thema angesprochen und ein Lösungsversuch durch den Führer in die Wege geleitet werden. Solange der Verwaltungsleiter jedoch einen Führungsstil pflegt, der alleine auf die Produktion von hoher **Arbeitsleistung** gerichtet ist und in sehr geringer Weise Betonung auf die Mitarbeiter legt, ist zu vermuten, dass das schlechte Gruppenklima auch den Führungserfolg des Verwaltungsleiters negativ beeinflussen wird.

Fassen wir also zusammen: Im Beispiel verschlechtert ein »im Hintergrund schwelender« Konflikt das Gruppenklima und dieses hat wiederum einen negativen Effekt auf das Führungsverhalten der Führungsperson.

4

Führer-Mitarbeiterbeziehungen

Wie schon beim Gruppenklima angesprochen, können die Beziehungen zwischen den Mitarbeitern und der Führungskraft ebenfalls Einfluss auf den Führungserfolg haben. Der Verwaltungsleiter praktiziert einen Führungsstil, bei dem er so wenig wie möglich irgendeine Beziehung zu den Mitarbeitern seiner Gruppe pflegt. Das hat die negative Auswirkung, dass sich der »aufgelaufene« Mitarbeiter nicht durch seinen Vorgesetzten gesichert fühlt. Daher wird der betroffene Mitarbeiter dem Verwaltungsleiter auch vermutlich nicht erzählen, welches »Spiel« mit ihm regelmäßig gespielt wird. Eine Problemlösung scheint angesichts dieser Situation nicht wahrscheinlich.

Reife der Geführten

Der DIAKONIE PFLEGE werden gelegentlich Praktikanten im Rahmen einer Eingliederungsmaßnahme mit dem Namen »Hilfe zur Arbeit« durch das örtliche Sozialamt zur Verfügung gestellt. Der Verwaltungsleiter sieht hier zunächst eine Chance, zeitintensive, nicht allzu komplizierte Sachverhalte durch solche Praktikanten erledigen zu lassen. Er stimmt also dem Maßnahmebeginn zum Anfang des kommenden Monats zu und bereitet einige Aufgaben für die neue Praktikantin vor. Zunächst scheint es so, als ob sie die Aufgabe der Übertragung eines neuen Kontenplans in ein EDV-Programm verstanden hat. Nach zwei Wochen beginnt sie jedoch, zu spät zur Arbeit zu kommen, immer wieder die EDV-Eingabe zu unterbrechen und sich häufiger krank zu melden. Als die im Hintergrund stehenden Termine des Projektes jedoch immer näher kommen, zieht der Verwaltungsleiter die Aufgabe der EDV-Eingabe des Kontenplans an sich. Dabei muss er erstaunt feststellen, dass die bisherige Eingabe der Daten durch die Maßnahmenteilnehmerin fehlerhaft und oberflächlich geschah. Die Folge ist nun eine zeitaufwendige Nacharbeit und erheblicher Zeitdruck. Es zeigt sich dem Verwaltungsleiter deutlich, dass auch die Reife der Geführten auf seinen Führungserfolg Einfluss hat.

Informationsstand der Beteiligten

Schon immer beklagten sich die Mitarbeiter in der Verwaltungsabteilung über unzureichende Informationen, die es den Mitarbeitern erschweren, die Aufgaben in der bestmöglichen Weise zu erledigen. Daher führte der Verwaltungsleiter unlängst eine Koordinationsrunde ein, die zweimal im Monat stattfindet. Ergebnis der Einführung dieses regelmäßigen Informationsaustausches war, dass nun zweimal im Monat die Gelegenheit besteht, dass jeder Teilnehmer in dieser Runde Informationen einbringt und die Informationen einfordern kann, die er für seine Arbeitstätigkeit benötigt. Diese Vorgehensweise hatte zur Folge, dass die Mitarbeiter in der Gruppe nun selber für das Einfordern der von ihnen benötigten Informationen verantwortlich sind. Ergebnis dieser Vorgehensweise war, dass im Folgenden keine Informationslücken mehr durch die Gruppenmitglieder angemahnt wurden. Der Verwaltungsleiter spürt seitdem durch den besseren Informationsstand aller Beteiligten und die geregelten Abläufe in Bezug auf die Informationsbeschaffung große Erleichterung.

■ Situationsbezogene Führungstheorie von Vroom/Yetton

Vroom/Yetton nahmen an, dass in einem Betrieb den Führungskräften fünf denkbare Führungsstile zur Auswahl stehen, um Probleme zu lösen. Diese fünf Führungsstile weisen einen unterschiedlichen Grad der Einbeziehung der Mitarbeiter auf und reichen von der »**Autoritären Alleinentscheidung**« bis zur »**Problemlösung und Entscheidung durch die Gruppe**«:

- 1 = Autoritäre Alleinentscheidung
- 2 = Autoritäre Entscheidung nach Information durch die Untergebenen
- 3 = Konsultative Entscheidung nach Einzelberatung mit Untergebenen
- 4 = Konsultative Entscheidung nach Gruppenbesprechung und
- 5 = Problemlösung und Entscheidung durch die Gruppe

4

Entscheidungsbedingungen

Vroom/Yetton nehmen an, dass keiner der möglichen Führungsstile in jeder betrieblichen Situation der Beste ist. Sie behaupten, dass es eher von der Beschaffenheit der konkreten Situation abhängt, welcher der fünf Führungsstile das beste Führungsergebnis liefert. Wenn eine Führungskraft den in einer bestimmten Situation besten Führungsstil herausfinden will, muss sie die vorliegende Situation anhand von sieben Entscheidungsbedingungen untersuchen. Diese Entscheidungsbedingungen beziehen sich auf

- **Mitarbeitereinstellungen**
- **Merkmale der gestellten Aufgabe**.

Komplexes Entscheidungsmodell

Die Führungskraft soll beispielsweise in einer konkreten betrieblichen Situation überprüfen, ob die **Qualität der Lösung** der gestellten Aufgabe von Bedeutung ist, ob diese eine **Struktur** hat, z. B. der Kontenplan muss nach einem bestimmten Ablauf in die Software eingegeben werden in einer bestimmten Abfolge von Eingabemasken, oder ob es wichtig ist, dass die Mitarbeiter die angestrebte Problemlösung unterstützen.[18] Nachdem die Situation, in der Entscheidungen getroffen werden sollen, nach einem komplexen Entscheidungsmodell untersucht worden ist, wird als Ergebnis einer der oben dargestellten Führungsstile als der für die konkrete Situation Passende bezeichnet. Die Anwendung dieses Führungsstils soll den größtmöglichen Führungserfolg bewirken.

Der situationstheoretische Ansatz von Vroom/Yetton geht davon aus, dass ein betriebliches Problem, dass mit Hilfe der Mitarbeiterführung gelöst werden soll, eindeutig durch das komplexe Entscheidungsmodell strukturiert werden kann. Die praktische Anwendung dieses Modells zeigte jedoch, dass Vorgesetzte in der betrieblichen Praxis Schwierigkeiten hatten, das vorliegende Problem in das Entscheidungsmodell einzuordnen.

---

[18] vgl. Gaugler, E./Bartscher, S., a. a. O., S. 32 ff.

Verhalten der Führungskraft

Im dargestellten Modell scheint es möglich zu sein, die verschiedenen Führungskräfte im Betrieb untereinander austauschen zu können und jede Entscheidungssituation mit Führungsentscheidungen durch das Modell wie ein **Programm** ablaufen zu lassen. Hierbei wird jedoch außer Acht gelassen, dass unterschiedliche Führungskräfte ein betriebliches Problem mit Führungsentscheidungen auch subjektiv stark beeinflussen und die Situation selber abändern können. So hätte beispielsweise der Verwaltungsleiter in der DIAKONIE PFLEGE einen Mitarbeiter des Verwaltungsteams im Vorfeld beauftragen können, den Arbeitsfortschritt der Maßnahmeteilnehmerin permanent zu überwachen, um auf diese Weise keine Gefahr zu laufen, dass das Projekt insgesamt verzögert wird. Wenn dies nämlich gedroht hätte, würde der Verwaltungsleiter einen anderen Mitarbeiter mit der fristgerechten Fertigstellung der Dateneingabe beauftragen können. Wir sehen, dass durch das Verhalten der Führungskraft selber die Situation verändert werden kann, in der Mitarbeiterführung stattfindet. Dieser Aspekt bleibt beim Modell von Vroom/Yetton außen vor.

Was ist Führungserfolg?

Eine weitere Einschränkung der betrieblichen Praxis steht im Konflikt mit dem dargestellten Modell: Das Modell geht davon aus, dass eine Führungskraft jeden der fünf Führungsstile in einer betrieblichen Situation gleichermaßen gut umsetzen kann. Was ist aber, wenn der Verwaltungsleiter der DIAKONIE PFLEGE sehr dem Führungsstil der autoritären Alleinentscheidung von seiner Persönlichkeit her zugeneigt ist und erhebliche Mühe damit hätte, eine Problemlösung und Entscheidung durch die Gruppe zuzulassen, wenn das Modell nach Vroom/Yetton dieses empfiehlt? Führungskräfte können oftmals nicht in gleicher Weise alle fünf dargestellten Führungsstile praktizieren, selbst wenn sie sich im Rahmen von regelmäßigem Führungstrainings weiterbilden. Hier zeigt sich eine Einschränkung der Anwendung des dargestellten Modells in der betrieblichen Führungspraxis.[19] Eine weitere Schwachstelle des beschriebenen Modells ist das Fehlen einer genauen Erläuterung, was genau unter Führungserfolg zu verstehen ist und wie dieser gemessen werden kann.[20]

Auf einen Blick

▶ Der situationsorientierte Ansatz untersucht, inwieweit die betriebliche Situation, z. B. Aufgabenstruktur, Gruppenklima, den Führungsprozess beeinflusst.

▶ Vroom/Yetton entwickeln fünf verschiedene Führungsstile, die sich durch den Grad der Einbeziehung von Mitarbeitern in betriebliche Entscheidungsprozesse unterscheiden.

▶ Die Wahl des richtigen Führungsstils ist bei Vroom/Yetton von den Mitarbeitereinstellungen und Merkmalen der gestellten Aufgabe abhängig.

4.3.3 Führungstheorien in der Kritik

Alle Führungstheorien haben eines gemeinsam: Sie nehmen einen Einflussfaktor auf den Führungserfolg, beispielsweise die persönlichen Eigenschaften des Führers oder die betriebliche Situation, in der Führung stattfindet, isoliert heraus und stellen **Behauptungen** auf, welche Ausprägung beispielsweise der Persönlichkeitseigenschaften welchen Führungserfolg oder welche Situationen welchen Führungsstil mit welchem Erfolg wahrscheinlich machen.

Somit bleiben die jeweils isoliert betrachteten Einflussgrößen der verschiedenen Führungstheorien nebeneinander stehen, ohne miteinander zu einem **Gesamtkonzept** verbunden zu wer-

den. Denn es erscheint wahrscheinlich, dass beide Einflussgrößen – sowohl Eigenschaften des Führers als auch die jeweilige betriebliche Situation – eine Wirkung auf den Erfolg der Führung haben.

Selbst wenn es solch ein umfassendes Modell geben würde, dass nicht nur Eigenschaften des Führers, sondern auch verschiedene betriebliche Situationen umfassen würde, dann wäre es vermutlich so komplex, dass es wenig konkrete **Handlungsanweisungen** für Führungskräfte in der betrieblichen Praxis liefern könnte.[21]

4.4 Führungsmodelle

Nach den eher realitätsfernen, theoretischen Führungstheorien betrachten wir nun eine in der betrieblichen Praxis verbreitete Konzeption, die so genannten Führungsmodelle.

Kapitel 4.4.1 zählt zunächst Aufgaben von Führungsmodellen auf; Kapitel 4.4.2 skizziert so genannte **Gesamtmodelle** am Beispiel des Führens durch Zielvereinbarung. So genannte **Führungstechniken** werden schließlich am Beispiel der »**Management-by-Konzepte**« in Kapitel 4.4.3 beschrieben.

4.4.1 Aufgaben von Führungsmodellen

▷ **Führungsmodelle:** Versuch,
- komplexe Führungsprozesse vereinfachend zu beschreiben und zu erklären (**beschreibender Charakter**)
- Handlungsanweisungen für Führungskräfte in ihrem Führungsverhalten zu geben (**empfehlender Charakter**)

So können beispielsweise der Führungskraft Handlungsanweisungen dahingehend gegeben werden, wie der Vorgesetzte Wünsche, Erwartungen und Bedürfnisse der Mitarbeiter beachten

---

[19] vgl. Neuberger , O., a. a. O., S. 186–187.
[20] vgl. Bartscher, T. R. (1990): Situatives Gedankengut innerhalb der Personalführung. Ein Überblick. In: Wirtschaftswissenschaftliches Studium (WiSt), 9, S. 457–462.

[21] vgl. Gaugler, E./Bartscher, S., a. a. O., S. 35.

4

bzw. steuern kann, um auf diese Weise das Verhalten der Mitarbeiter zu beeinflussen.[22] Führungsmodelle können zwei Aspekten umfassen:

- strukturbezogene Elemente
- personale Elemente

■ Strukturbezogene Elemente

Beispiele für strukturbezogene Elemente von Führungsmodellen sind vor allem organisatorische Regelungen bei der Mitarbeiterführung.

Übertragung (= Delegation) von Aufgaben

Dem hochmotivierten Buchhalter (☞ 4.1.3) wird in der Verwaltungsabteilung der DIAKONIE PFLEGE die Aufgabe der Liquiditätsplanung übertragen. Er sichert durch die permanente Überwachung aller Geschäftsvorfälle, die einen Zufluss oder Abfluss an liquiden Mitteln für seinen Bereich der DIAKONIE PFLEGE bedeuten, dass zu Zeitpunkten hohen Liquiditätsbedarfs, wie z. B. dem Zeitpunkt für die Abbuchung der Löhne und Gehälter, immer ausreichend liquide Mittel zur Verfügung stehen. Falls ein Engpass an Geldmitteln droht, schlägt er seinem Verwaltungsleiter geeignete Maßnahmen, z. B. die Aufnahme eines kurzfristigen Darlehens bei einem Kreditinstitut, vor.

Übertragung von Verantwortung

Im Beispiel ist der Buchhalter im Bereich der Liquiditätsplanung voll verantwortlich dafür, dass rechtzeitig ein Alarmzeichen gegeben wird, wenn die ausreichende Liquidität des Bereichs der DIAKONIE PFLEGE gefährdet scheint. Falls er die Unternehmung in eine Situation ohne liquide Mittel geraten lässt, muss er in vollem Maße die Verantwortung für die negativen Folgen tragen.

Übertragung von Kompetenzen

Damit der Buchhalter die einzelnen Bankkonten der DIAKONIE PFLEGE auch mit Geldmitteln be-

schicken kann, und beispielsweise von einem Konto, dass einen Überschuss an Geldmitteln hat, Geldmittel auf ein anderes Konto überweisen kann, hat er zum einen als Kompetenz die Möglichkeit der Abfrage der Kontenstände über das Internet im Rahmen des Online-Banking erhalten. Er kann dadurch jeden Tag prüfen, wie die Bankkonten mit Geldmitteln gefüllt sind. Zusätzlich kann er ohne Einholung einer zusätzlichen **Genehmigung** bis zu einem Betrag von € 100.000,– Geldbewegungen innerhalb der Konten der DIAKONIE PFLEGE veranlassen.

■ Personale Elemente

Beispiele für personale Elemente von Führungsmodellen sind vor allem solche, die sich auf den **Austausch** der bei der Mitarbeiterführung beteiligten Personen untereinander beziehen:

- Beziehung Vorgesetzter-Mitarbeiter
- Führungsstil
- Führungsverhalten

Führungsmodelle können nun sowohl strukturbezogene als auch personale Elemente beinhalten. Wenn ein Führungsmodell sowohl Strukturelemente als auch personale Elemente umfasst, die für die Führung von Bedeutung sind, dann spricht man von einem **Gesamtmodell**. Bei **Teilmodellen**, den sog. **Führungstechniken**, beschränkt man sich hingegen nur auf einen der beiden Aspekte, entweder strukturbezogene oder personale Aspekte des Führungsverhaltens.

Auf einen Blick

▶ Führungsmodelle beschreiben nicht nur das Führungsverhalten, sondern geben den Führungspersonen auch Handlungsanweisungen.

▶ Führungsmodelle umfassen sowohl die organisatorische Zusammensetzung als auch die zwischenmenschlichen Beziehungen der am Führungsprozess beteiligten Mitarbeiter.

▶ Wird nur eines dieser Aspekte berücksichtigt, spricht man von Führungstechniken.

---

[22] ebd., S. 36.

4.4.2 Gesamtmodelle am Beispiel des Führens durch Zielvereinbarung

Schon im Kapitel der zweidimensionalen, idealtypischen Darstellung von Führungsstilen haben wir die Idee kennen gelernt, dass eine Führungskraft sich in zweierlei Hinsicht in ihrem Führungsverhalten orientieren kann, und zwar in Richtung der **Aufgabenorientierung** und der **Mitarbeiterorientierung** (☞ 4.3.2).

Der Verwaltungsleiter der DIAKONIE PFLEGE wurde in dieser Hinsicht als eine Führungskraft eingeordnet, der wenig Mitarbeiterorientierung beim Führen zeigt, sich jedoch in hohem Maße an den der Abteilung gestellten Aufgaben orientiert und die Zielerreichung vorantreibt. Genau diese beiden Aspekte der Mitarbeiterführung finden wir nun bei dem Führungsmodell der Führung durch Zielvereinbarung wieder, denn die Führung durch **Zielvereinbarung** will sowohl Aufgaben- als auch Mitarbeiterorientierung in der betrieblichen Führungspraxis ermöglichen.

■ Zielformulierung

Die Zielbestimmung bei diesem Führungsmodell erfolgt nach dem schon bei der Leitliniendiskussion in Kapitel 3 angesprochenen Muster »Top-Down«. Es werden also ausgehend von den obersten Zielen der Unternehmung **Unterziele** gebildet, deren Verfolgung das Erreichen der obersten Unternehmensziele ermöglichen sollen.

☞ Fallbeispiel

Wenn eines der obersten Unternehmensziele der DIAKONIE PFLEGE die Erbringung von durch den Kunden geschätzter ambulanter oder stationärer Pflege ist, dann könnte man als ein Unterziel das zeitnahe Vorhandensein von Informationen über die wirtschaftliche Situation des Unternehmens festlegen. Denn nur durch zeitnahe wirtschaftliche Kontrollinformation können die Leistungen wirtschaftlich erbracht und langfristig der Bestand der Unternehmung DIAKONIE

PFLEGE gesichert werden. Für das Vorlegen dieser wirtschaftlichen Steuerungsinformationen ist der Verwaltungsleiter verantwortlich. Ausgehend von diesem Ziel für seinen Bereich geht der Verwaltungsleiter nun noch einen Schritt weiter und stellt innerhalb seines Verantwortungsbereiches das Unterziel auf, dass die Liquidität im Geschäftsjahr immer gesichert sein muss. Falls dieser Zustand in Gefahr geraten sollte, muss ein Alarmsignal in Verbindung mit einem Lösungsvorschlag gegeben werden. Die Erreichung dieses Ziels vereinbart der Verwaltungsleiter mit dem bereits beschriebenen, nach Selbstverwirklichung strebenden Buchhalter. Ausgehend von dieser Zielvereinbarung ist der Buchhalter nun im Rahmen seiner schon oben beschriebenen Kompetenzen in der Lage, frei zu entscheiden, wie er dieses ihm gestellte Ziel erfüllt. Auf welche Art und Weise er dies tut, bleibt ihm überlassen; Hauptsache ist, dass das zwischen ihm und dem Verwaltungsleiter vereinbarte Ziel eingehalten wird.

Die beim Führungsmodell der »Führung durch Zielvereinbarung« vereinbarten Ziele haben auf allen Hierarchieebenen folgende Eigenschaften.

Zieldefinition

Im Rahmen der Zielvereinbarung werden **Zielinhalt, Zielausmaß, Zeitpunkte** bzw. **Zeiträume** festgelegt. In unserem Beispiel war der Zielinhalt die Liquidität der Unternehmung, das Zielausmaß war ihre vollständige Sicherung und der Zeitraum das gesamte Geschäftsjahr.

Zielabsprache

Die Ziele werden zwischen allen vom Ziel betroffenen betrieblichen Bereichen abgesprochen.

☞ Fallbeispiel

Wenn der Buchhalter in der DIAKONIE PFLEGE für die Sicherung der Liquidität im ambulanten Pflegebereich zum hier gültigen Monatsfünfzehnten als Abbuchungszeitpunkt der Gehälter Geldmittel von Bankkonten des stationären Pflegebereichs, der erst am Monatsdreißigsten

4

seine Gehaltsabbuchung hat, abziehen muss, hat er die Einrichtungsleiter sowohl der ambulanten als auch stationären Pflegeeinrichtungen darüber zu informieren. Daher können die Einrichtungsleiter nicht jederzeit große Ausgaben tätigen, sondern müssen sich mit dem für die Gesamtliquidität verantwortlichen Buchhalter zuvor absprechen, damit er zum nächsten wichtigen »Meilenstein« in der Liquiditätsplanung, wie z. B. der nächsten Gehaltsabbuchung, genügend liquide Mittel zur Verfügung hat. Man sieht, dass sich ausgehend vom Ziel der Liquiditätssicherung alle betroffenen betrieblichen Bereiche der DIAKONIE PFLEGE in Bezug auf größere Ausgaben absprechen müssen.

Angemessene Ziele

Die Ziele sollen den Funktionsinhaber nicht über- aber auch nicht unterfordern. Man spricht in dieser Hinsicht auch vom Anstreben einer »**kreativen Spannung**« zwischen Zielwert und dem Ist-Zustand. Diese kreative Spannung ist vergleichbar mit der Spannung, die ein zwischen zwei Fingern der Hand gespanntes Gummiband aufweist. Wenn das angestrebte Ziel unendlich weit entfernt ist, dann ist die Spannung zwischen dem Ziel und der Realität unerträglich groß. Im übertragenen Beispiel des Gummibandes zieht der eine Finger (das Ziel) so sehr durch das Gummi an dem anderen Finger (dem gegenwärtigen Zustand), dass das Gummi reißt. Ist jedoch die Entfernung bzw. Spannung zwischen dem Ziel und der momentanen Realität sehr gering, das aufgestellte Ziel ist also schon im Grunde erreicht, dann sieht man keinen Sinn darin, das Ziel mit großer Anstrengung anzusteuern. Im Falle des Gummibandes ist es dann kaum gespannt, der eine Finger (das Ziel) zieht den anderen Finger (die Realität) fast gar nicht in Richtung des angestrebten Ziels. Ideal ist also eine »kreative Spannung« zwischen angestrebtem Ziel und der heute beobachteten Realität, die nicht zu groß, aber auch nicht zu klein ist. Bei »kreativer Spannung« zieht das Ziel in motivierender Weise den Mitarbeiter in Richtung des Ziels. Wir fassen bis zu diesem Zeitpunkt zusammen: Bei der Führung durch Zielvereinbarung sind bei

der Zielformulierung die Zieldefinition, Zielabsprache und die Angemessenheit der Ziele wichtig.

Regelmäßige Zielüberprüfung

Einmal aufgestellte Ziele müssen durch regelmäßige Zielüberprüfung immer wieder auf ihre **Zweckmäßigkeit** und auf ihre **Übereinstimmung** zu den obersten Unternehmenszielen überprüft werden.

Fallbeispiel

Ursprünglich hat der Verwaltungsleiter mit seinem Buchhalter in Bezug auf die Liquidität der Unternehmung zunächst als Ziel vereinbart, dass immer mindestens € 10.000,– auf jedem der zehn Bankkonten der DIAKONIE PFLEGE als Mindestreserve vorhanden sein müssen. Sehr schnell stellt sich jedoch für den Buchhalter heraus, dass dieses vereinbarte Ziel nur schwierig einzuhalten ist. Denn die Bankkonten der örtlichen Sparkassen stellen oftmals zu spät oder zu früh die veranlassten Geldbewegungen wert. Die Folge ist, dass sich eine geplante Aufstockung eines Kontos verzögern kann und somit der zunächst vereinbarte Mindestbestand i. H. v. € 10.000,– regelmäßig unterschritten wird. Der Buchhalter informiert sich im Folgenden bei den Kreditinstituten, bei denen die 10 Bankkonten der DIAKONIE PFLEGE eingerichtet sind und findet heraus, dass wenn die DIAKONIE PFLEGE keinen Mindestbestand in Hinblick auf die Liquidität vorhalten würde und beim gelegentlichen (aber durch die Kreditinstitute erlaubten) Überziehen der Bankkonten Überziehungszinsen zahlen würde, aber ansonsten die bisherige Liquiditätsreserve i. H. v. € 10 × € 10.000,– = € 100.000,– in einer Anlageform mit hohen Zinserträgen anlegen würde, dann könnten insgesamt beachtliche zusätzliche Zinserträge für die DIAKONIE PFLEGE erwirtschaftet werden. Als Folge spricht der Buchhalter diese Problematik im nächsten regelmäßigen Zielvereinbarungsgespräch mit seinem Verwaltungsleiter an. Ergebnis ist eine abgeänderte Zielvereinbarung, die den Vorschlägen des Buchhalters entspricht.

■ Management by Delegation – Management by Exception

Die Führungsprinzipien Management by Delegation und Management by Exception spielen bei der Führung durch Zielvereinbarung ebenfalls eine wichtige Rolle.

Delegation

Durch die Delegation wird ein genau umrissener Aufgaben- und Verantwortungsbereich durch den Vorgesetzten an den Mitarbeiter übertragen, in dessen Rahmen der Mitarbeiter **eigenverantwortlich** handeln kann. Ein Nebeneffekt von dieser Vorgehensweise ist die so ermöglichte zeitliche **Entlastung** des Vorgesetzten, sodass er sich mehr seinen Führungsaufgaben widmen kann. Beispiel für eine Delegation in der Diakonie Pflege war das Abstecken des Bereichs der Liquiditätsplanung für den Buchhalter samt einem zu erfüllenden Ziel.

Management by Exception

Unter Management by Exception versteht man das Management nach der Regel »**Ausnahme geht vor**« oder »**Eingreifen im Falle der Ausnahme**«. Dies bedeutet, dass der Mitarbeiter in seinem an ihn delegierten Verantwortungs- und Aufgabenbereich selbstständig arbeiten und entscheiden kann, es sei denn, es treten möglichst genau festgelegte Ausnahmefälle ein. In unserem Beispiel des Buchhalters könnte eine solche Ausnahme darin bestehen, dass eine massive Liquiditätslücke zu entstehen droht. Dann ist er dazu verpflichtet, seinem Vorgesetzten davon Kenntnis zu geben. Im Folgenden diskutiert dann der Verwaltungsleiter mit dem zuständigen Buchhalter auf Basis von dessen Vorschlägen, wie die beste Problemlösung aussehen könnte.

■ Akzeptanz und Zufriedenheit

Das Modell des Führens durch Zielvereinbarung geht in Bezug auf die Mitwirkung der Mitarbeiter bei der Zielfindung von folgenden Annahmen aus:

- **Akzeptieren von gemeinsam vereinbarten Zielen:** Mitarbeiter nehmen solche Ziele, die mit ihnen gemeinsam vereinbart oder sogar durch sie vorgeschlagen wurden, sehr viel eher an als solche Ziele, die ihnen einfach nur vorgegeben werden.
- Der Mitarbeiter arbeitet wirksamer und ist engagierter und zufriedener, wenn er die zu erreichenden **Ziele kennt, versteht und sich mit ihnen identifiziert**.

Diese positiven Tendenzen – so erwartet man – werden durch eine objektive und gerechte Entlohnung der Leistung des Mitarbeiters noch verstärkt.[23]

■ Selbstkontrolle und Ergebniskontrolle

Von den obersten Unternehmenszielen hinunter zu den konkreten, für die einzelnen Arbeitsbereiche und Mitarbeiter formulierten Unterzielen und Leistungsstandards werden die aufgestellten Ziele beim Führen durch Zielvereinbarung immer messbarer.

Aus diesem Grund kann einerseits der verantwortliche Mitarbeiter selber seine Leistung beurteilen, z. B. wieweit ist das Ziel noch entfernt bzw. ob er einen geforderten Leistungsstandard einhält. Andererseits ermöglicht es die von der obersten Unternehmenszielen heruntergebrochene Zielbildung auf allen Hierarchieebenen, dass der Vorgesetzte ebenfalls die momentane **Ist-Situation** mit dem geforderten **Sollwert** vergleichen kann.

Möglicherweise auftretende Abweichungen von Zielen werden bei der Führung durch Zielvorgabe gemeinsam durch Mitarbeiter und Vorgesetzte untersucht. Hierbei werden mögliche Ursachen für die Abweichung vom Ziel diskutiert und für die **Zukunft** gemeinsam überlegt, wie eine negative Zielabweichung am besten behoben werden kann. Auf diese Weise haftet man nicht an der **Vergangenheit** und dort begangenen Fehlern, sondern überlegt gemeinsam zukunftsgerichtet, wie die gestellten Ziele in der Zukunft erreicht werden können.

---

[23] vgl. Wild, J.(1973): MbO als Führungsmodell für die öffentliche Verwaltung, in: Die Verwaltung, S. 289.

4

⌖ Fallbeispiel

Der Verwaltungsleiter der Diakonie Pflege formulierte für den Buchhalter das Ziel, die Liquidität zu sichern. Verwaltungsleiter und Buchhalter gehen nun noch einen Schritt weiter und vereinbaren ein weiteres Ziel innerhalb der Sicherung der Liquidität und zwar den folgenden Leistungsstandard: Der Buchhalter zielt im Rahmen seiner Steuerung der Liquidität der Unternehmung darauf ab, dass die jährlichen Überziehungszinsen auf den 10 Bankkonten nicht über € 500,– liegen und dass die auf einem Festgeldkonto angelegten, momentan nicht benötigten Liquiditätsreserven der Diakonie Pflege mindestens € 1.500,– an Zinserträgen einbringen.

Schon im dritten Quartal des Geschäftsjahres, zu dessen Beginn der genannte Leistungsstandard vereinbart wurde, stellt der Buchhalter durch eigene Hochrechnungen im Rahmen einer Selbstkontrolle fest, dass er zwar die Obergrenze für die Überziehungszinsen wahrscheinlich nicht überschreiten wird bis Jahresende. Es scheint jedoch so, dass die vermutlich innerhalb des gesamten Geschäftsjahres zu erlösenden Zinserträge nur bei ca. € 800,– liegen werden. Er wird also wahrscheinlich den vereinbarten Leistungsstandard insgesamt nicht einhalten können. Beim nächsten Mitarbeitergespräch wird diese Zielabweichung tatsächlich festgestellt. In der gemeinsamen Untersuchung der Gründe für die Abweichung findet man schnell den Hauptgrund: Die Beschaffung eines neuen EDV-Zentralrechners und die damit verbundene Aufrüstung aller Einzelplatzrechner mit einem neuen Betriebssystem erforderte im abgelaufenen Geschäftsjahr enorme Ausgaben im Bereich der Software, Hardware und in Form von Schulungsaufwand der Mitarbeiter. Es wurden also erhebliche Liquiditätsreserven für diese Maßnahmen benötigt und als Folge weniger Zinsen auf dem Festgeldkonto erzielt. Da in Hinblick auf solche Ausgaben im kommenden Geschäftsjahr kein Bedarf in Aussicht ist, vereinbaren Verwaltungsleiter und Buchhalter im Bereich der Liquidität erneut die Einhaltung des aufgestellten Leistungsstandards.

■ Strukturbezogene und personale Elemente

Abschließend wollen wir die schon in der Einleitung dieses Abschnitts angesprochenen strukturbezogenen und personalen Elemente des Führens durch Zielvereinbarung zusammenfassen: Strukturbezogene Merkmale:

- Es findet eine klare **Abgrenzung** der Verantwortungsbereiche durch Stellenbeschreibungen statt.
- Die **Zielbestimmung** erfolgt in einem »treppenförmigen« Verfahren. Die obersten Unternehmensziele werden immer weiter in der Hierarchie »nach unten« in immer konkretere Ziele heruntergebrochen.
- Die **Zieldimensionen** (Zielinhalt, Zielausmaß, Zeitpunkte bzw. Zeiträume) werden festgelegt.
- Durch einen **Soll-Ist-Vergleich** wird die Zielerreichung regelmäßig kontrolliert und Abweichungen untersucht.

Personale Merkmale:

- Das Führungsverhalten der Vorgesetzten richtet sich an den (obersten) **Unternehmenszielen** aus.
- Das Führungsmodell orientiert sich an der **Kraft von Zielen**, die Mitarbeiter zu motivieren.
- Mitarbeiter und Vorgesetzte diskutieren **Abweichungen** von den Zielen.
- Das Führungsmodell regt die Mitarbeiter dazu an, sich selber zu **kontrollieren**.

■ Führung durch Zielvereinbarung in der Kritik

Positive Effekte:

- bessere **Abstimmung** der betrieblichen Ziele
- **Anpassungsfähigkeit** in einer sich immer schneller wandelnden betrieblichen Umwelt durch die regelmäßige Überprüfung der vereinbarten Ziele und ihre nachfolgende Anpassung
- höhere **Effektivität** der Führungstätigkeit durch die zeitliche Entlastung des Führungspersonals

4

- **Motivation** und hohe Qualität der Arbeitsleistung, je mehr die Mitarbeiter die ihnen delegierten Aufgaben selbstständig mit eigenen Problemlösungen erledigen können[21]

Negative Aspekte:

- höherer **Zeit- und Organisationsaufwand** durch Abstimmung der betrieblichen Ziele, deren Herunterbrechen bis zu Leistungsstandards, die Anfertigung von Stellenbeschreibungen für jede Personalstelle des Betriebes und die genaue Festlegung, wann die Vorgesetzten eingreifen (Management by Exception). Auch muss diese Zielstruktur regelmäßig überprüft und insgesamt angepasst werden
- Gefahr, dass die Mitarbeiterorientierung gegenüber der Aufgabenorientierung ins Hintertreffen gerät und **negative Motivationswirkungen** in Bezug auf die Mitarbeiter eintreten, falls die vereinbarten Ziele überwiegend Leistungsziele sind

Bei konsequenter Anwendung dieses Führungsmodells müssten diese negativen Effekte allerdings wiederum eine umfassende Änderung der betriebliche Ziele in Richtung der verstärkten Mitarbeiterorientierung nach sich ziehen. Dieses wäre allerdings wiederum mit erheblichem Organisationsaufwand verbunden.

Auf einen Blick

- ▶ »Führung durch Zielvereinbarung« ermöglicht in der betrieblichen Praxis sowohl Aufgaben- als auch Mitarbeiterorientierung.
- ▶ Ziele werden
  - in Bezug auf Inhalt, Ausmaß und Zeitpunkt definiert
  - mit allen betroffenen Personen abgesprochen
  - über- oder unterfordern die Beteiligten nicht
  - werden regelmäßig auf ihre Zweckmäßigkeit hin überprüft

- ▶ Es gelten die Führungsprinzipien der Delegation und des Einschreitens der Führungsperson in Ausnahmefällen
- ▶ Mitarbeiter müssen die Ziele verstehen und akzeptieren
- ▶ Abweichungen gemeinsamer Ziele von Mitarbeitern und Vorgesetzten werden auch gemeinsam untersucht.
- ▶ Effektivität der Führung und hohe Motivation der Mitarbeiter stehen einem hohen Arbeits- und Motivationsaufwand gegenüber.

4.4.3 Führungstechniken am Beispiel der Management-by-Konzepte

Führungsmodelle in Form von Teilmodellen beinhalten zumeist nur eine Sorte von Merkmalen, entweder strukturbezogene oder personale Merkmale des Führungsverhaltens. Sie zeigen also im Vergleich zu Gesamtmodellen nur einen kleineren **Ausschnitt des Führungsprozesses**. Oftmals setzen sie an den Defiziten an, die in der betrieblichen Führungspraxis beobachtet werden und geben nachfolgend rezeptartige Ratschläge an die betriebliche Praxis.[25]

In diesem Kapitel werden Teilmodelle in zwei Gruppen betrachtet, zum einen solche Teilmodelle oder Führungstechniken, die eine **strukturbezogene Ausrichtung** haben und zum anderen solche, die **personale Aspekte** in den Vordergrund stellen.

■ Führungstechniken mit personalem Schwerpunkt

Führungstechniken mit personalem Schwerpunkt orientieren sich an dem Mitarbeitertyp, der nach McGregor als Typ Y vorgestellt wurde bzw. der der Ziffer 3) in der Typologie nach Schein entspricht (☞ 4.2.2). Dieser **mündige**

---

[24] vgl. Mungenast, M. (1990): Grenzen merkmalsorientierter Einstufungsverfahren und ihre mögliche Überwindung durch zielorientierte Leistungsbeurteilungsverfahren, München.

[25] vgl. Gaugler, E./Bartscher, S., a. a. O., S. 46.

und **leistungsbereite** Mitarbeitertyp wird in den folgenden Führungstechniken vorausgesetzt.

Management by Participation

Bei dieser Führungstechnik, die man übersetzen könnte als »**Management durch Teilhaben lassen**« steht der Gedanke im Mittelpunkt, dass der Vorgesetzte den Mitarbeiter an der Bildung und Festlegung der betrieblichen Ziele teilhaben lässt. Diese Führungstechnik nimmt an, dass sich solche Mitarbeiter, die aktiv an der Bildung der betrieblichen Ziele mitwirken, verstärkt mit ihrer Unternehmung identifizieren und deswegen höhere Leistungen erbringen können.

Management by Motivation

Dieses Teilmodell könnte man übersetzen als »**Management durch Motivieren**«. Entsprechend der zuvor angesprochenen oftmals rezeptartigen Formulierung bei Führungstechniken werden hier eine ganze Reihe von Ratschlägen gegeben, wie das Führungsverhalten des Vorgesetzten aussehen soll. Hier einige wenige Beispiele:

- Die Mitarbeiter sollen in die **Zielformulierung** eingebunden werden.
- Die **Fremdkontrolle** soll durch die **Eigenkontrolle** abgelöst werden.
- Ein möglichst umfangreicher **Autonomiebereich** soll für die Mitarbeiter abgegrenzt werden.

■ Führungstechniken mit strukturorientiertem Schwerpunkt

Diese Art von Führungstechniken sind entweder so allgemein formuliert, dass sie ganz vom Mitarbeitertyp und dessen Verhalten unabhängig gelten oder sie nehmen an, dass der Mitarbeiter alleine im Geldverdienen den Nutzen der Arbeitstätigkeit sieht.

Management by Decision Rules

Diese Führungstechnik kann als »**Management durch Vorgeben von Entscheidungsregeln**« über-

setzt werden. Man beachte, dass hier nicht die Ziele zwischen Vorgesetztem und Mitarbeiter vereinbart, sondern vom Vorgesetzten vorgegeben werden. Bei der Delegation vom Vorgesetzten an den Mitarbeiter werden mit den Aufgaben gleichzeitig Regeln vorgegeben, wie sich der Mitarbeiter in bestimmten Situationen entscheiden soll.

 Fallbeispiel

Die Abteilungsleiterin für den Bereich ambulante Pflege im Konzern DIAKONIE PFLEGE gibt allen Pflegedienstleitungen in den ambulanten Pflegeeinrichtungen das Ziel vor, spätestens zu Beginn des fünften Werktages eines Monats alle Leistungsnachweise in die Konzernzentrale zur Abrechnung zu übersenden. Falls ein Leistungsnachweis nicht rechtzeitig von der verantwortlichen Pflegekraft vom Kunden in den Pflegedienst überbracht wird, sodass die Pflegedienstleitung wiederum nicht rechtzeitig die sachlich richtig gezeichneten Leistungsnachweise an die Konzernzentrale übersenden kann, dann muss die Pflegedienstleitung die verursachende Pflegekraft ermahnen und eine Aktennotiz verfassen. In dieser Aktennotiz wird der Sachverhalt kurz geschildert und die Aktennotiz an die Konzernzentrale übersendet. Im Falle des dreimaligen zeitnahen Wiederholens der verspäteten Abholung des Leistungsnachweises durch dieselbe Pflegekraft muss die Pflegedienstleitung über die Konzernzentrale die Abmahnung der Pflegekraft in die Wege leiten. Durch diese Verkettung von Zielen mit Entscheidungsregeln geht die DIAKONIE PFLEGE sicher, dass möglichst selten Leistungsnachweise verspätet in die Leistungsabrechnung gelangen. Dadurch wird einerseits gewährleistet, dass solche Patienten, die im Rahmen der Leistungen des Pflegeversicherungsgesetzes eine Restzahlung bei Nichtausschöpfen der Sachleistungsgrenze nach der Abrechnung durch die Pflegekasse erhalten, nicht zu lange auf diese oftmals dringend benötigte Restzahlung warten müssen. Andererseits wird auf diese Weise verhindert, dass dem ambulanten Bereich der DIAKONIE PFLEGE durch »Liegenlassen« von Leistungsnachweisen Zahlungseingänge vorenthalten werden.

Management by Results

Bei diesem Führungsmodell steht einzig und alleine das Ergebnis der Arbeit im Mittelpunkt. Es wird angenommen, dass die Konzentration auf das **Leistungsergebnis** eine **leistungssteigernde Wirkung** auf den Mitarbeiter hat. Der Vorgesetzte hat hier die Aufgabe, Leistungsziele im richtigen Umfang vorzugeben und die erbrachten Leistungen des Mitarbeiters zu kontrollieren. Dieses Führungsmodell baut daher auf einem eher **autoritären Führungsstil** auf. Anstelle der oben erwähnten Eigenkontrolle findet hier ausschließlich Fremdkontrolle des Mitarbeiters statt.

■ Führungstechniken in der Kritik

Bei der personal geprägten Führungstechnik »**Management by Participation**« nahm man an, dass die Mitarbeiter durch das Mitformen der betrieblichen Ziele motiviert werden und sich dadurch ihre Leistung steigert. Das Modell vernachlässigt dabei jedoch, dass es in einem Betrieb unterschiedlich qualifizierte Aufgaben und unterschiedliche Neigungen bei den Mitarbeitern gibt, an der Zielbildung mitzuwirken. Es ist also zu vermuten, dass je **qualifizierter** die betriebliche Aufgabe ist, desto **motivierender** die Mitwirkung eines Mitarbeiters an der Aufstellung eines damit verbundenen Ziels ist.

So ist es vorstellbar, dass in der Diakonie Pflege der beschriebene Buchhalter als ein hoch qualifizierter Mitarbeiter bei der Mitwirkung an der Aufstellung des anspruchsvollen Ziels, eine ausreichend hohe Liquidität für die Unternehmung zu erhalten, mit Begeisterung mitwirken würde. Weniger motivierend ist vermutlich die Beteiligung einer Mitarbeiterin an der Pforte, wenn es darum geht, festzulegen, in welchem zeitlichen Bereich die Pforte der Konzernzentrale unbedingt besetzt sein muss.

Einfache und anspruchsvolle Ziele

»**Management by Participation**« unterscheidet also nicht zwischen der geringeren Motivationswirkung bei der Mitformung sehr einfacher Ziele und der höheren Motivationswirkung bei der Mitgestaltung von anspruchsvollen Zielen. Außerdem sind unterschiedliche Mitarbeiter derselben Qualifikation oftmals in unterschiedlichem Ausmaß daran interessiert, an der Bildung von Zielen mitzuwirken. Die zuvor beschriebene Verwaltungsmitarbeiterin (☞ 4.2.1), die eine Höhergruppierung erzwingen will und dafür Mitarbeiter »auflaufen« lasst, wird eher daran interessiert sein, andere Mitarbeiter mit zu ehrgeizigen Zielen scheitern zu sehen, als aktiv an der Bildung eines sinnvollen Zielwerts mit »kreativer Spannung« mitzuwirken.

Individuelle Persönlichkeiten

Bei der ebenfalls personal geprägten Führungstechnik des »**Management by Motivation**« stellt sich ähnlich wie bei der zuvor genannten Führungstechnik die Frage, ob bei allen Mitarbeitern eine höhere Motivation durch beispielsweise ihre Einbindung in die Zielformulierung, die Einführung von Eigenkontrolle und einen möglichst umfangreichen Autonomiebereich entsteht. Es ist vielmehr zu vermuten, dass dies von der **Persönlichkeitsstruktur** des Mitarbeiters abhängt. Viele Mitarbeiter mit einer eher autoritär geprägten Verhaltensstruktur würden ganz im Gegenteil durch eine höhere Autonomie Angst bekommen, weil sie einen derartigen Freiraum bisher nie in ihrem Leben erhalten haben.

Komplexe Entscheidungen

Bei der strukturorientierten Führungstechnik des »**Management by Decision Rules**« ist die Anwendbarkeit des Konzepts eingeschränkt, denn die Einführung von Entscheidungsregeln in allen betrieblichen Bereichen findet ihre Grenzen, wenn die Aufgaben komplexer werden. Man kann nur relativ einfache Entscheidungen im Betrieb mit Entscheidungsregeln steuern. Die Führungstechnik bleibt somit auf Routineentscheidungen beschränkt.

Emanzipierte Mitarbeiter

Bei der ebenfalls strukturorientierten Führungstechnik des »**Management by Results**« und ihrer

4

rein auf Ergebnisse fixierten Betrachtungsweise, wobei der Vorgesetzte die Fremdkontrolle ausübt, ist zu vermuten, dass der eher autoritäre Führungsstil und die reine Fremdkontrolle negative Wirkungen auf die gesamte Organisation haben werden. In Zeiten einer sich immer weiter emanzipierenden Mitarbeiterschaft scheint dieser Ansatz überholt.

Auf einen Blick

▶ Führungstechniken setzen oftmals an Defiziten einer bestehenden Führungspraxis an.

▶ Führungstechniken mit personalem Schwerpunkt setzen den mündigen und leistungsbereiten Mitarbeitertyp voraus.

▶ Die Motivation, sich an Entscheidungsprozessen zu beteiligen, hängt auch vom Anspruch der gestellten Ziele und der Persönlichkeit des Mitarbeiters an.

▶ Der autoritäre Führungsstil und reine Fremdkontrolle haben heute eine negative Auswirkung auf das Erreichen der Ziele eines Unternehmens.

4.5 Bewertung der Führung im Unternehmen

Nach der Frage, was Führung ist, steht die Frage, was Führung ausmacht, die erfolgreich ist. Dazu wird in Kapitel 4.5.1 der Begriff des Führungserfolgs geklärt. Anschließend in Kapitel 4.5.2 werden Möglichkeiten aufgezeigt, Führung zu »messen«, d. h. Erfolge oder Misserfolge von Führung zu erkennen.

4.5.1 Was ist ein Führungserfolg?

▷ **Führungserfolg:** Erreichen von in Bezug auf den Führungsprozess gestellten wirtschaftlichen und personalen Hilfszielen

Führungserfolg ist nur ein **Gedankenkonstrukt**, man kann nicht direkt messen, wann ein Füh-

rungserfolg vorliegt. Es ist beispielsweise nicht möglich, mit einem Messgerät festzustellen, ob eine Pflegedienstleitung innerhalb des Konzerns DIAKONIE PFLEGE im letzten halben Jahr einen Führungserfolg in einem bestimmten Umfang erzielen konnte.

■ Wirtschaftliche Hilfsgrößen

Bei der Feststellung, ob ein Führungserfolg erreicht werden konnte, bedient man sich vielmehr anderer schon bekannter, messbarer Größen, wie z. B. der **Aufgabenerfüllung**, und stellt fest, ob diese Hilfsgröße bzw. dieses Hilfsziel sich positiv entwickelt hat. Die Schlussfolgerung liegt nahe, dass, wenn die durch eine Führungskraft gestellten Aufgaben in großem Umfang gelöst wurden, die Führung der Mitarbeiter erfolgreich verlaufen ist. Man könnte also beispielsweise versuchen festzustellen, ob die Mitarbeiter einer Pflegedienstleitung der DIAKONIE PFLEGE einen Großteil der ihnen gestellten Aufgaben erledigen konnten. Dann könnte man behaupten, die Pflegedienstleitung als Führungskraft hat erfolgreich geführt. Auch andere wirtschaftliche Zielgrößen, wie z. B. ein **Umsatzzuwachs** des Pflegedienstes oder eine **Gewinnsteigerung** könnte man als Anzeichen eines Führungserfolgs werten.

■ Personale Hilfsgrößen

Neben diesen wirtschaftlichen »**Ersatzgrößen**«, die den Führungserfolg widerspiegeln können, kann man auch im Betrieb Größen suchen, die sich auf die Person des Mitarbeiters beziehen. Solche personalen Hilfsgrößen könnten z. B. die **Haltung** und die **Einstellung** des Geführten gegenüber dem Vorgesetzten oder gegenüber der eigenen Arbeitstätigkeit sein. Würde man z. B. in einem der Pflegedienste der DIAKONIE PFLEGE feststellen, dass sich die Einstellung der Pflegemitarbeiter auf einer Skala von 1 bis 10 von 1 = »Mitarbeiter hat eine extrem negative Einstellung gegenüber dem Vorgesetzten« bis 10 = »Mitarbeiter hat gegenüber dem Vorgesetzten eine sehr positive Einstellung« von einem Durchschnittswert von 4,5 auf 6 Punkte durchschnittlich innerhalb des letzten halben Jahres erhöht hat, dann kann dies ein Anzeichen für einen Führungserfolg sein.

■ Zusammenhänge der Hilfsgrößen

Zwischen den wirtschaftlichen und den personalen Hilfsgrößen können jedoch auch Zusammenhänge bestehen. So ist es beispielsweise wahrscheinlich, dass je motivierter die Mitarbeiter eines der Pflegedienste sind (Beispiel für eine personale Hilfsgröße des Führungserfolges), desto besser stellt sich ihr Arbeitsergebnis dar. Andererseits setzte die Pflegedienstleitung viel Zeit und damit Aufwand (Unternehmensgewinn als wirtschaftliche Hilfsgröße) ein, ihre Mitarbeiter zu motivieren. Es ist also wahrscheinlich, dass der **Aufwand**, der mit den Maßnahmen der Motivation verbunden war, den **Unternehmensgewinn** geschmälert hat, der ebenfalls eine wirtschaftliche Hilfsgröße für den Führungserfolg sein kann.

Auf einen Blick

▶ Die Größe des Führungserfolges kann nicht exakt gemessen werden.

▶ Es gibt wirtschaftliche und personale Hilfsgrößen des Führungserfolges, z. B. Umsatzzuwachs oder persönliche Haltung der Mitarbeiter.

▶ Auf Kosten einer (wirtschaftlichen) Hilfsgröße des Führungserfolges kann eine Steigerung in einer anderen (personalen) Hilfsgröße des Führungserfolges »erkauft« werden.

4.5.2 Messung des Führungserfolges

Der Führungserfolg sollte nicht losgelöst von den Zielen des Unternehmens stehen. Wenn Führungserfolg beobachtet wird, dann sollte auch eine positive Wirkung auf die Unternehmensziele wie z. B. Gewinn, Umsatz und Mitarbeiterzufriedenheit stattfinden. Andersherum betrachtet sollte bei Erreichen der Unternehmensziele auch

eine erfolgreiche Führung vorliegen. Wir sehen also, dass wir den **Führungserfolg** mit den **Unternehmenszielen** verknüpfen können.

Wir gehen nun noch einen Schritt weiter als die **Zweiteilung** des Führungserfolges in seine wirtschaftlichen und personalen Hilfsgrößen. Ein Modell zur Messung des Führungserfolges legt mehrere Kriterien fest, die alle zusammengenommen den Führungserfolg vergrößern. In der folgenden Abbildung wird der Führungserfolg durch drei Hauptgruppen von Einflussfaktoren bestimmt. Wenn bei der Messung der aufgeführten einzelnen Einflussfaktoren unter den drei Hauptgruppen festgestellt werden kann, dass sie sich positiv entwickelt haben, nehmen wir auch an, dass der **Gesamtführungserfolg** steigt (☞ Abb. 4.7).

Einige der in der ersten Hauptgruppe aufgelisteten Einflussfaktoren sind bereits als wirtschaftliche Hilfsgrößen bekannt (☞ 4.5.1). Hier werden zusätzlich auch noch andere Hilfsgrößen in der Hauptgruppe A) als »allgemeine wirtschaftliche Hilfsgrößen für Führungserfolg« aufgeführt.

■ Allgemeine wirtschaftliche Hilfsgrößen für Führungserfolg

Jede dieser wirtschaftlichen Hilfsgrößen kann nach diesem Modell Führungserfolg widerspiegeln. Entwickeln sich also diese Größen in positiver Hinsicht, dann steigt auch der Führungserfolg.

Gewinn

Zeigt ein Pflegedienst des Konzerns DIAKONIE PFLEGE eine anhaltende **Gewinnsteigerung**, dann kann man nach diesem Modell davon ausgehen, dass auch erfolgreiche Mitarbeiterführung stattgefunden hat.

Rentabilität

Die Rentabilität setzt den Gewinn mit einer anderen betriebswirtschaftlichen Größe ins Verhältnis. So kann z. B. die **Umsatzrentabilität** eines Pflegedienstes errechnet werden durch die

4

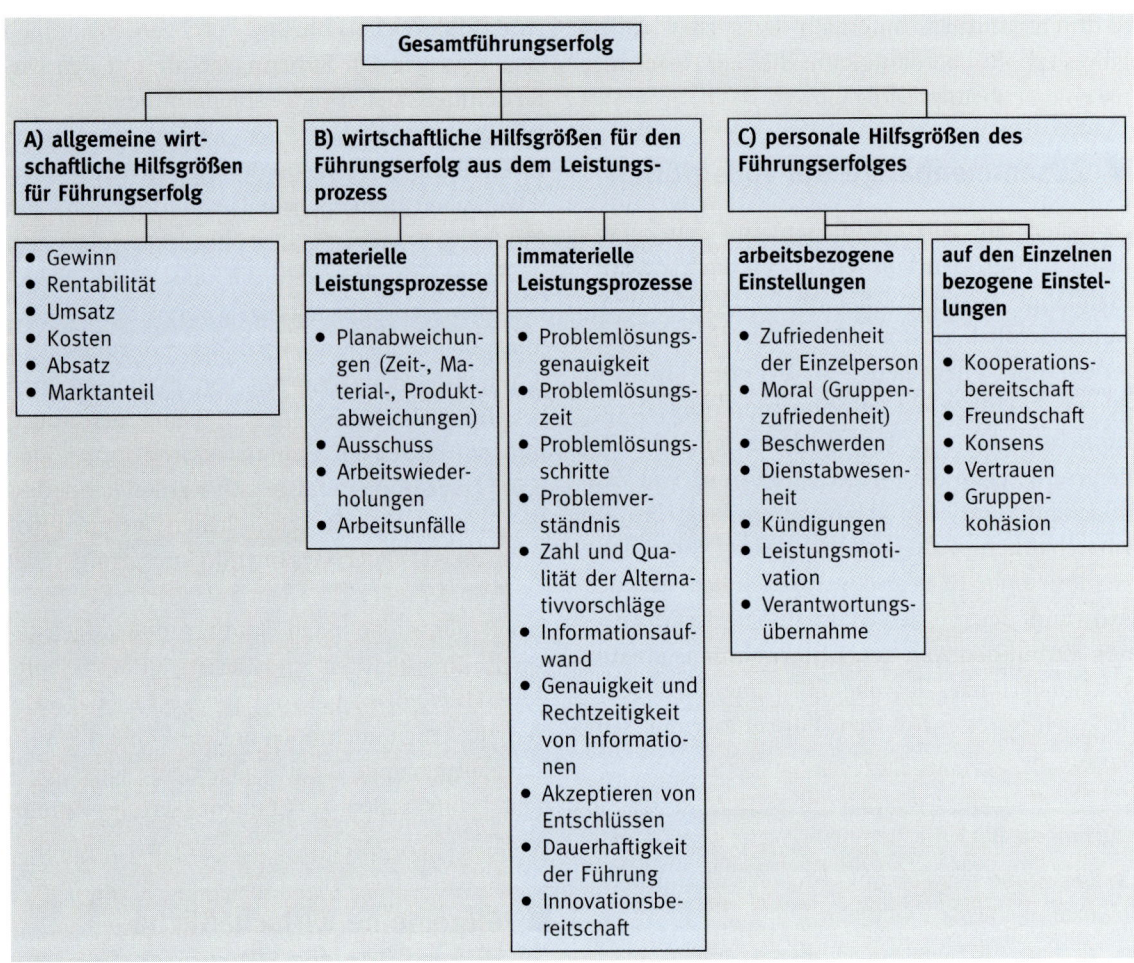

Abb. 4.7: Mögliche Kriterien für die Messung des Führungserfolges[26]

Formel: Umsatzrentabilität [in %] = Gewinn/Umsatz × 100. Hat ein Pflegedienst des Konzerns in einem Geschäftsjahr einen Gewinn i. H. v. € 30.000,– zu verzeichnen und der insgesamt durch denselben Pflegedienst erzielte Umsatz beträgt 4 Millionen €, dann liegt eine Umsatzrentabilität i. H. v. € 30.000,– Gewinn/€ 4.000.000,– Umsatz × 100 = 0,75 % vor. In derselben Weise können andere Rentabilitäten gebildet werden, die den Gewinn mit anderen betriebswirtschaftlichen Größen ins Verhältnis set-

zen. Die Behauptung des Modells lautet, dass, wenn sich Rentabilitäten erhöhen, auch ein Führungserfolg stattgefunden hat.

Umsatz

Ein Unternehmen, dessen Umsatz stetig ansteigt, muss nach dem dargestellten Modell auch erfolgreiche Mitarbeiterführung praktizieren.

Kosten

Wenn sich beispielsweise in einem Pflegedienst innerhalb eines Jahres bei gleich bleibender PKW-Anzahl die Reparaturkosten in Bezug auf die Kraftfahrzeuge halbieren, dann kann man auch annehmen, dass die Pflegedienstleitung es

---

[26] nach Witte, E. (1987): Effizienz der Führung. In: Kieser, A.; Rebner, G.; Wunderer, R. (Hrsg.): Handwörterbuch der Führung, Stuttgart, Sp. 165–166.

als Vorgesetzte geschafft hat, den Pflegekräften den Sinn des schonenden Umgangs mit dem Fuhrpark zu verdeutlichen. Sie hatte somit Erfolg bei der Mitarbeiterführung.

⌘ Fallbeispiel

> Eine Pflegedienstleitung konnte durch Nachfragen bei der Reparaturwerkstätte feststellen, dass die meisten Reparaturen durch Beschädigungen des PKW-Rades auf der vorderen rechten Seite hervorgerufen wurden. Die Pflegedienstleitung vermutet, dass die Pflegekräfte beim Parken oftmals ungebremst auf den Randstein rechts auffahren. Daher sind Reifenbeschädigungen und eingerückte Felgen die kostspielige Folge. In Einzelgesprächen macht die Pflegedienstleitung im Folgenden klar, dass bei Wiederholungen dieses fahrlässigen Umgangs mit den Dienst-Pkw die Pflegekräfte für die Beschädigungen haftbar gemacht werden. Als zusätzliche, positive Motivation überlegte sich die Pflegedienstleitung, wie sie die Pflegekräfte dazu bringen kann, sorgsam mit den ihnen anvertrauten Pkws umzugehen. Sie kaufte im Folgenden aus Mitteln des Pflegedienstes ein teures Autoradio und platzierte es in einer Vitrine im Pflegedienst in originalverpacktem Zustand. Sie teilte dann dem Pflegeteam mit, dass im Falle der Reduzierung der Reparaturkosten um die Hälfte im Zeitraum von einem Jahr dieses Autoradio unter den Pflegekräften verlost wird. Der Pflegedienst schaffte es tatsächlich, die Reparaturkosten der Pkws mehr als zu halbieren. Einer Kostenersparnis i.H.v. mehr als € 3.500,– standen die Anschaffungskosten des »Lockvogels« Autoradio im Wert von nur € 500,– gegenüber. Bei bestimmten Kostenarten kann daher eine Kostensenkung einen Führungserfolg widerspiegeln.

Absatz

Der Absatz stellt im Gegensatz zum in Geldeinheiten bewerteten Umsatz allein die abgesetzte Menge eines Produktes oder von Dienstleistungen dar. Genau wie der Umsatz kann er als Hilfsgröße zur Messung des Führungserfolges verwendet werden.

Marktanteil

Konnte ein Pflegedienst beispielsweise seinen Marktanteil im letzten halben Jahr um 10% vergrößern, dann konnte er den eigenen Umsatz im Verhältnis zu dem gesamten Umsatz im betrachteten Markt um 10% steigern. In der Regel ist die Steigerung des Marktanteils nur mit erfolgreicher Führung umzusetzen. Daher kann man auch die umgekehrte Schlussfolgerung ziehen, nämlich dass das Erkämpfen eines höheren Marktanteils nur unterstützt durch erfolgreiche Führung erreicht worden sein kann.

■ Wirtschaftliche Hilfsgrößen für den Führungserfolg aus dem Leistungsprozess

Gruppe B) zeigt, wie aus dem betrieblichen Leistungsprozess stammende wirtschaftliche Hilfsgrößen aussehen können, die gleichzeitig ein Spiegelbild des Führungserfolges sind (☞ Abb. 4.7). Es werden hierbei Hilfsgrößen aus materiellen und immateriellen Leistungsprozessen unterschieden, also aus Leistungsprozessen, bei denen etwas Materielles oder etwas Immaterielles entsteht.

Materielle Leistungsprozesse

Betrachten wir zunächst materielle Leistungsprozesse, bei denen vorwiegend greifbares gegenständliches Material in einem Betrieb verarbeitet wird.

Planabweichungen

Ein Führungserfolg im betrieblichen Bereich der materiellen Leistungsprozesse kann sich äußern in Ausprägungen der beobachtbaren Hilfsgröße der Planabweichungen, sei es in Form von **Zeit-, Material- oder Produktabweichungen**.

⌘ Fallbeispiel

> In der DIAKONIE PFLEGE gibt es einen eigenen Garten- und Landschaftsbaubereich, der sich als interner Dienstleister u.a. um die Pflege der Außenanlagen der Konzernzentrale und die der stationären Pflegeeinrichtungen kümmert. In

4

der Vergangenheit wurde im Werkzeugbestand hier immer wieder ein Schwund beobachtet. Ein neuer Meister, der seit Beginn des Jahres in diesem Bereich die Auszubildenden begleitet, schaffte es in diesem Zeitraum das Verschwinden von Werkzeug und Arbeitsmitteln fast völlig zu unterbinden. Das vorliegende Modell zur Messung des Führungserfolges nimmt an, dass die Verringerung dieser »Materialabweichungen« auf erfolgreiche Führung zurückgeführt werden kann. Die beschriebenen Arten der Planabweichungen können also den Gesamtführungserfolg widerspiegeln.

Ausschuss

Ausschuss hat in produzierenden Betrieben Kosten zur Folge, die nicht mit einem Umsatz verbunden sind. Ausschuss ist in gewissem Umfang nicht vermeidbar. Wird jedoch vermeidbarer Ausschuss durch geeignete Maßnahmen der Mitarbeiterführung verringert, wächst der Gewinn, der ja schon unter A) eine allgemeine wirtschaftliche Hilfsgröße für den Führungserfolg war. Der Gedankengang ist also der, dass wenn vermeidbarer Ausschuss gesenkt wird, auch ein Führungserfolg stattgefunden haben muss.

Arbeitswiederholungen

Je häufiger Arbeiten wiederholt werden müssen, obwohl es schon beim ersten Versuch hätte »klappen können«, desto mehr kostbare Arbeitszeit wird unnötig eingesetzt. Schafft es die Führungskraft, die Mitarbeiter dazu zu bringen, dass sie konzentriert nur einmal Zeit in eine Arbeitsaufgabe investieren und diese erfolgreich abschließen, dann werden (**Arbeits-**) **Kosten** vermieden und der **Betriebsgewinn** gesteigert. Je weniger vermeidbare Arbeitswiederholungen bei Arbeitsvorgängen (vor allem im materiellen Leistungsprozessen) beobachtet werden, desto erfolgreicher muss nach dem vorliegenden Modell die Mitarbeiterführung funktioniert haben.

Arbeitsunfälle

Arbeitsunfälle entstehen oft durch unmotivierte Mitarbeiter oder durch nicht auf mögliche Gefahren hingewiesene Mitarbeiter. Aber genau diese Aufgaben hat die Führungskraft in materiellen Leistungsprozessen. Je mehr die Führungskraft ihre Aufgaben der Motivation der Mitarbeiter und der Aufklärung über Unfallrisiken wahrnimmt, desto weniger Arbeitsunfälle wird man vermutlich beobachten. Andersherum gedacht: Wenn wenig Arbeitsunfälle beobachtet werden können, dann war die Mitarbeiterführung offensichtlich erfolgreich.

Immaterielle Leistungsprozesse

Bei den in der DIAKONIE PFLEGE tendenziell eher immateriellen Leistungsprozessen wird kein gegenständliches, greifbares Produkt hergestellt, sondern vor allem eine nicht-materielle Dienstleistung gegenüber dem Kunden erbracht. Bei diesen immateriellen Leistungsprozessen zeigt sich gute Führung u. a. in den folgenden Symptomen:

Problemlösungsgenauigkeit

Problemlösungsgenauigkeit kann ein Zeichen erfolgreicher Führung sein und zum Gesamtführungserfolg beitragen. Eine halbherzige oberflächliche Lösung eines Problems wäre eher ein Anzeichen für Führungsversagen.

Problemlösungszeit

Obwohl eine präzise Problemlösung eine angemessene Problemlösungszeit benötigt, kann auch eine zu lange Problemlösungszeit Führungsversagen widerspiegeln.

Problemlösungsschritte

Wenn ein komplexes Problem gelöst werden muss, bietet es sich oftmals an, in mehreren Problemlösungsschritten vorzugehen. Verkürzt man den Problemlösungsprozess »mit Gewalt«, kommen oftmals nur unbefriedigende Lösungen dabei heraus. Das Vorliegen einer ausreichenden Anzahl von Problemlösungsschritten kann daher Führungserfolg widerspiegeln.

Problemverständnis

Gute Mitarbeiterführung erzeugt bei den Geführten ein Verständnis für Problemsachverhalte.

Nur wenn die Mitarbeiter verstehen, warum eine beobachtete Situation für den Betrieb ein zu lösendes Problem darstellt, werden sich die Mitarbeiter in der Problemlösung nachhaltig einbringen und selbstständig Problemlösungsvorschläge machen. Bei den Mitarbeitern erzeugtes Problemverständnis ist daher eine weitere Hilfsgröße für die Messung des Gesamtführungserfolgs.

Zahl und Qualität der Alternativvorschläge

Die Grundlage für eine engagierte Problemlösung durch die Mitarbeiter ist das Verstehen des zugrunde liegenden Problems. Als Folge können die informierten Mitarbeiter selbstständig Problemlösungsvorschläge machen. Da die Mitarbeiter zumeist größere Nähe zum »Tagesgeschäft« und damit zu Details des Arbeitsbereichs haben, können sie meistens die besten Problemlösungsvorschläge machen. Je mehr Problemlösungsalternativen sie dem Vorgesetzen geben, desto besser hat er sie geführt. Die Anzahl und Qualität der Problemlösungsvorschläge aus der Mitarbeiterschaft kann also eine weitere Hilfsgröße für die Messung des Führungserfolgs sein.

Informationsaufwand

Bei der zuvor beschriebenen Schaffung eines Problemverständnisses ist ein Minimum an Information über die betriebliche Situation und darüber, was einen Sachverhalt zu einem Problem macht, notwendig. Übertreibt es der Verwaltungsleiter der Diakonie Pflege beispielsweise mit der Darstellung von Informationen über den betrieblichen Sachverhalt, verlieren die Mitarbeiter den Überblick und das Interesse und werden weniger engagiert an der Problemlösung mitwirken. Es scheint also, dass je nach Problemstellung ein angemessener Informationsaufwand aufseiten der Führungskraft nötig ist; weniger oder mehr können schaden und den Führungserfolg mindern.

Genauigkeit und Rechtzeitigkeit von Informationen

Je genauer und rechtzeitiger Informationen zwischen Führungskräften und Mitarbeitern fließen, desto größer ist der Führungserfolg.

🖰 Fallbeispiel

In vielen Arbeitsbereichen der Diakonie Pflege müssen jedes Jahr zum gleichen Zeitpunkt Verwendungsnachweise an eine fördernde Organisation übersandt werden. In diesem Jahr vergaß der Verwaltungsleiter jedoch, eine zuständige Sozialarbeiterin daran zu erinnern, dass sie rechtzeitig den Sachbericht für ihren Arbeitsbereich erstellen und diesen an die Konzernzentrale zum Versand mit dem zahlenmäßigen Nachweis der Fördermittel übersenden muss. Folge war, dass der Verwaltungsleiter sie »in letzter Minute« bitten musste, über das Wochenende den Sachbericht im »Schnellverfahren« zu schreiben, um rechtzeitig vor dem Abgabetermin den Verwendungsnachweis übersenden zu können. Ergebnis war ein qualitativ minderwertiger Sachbericht, dessen Oberflächlichkeit vom Fördergeber angemahnt wurde. Ein größerer Führungserfolg wäre dem Verwaltungsleiter beschieden gewesen, wenn er als Führungsmaßnahme alle Sozialarbeiter dazu verpflichtet hätte, sich selbstständig über ihre Übersendungstermine zu informieren, selber die rechtzeitige Erstellung des Sachberichtes zu betreiben und die Sachberichte selbstständig fristgerecht und in notwendiger Qualität zu übersenden. Rechtzeitigkeit und Genauigkeit von Informationen kann also Führungserfolg anzeigen.

Akzeptieren von Entschlüssen

Das Akzeptieren von Entscheidungen, bei denen die Mitarbeiter die Möglichkeit der Einbringung ihrer Sichtweise hatten, weist auf eine erfolgreiche Mitarbeiterführung hin.

Dauerhaftigkeit der Führung

Je dauerhafter die Führung und ihre Regeln den Mitarbeitern erscheint, desto sicherer fühlen sie sich. Unangenehm ist die Zusammenarbeit mit einem Vorgesetzten, der zu einem Zeitpunkt sehr penibel ist und auf das Detail achtet und zu einer anderen Gelegenheit »5 gerade sein lässt«. Den Verwaltungsleiter der Diakonie Pflege haben wir zuvor als einen sehr genauen und auf das Detail

4

achtenden Vorgesetzten kennen gelernt. Wenn er plötzlich in Problemsituationen den Eindruck vermitteln würde, dass er Genauigkeit im Detail nicht für wichtig erachtet, werden die Mitarbeiter verunsichert. Sie werden sich im Folgenden fragen, ob nun Genauigkeit oder schnelle, oberflächliche Lösungen wichtig sind. Je dauerhafter Mitarbeiterführung den Geführten erscheint, desto größer wird offensichtlich der Führungserfolg.

Innovationsbereitschaft

Zukunftsgerichtete Führung sollte die Mitarbeiter in die Lage versetzen, überraschend auftretenden Entwicklungen in der betrieblichen Umwelt oder im Betrieb selber nicht mit Angst, sondern mit Problemlösungsvorschlägen zu begegnen. Wenn es die Mitarbeiter der Führungskraft nachmachen, eine sich verändernde Umwelt als etwas Normales zu verstehen und dabei regelmäßig Problemlösungsvorschläge einzubringen, dann steigt die Innovationsbereitschaft des gesamten Unternehmens. Diese Innovationsbereitschaft vergrößert gleichzeitig die Chancen für das langfristige Überleben eines Unternehmens. Beobachtete Innovationsbereitschaft unter den Mitarbeitern zeigt also auch Führungserfolg an.

■ Personale Hilfsgrößen des Führungserfolgs

An dieser Stelle wollen wir nun Hilfsgrößen unter Buchstabe C) der Abbildung betrachten, die im personalen Bereich der Mitarbeiterführung verortet sind (☞ Abb. 4.7). Es handelt sich um den Bereich der Einstellungen des Mitarbeiters gegenüber seiner Arbeitstätigkeit und gegenüber anderen Personen im Führungsprozess. Dementsprechend sind die Hilfsgrößen unterteilt in

- **arbeitsbezogene Einstellungen**
- **auf den Einzelnen bezogene Einstellungen.**

Arbeitsbezogene Einstellungen
Zufriedenheit der Einzelperson

Wird in der Organisation weitgehende Zufriedenheit der einzelnen Mitarbeiter beobachtet, dann kann diese Größe im Gegensatz zu Führungserfolg direkt gemessen werden. Dies kann beispielsweise geschehen durch eine Befragung mit einer Bewertungsskala mit 10 Ausprägungen in Bezug auf die Zufriedenheit der Einzelperson. Je zufriedener die Mitarbeiter mit ihrer Arbeitssituation sind, desto mehr können wir vermuten, dass auch die Führung dieses hervorgerufen hat. Es wird somit das Vorliegen eines Führungserfolges angenommen.

Moral (Gruppenzufriedenheit)

Ist eine Arbeitsgruppe als Ganzes in Bezug auf ihre Arbeitssituation zufrieden, dann kann man von einer positiven Moral in der Arbeitsgruppe sprechen. Auch hier nimmt man an, die Führungskraft habe diese Situation hervorgerufen oder zumindest deren Entstehen unterstützt. Gruppenzufriedenheit kann gemessen und ebenfalls als Führungserfolg gewertet werden.

Beschwerden

Beschwerden sind oftmals ein Anzeichen für geringen Führungserfolg bzw. für Führungsversagen. Sowohl Beschwerden der Kunden als auch Beschwerden der Mitarbeiter über ihren Vorgesetzten können hierbei gemessen und beurteilt werden. Im Beispiel der Umweltanalyse in Kapitel 3.2.2 stellen wir anhand der Beschwerden der Mitarbeiter fest, dass ein Führungsversagen im INSELHAUS vorlag. Je mehr sich also Mitarbeiter über den Vorgesetzten beschweren, desto geringer ist der Führungserfolg.

Dienstabwesenheit

Eine schon lange bekannte Hilfsgröße für den Führungserfolg ist die im Betrieb beobachtete Abwesenheit der Mitarbeiter, sei es beispielsweise durch Kuren oder Krankheit. Je geringer die Dienstabwesenheit der Mitarbeiter im Durchschnitt ist, desto erfolgreicher war Führung.

Kündigungen

Auch das verstärkte Ausscheiden von Mitarbeitern aus einem Betrieb zeigt auf, dass sie u. U. eine so negative Einstellung gegenüber ihrer Arbeitssituation haben, dass sie keine andere Möglichkeit sehen, als den Betrieb dauerhaft zu verlassen. Je weniger Kündigungen beobachtet werden, desto größer ist der angenommene Führungserfolg.

Leistungsmotivation

Je höher die beobachtete Leistungsmotivation unter den Mitarbeitern ist, desto mehr scheinen die Bemühungen im Rahmen der Mitarbeiterführung gefruchtet zu haben.

Verantwortungsübernahme

Als Hilfsgröße für den Führungserfolg kann man auch die beobachtete Verantwortungsübernahme unter den Mitarbeitern verwenden und versuchen zu messen. Je mehr Verantwortung Mitarbeiter übernehmen, desto mehr scheint die Delegation von Verantwortungsbereichen durch die Vorgesetzten an die Mitarbeiter funktioniert zu haben. Dementsprechend wird ein höherer Gesamtführungserfolg angenommen.

Auf den Einzelnen bezogene Einstellungen

Nach der zuvor betrachteten Idee der Messung von Einstellungen der Mitarbeiter gegenüber ihrer allgemeinen Arbeitssituation werfen wir nun einen Blick auf die zweite Gruppe von Einstellungen, die Führungserfolg im Rahmen der personalen Hilfsgrößen unter C) in der Abbildung widerspiegeln. Es handelt sich hier um auf einzelne andere Mitarbeiter bezogene Einstellungen (☞ Abb. 4.7).

Kooperationsbereitschaft

Je mehr Mitarbeiter in einer Arbeitsgruppe bereit sind, mit anderen Gruppenmitgliedern zusammen zu arbeiten anstelle beispielsweise gegen sie zu intrigieren, desto mehr scheint Führung Erfolg zu haben. Wenn beispielsweise auf Betreiben des Verwaltungsleiters in der DIAKONIE PFLEGE die nach einer höheren Vergütung strebende Mitarbeiterin den missliebigen Kollegen nicht »auflaufen« lassen würde, sondern mit ihm die möglichst erfolgreiche Zusammenarbeit suchen würde, dann läge ein Führungserfolg vor. Das Vorliegen von Kooperationsbereitschaft in der Mitarbeiterschaft kann also als Ausdruck eines Führungserfolgs nach diesem Modell gewertet werden.

Freundschaft

Auch das Entstehen von Freundschaften unter den Mitarbeitern kann als Führungserfolg gewertet werden, wenn das »Zusammenschweißen« der Mitarbeiterschaft durch Betreiben des Vorgesetzten hervorgerufen wurde. Hier spiegelt sich die Kohäsionsfunktion der Mitarbeiterführung wider (☞ 4.1.1).

Konsens

Das Vorliegen eines Konsens (= Einvernehmen) in Bezug auf beispielsweise die Arbeitsziele der Arbeitsgruppe kann auch als Führungserfolg gewertet werden. Weit auseinander gehende Meinungen über Ziele und Arbeitsweisen in der Gruppe können wiederum Zeichen von Führungsversagen sein.

Vertrauen

Wenn sich Mitarbeiter beispielsweise in der Verwaltungsabteilung der DIAKONIE PFLEGE trauen, auch einmal eine unübliche Problemlösung innerhalb ihres Verantwortungsbereiches durchzuführen und sie im Falle des Scheiterns gewiss sein können, nicht von anderen Mitarbeitern deswegen angegriffen und kritisiert zu werden, dann herrscht eine Situation des Vertrauens unter den Mitarbeitern. Hat die Führungsperson dieses Klima des Vertrauens mit herbeigeführt, ist dies als Führungserfolg zu werten.

Gruppenkohäsion

Den Begriff der Kohäsion haben wir schon im Abschnitt 4.1.1 bei den Funktionen der Führung kennen gelernt. Die Führungskraft soll durch die Führung das »Zusammenhaften« (= Kohäsion) unter den Mitarbeitern und zwischen Führungskraft und Mitarbeitern fördern, um so die gestellten Aufgaben besser lösen zu können. Bei der sehr aufgabenorientierten Führung des Verwaltungsleiters der DIAKONIE PFLEGE ist zu vermuten, dass man hier nur eine geringe Gruppenkohäsion messen könnte. Diese Messung würde folglich einen in dieser Hinsicht geringen Führungserfolg ausweisen.

■ Grenzen bei der Messung von Führungserfolgen

Obwohl die genannten Hilfsgrößen einen Hinweis auf das Vorliegen von Führungserfolg geben können, gilt es, folgende Einschränkungen in Bezug auf das dargestellte Modell zu beachten.

Fehlender Zusammenhang

Oftmals kann kein eindeutiger Zusammenhang zwischen der Beobachtung von **Hilfsgrößen** und **Führungserfolg** nachwiesen werden. Wenn beispielsweise der Umsatz in einem bestimmten Zeitraum gestiegen ist, kann dies auf den Führungserfolg der Führungskräfte des Unternehmens zurückzuführen sein. Beispielsweise haben sie die Mitarbeiter so sehr motiviert, dass diese mehr und bessere Leistungen gegenüber begeisterten Kunden verkaufen konnten. Es kann jedoch auch sein, dass ein Konkurrenzunternehmen Bankrott gegangen ist und die bisher durch dieses Unternehmen versorgten Kunden das eigene Unternehmen als neuen Leistungsanbieter auswählen »mussten«. Es kann also sehr schwierig sein, zu beurteilen, ob ein beobachteter Anstieg von Hilfsgrößen für Führungserfolg tatsächlich durch Mitarbeiterführung hervorgerufen wurde oder durch andere Gründe.

Fragliche Grenzwerte

Selbst wenn die Veränderung der Ausprägung einer Hilfsgröße für den Führungserfolg durch die Mitarbeiterführung hervorgerufen wurde, ist unklar, ab welchem **Ausmaß der Hilfsgröße** ein Erfolg in der Mitarbeiterführung vorliegt. Angenommen, es besteht ein direkter Zusammenhang zwischen Führungserfolg und der Dienstabwesenheit der Mitarbeiter. Ab welchem Umfang der Dienstabwesenheit kann man von einem Führungsversagen sprechen und beim Unterschreiten welcher Grenze der Dienstabwesenheit liegt

ein Führungserfolg vor? Diese Fragen sind nur sehr eingeschränkt zu beantworten. Führung stellt daher eine »unscharfe« Größe dar, die sich nicht eindeutig durch das Erreichen eines bestimmten Grenzwertes beschreiben lässt.[27]

Unklare Messmethoden

Unklar bleibt auch, mit welcher Messmethode die Hilfsvariablen der Führung gemessen werden sollen. Neben **statistischen Auswertungen** sind mündliche und schriftliche **Mitarbeiterbefragungen** aber auch **Beurteilungen durch die Vorgesetzten der Führungskräfte** denkbar. Möglicherweise könnten auch Selbstbeurteilungen der Führungskräfte benötigte Messwerte liefern.

Mangelnde Objektivität

Führungserfolg kann aufgrund der genannten Kritikpunkte nicht als eine objektive, klar darstellbare Größe angesehen werden, bei der unterschiedliche Betrachter immer zu einem übereinstimmenden Ergebnis kommen werden. Führung kann vielmehr ein Phänomen genannt werden, das unterschiedliche Betrachter in verschiedener Weise wahrnehmen werden. So ist es möglich, dass Arbeitnehmer, Führungskräfte, Kapitalgeber der Unternehmung, Fördergeber, der Staat, die gesellschaftliche Umwelt, Gewerkschaften aber auch Lieferanten und Kunden sehr **unterschiedliche Vorstellungen** davon haben, was Führungserfolg ausmacht.[28]

> **Auf einen Blick**
>
> ▶ Führungserfolg steht nicht losgelöst von den Zielen des Unternehmens.
>
> ▶ Im betrieblichen Leistungsprozess kann Führungserfolg durch materielle Leistungen, z. B. Planabweichungen, und immaterielle Leistungen, z. B. Problemlösungsgenauigkeit, Akzeptanz von Entschlüssen und Innovationsbereitschaft, widergespiegelt werden.

---

[27] vgl. Gaugler, E./Bartscher, S., a. a. O., S. 56.
[28] ebd., S. 58.

4

▶ Im personalen Bereich des Betriebes kann Führungserfolg sowohl durch die Einstellung des Mitarbeiters zu seiner Arbeit, z. B. Motivation, Beschwerden, als auch durch die Einstellung zu seinen Kollegen, z. B. Kooperation, Vertrauen, widergespiegelt werden.

▶ Es kann nicht gemessen werden, ob und in welchem Ausmaß die Hilfsgrößen objektiv auf einen Führungserfolg schließen lassen.

4.6 Ethik der Führung

Bisher stand in diesem Kapitel die Frage im Mittelpunkt, was gute Führung ausmacht. An dieser Stelle gehen wir noch einen Schritt weiter und prüfen, ob Führung auch einer speziellen Ethik folgen sollte. Wir werden dazu in 4.6.1 klären, was überhaupt unter Ethik verstanden werden kann, in 4.6.2 werden wir betrachten, in welchen betrieblichen Bereichen sich führungsethische Fragestellungen in besonderem Maße stellen. Im Abschnitt 4.6.3 schließlich prüfen wir, wie Fragestellungen der Führungsethik in die betriebliche Praxis umgesetzt werden können.

4.6.1 Ethikbegriff

▷ **Ethik:** Lehre vom Handeln, das verantwortbar ist

Die zentrale Frage der Ethik lautet: »Was sollen wir tun?« Ergebnis sind oftmals Sollvorstellungen davon, wie man sich z. B. »sittlich«, »gut« oder »richtig« verhält. Diese Sollvorstellungen finden beispielsweise Ausdruck in Verboten, Geboten oder allgemeinen Wertvorstellungen. Ethik im so verstandenen Sinne kann mit dem Begriff der **Moral** gleichgesetzt werden.

Ausgehend vom allgemeinen Ethikverständnis stellt sich die Frage, ob die in der Gesellschaft bereits vorhandenen Wertmaßstäbe, Gebote und Verbote ausreichend sind oder ob eine Ethik für den Bereich der Wirtschaft, Unternehmen und

speziell für die Mitarbeiterführung entwickelt werden sollte, um moralisches Handeln der Beteiligten zu sichern. Für die Entwicklung von derartigen »**Spezialmoralen**« spricht angesichts der Vielzahl der beteiligten Personen (im Grunde ein Großteil der Bevölkerung) die dort möglichen **Gefährdungen** und **Belastungen** für die gesamte Gesellschaft. In Unternehmen und Betrieben sind so viele Menschen direkt angestellt und so viele weitere Menschen indirekt mit ihnen verbunden, dass es Sinn macht, in diesen Bereichen **verantwortbares Verhalten** in einer speziellen Ethik zu fordern. Haben solche speziellen Ethiken Erfolg, könnte in hohem Umfang solches Verhalten erzeugt werden.

4.6.2 Ethisches Handeln im Führungsprozess

Wir betrachten nun die Führungsethik als eine der zuvor beschriebenen Spezialdisziplinen der Ethik im Unternehmen. Im Mittelpunkt stehen hier moralische Fragen aus dem **Verhältnis zwischen Vorgesetztem und Mitarbeitern**. In allen betrieblichen Bereichen können in dieser Hinsicht moralische Probleme beobachtet werden:

Personalentwicklung

Im betrieblichen Umfeld werden Menschen meistens nur als Mitarbeiter betrachtet. Es wird also nur der Aspekt des Menschen in den Mittelpunkt gerückt, der eine Arbeitsleistung in die betriebliche Tätigkeit einbringt. Daraus folgend findet im Rahmen der betrieblichen Personalentwicklung keine Entwicklung und Formung der gesamten Persönlichkeit des Menschen statt, sondern nur die Entwicklung der Menschen zum Personal.[29] Im Prozess der Führung wird folglich auch nur dieser Teilbereich des Menschen in den Mittelpunkt gerückt.

Ethische Fragestellung: Wenn eine moralische Betrachtung immer den Menschen in der Ge-

---

[29] vgl. Neuberger, O. (1988): Komplexe Systeme machen sich selbst. In: Gablers Magazin, 4/88, S. 22.

samtheit betrachten und seine Würde geachtet werden soll, wie kann dann die betriebliche Mitarbeiterführung die Persönlichkeit des Menschen aufspalten in einen **betrieblichen** und einen **privaten** Teil und nur eine Seite beachten?[30]

Führungsstil

In diesem betrieblichen Bereich kann man in ethischer Hinsicht fragen:

- Kann man es moralisch vertreten, von bestimmten festgelegten Menschenbildern in der Mitarbeiterführung auszugehen? Wird man damit dem einzelnen Mitarbeiter gerecht?
- Ist es moralisch vertretbar, von der Annahme, ein bestimmtes Menschenbild liege vor, einen bestimmten Führungsstil abzuleiten?
- Welches Führungsverhalten wendet eine Führungskraft gegenüber Mitarbeitergruppen wie Behinderten oder älteren Menschen an?
- Können Führungskräfte ihren Mitarbeitern die Möglichkeit zur Selbstverwirklichung und Selbstentfaltung bieten, wenn sie Ziele mit ihnen vereinbaren und die Rahmenbedingungen der Arbeitssituation formen?[31]
- Werden vom Vorgesetzten die Wertvorstellungen der Mitarbeiter beim Führungsverhalten berücksichtigt?
- In welcher Weise setzt eine Führungskraft die ihr übertragene Macht durch ihre Position ein?

Betrieblicher Zielfindungsprozess

In der Regel werden Mitarbeiter bei der Festlegung der obersten Unternehmensziele nicht beteiligt. Auch bei weiter »unten« liegenden, von den oberen Zielen abgeleiteten Unterzielen wirken die Mitarbeiter bei der Formung dieser Ziele nicht immer mit.

Ethische Fragestellung: Ist es moralisch zu rechtfertigen, wenn im Rahmen der Mitarbeiterführung das Verhalten der Mitarbeiter in Hinblick auf die Erreichung betrieblicher Ziele beeinflusst wird, die Mitarbeiter bei der Aufstellung dieser Ziele jedoch nicht immer beteiligt werden?

Personalbeschaffung und -auswahl

In diesem betrieblichen Bereich können folgende Problembereiche entstehen:

- Wie wägen Führungskräfte in der Entscheidung zwischen der Einstellung Behinderter oder der Zahlung einer Ausgleichsabgabe ab?
- Sind die im Betrieb angewendeten Methoden zur Personalgewinnung und Personalauswahl wie z. B. Abwerbung von anderen Unternehmen, Einstellungstests mit geplanter hoher psychischer Belastung moralisch vertretbar?

Lohnfindung

In diesem betrieblichen Bereich können die folgenden Problembereiche ausgemacht werden:

- Wie viel ist die Arbeit eines Mitarbeiters in Geldeinheiten wert?
- Wird im Betrieb gleichartige Leistung mit einem gleich hohen Entgelt vergütet?
- Ist es moralisch gerechtfertigt, wenn langfristig rückenschädigende Tätigkeiten wie die ambulante Pflege ohne Zuschläge für einen langfristig zu erwartenden Schaden vergütet werden? Welches wäre das angemessene Entgelt für einen langfristig zu erwartenden körperlichen Schaden?
- Welche Meinung haben die Führungskräfte zu der Forderung nach einem einheitlichen Lohn aller Mitarbeiter im Betrieb?

Auf einen Blick

▶ Die Vielzahl der Personen in Unternehmen, die dort Gefahren und Belastungen ausgesetzt sind, rechtfertigt eine spezielle Führungsethik.

▶ Ethische Fragen in Unternehmen ergeben sich vorwiegend aus dem Verhältnis zwischen Vorgesetztem und Mitarbeiter.

---

[30] vgl. Gaugler, E./Bartscher, S., a. a. O., S. 65.

[31] vgl. Hoffmann, F./Rebstock, W. (1989) Unternehmungsethik. Eine Herausforderung an die Unternehmung. In: Zeitschrift für Betriebswirtschaft (ZfB), 69/6, S. 679.

4.6.3 Umsetzung einer Führungsethik

Will man die zuvor angesprochenen führungsethischen Problembereiche im Unternehmen wirklich diskutieren, in Form von Regelungen lösen und diese Verhaltensregeln ernsthaft anwenden, dann muss zunächst im Unternehmen eine **geeignete Unternehmenskultur** geschaffen werden, die diese Fragen aushält und Lösungen in diesem Bereich hervorbringt.

Zu diesem Zweck können die Führungskräfte des Betriebes an speziellen **Ethik-Schulungen** teilnehmen, um für moralische Problembereiche ein »Gespür« zu bekommen und um Argumentationsvermögen im Bereich der Führungsethik aufzubauen.[32]

Da Führungskräfte oftmals eine Hochschulausbildung absolvieren, könnte ein weiterer Ansatzpunkt für die Sensibilisierung der Führungskräfte in ethischen Fragen die Heranführung der zukünftigen Führungskräfte bereits an der **Hochschule** durch die dortige Vermittlung von Grundwissen im Bereich der Ethik sein.

Auch die im Bereich der Marketing-Konzeption in Abschnitt 3.2.2 angesprochene **Umweltanalyse** und die in Abschnitt 3.2.3 beschriebene **Stärken-Schwächen-Analyse** des eigenen Betriebes könnten derart inhaltlich angereichert werden,

dass man auch ethische Anforderungen aus der betrieblichen Umwelt erkennen kann und damit verbundene moralische Defizite im Betrieb nachgewiesen werden.

So könnte beispielsweise eine »**Wert-Analyse**« in den betrieblichen Leitideen und praktizierten Führungsgrundsätzen Problemfelder offensichtlich machen. Die gesamte Unternehmung könnte mit in ethischer Hinsicht angepassten Informations- und Analysekonzepten untersucht werden. Eine im organisatorischen Bereich des Marketings verankerte »**Ethik-Kommmission**« oder ein »**Moral-Beauftragter**« könnten Verhaltensgrundsätze in betrieblichen Bereichen möglichst mit Beteiligung der Betroffenen erarbeiten und diese in regelmäßigen Abständen immer wieder in Frage stellen und überarbeiten.[33]

Auf einen Blick

▶ Voraussetzung für die ethische Praxis ist eine Unternehmenskultur, die solche kritischen Fragen aushält und an Lösungen interessiert ist.

▶ Ethisches Denken ist erlernbar, z.B. durch Schulungen.

▶ Ethische Probleme sollten gemeinsam mit den Betroffenen diskutiert und gelöst werden.

4

---

[32] vgl. Gaugler, E./Bartscher, S., a. a. O., S. 68.   [33] ebd., S. 68.

Index

Index

Abbildungsnachweis